EL ARTE DE
LA CONVERSACION

EL ARTE DE
LA COMPOSICION

CUARTA EDICION

EL ARTE DE LA CONVERSACION
EL ARTE DE LA COMPOSICION

JOSE LUIS S. PONCE DE LEON

California State University, Hayward

1817

Harper & Row, Publishers, New York
Cambridge, Philadelphia, San Francisco, Washington,
London, Mexico City, São Paulo, Singapore, Sydney

Photo Credits

Page 1 Oficina de Turismo de España, San Francisco, CA / *pp. 5, 8* author / *p. 29* © Peter Menzel / *p. 35* Hankin, Stock, Boston / *pp. 57, 63* author / *p. 81* Strickler, The Picture Cube / *p. 88* author / *p. 109* Oficina de Turismo de España, San Francisco, CA / *pp. 112, 136* author / *p. 143* © Putnam, The Picture Cube / *p. 161* Oficina de Turismo de España, San Francisco, CA / *p. 168* author / *p. 191* © Beryl Goldberg / *p. 196* © 1983 Peter Menzel / *p. 220* © 1980 Peter Menzel / *p. 227* © 1985 Peter Menzel / *p. 251* author / *p. 258* © 1982 Hedman, Jeroboam / *p. 266* author / *p. 285* © Peter Menzel / *p. 291* author / *p. 320* Alan Herring / *pp. 324, 327* author

Sponsoring Editor: Robert Miller/Leslie Berriman
Project Editor: Brigitte Pelner
Text Design: Brand X Studios/Robin Hessel
Cover Design: Miriam Recio
Photo Research: Mira Schachne
Production Manager: Jeanie Berke
Production Assistant: Brenda DeMartini
Compositor: Waldman Graphics, Inc.
Printer and Binder: R. R. Donnelley & Sons Company

El arte de la conversación, El arte de la composición, Cuarta edición
Copyright © 1987 by Harper & Row, Publishers, Inc.

Library of Congress Cataloging in Publication Data
Ponce de León, José Luis S.
  El arte de la conversación, el arte de la composición.

  Includes index.
  1. Spanish language—Conversation and phrase books.
2. Spanish language—Composition and exercises.   I. Title.
PC4121.P644 1987   468.3′421   86-19469
ISBN 0-06-045324-9

86 87 88 89 9 8 7 6 5 4 3 2 1

A mis estudiantes, y a Steven,
que enseña a navegar en dos idiomas

CONTENIDO

Preface · ix

1· **CONTACTOS CULTURALES · 1**

   Diferentes tipos de **se** · 13

   La experiencia personal. El ensayo
   basado en la experiencia personal · 23

2· **LOS ESPECTACULOS · 29**

   Los pronombres relativos (1) · 42

   El ensayo expositivo · 47

   Los signos de puntuación (1) · 48

3· **LA JUSTICIA · 57**

   Los pronombres relativos (2) · 70

   Los signos de puntuación (2) · 72

4· **LA GENTE JOVEN · 81**

   Por y **para** (1) · 92

   Uso de los acentos · 98

5· **LOS TOPICOS NACIONALES · 109**

   Por y **para** (2) · 121

   La descripción y la narración · 127

6· **EL ANTIAMERICANISMO · 136**

   Ser y **estar** (1) · 149

Ortografía · 152
El punto de vista en la narración · 153

7· LOS DEPORTES · 161

Ser y **estar** (2) · 173
Los diferentes puntos de vista · 179
Ortografía · 181

8· LOS MEDIOS DE INFORMACION · 191

Los tiempos del pasado · 203
La técnica del retrato · 209
Ortografía · 210

9· LA UNIVERSIDAD · 220

Los usos del subjuntivo (1) · 236
La autobiografía y la biografía · 240
Ortografía · 241

10· LO HISPANO EN LOS ESTADOS UNIDOS · 251

Los usos del subjuntivo (2) · 267
La narración en las culturas bilingües · 272
Ortografía · 274

11· LA NATURALEZA · 285

Los usos del subjuntivo (3) · 301
La correspondencia · 307
Verbos que toman preposición · 310

12· VISION DE USA · 320

Los usos del subjuntivo (4) · 333
Verbos que toman preposición (2) · 340
Las conjunciones · 342

Libros de interés para este curso · 353
Vocabulario general · 358
Indice de dificultades · 365

PREFACE

This book is intended for intermediate level college and university courses, or for third or fourth year high school courses. Its main purpose is to review the more complex aspects of Spanish grammar, to expand vocabulary for conversation, and to teach how to write in a simple, clear style. It can be used in conversation courses, in composition courses, and in those that combine both conversation and composition.

El arte de la conversación is for oral practice. Since class time is precious, students can read the dialogues at home, and devote the time spent in class to conversation after a brief explanation of some of the more complex points.

The characters introduced in the dialogues are: an American couple (Sheila and Craig, two names that cannot be translated into Spanish) who speak Spanish as a second language; an Hispanic couple (Manuel and Pilar, two typical names in Hispanic countries); and four young people—María Luisa, daughter of the Spaniard Manuel and his Mexican wife Pilar; Howard, the son of the American couple; Rita, an American of Hispanic descent, and Steven, another Spanish-speaking American.

These characters are the product of their own environments. They are middle class, well educated, cosmopolitan and full of curiosity for other cultures and for different ways of life. They are not perfect; they have virtues and shortcomings, but they are all united by a sincere affection for one another which permits them to be fun-loving and even sarcastic in their conversations, without hurting anybody's feelings.

Manuel uses the *vosotros* form, common in most parts of Spain; his wife and daughter, however, prefer the use of the *ustedes* form, favored in some parts of the South of Spain, in the Canary Islands, and in all of Hispanoamérica. Their American friends always use the *ustedes* form.

The Spanish used in this book tries to reflect, as much as possible, the great linguistic variety of the Hispanic world. There is a common language that permits over two hundred million Spanish speakers to understand one another, even though enormous distances separate them. There are Spanish speakers in Europe (not only in Spain but also in other Mediterranean countries with large populations of Sephardic Jews), Hispanoamérica, the United States (where Spanish really is not a foreign language) and in the Philippine Islands. Of course there are some differences in the language of this extensive Hispanic world, but the linguistic and cultural heritage has a common base that unites Spanish speakers all over the world. If the linguistic creativity of the inhabitants of each area has introduced innovations in the language, the common heritage is not damaged but, on the contrary, enriched by the contributions of each group.

Each lesson opens with a dialogue that centers around the book's characters. The instructor should explain in class those parts of the dialogue that may be considered more difficult, and answer questions students might have on that part of the lesson. The whole class should then proceed to the next sections.

Práctica individual is a section for controlled conversation. Students may act as one group, or may be divided into different groups. The instructor may act as a polltaker for the whole class, or one student may conduct a poll in each different group. Both ask the students the questions listed in this section. This exercise covers the new or more interesting expressions in the dialogue, thus forcing the students to use them in their responses. Once the poll has been conducted, the whole class acts as a single group and the instructor leads the *Comentarios sobre los resultados de la encuesta*. The students will inevitably use the new vocabulary in their comments, but they will have more freedom to expand and comment on the answers given.

Then follows a *Práctica general*, where the students will have to provide their own questions based on the subject and vocabulary treated in the dialogue. This will help the new expressions to sink in.

The *Práctica de vocabulario* goes one step further. Students are faced with sentences that include synonyms of the new vocabulary, and they will have to provide an equivalent word from among the ones they have just practiced. Thus, the sentence: "No me gusta la gente *que tiene malos modales*" has to be changed to: "No me gusta la gente *mal educada*". This section can also have the format of questions and answers, the synonym in the question and the new vocabulary in the answer: "¿Te gusta la gente *que tiene malos modales*?... No, no me gusta la gente *mal educada*."

The *Ampliación de vocabulario* introduces additional material and questions on each subject. New words are always presented within a context that makes them self-explanatory, and that connects them to actual situations in everyday life. Students can read this section at home, and then practice the newly acquired vocabulary in class conversation. Another possibility is for the instructor to present each paragraph in class, writing new words and expressions on the blackboard, and then providing practice through questions and answers. Later, a general practice of the whole section can be done, with or without the new vocabulary still written on the blackboard. All instructors know full well that students should be given adequate time to absorb the new material. The words written on the blackboard act as a security blanket for the first few rounds. If this section is found to be too comprehensive, it can be shortened through a selective process, choosing the vocabulary that is considered more useful for the purposes of the group.

Dificultades y ejercicios presents several examples of each linguistic problem. The purpose of these exercises is to help students absorb new expressions through repetition.

Practicando al contestar has the same purpose. Each question includes one of the linguistic problems the students have just practiced. Each response should contain the same structure. The questions included are models for others that the students themselves should formulate and pose to their classmates.

The *Pequeño teatro* allows more freedom for conversation, but always keeping in mind that the purpose is to practice the new vocabulary. The ideas presented in this section are suggestions, and both students and instructors can create other skits.

Sea usted mi intérprete, por favor is a section that some instructors may prefer to skip. For some, English should be banned completely from the classroom. Another view is that, at this level of instruction, this section will let the students see analytically how two different languages express the same idea, not only with different words but, sometimes, with a different concept of the surrounding world. By asking the students to play the part of interpreters, and by asking them to prepare their own questions, they can reaffirm their grasp of the new structures. Whether to use this section or not is up to the instructor to decide.

Cuestiones gramaticales is for both conversation and composition courses. It explains some of the more difficult structural points of the Spanish language. This book does not present a complete grammar and, of course, each individual may agree or not with the choices made by the author, and with the order in which they are presented. The exercises help the students to see each idea expressed in two different ways. Each linguistic problem may be solved with alternative possibilities. One solution permits avoidance of the problem, while the other faces the problem directly.

El arte de la composición tries to provide a balance between the students' creativity and their need to practice a specific vocabulary and a set of grammatical structures listed at the end of the section. This list is given without English equivalents, which can be found at the end of the book. Using the list as a source of material for their composition, students should include in their work as many of these new items as they can. The purpose of this composition is not to write a piece of first-class literature but, in all modesty, to practice what has been learned, accepting certain limitations to the creative ability of each student.

Within this section on *El arte de la composición,* each lesson presents some basic aspects of the art of writing, from the prosaic problems of the use of accents and punctuation, to the more literary of creating a description, a portrait, or an essay.

At the end of each lesson there is a *Revisión general,* where more practice can be found. These exercises can be done all together at the end of the lesson, or they can be used in connection with its different sections: one set after the opening dialogue and the *Ampliación de vocabulario,* another after the *Dificultades y ejercicios,* and a third set of exercises at the end of *Cuestiones gramaticales.* The needs of each group will dictate how to use this section. Small portions of it can be used as a source of material for quizzes or exams.

The approach to conversation and composition taken in this book has worked very well for many years. Manuel, Pilar and their daughter María Luisa present the foreigners' point of view on American society, sometimes positive and admiring, often critical to the point of irritation. The purpose of those critical remarks is to provoke the students' reaction, and to force the class to find arguments that will refute those adverse comments. This system of challenging national sensitivities has worked in the past as a good source of conversation and of subject matter for compositions, and it is hoped that it will work in the future, to the linguistic benefit of all students of Spanish.

Many friends and colleagues have used *El arte de la conversación, El arte de la composición* over the years. Their comments and criticisms were gratefully accepted when this fourth edition was prepared.

I would like to express my appreciation to all those who reviewed the former editions of this book. My gratitude also goes to the reviewers who kindly read the manuscript of the present edition, and whose suggestions were highly valued by the author: Professors Thomas S. Parry, The George Washington University; Ignacio R. M. Galbis, University of Southern California; Roberto A. Veguez, Middlebury College; Soledad H-D Jasin, Southern Methodist University. I would also like to thank my editors Robert Miller and Leslie Berriman, and my students who, with their questions, year after year, made me see what is difficult and what is not for American students of the Spanish language.

José Luis S. Ponce de León

EL ARTE DE
LA CONVERSACION
EL ARTE DE
LA COMPOSICION

CONTACTOS CULTURALES

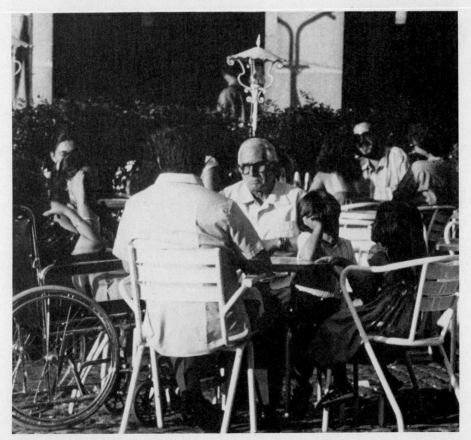

En los países hispánicos, las terrazas de café son un importante punto de reunión para familias y amigos, sin separación de las diferentes generaciones.

☐ *Personajes: Sheila, su marido Craig y su hijo Howard, norteamericanos. Pilar, peruana, su marido Manuel, español, y su hija María Luisa.*

MARIA LUISA Oye, Howard, esos amigos de tus padres que nos han invitado a una fiesta en su casa son un poco **mal educados**.[1] ¿No crees?

CRAIG ¿Mal educados? ¿Por qué lo dices?

MARIA LUISA Hombre, te diré. En la invitación dicen que vayamos todos a su casa de cinco a siete de la tarde. Así, bien clarito: dos horas y nada más. Yo **me quedé fría**[2] cuando lo leí. Eso es una **grosería**.[3]

SHEILA Aquí no, niña. No es incorrecto hacer eso.

→ PILAR Debo confesar que a mí también me sorprendió. Claro, cada país tiene sus costumbres.

MANUEL Y ahí está el peligro cuando se viaja por otro país. Puedes saber muy bien su lengua, pero si no sabes nada de sus costumbres tarde o temprano vas a **meter la pata**.[4]

HOWARD Como hice yo en España cuando **me estiré**[5] en un café.

MARIA LUISA Sí, toda la gente **se quedó mirándote**.[6]

CRAIG Bueno, tampoco es muy correcto aquí.

HOWARD Es más frecuente que allá. Si uno de tus estudiantes se estira en clase, ¿le dices algo?

CRAIG Creo que no. Sé que a veces están cansados.

MANUEL Mis colegas españoles no lo tolerarían.

PILAR A mí me gustan las costumbres de aquí. Me parecen más espontáneas, menos **ceremoniosas**.[7]

CRAIG Sí y no. Tú misma nos dijiste que encontrabas un poco exagerada la costumbre de enviar *thank you notes* constantemente.

PILAR Tienes razón. Francamente, si alguien me da un regalo en persona, y yo le doy las gracias en el momento de recibirlo, no veo la necesidad de repetir las gracias con una cartita al día siguiente.

SHEILA Pues ya ves, si aquí no lo haces **quedas mal**.[8]

MANUEL Ahora que hablas de eso, en español ni siquiera tenemos una expresión equivalente al *thank you note*.

SHEILA ¿Es posible? Pero entonces, ¿no dan ustedes las gracias si alguien les envía un regalo por correo?

PILAR **Claro que**[9] lo hacemos, pero esa tarjeta o carta no tiene un nombre especial.

CRAIG **A ver**,[10] francamente, dígannos si nosotros **tuvimos** alguna **metedura de pata**[11] con ustedes por no saber las costumbres del mundo hispánico.

[1] no tienen buenos modales

[2] desagradablemente sorprendida

[3] falta de educación

[4] decir o hacer algo inaceptable

[5] estiré los brazos

[6] te miraron con asombro

[7] formal

[8] das una mala impresión

[9] naturalmente que

[10] vamos a ver

[11] metimos la pata

PILAR ¿De verdad quieres que te lo diga? Pues verás, un día, en noviembre, ustedes me mandaron un ramo de flores...

SHEILA ¿Y qué hay de malo en eso?

PILAR Nada, excepto que las flores eran crisantemos, que nosotros consideramos flores para los muertos.

PRACTICA INDIVIDUAL

CUESTIONARIO PARA UNA ENCUESTA *(poll)* Los estudiantes se dividen en grupos y se hacen preguntas unos a otros. Cada estudiante toma nota de las respuestas de los demás. Luego el profesor o la profesora pregunta los resultados de la encuesta y, si quiere, los va escribiendo en el encerado (la pizarra). Después toda la clase hace comentarios sobre esos resultados. Las preguntas que siguen obligan a usar algunas de las expresiones del diálogo. Estas palabras aparecen *en bastardilla,* y deben ser incluidas en las respuestas. El número en paréntesis al final de cada pregunta indica la nota marginal que explica su significado.

ENCUESTA
1. ¿Qué entiendes tú por una persona *mal educada* o *bien educada*? (1)
2. ¿Qué conducta de otras personas te hace *quedarte frío (-a)*? (2)
3. En tu opinión, ¿cuál sería una *grosería* imperdonable? (3)
4. Todos *metemos la pata* alguna vez. ¿Cuál fue tu peor *metedura de pata*? (4, 11)
5. ¿Crees que está bien *estirarse* en público? ¿Lo haces? (5)
6. ¿Te sientes incómodo (-a) si alguien *se queda mirándote*? ¿Cómo reaccionas? (6)
7. ¿Te gusta la gente *ceremoniosa*? Explica por qué sí o por qué no. (7)
8. ¿Alguna vez has *quedado mal* ante otras personas? ¿Qué pasó? (8)
9. Usando *claro que* en tu respuesta, contesta a estas preguntas: ¿Das las gracias cuando alguien te da un regalo?; cuando vas a una fiesta, ¿te marchas sin dar las gracias?; ¿siempre les dices a tus amigos todo lo que piensas de ellos? (9)

COMENTARIOS SOBRE EL RESULTADO DE LA ENCUESTA Ahora los estudiantes pueden leer ante la clase las respuestas que han anotado, y hacer comentarios sobre ellas.

PRACTICA GENERAL

Estas preguntas, y otras parecidas que los profesores y estudiantes deben crear, van dirigidas a toda la clase, para que todos participen en la conversación.

1. ¿Creen que en una invitación se debe indicar el tiempo que va a durar la fiesta, o creen que no se debe decir a los invitados a qué hora tienen que marcharse?
2. ¿Qué costumbres de su país creen ustedes que sorprenderán más a un visitante extranjero?
3. ¿Creen ustedes que debemos hacer algo simplemente « porque es la costumbre »?
4. ¿Qué costumbre extranjera les ha sorprendido más?

PRACTICA DE VOCABULARIO

Vamos a confirmar que se han aprendido bien todas las expresiones nuevas. En las frases siguientes, eliminaremos las palabras *en bastardilla* y usaremos otras, entre las que aparecen en el diálogo, que no cambien el sentido de la frase.

Modelo:

No me gusta la gente *que no tiene buenos modales.*
No me gusta la gente <u>mal educada</u>.

1. Mi sobrino ya no es un niño, y cuando lo vi comiendo con los dedos *me sorprendí muchísimo, y no me gustó nada.*
2. A veces, decir la verdad es una *falta de educación.*
3. Mi amigo habló mal de los italianos, y luego se dio cuenta que había *dicho algo inaceptable,* pues había varios italianos en la fiesta.
4. Cuando estoy cansado y aburrido siento deseos de *estirar los brazos.*
5. Encendí un cigarrillo en un restaurante para no fumadores, y toda la gente *me miró con asombro y con reproche.*
6. Mi abuela siempre era muy *respetuosa con las reglas de la etiqueta.*
7. Todos llevaron un regalito a la fiesta. Yo no llevé nada y *di muy mala impresión.*
8. Cuando me preguntaron si me gustaba bailar, dije: *naturalmente que* sí.
9. Cuando volví del viaje, los niños me dijeron: *Vamos a ver* qué nos traes.

AMPLIACION DE VOCABULARIO

A. En una sociedad como la norteamericana, formada por grupos de orígenes muy diferentes, se habla mucho de las diversas culturas existentes, utilizando este término en su sentido técnico, antropológico. En español también se puede usar así, pero en conversación es más fre-

Dos maneras de ver el mismo problema en un jardín de San Juan de Puerto Rico. El toque personal y estético frente a una advertencia muy seria y concisa.

cuente usar la palabra **costumbre**. Así se dice: « La poligamia forma parte de las **costumbres** musulmanas. » La palabra **cultura** se usa, generalmente, para indicar un nivel elevado de conocimientos, sensibilidad artística y refinamiento intelectual. Así, una persona **culta** es una persona **instruida**, alguien que ha leído mucho, que tiene **cultura**, que tiene una sólida **formación intelectual**; su contrario es ser **inculto**, ser un persona **sin cultura** o que no tiene **cultura**.

Una persona **educada** es alguien que tiene lo que la sociedad llama **buena educación, buenos modales** o **buenas maneras**. Por eso es posible decir de alguien: « Es una persona muy bien **educada**, pero muy **inculta**. » Es decir, tiene buenas maneras, pero es muy ignorante. Se dice, por lo tanto, que recibimos nuestra **educación** en casa, y nuestra **instrucción** o **enseñanza** en clase. La familia **educa**, la escuela **instruye** o **enseña**. Con estas palabras hay una cierta confusión, pues también se puede hablar de los problemas de la **educación pública**, es decir, de las escuelas. En algunos países hispánicos el ministerio que se ocupa de estas cuestiones es el Ministerio de Educación Pública; en otros se llama Ministerio de Instrucción Pública. Básicamente, sin embargo, podemos decir que la educación equivale a *manners*, y la instrucción a *education*.

1. ¿Cuál es tu concepto de una persona culta?
2. ¿Cómo es una ciudad con un alto nivel cultural?

3. ¿Crees que la ciudad donde vives puede ser llamada una ciudad culta?

4. Usando la palabra « cultura » en su sentido antropológico, ¿cuántos grupos culturales ves tú en la sociedad en la que vives?

B. Las reglas de la buena educación cambian de una sociedad a otra. Es posible **ser cortés** (ser una persona bien educada, estar bien educado) en una sociedad, y **ser descortés** (ser una persona mal educada, estar mal educado) en otra. Estas diferencias se notan, por ejemplo, cuando se compara lo que se considera **correcto, de buena educación**, o **incorrecto, de mala educación**, en la mesa. En el mundo hispánico, por ejemplo, es incorrecto tener la mano izquierda debajo de la mesa durante las comidas, algo perfectamente correcto en la sociedad norteamericana.

Los adjetivos **correcto** e **incorrecto** se usan, generalmente, en la forma indicada más arriba: están relacionados con las normas de la **corrección social**. Cuando se habla de la corrección gramatical de una frase se prefiere decir, para evitar confusiones, que la frase **está bien** o **está mal**. Así, se considera socialmente incorrecto, aunque sea gramaticalmente correcto, decirle a alguien: « ¡Qué gordo está usted! » Es anglicismo preguntar: ¿**Correcto**? después de decir algo. La pregunta ¿**verdad**? es más correcta, gramaticalmente, claro está, como en: « Caracas es la capital de Venezuela, ¿verdad? »

1. ¿Qué es correcto o incorrecto en la cultura norteamericana?: no levantarse cuando entra en clase el profesor; estirarse o bostezar en público; meterse el dedo en la nariz; ir a clase en pantalón corto; ir a clase descalzo; hablar con la boca llena; comer con los dedos; interrumpir a otra persona cuando está hablando; usar el nombre, y no el apellido, con personas a las que se acaba de conocer.

2. ¿Cómo le explicarías a un amigo extranjero cuáles son las reglas básicas de la cortesía en tu país?

3. En algunos países es frecuente saludar a las señoras besándoles la mano. ¿Qué te parece esa costumbre?

4. En muchos países los niños norteamericanos tienen la reputación de estar muy mal educados. ¿Estás de acuerdo con eso? ¿Por qué crees que tienen esa fama?

C. Cuando una persona es muy cosmopolita y está acostumbrada a moverse en sociedad, se dice de ella que **tiene mundo**, que **es una persona de mundo**. Lo contrario es ser **provinciano** o **pueblerino**. Si se dice, por otra parte, que alguien es **mundano** se está diciendo que es **frívolo**. Si esa persona es seria y digna de confianza, es **formal**: siempre actúa con seriedad, con **formalidad**. Una persona poco seria, por el contrario, que siempre llega tarde y que nunca hace lo que ha prometido hacer, es **informal**. Alguien que da mucha importancia a las **reglas de la etiqueta** es una persona **formulista, etiquetera o ceremoniosa**. Si es **poco etiquetera** decimos de ella que es **sencilla**.

Una fiesta muy elegante, en la que toda la gente está muy bien vestida, es una fiesta **de etiqueta**. Las señoras llevan **traje de noche** (generalmente largo, aunque esto depende de la moda), y los caballeros llevan **esmoquin** *(tuxedo)* o **frac** *(tails)*. Si la fiesta no es tan elegante, pero se espera de los invitados que vistan bien, se les dice que los hombres deben llevar chaqueta y corbata. Es anglicismo usar el español **formal** en el sentido del inglés *formal*. Por lo tanto, una invitación, o un contrato, o cualquier otra cosa que cumple con ciertas condiciones de forma es una invitación, o un contrato **en forma**. Si decimos que una fiesta es formal, estamos diciendo que en ella todos están serios y la fiesta es, posiblemente, bastante aburrida.

Algunas sociedades hispánicas son más etiqueteras que otras, y es difícil hacer generalizaciones. En algunos países hispánicos ha habido una reacción contra el **formulismo** social, y hay una gran libertad en cuanto al vestido en fiestas, teatros y restaurantes.

1. Los conceptos explicados anteriormente, ¿te parecen válidos para toda la sociedad, o crees que reflejan simplemente los criterios de una cierta clase social?
2. ¿Qué aspectos de la etiqueta de tu sociedad te parecen vacíos de contenido?
3. ¿Crees que obedecer ciegamente las reglas de la etiqueta refleja inseguridad personal en la vida de sociedad?
4. ¿Crees que, en general, la generación de tus padres es más etiquetera que la tuya?

LA CULTURA Y LA LENGUA

La historia, la religión, la literatura y, en general, las formas de vida de cada sociedad ayudan a la creación de **expresiones idiomáticas** que entran en la conversación diaria, aunque su origen se haya olvidado. El pasado entra, así, a formar parte del presente de la cultura en la cual vivimos. Veamos algunos ejemplos:

A. Hay moros en la costa: hay peligro, o alguien puede estar escuchando la conversación. Este dicho recuerda el temor que, en los siglos XVI y XVII, sentían los habitantes de la costa mediterránea de España ante los frecuentes ataques de los piratas turcos y del norte de Africa. Se usa, por ejemplo, para advertir a alguien que no mencione ciertos temas en presencia de unos niños: « No me lo cuentes ahora. Hay moros en la costa. »

La cultura española chocó con las culturas prehispánicas de América, y entre las dos produjeron una cultura nueva. Las ruinas del observatorio de Chichén Itzá, en Yucatán, nos muestran todavía el pasado esplendor de la civilización maya.

B. Algo es obra de romanos: un trabajo difícil, que lleva mucho tiempo. Algunos de los monumentos romanos construidos en España, como el acueducto de Segovia, necesitaron mucho tiempo y esfuerzo para ser terminados. Por eso se puede decir: « Escribir una buena enciclopedia es obra de romanos. »

C. Poner una pica en Flandes: hacer algo muy difícil. Una de las armas que usaban los soldados españoles de los siglos XVI y XVII en las guerras de Flandes (lo que ahora es Bélgica y Holanda) era la pica *(pike)*. Esas guerras fueron una constante fuente de aventuras, y haber sido soldado en Flandes era causa de orgullo. Así, cuando un curso es muy difícil, un estudiante puede comentar: « Sacar una A en esa clase es poner una pica en Flandes. »

D. Quemar las naves, como Cortés: tomar una decisión muy importante, de la cual no se puede volver atrás. Hernán Cortés, el conquistador de México, destruyó sus propios barcos después de desembarcar en lo que es ahora Veracruz, haciendo así imposible la retirada. Alquien puede decir: « Hoy quemé las naves. Dejé mi trabajo, y además le dije al jefe que es un imbécil, así que no podré volver a trabajar allí. »

E. Valer un Perú: ser una persona o cosa de mucho valor. Las enormes riquezas encontradas en Perú y en la actual Bolivia dieron origen a esta expresión. « Mi madre es una mujer extraordinaria. Vale un Perú. »

PRACTICA

Ahora eliminaremos las palabras *en bastardilla,* y usaremos en su lugar una de las expresiones idiomáticas explicadas.

1. Si consigo convencer a mi padre de que me compre un coche, puedo decir que *hice algo muy difícil.*
2. Construir el canal de Panamá fue *algo muy largo y complicado.*
3. Mi hermano *lo abandonó todo para siempre:* Dejó su empleo, vendió todo lo que tenía, se hizo budista y se marchó a vivir a Nepal.
4. Tengo un perro que, una vez, me salvó la vida. Para mí, mi perro *es más importante que nada en el mundo.*
5. Te hablaría con más claridad sobre este problema, pero hay *alguien que nos puede oír.*

Piensa un poco en las expresiones que usas en tu conversación. ¿Cuáles crees que tienen su origen en la historia de tu país?

1. Si criticas a alguien diciendo que « **se cree descendiente de los que llegaron en el Mayflower,** » ¿qué estás diciendo de esa persona?
2. ¿Cómo le explicarías a un extranjero qué es **la última frontera**?
3. La Quimera del Oro (¿cómo se dice en inglés?) hizo que miles de personas fueran a California. ¿Piensas en esto cuando hablas de **to strike it rich,** o de **to hit pay dirt**? ¿Qué otras expresiones se te ocurren, relacionadas con la historia de los Estados Unidos?

DIFICULTADES Y EJERCICIOS

A. Uso de: extranjero, forastero, desconocido, extraño, raro

extranjero (-a)	*foreigner*
el extranjero	*foreign countries*
forastero (-a)	*stranger, out of towner*
desconocido (-a)	*stranger, unknown person*
extraño (-a), raro (-a)	*strange*

Durante las vacaciones de verano, la ciudad se llena de **extranjeros** y **forasteros**. A mucha gente le gusta viajar por **el extranjero,** y en sus viajes habla con **desconocidos** que, muchas veces, se convierten luego en buenos amigos. En la ciudad, cuando hay muchos turistas, se oyen lenguas **extrañas,** lenguas **raras** de países exóticos, que crean una atmósfera cosmopolita.

PRACTICA

En estas frases eliminamos las palabras *en bastardilla* y usamos, en su lugar, alguna de las palabras estudiadas.

Modelo:

Ayer conocí a una familia *de otro país.*
Ayer conocí a una familia extranjera.

1. En los festivales de verano hay mucha gente *de otras ciudades.*
2. Me recomendaron que no hablara con gente *que no conozco.*
3. Hay extranjeros que hablan con un acento muy *extraño.*
4. Me gusta viajar por *otros países.*
5. En las películas de vaqueros, casi siempre hay un personaje típico, que es un *hombre de otra ciudad.*
6. Cuando viajo, visito ciudades *que no conozco.*
7. Cuando alguien « no es como todos », muchos dicen que es muy *raro.*

PRACTICANDO AL CONTESTAR

1. ¿Cuál es la diferencia entre un extranjero y un forastero?
2. ¿Has estado alguna vez en el extranjero?   3. ¿En qué circunstancias hablas, o no hablas, con desconocidos?   4. ¿Qué te parece extraño en lo que conoces de la cultura hispánica?

B. Uso de: quedar; quedar (a) + situación + **de; quedar** + **bien/ mal** + **(con)** + ...; **quedar de** + infinitivo; **quedar en** + infinitivo; **quedar por** + infinitivo; **quedar sin** + infinitivo

a. **quedar**   *to be (located)*

¿Dónde queda Puerto Vallarta? Queda en la costa del Pacífico.

b. **quedar (a)** + situación + **de**   *to be* + location + *from/of*

El Escorial queda cerca de Madrid. Avila queda más lejos.
En el mapa, Venezuela queda a la derecha de Colombia.
Cuernavaca queda a pocos kilómetros de México.

c. **quedar** + bien/mal + **(con)**   *to cause a good/bad impression*

Le mandé un magnífico ramo de flores, y quedé muy bien (con ella).
En la fiesta bebí demasiado, y quedé muy mal (con mis amigos).

d. **quedar de** + infinitivo   *to promise to . . .*

> ¡Qué informales! Quedaron de llegar a las cinco; ya son las cinco y media y todavía no han llegado.

e. **quedar en** + infinitivo   *to agree on . . .*

> Quedamos en vernos en la cafetería mañana a las diez de la mañana.

f. **quedar por** + infinitivo   *not to be* + participle + *yet*

> No tengo dinero, y aún queda por pagar la cuenta de la luz.

g. **quedar sin** + infinitivo   *to be un* + participle

> Definitivamente, este mes quedó sin pagar la cuenta de la luz.

PRACTICA

Vamos a eliminar las palabras *en bastardilla* y a usar, en su lugar, una de las variantes de **quedar**.

> **Modelo:**
> Santa Bárbara *está* entre Los Angeles y San Francisco.
> Santa Bárbara <u>queda</u> entre Los Angeles y San Francisco.

1. En los Estados Unidos, si no escribes una cartita para dar las gracias por un regalo, *causas mala impresión.*
2. Me gusta la gente formal que, cuando *promete* llegar a una cierta hora, llega en punto.
3. Cuando *estoy de acuerdo* en ir al cine con alguien, no cambio de idea en el último minuto.
4. Ayer estuve muy ocupado, y la composición que debía escribir *no fue escrita.*
5. Buenos Aires *está* en la orilla derecha del Río de la Plata, y Montevideo *está* en la orilla izquierda.
6. Quisieron construir una iglesia enorme y nunca la terminaron. Las torres *no están construidas todavía.*
7. Sevilla es un puerto fluvial que *está a* pocos kilómetros del océano.
8. Creo que en la entrevista que me hicieron *causé buena impresión.*

PRACTICANDO AL CONTESTAR

1. ¿Dónde queda la ciudad donde usted vive?   2. ¿A cuántos kilómetros de la universidad queda su casa?   3. Cuando usted mete la pata, ¿cómo queda, bien o mal?   4. Cuando usted queda de llegar a una hora determinada, ¿es puntual o llega tarde?

5. ¿Es usted una persona seria? Cuando queda en hacer algo, ¿lo hace?   6. ¿Ya hizo todo su trabajo hoy? ¿Qué le queda por hacer?   7. ¿Podrá terminar su trabajo hoy? ¿Qué le quedará sin hacer?

PEQUEÑO TEATRO

1. Si algunos miembros de la clase han viajado por el extranjero, pueden explicar sus reacciones ante las diferentes costumbres que encontraron. Los demás no deben limitarse a escuchar, sino que harán preguntas y pedirán aclaraciones.
2. La gran variedad étnica de los Estados Unidos es un buen tema de conversación. El famoso **crisol norteamericano** (*melting pot*), por ejemplo, ¿es una realidad o un mito? ¿Todos los grupos de la sociedad norteamericana tienen las mismas costumbres? ¿Cómo coexisten las varias tradiciones culturales?
3. La clase se puede convertir en un grupo de antropólogos y sociólogos que estudia la sociedad norteamericana. ¿Cómo son las costumbres tribales en cuanto a la familia, el trabajo, la vejez, la muerte? ¿Es cierto que hay una fuerte presión hacia la uniformidad? ¿Cuál es la reacción de la sociedad ante lo que es diferente? ¿Qué es « ser diferente »?

SEA USTED MI INTERPRETE, POR FAVOR

Los estudiantes se turnan para hacer el papel de una persona que sólo habla inglés, pero que quiere conversar con hispanohablantes. El angloparlante hace una pregunta en inglés, su intérprete la traduce al español, un tercer estudiante contesta en español, y el intérprete da la respuesta en inglés. Recuerden, no es una cuestión de « traducción », sino de « ¿cómo expresaría usted esta idea en español? ». Cada estudiante debe preparar, en inglés, unas preguntas cuyo equivalente en español incluya el vocabulario estudiado, y hacérselas a sus compañeros de clase para que ellos, al comprender la pregunta y al dar una respuesta, practiquen lo aprendido y vean una misma idea expresada en dos idiomas diferentes. Y recuerden también que un buen intérprete no pierde el tiempo con « él/ella pregunta que... » o « dice que... » sino que habla en primera persona, como un *alter ego* de quien pregunta o contesta. Así, si un hombre dice: « I shave every morning, » y su intérprete es una mujer, ella debe decir sin pestañear: « Me afeito todas las mañanas ». Preparen preguntas de este tipo:

1. Will you bring up your children the same way you have been brought up? If yes, or no, explain why.
2. What makes you think that you are, or are not, an educated person?
3. When you see that you have put your foot in your mouth, what do you do?
4. Do you think that the idea of what is polite and what is not polite changes from one social class to another? Give examples that confirm your opinion.

CUESTIONES GRAMATICALES

Los diferentes tipos de se

A. **Se** como forma del pronombre de objeto indirecto

Todos sabemos que los pronombres de objeto indirecto **le, les** se convierten en **se** cuando preceden a los pronombres de objeto directo **lo, los, la, las**.

Escribí una carta a mi hermano. → *Le la escribí → **Se la** escribí.[1]

Esta forma de **se**, producto de un cambio de las formas **le, les**, no tiene nada que ver con las formas que vamos a estudiar ahora, y no hay que confundirla con ellas.

B. **Se** reflexivo

1. Cuando la acción expresada por un verbo recae sobre la misma persona que realiza esa acción, decimos que el verbo es reflexivo. Podemos identificar un verbo reflexivo cuando podemos añadirle la expresión: **a sí mismo, a ti mismo**, etc.

Reflexivo	No reflexivo
Manuel se afeita (a sí mismo).	El barbero afeita a Manuel.
Ellos se bañaron.	Ellos bañaron al perro.
Yo me lavo (a mí mismo).	Yo lavo la camisa.
Nos conocemos bien (a nosotros mismos).	Conocemos bien a nuestros amigos.
Te preguntas (a ti misma) qué debes hacer.	Preguntas a tu padre qué debes hacer.
Vosotros os vestisteis para la fiesta.	Vosotros vestisteis a los niños para la fiesta.

---

[1]Un asterisco indica que la frase no está bien gramaticalmente.

2. Hay muchos verbos que no aceptan añadirles las formas **a sí mismo, a nosotros mismos,** etc., pero que son también reflexivos, pues la acción indicada por el verbo recae sobre el sujeto de ese verbo. Así, si Manuel dice que se aburrió en la fiesta, no quiere decir que se aburrió a sí mismo con su propia conversación estúpida, sino que sintió aburrimiento, no necesariamente causado por él mismo.

Del mismo modo, hay verbos reflexivos que, por su significado, no indican que el sujeto tuvo la intención de realizar la acción. Esta acción, sin embargo, ocurrió, y el sujeto sufrió sus consecuencias. Si digo que el niño se cayó de la silla no estoy diciendo que él tenía la intención de caerse. Un caso diferente sería si yo digo que el niño se tiró de la silla, es decir, lo hizo voluntariamente.

Reflexivo	No reflexivo
Ella se divirtió mucho en la fiesta.	Ella divirtió a todos con sus chistes.
Manuel se despertó a las ocho.	Manuel despertó a Sheila a las ocho.
Los niños se cansaron.	Los niños cansaron a los abuelos.
El barco se hundió.	Hernán Cortés hundió los barcos.
El niño se cayó.	El perro hizo caer al niño.
La muchacha se ahogó en el río.	El criminal ahogó a su víctima.

3. Hay algunos verbos que sólo existen en forma reflexiva, pues su propio significado hace imposible que tengan una forma no-reflexiva: **arrepentirse de** (lamentar haber hecho algo), **suicidarse** (matarse), **abstenerse de** (no hacer algo), **quejarse** (lamentarse), **dignarse** (condescender a hacer algo), **atreverse a** (tener el valor de), y algunos otros. Estos verbos expresan acciones o sentimientos que, inevitablemente, recaen sobre el sujeto: Una persona puede suicidarse (matarse), pero no puede « suicidar a otro », aunque sí puede matarlo. Yo puedo arrepentirme de mis propias acciones, o puedo influir sobre alguien para que se arrepienta de las suyas, pero no puedo « arrepentir a otro ».

Reflexivo	No reflexivo
El pobre hombre se suicidó.	Pero antes mató a su mujer.
No quiere votar. Se abstiene.	No quiere votar. No vota.
No se dignó contestarme.	No tuvo la amabilidad de contestarme.
Se queja (se lamenta) de todo.	Lamenta que todo esté mal.
Se arrepiente de sus pecados.	Lamenta haber pecado.

these can't change the refl. pronoun — always agrees = the subject.

4. Algunos verbos tienen un significado cuando funcionan como reflexivos, y otro significado cuando funcionan como verbos no-reflexivos.

Reflexivo	No reflexivo
El se durmió en clase. (Se quedó dormido; empezó a dormir.)	Durmió en clase. (Estuvo durmiendo.)
El juez se casó. (Contrajo matrimonio.)	El juez casó a los novios.
Se despidió de sus amigos. (Les dijo adiós.)	Despidió a su secretario. (Le dijo que ya no trabajaría más.)
Mi hermano se fue a su casa. (Salió hacia su casa.)	Mi hermano fue a su casa. (Salió hacia su casa y estuvo en ella.)
El se negó a firmar. (Dijo que no firmaría.)	El negó que la firma era suya. (Dijo que la firma no era suya.)

(echar - to fire)
- to fire

PRACTICA

A. Vamos a expresar estas ideas en forma reflexiva.

Modelo:

El accidente me asustó. Yo...
Yo me asusté.

1. El ruido te asustó. Tú...   2. La medicina la calmó. Ella...
3. Sus problemas lo preocupan (a usted). Usted...   4. La fiesta nos aburrió. Nosotros...   5. El viaje las cansó (a ellas). Ellas...
6. Acosté a los niños. Los niños...   7. La película nos durmió. Nosotros...   8. Todos lo llaman Pepe. El... *(se llama)* 9. El abuelo reunió a la familia. La familia...   10. El va a su casa. El... *se va etc.*

B. Ahora vamos a usar un verbo reflexivo en lugar de las palabras que están *en bastardilla*.

Modelo:

El *dice que es mala* la comida.
El se queja de la comida.

1. La clase era tan aburrida que los estudiantes *empezaron a dormir*.   2. Mañana salen para México, y hoy visitaron a la abuela para *decirle adiós*.   3. El presidente *no quiso* firmar.   4. Mi hermano *contrajo matrimonio* con una mexicana muy guapa.
5. Romeo creyó que Julieta estaba muerta, y *acabó con su vida*

negarse a

voluntariamente. 6. El Titanic chocó con un iceberg y *desapareció bajo las aguas.* 7. Muchos pasajeros *murieron en el agua.* 8. Cuando tienen clase a las ocho de la mañana, los estudiantes tienen que *dejar de dormir* muy temprano. 9. Los niños *estuvieron muy divertidos* en el circo. 10. El *no vota.*

C. **Se** recíproco

1. Algunos verbos indican una relación mutua entre dos o más personas: El padre quiere a su hijo, el hijo quiere a su padre. En menos palabras: El padre y el hijo se quieren (el uno al otro). Sabemos que una acción es recíproca cuando podemos añadir a la frase las expresiones **mutuamente** o **el uno al otro, el uno a la otra** y otras posibles combinaciones: **los unos a los otros, las unas a las otras,** etc. El verbo siempre está en plural, pues el sujeto es siempre *nosotros, vosotros, ellos, ellas* o *ustedes.*

Recíproco	No recíproco
El novio y la novia se prometieron fidelidad (el uno a la otra).	El novio prometió fidelidad a la novia, y ella prometió fidelidad al novio.
Los dos cómplices se acusaron el uno al otro.	Un cómplice acusó al otro, y viceversa.

2. Algunos verbos que pueden funcionar como recíprocos ofrecen la posibilidad de ser usados también con la estructura de **forma reflexiva + con**. En estos casos, la actitud de una de las partes en la relación recíproca adquiere más importancia que la actitud de la otra parte:

Enrique y su vecino no se hablan.	Enrique no se habla con su vecino.
Ella y su familia no se escriben.	Ella no se escribe con su familia.
Los dos amigos se pelearon.	El se peleó con su amigo.

Otros verbos de este tipo son: *disputarse, entenderse, llevarse bien/mal, tratarse, reunirse.*

PRACTICA

A. Vamos a hacer frases en forma recíproca, tomando como punto de partida las frases siguientes.

Modelo:

Mi hermano me escribe a mí y yo le escribo a él.

Mi hermano y yo nos escribimos.

1. Tú quieres a tu marido y tu marido te quiere a ti.   2. Algunas familias tienen problemas: Los padres no comprenden a los hijos, y los hijos no comprenden a los padres.   3. En mi familia, todos comprenden a todos.   4. Yo trato a los extranjeros con corrección, y ellos me tratan con corrección también.   5. El forastero me habló con cortesía, y yo le hablé con cortesía.   6. Esos dos no tienen educación. El la llamó pueblerina, y ella lo llamó pueblerino.   7. El la insulta y ella lo insulta.   8. El novio besó a la novia, y la novia besó al novio.   9. Mis amigos me escriben en Navidad, y yo les escribo a ellos.   10. Ellos me felicitan las Pascuas a mí, y yo les felicito las Pascuas a ellos.

Ellos se llamaron
Los novios se besaron etc.

y nos felicitamos

B. Ahora vamos a cambiar de la forma recíproca a la forma reflexiva + **con**.

Modelo:

Mi vecino y yo no nos hablamos.

Yo no me hablo con mi vecino.
o: Mi vecino no se habla conmigo.

enfadarse

when using "con" use the reflexive

Ella no se entiende con su marido.

1. Mi hermana y su marido (se) disputan constantemente.
2. Ella dice que su marido y ella no se entienden.   3. Es raro, porque antes ella y él se llevaban muy bien.   4. No sé qué pasó, pero ahora ella y él se llevan mal.   5. Ella y la familia de su marido no se tratan.   6. Ella y su familia nunca se reúnen.

D. **Se** emotivo

Algunos verbos pueden adquirir un sentido más emotivo y personal, aunque sin cambiar de significado, tomando la forma reflexiva. Si el verbo tiene un objeto directo, lo conserva.

FOR EMPHASIS

Se emotivo	Sin se emotivo
El se bebió una botella de whisky, y se murió.	El bebió una botella de whisky y murió.
Se fumó todos mis cigarrillos.	Fumó todos mis cigarrillos.
Los niños se comieron el postre.	Los niños comieron el postre.

Otros verbos que pueden tomar el **se** emotivo: *tomar, esperar, pasar, subir, bajar, temer, reír, andar, recorrer, merecer.*

PRACTICA

Este ejercicio es muy fácil y puede hacerse rápidamente. Vamos a contestar a estas preguntas reforzando el significado del verbo con **se**.

Modelo:

¿Crees que María merece una A?
Sí, creo que se merece una A.

1. ¿El perro subió al sofá?   2. ¿Es verdad que la pobre Elena esperó dos horas?   3. ¿Steven anduvo esa enorme distancia? 4. ¿María Luisa teme que va a llegar tarde?   5. ¿Los niños ríen mucho con los clones del circo?   6. ¿La niña tomó la medicina?   7. ¿Tu amigo va a pasar por tu casa?   8. ¿Crees que el gato puede bajar del poste de teléfono?

E. **Se** pasivo

1. Una frase en voz activa expresa un sujeto, una acción y un objeto de esa acción:

El sheriff expulsó del bar al forastero.

2. La misma idea puede ser expresada en voz pasiva:

El forastero fue expulsado del bar por el sheriff.

En esta frase hay dos sujetos: el forastero, sujeto pasivo que fue expulsado, y el sheriff, sujeto activo que lo expulsó.

3. Puede ocurrir que la idea principal (el forastero fue expulsado) es la que verdaderamente interesa a la persona que habla. El sujeto activo (el sheriff que expulsó) le parece menos importante, y no es mencionado en la frase. Aparecen entonces tres posibilidades:

a. Usar la forma pasiva sin mencionar al sujeto activo:
El forastero fue expulsado del bar.

b. Usar la forma activa, con un sujeto « ellos » indeterminado:
Expulsaron del bar al forastero.

c. Usar el **se** pasivo, típico del español:
Se expulsó del bar al forastero.

Es decir que en inglés existen las formas 1, 2, 3a y 3b. El español tiene una forma más, la 3c, el **se** pasivo, que se usa con mucha más frecuencia que las formas en voz pasiva.

Con el **se** pasivo hay que distinguir cuando se refiere: (a) a personas determinadas; (b) a objetos, acciones, cualidades o personas indeterminadas.

a. Personas determinadas:

se + _verbo siempre en singular_ + a _personal_

En la fiesta se vio a mi amigo Andrés.
En la fiesta se vio a mis amigos Andrés y Enrique.

b. Objetos, acciones, cualidades o personas indeterminadas:

se + *verbo en singular o plural*

Objetos:	Se vende una casa.	Se venden dos casas.
Acciones:	Se prohibe cantar.	Se prohiben cantar y bailar.
Cualidades:	Se admira la cortesía.	Se admiran la cortesía y la cultura
Personas indeterminadas:	Se busca secretario.	Se buscan secretarios.

Muchos hispanohablantes confunden estas dos formas, o las simplifican usando siempre el verbo en singular:

Se vende coches usados.   Se prohibe cantar y bailar.

Cuando se trata de dos o más objetos, acciones, cualidades o personas, lo que sucede es que se omite la repetición del verbo:

Se prohibe cantar y (se   Se habla inglés y (se habla)
prohibe) bailar.   ruso.

Este **se** pasivo puede ser llamado también **se** *aparentemente impersonal*. Se distingue del verdadero **se** impersonal (ver apartado G) en que la frase con un **se** pasivo o aparentemente impersonal siempre puede ser expresada en voz pasiva. Esta forma en **se** pasivo es típica de los letreros en los lugares públicos:

Se necesita mesero.	(Un mesero es necesitado por este restaurante.)
Se prohibe estacionar.	(Estacionar es prohibido por la autoridad.)
Se prohibe fumar.	(Fumar es prohibido por la autoridad.) Etc.
Se ruega no hablar al conductor.	Se prohibe pisar la hierba.
Se cambia moneda extranjera.	Se venden periódicos extranjeros.
No se aceptan propinas.	Se prohibe fijar carteles.

Este **se** pasivo puede combinarse con los pronombres:

a. de objeto directo: **la, las**; en masculino se prefieren las formas **le, les**

Ella es considerada una mujer culta.	Se la considera una mujer culta.
El es considerado un hombre cortés.	Se le considera un hombre cortés.

b. de objeto indirecto: **le, les** en masculino o femenino

Explicaron el problema a los extranjeros.	Se les explicó el problema.
Dieron la llave a la señora.	Se le dio la llave.

PRACTICA

A. Vamos a expresar estas ideas usando la estructura del **se** pasivo.

Modelo 1:

Personas determinadas—**se** + verbo en singular (muy fácil)

Reciben bien a mis amigos. / Mis amigos son bien recibidos. *se aplaudió*
Se recibe bien a mis amigos.

se recibe → 1. Reciben con reserva a los forasteros.   2. Aplaudieron al profesor que dio la conferencia.   3. Admiran a la gente culta. 4. No toleran a los niños mal educados.   5. Los que tienen malos modales no son recibidos.   6. Sólo es aceptada la gente bien educada.   7. En la industria del turismo emplean fácilmente a los que hablan varios idiomas.   8. Los mecánicos son bien pagados. *- Se paga bien los mecánicos.*

Modelo 2:

Objetos, acciones, cualidades o personas indeterminadas
Atención: **se** + verbo en singular o en plural

Arreglan coches extranjeros.   Se arreglan coches extranjeros.
Buscan mecánico.   Se busca mecánico.

1. La cultura es transmitida de una generación a otra.   2. Aquí no permiten groserías.   3. En la familia no toleran los malos modales.   4. No emplean incultos.   5. Aceptan moneda extranjera.   6. Admiran ser cortés y ser instruido.   7. Los buenos modales son enseñados en la familia, no en la escuela. *- se adquiere* 8. No permiten perros.   9. Una buena formación intelectual *- se lleva* es adquirida en la universidad.   10. Llevan esmoquin en las fiestas elegantes.   11. Cuando dicen de alguien que es mundano, dicen que es frívolo.   12. Pero cuando dicen que es una persona de mundo, dicen que no es pueblerina.   13. Es considerada frívola una persona que sólo piensa en fiestas.

B. Ahora vamos a combinar el **se** pasivo con los pronombres de objeto directo o de objeto indirecto.

Modelo 1:

Objeto directo—**se le / se les; se la / se las**

A tu amigo lo vieron en la fiesta. / Tu amigo fue visto en la fiesta.
A tu amigo se le vio en la fiesta.

A ellas las vieron en la discoteca. / Ellas fueron vistas en la discoteca.
A ellas se las vio en la discoteca.

A quien

1. Al que robó el banco lo buscan por todo el país.   2. A las que hablan dos idiomas las pagan mejor.   3. A los forasteros los reciben bien.   4. A una persona que está mal educada no la aceptan.   5. A las personas de mundo las ven en muchas fiestas internacionales.   6. Un extranjero indeseable es expulsado del país.   7. Un diplomático es considerado un hombre cortés.   8. Una profesora es considerada una mujer culta. 9. Los perros no son aceptados en los restaurantes.   10. Las mujeres son admiradas por su belleza.   11. Los hombres son admirados por su fuerza.   12. Las dos frases anteriores son consideradas sexistas.

Modelo 2:

Objeto indirecto—**se le / se les**

Explicaron las lecciones al estudiante.
Se le explicaron las lecciones.

Explicaron la lección a las estudiantes.
Se les explicó la lección.

1. Dieron una fiesta a los visitantes extranjeros.   2. Enseñaron la biblioteca a un profesor forastero.   3. Enseñaron buenos modales al niño.   4. Llevan flores a los amigos que están enfermos.   5. Aquí dan una buena formación intelectual a los estudiantes.   6. Devuelven los exámenes a los estudiantes. 7. Explicaron al estudiante extranjero por qué había metido la pata.   8. Alquilaron un esmoquin al muchacho para ir a la fiesta.   9. Dijeron la verdad a los policías.   10. Advirtieron a los niños que no digan groserías.

EL ARTE DE LA COMPOSICION

A. *Objetivos* Las composiciones que se hagan en este curso tienen dos finalidades principales:

1. Practicar el vocabulario, las expresiones idiomáticas y las cuestiones gramaticales que se estudien en cada lección.
2. Cultivar el arte de escribir de una manera clara y sencilla.

1. Para conseguir el primer objetivo es indispensable usar la mayor cantidad posible del material presentado en cada lección, que aparece en una lista titulada *Para usar en la composición*. Al ponerse a escribir, cuando ya se tiene una idea de los que se va a decir, habrá que seleccionar algunas de las palabras, expresiones y cuestiones gramaticales estudiadas, y encontrar la manera de incluirlas en el texto, subrayándolas. Así se puede ver fácilmente si de verdad se ha practicado el nuevo material. Si no hay bastantes elementos nuevos, la composición ha servido, simplemente, para practicar lo que ya se sabía antes de estudiar la lección.

Este uso obligado de cierto vocabulario y de ciertas estructuras gramaticales limita un poco la creatividad de cada uno pero, no se olvide, la cuestión no es sólo usar lo que ya se sabía antes, sino también practicar lo que se acaba de aprender.

2. El segundo objetivo, escribir de una manera clara y sencilla, es algo que necesita mucha práctica y atención, y en cada lección se estudiará un aspecto diferente del arte de escribir. No hay que olvidar, sin embargo, que el objeto principal de este libro es enseñar a escribir en español, y no se puede dedicar todo el espacio a una teoría general de la composición tal como se la estudia en un curso de *English composition*. Mucho de lo aprendido en esos cursos puede ser aplicado a éste, teniendo en cuenta las diferencias entre las dos lenguas en algunos aspectos del arte de escribir como, por ejemplo, en el uso de los signos de puntuación.

B. *Método*

FORMATO   Al principio del curso las composiciones no deben ser muy largas, y deben ser escritas siempre *a doble espacio*, dejando un amplio margen a la izquierda. De este modo habrá lugar para correcciones y comentarios, y para la identificación de los diferentes tipos de errores. Si se escribe a mano, la composición debe tener aproximadamente dos páginas. Si está escrita a máquina, basta con una página y media. Lo importante no es la cantidad, sino la calidad.

CORRECCIONES   Los errores deben estar claramente identificados y explicados. Al principio del curso los estudiantes y los profesores pueden ponerse de acuerdo sobre una clave de abreviaturas que identifiquen el tipo de error cometido. La corrección del error se escribirá en los dobles espacios dejados entre las líneas, y la abreviatura identificativa aparecerá en el margen izquierdo. En el ejemplo que se da a continuación las abreviaturas identifican los errores cometidos:

ac. = acento; ort. = ortografía; ang. = anglicismo; conc. = concordancia; p-p = por/para; s-e = ser/estar; p-i = pretérito-imperfecto ort./ac./ang. Durante mis vacaciones tuve muy buen tiempo. *[c] [me divertí mucho]*

conc. Mis amigos y yo fui a México, y el viaje fue muy *[fuimos]*

p-p / s-e bueno por nosotros, porque estamos estudiantes de *[Para] [somos]*

español y allí practicamos mucho. Un día nosotros

i-p conocíamos a unos estudiantes mexicanos que nos *[conocimos]*

recibieron muy bien.

Este método[2] permite que los estudiantes comprendan claramente la naturaleza de su error, con lo cual podrán evitar su repetición. Además, se puede asignar un valor en puntos a cada uno de los errores, y así no sólo será más fácil dar una nota por el trabajo realizado, sino que los estudiantes podrán ver el porqué de cada nota.

C. *La experiencia personal*   Las diferencias culturales casi siempre se ven desde el punto de vista de la cultura propia, que es la que parece « normal », mientras que las otras culturas son las que parecen « diferentes » y, a veces, « raras ».

En la primera composición del curso podemos escribir sobre la experiencia personal de un contacto con otra cultura. Este puede haber tenido lugar en un viaje al extranjero o, sin moverse de los EE.UU., en un encuentro con personas de otros países a las que se haya conocido aquí. Hay, además, la posibilidad de escribir sobre un fenómeno típico de un país de inmigrantes: la existencia de lazos sentimentales y culturales que unen a muchos norteamericanos con los países de origen de sus antepasados; o del caso opuesto: los norteamericanos que no saben nada, ni quieren saber nada, del país de origen de sus antepasados; o de otro caso común: los que tienen tantos orígenes diferentes que sólo se identifican con su presente norteamericano, no con un pasado familiar que incluye italianos, alemanes, irlandeses, o de cualquier otra nacionalidad.

En esta composición basada sobre una experiencia personal se deben seguir unas cuantas reglas:

1. Escribir en primera persona cuando se habla de una experiencia propia: « Esto es lo que me pasó cuando estuve en... »; o cuando se narra lo que le pasó a otro, citando lo dicho por esa persona: « Cuando yo era niño, mi abuelo, que vino de Polonia, me hablaba mucho de lo que le pasó cuando llegó aquí. Un día me dijo: ‹ Cuando llegué a Nueva York y desembarqué... ›. »

---

[2]Consúltese Theodore V. Higgs, "Coping with Composition," *Hispania,* No. 62 (December 1979), pp. 673–678.

2. Usar la tercera persona cuando se narra la experiencia de otro. En el caso del abuelo polaco, la historia sería así: « ...me contó que cuando llegó a Nueva York y desembarcó... ».

D. *El ensayo basado en una experiencia personal*   Es posible contar una experiencia personal pura y simple, sin filosofar sobre ella ni intentar llegar a ninguna conclusión, o se puede usar la narración de esa experiencia como instrumento para probar una tesis; por ejemplo, probar que los problemas culturales son tan difíciles o más que los problemas lingüísticos. Es decir, escribimos un breve ensayo.

Si queremos probar algo, debemos:

a. Comenzar con un párrafo en el que se presenta la tesis, es decir, qué es lo que se va a probar.
b. Contar la experiencia personal.
c. Establecer la relación que hay entre esa experiencia y la tesis.
d. Llegar a una conclusión.

REVISION GENERAL

En esta sección vamos a confirmar que hemos absorbido bien todo el material de la lección primera. Es una sección que puede usarse como un conjunto de ejercicios prácticos, como examen o como una combinación de los dos. En sus respuestas, explique su opinión. No se limite a decir sí o no.

VOCABULARIO

Conteste a estas preguntas. Dé una respuesta breve, clara y sencilla. Así demostrará que aprendió bien el nuevo vocabulario, y que es capaz de dar una explicación en buen español. Lo importante es usar en la respuesta las palabras que están *en bastardilla* en la pregunta.

Modelo:

Pregunta—¿En qué circunstancias *te quedas frío (-a)*?
Posible respuesta—Me quedo frío después de meter la pata, o cuando alguien dice una grosería que me molesta.

1. ¿Cómo es una persona *ceremoniosa*?   2. ¿Cuándo se usa un *traje de noche* o un *esmoquin*?   3. ¿Dónde deben aprender los niños *la buena educación*, en casa o en la escuela?   4. ¿Cómo es posible que una frase pueda ser *correcta* gramaticalmente, e

incorrecta socialmente? 5. ¿Qué diferencia hay entre una persona que *tiene mundo* y otra persona que es *mundana*? 6. ¿Cómo se explica que, en español, sea posible que una persona pueda tener *educación* pero no tener *cultura*? 7. ¿Qué gente tiene tendencia a *ser pueblerina*, la gente que viaja mucho o la que no viaja nunca? 8. ¿Dónde o cuándo te sientes *extraño (-a)*, y por qué? 9. ¿Por qué hay (o no hay) en tu país mucha gente que habla con acento *extranjero*? 10. ¿Qué diferencia hay entre *enseñar* y *educar*? 11. ¿Por qué crees que *estirarse* en público es *descortés*? 12. ¿Cómo es una persona *informal*? 13. ¿Cuál es la diferencia entre ser *formal* y ser *etiquetero* o *formulista*? 14. Para ti, ¿qué sería *poner una pica en Flandes*? 15. ¿Qué clase de gente recibe a los *forasteros* con reserva? 16. En las ciudades donde el turismo es muy importante, ¿cómo reciben a los *forasteros* y a los *extranjeros*? 17. ¿Cómo es tu familia, *etiquetera* o *sencilla*? 18. ¿Dónde se recibe una buena *formación intelectual*? 19. ¿Cómo es una invitación *en forma*? 20. ¿Cuál es tu idea de una persona *frívola*? 21. ¿Dónde *queda* la biblioteca de la universidad? 22. ¿A qué distancia *queda* la capital del estado? 23. ¿*Quedó sin* hacer algún ejercicio de esta lección? 24. ¿Cuántas lecciones *quedan por* estudiar en este curso? 25. Cuando vas al cine con tus amigos, ¿dónde *quedas en* reunirte con ellos? 26. Una persona que *queda de* hacer algo y no lo hace, ¿es *formal* o *informal*? 27. En tu sociedad, ¿cuáles son los *buenos modales* en la mesa?

CUESTIONES GRAMATICALES—LOS DIFERENTES USOS DE SE

A. Identifique el tipo de **se** usado en estas frases.

Modelo:

Romeo y Julieta se quieren. (**se** recíproco)

1. La familia se sentó a la mesa. 2. En la familia se aprenden los buenos modales. 3. No se permiten los malos modales. 4. El niño se estiró. 5. Se le dijo que no debía de hacerlo. 6. El se quedó frío. 7. Se levantó y se dirigió a la puerta. 8. Su padre se incomodó mucho y le dijo que no podía irse de la mesa sin pedir permiso antes. 9. El niño no se atrevió a contestarle a su padre, y se sentó otra vez. 10. Su hermano pequeño se echó a reír. 11. El niño se negó a comer más. 12. Su hermano pequeño se comió el postre de los dos. 13. Los dos hermanos se quieren mucho, pero se pelean constantemente. 14. Se dice que esto es frecuente entre hermanos.

B. En las frases siguientes vamos a eliminar las palabras *en bastardilla* y vamos a usar el mismo verbo con la forma **se**.

Modelo:

Todos dicen que vendrán muchos extranjeros.
Se dice que vendrán muchos extranjeros.

1. *La gente repite* muchos rumores.   2. *La autoridad prohibe* fumar.   3. *La autoridad prohibe* los perros en los autobuses. 4. No es verdad que los perros *detesten a los gatos, y los gatos a los perros.*   5. En los buenos restaurantes *es posible comer muy bien.*   6. Al niño le *dijeron* que no debe hablar con la boca llena.   7. *Es fácil ver* que tus amigos tienen mucho mundo. 8. *Uno ve* a tus amigos en la biblioteca todos los días.   9. *Uno ve* estudiantes en la biblioteca.   10. *Uno lee* libros en la biblioteca.   11. *Uno prepara* un examen en casa.   12. *Uno prepara* los exámenes en casa.   13. *Todos saben* que la etiqueta es muy estricta en los palacios reales.   14. A los estudiantes les *dieron* una buena formación intelectual.   15. Al mejor estudiante le *dieron* buenas notas.   16. En el banco *cambian* moneda extranjera.   17. En el banco *cambian* dólares. 18. Siempre viví en el campo, y en la ciudad *todos me consideran* pueblerino.   19. No sé por qué *dicen* eso.   20. *Es posible* — se puede vivir en el campo y ser muy culto.   21. En el campo *uno comprende* mejor la naturaleza.   22. En el campo *todos estamos* en contacto con la naturaleza.   23. Y la naturaleza es buena maestra. No *es necesario* demostrarlo.   24. Bueno, sobre esta cuestión *la gente tiene* muchas opiniones diferentes.

C. Con la información dada entre paréntesis, aclare estas frases ambiguas añadiendo **a sí mismo, el uno al otro, mutuamente** o sus variantes.

Modelo:

Ernesto y Enrique se admiran. (Cada uno de ellos piensa que él es magnífico.)
Ernesto y Enrique se admiran a sí mismos.

1. Ernesto y Enrique se admiran. (Cada uno de ellos piensa que el otro es magnífico.)   2. María y Juan Antonio se detestan. (Los dos tienen problemas sicológicos. Cada uno de ellos piensa que ella/él es inferior.)   3. El bandido y el sheriff se mataron. (Dispararon uno contra otro, y murieron los dos.)   4. Mi pobre vecino y su mujer se mataron. (Fue un caso de suicidio doble.)

POSIBLES TEMAS PARA UNA CONVERSACION/COMPOSICION

A. Experiencias personales:

1. La peor metedura de pata que conozco.
2. Mi aventura cultural en el extranjero.
3. La aventura cultural de un amigo extranjero en los EE. UU.
4. La historia de mi familia.
5. Choques culturales en la familia: el matrimonio bicultural.

B. La experiencia personal como base para una tesis:

1. La buena educación, un concepto relativo.
2. La cortesía en conflicto con la verdad.
3. El conformismo: presiones de grupo.
4. Justificación de los formulismos sociales.
5. La tiranía del *thank you note.*

PARA USAR EN LA CONVERSACION/COMPOSICION

1. *La educación*

la corrección = la educación = los buenos (malos) modales =
   las buenas (malas) maneras

los formulismos sociales / las reglas de (la buena) educación / las
   reglas de la etiqueta

ser formulista = ser etiquetero = ser ceremonioso ≠ ser sencillo

estar bien educado = ser bien educado = ser cortés

estar mal educado = ser un mal educado = ser descortés = ser
   grosero

ser formal = ser serio ≠ ser informal = no ser serio

la formalidad = la seriedad

una invitación (un contrato, etc.) en forma

la fiesta de etiqueta / el traje de etiqueta

el esmoquin / el traje de noche / el frac

la costumbre / la cultura

la cultura = la instrucción / ser culto ≠ ser inculto / tener cultura

ser instruido ≠ ser ignorante

la formación intelectual

ser mundano = ser frívolo ≠ ser serio

tener mundo = ser una persona de mundo

ser provinciano = ser pueblerino ≠ ser cosmopolita

2. *Los otros*

el desconocido ≠ el conocido

el extranjero ≠ el compatriota

extranjero ≠ nacional

el forastero

extraño = raro ≠ normal = frecuente

3. *Verbos y expresiones*

a ver

claro que sí (no)

enseñar = instruir

estirarse

quedar / quedar a + *distancia* + de / quedar bien (mal) / quedar de + *inf.* / quedar en + *inf.* / quedar por + *inf.* / quedar sin + *inf.* / quedarse + *adj.* / quedarse + *gerundio*

4. *La cultura y la lengua*

haber moros en la costa

poner una pica en Flandes

quemar las naves

ser obra de romanos

valer un Perú

5. *Cuestiones gramaticales*

se y sus diferentes usos

LECCION·2

LOS ESPECTACULOS

Una representación en el Teatro Solís de Montevideo, Uruguay. ¿Qué obra será? Escriba una descripción de esta escena, y cree un diálogo para las actrices que están en el escenario.

Personajes: María Luisa, hija del matrimonio hispano; Howard, hijo del matrimonio norteamericano, y dos amigos—Rita, norteamericana de origen hispano, y Steven, un norteamericano que habla español.

MARIA LUISA Howard, ¿qué hay en la **cartelera de espectáculos**[1] del periódico?

HOWARD ¡Uf! Hay muchas cosas: películas de todas clases, un par de **obras de teatro**[2] y...eso es todo.

MARIA LUISA ¡Vaya! No es mucho, que digamos. ¿No hay ópera, o ballet, o algún concierto?

HOWARD No, para ver eso tienes que estar en una ciudad más grande que ésta.

MARIA LUISA Pues yo creí que esta ciudad, aunque es pequeña, era una ciudad muy culta, con muchas actividades culturales.

HOWARD ¡Y lo es! Además de lo que te dije antes, también hay dos cines donde **ponen**[3] películas pornográficas.

MARIA LUISA ¡No me tomes el pelo, Howard! ¿No hay ninguna película que **valga la pena**?[4]

HOWARD Depende de lo que quieras ver. ¿Te interesan las películas de aventuras, las de miedo, las de...

MARIA LUISA Ya sabes que, para mí, el cine no es un entretenimiento; es un arte. Yo no voy al cine para distraerme o para matar el tiempo.

HOWARD ¡Qué intelectual! Mira, tengo una idea. Podemos ir a ver a Rita y a Steven. Están en el teatro de la universidad **ensayando**[5] una comedia musical.

MARIA LUISA ¡Una comedia musical! Eso es **el colmo**[6] de la frivolidad.

HOWARD **Te equivocas.**[7] Una comedia musical puede tener tanto arte como un drama de Shakespeare.

MARIA LUISA Lo dudo, pero vayamos a ver esos ensayos. **A lo mejor**[8] tendré que **darte la razón.**[9]

(En el teatro María Luisa y Howard hablan con Rita y con Steven durante un descanso de los ensayos.)

RITA Estamos ocupadísimos. El **estreno**[10] es la semana próxima, y yo creo que todavía no sé bien mi **papel.**[11]

STEVEN Y a mí **me duele**[12] la garganta y no puedo cantar. Esto va a ser un desastre.

MARIA LUISA ¿Qué obra es? ¿Qué **argumento** tiene?[13]

[1] sección donde se anuncian los espectáculos
[2] plays
[3] proyectan
[4] que merezca el esfuerzo de ir a verla
[5] preparando
[6] último grado
[7] Estás en un error.
[8] quizá(s)
[9] aceptar que tienes razón
[10] la primera proyección, representación
[11] mi parte
[12] tengo dolor
[13] historia

STEVEN Es *West Side Story*. En realidad es el tema de *Romeo y Julieta*, pero en un ambiente norteamericano moderno. En lugar de los Capuletos y Montescos de Verona hay dos **pandillas**[14] de un barrio de Nueva York.

HOWARD ¡Vaya, **qué casualidad**![15] Si el tema está tomado de Shakespeare no puede ser el colmo de la frivolidad. ¿No crees, María Luisa?

MARIA LUISA Hoy ganas tú, pero ya veremos quién tiene razón la próxima vez.

[14] grupo, *gang*

[15] qué coincidencia

PRACTICA INDIVIDUAL

ENCUESTA

1. Cuando quieres ir al cine, ¿por qué consultas la *cartelera de espectáculos*? (1)
2. ¿Qué prefieres ver, una película o una *obra de teatro*, y por qué? (2)
3. ¿Vas mucho al cine, o sólo vas cuando *ponen* una película que *vale la pena*? Y en tu opinión, ¿qué películas *valen la pena*? (3, 4)
4. ¿Te gustaría ver a tu actor o actriz favoritos *ensayando* su *papel*? Explica por qué te gustaría o no te gustaría verlos. (5, 11)
5. En tu opinión, ¿cuál es *el colmo* de la frivolidad? ¿Y *el colmo* de la seriedad? (6)
6. Cuando *te equivocas*, ¿reconoces tu equivocación o no te gusta reconocer que *te has equivocado*? (7)
7. ¿Crees que un día, *a lo mejor*, serás un gran actor o actriz? (8)
8. En una discusión, ¿te es fácil o difícil *darle la razón* a otra persona? Explica por qué sí o por qué no. (9)
9. ¿Por qué te gustaría o no te gustaría ir a un gran *estreno* en un cine de Hollywood? (10)
10. ¿Qué haces cuando *te duele* la cabeza? (12)
11. ¿Cuál es el *argumento* de la última película u obra de teatro que has visto? ¿Puedes resumirlo en pocas palabras? (13)
12. ¿Qué sabes de la existencia de las *pandillas* en las ciudades norteamericanas? (14)
13. ¿Te ha ocurrido alguna vez algo extraordinario *por casualidad*? ¿Qué te pasó? (15)

COMENTARIOS SOBRE EL RESULTADO DE LA ENCUESTA Los diferentes grupos de estudiantes leerán los resultados de la encuesta, y harán comentarios sobre esos resultados.

PRACTICA GENERAL

Profesores y estudiantes pueden hacer preguntas dirigidas a toda la clase. Algunas posibilidades:

1. El cine, ¿debe ser un entretenimiento o un medio de difusión cultural?
2. ¿Creen que el cine norteamericano refleja bien la vida en los EE.UU.?
3. En la opinión de ustedes, ¿la gente que va al teatro es más culta que la que va al cine? Defiendan su opinión.
4. ¿Creen que el cine tiene influencia sobre la manera de pensar de la gente? ¿Pueden dar algún ejemplo?

PRACTICA DE VOCABULARIO

Para confirmar que hemos aprendido este vocabulario, vamos a substituir las palabras *en bastardilla* por otras estudiadas en esta lección.

Modelo:

Anuncian las películas en *una sección especial del periódico.*
Anuncian las películas en la cartelera de espectáculos.

1. En los teatros representan obras de teatro, y en los cines *proyectan* películas.
2. Yo sólo voy al cine cuando creo que la película *merece el esfuerzo de ir a* verla.
3. Antes de representar una obra, los actores tienen que *prepararla.*
4. Según María Luisa, una comedia musical es el *último grado* de la frivolidad.
5. Si digo que Texas es un estado pequeño, *estoy en un error.*
6. Sé que estoy en un error, y tú no. Debo *decirte que tú tienes razón.*
7. A veces, *la primera proyección* de una película es una gran fiesta social.
8. Para trabajar en el teatro hay que tener muy buena memoria, pues es necesario recordar muy bien *la parte que representa cada actor.*
9. Si *tengo dolor de* muelas, voy al dentista.
10. A mí no me gusta que me cuenten *la intriga* de una película antes de ir a verla.
11. La existencia de *grupos de jóvenes violentos* es un problema de muchas ciudades.
12. Ayer fui al cine y dio la *coincidencia* que encontré allí a unos amigos.

AMPLIACION DE VOCABULARIO

A. Cuando apareció el cine se le llamó « el séptimo arte ». Las primeras películas eran **mudas** y **en blanco y negro,** y **la música de fondo** era proporcionada por un pianista que tocaba el piano en **el cine** (la sala) donde se proyectaba la película. Luego **la pantalla** (superficie blanca sobre la que se proyecta la imagen) empezó a hablar: apareció **el cine sonoro** gracias al invento de **la banda de sonido** que permitió **grabar** la música y las palabras de **los artistas** (**actores** y **actrices**) de cine. Muchas películas eran distribuidas por todo el mundo, y para que el público pudiera seguir el argumento se añadieron los **subtítulos.** Más tarde, como por arte de magia, los artistas empezaron a hablar otras lenguas: había nacido **el doblaje. Doblar** bien una película es un arte muy difícil que **exige** (requiere) sincronizar el nuevo texto del diálogo con el movimiento de los labios de los artistas.

1. ¿Ha visto usted alguna película muda? ¿Le pareció una obra de arte a una simple curiosidad?
2. Cuando ve cine extranjero, ¿lo prefiere doblado o con subtítulos?
3. La voz de los artistas es muy importante. ¿Le parece buena idea privarlos de su voz y darles otra que no es la suya?
4. ¿Qué problemas técnicos del doblaje le parecen más difíciles?

B. En **los años treinta** Hollywood fue « la Meca » del cine. **Los astros** y **las estrellas** de la pantalla se convirtieron en seres legendarios, conocidos y admirados en todo el mundo. **Las casas productoras** lanzaron grandes superproducciones en las que participaban miles de extras. En **los estudios cinematográficos** se construyeron grandes **platós** con decorados que reproducían desde un circo romano hasta una selva tropical. Las películas con argumentos históricos y bíblicos fueron muy populares, y los astros y estrellas de aquella época ganaron sumas fabulosas.

Después de la Segunda Guerra Mundial **surgió** (apareció) un nuevo tipo de cine: películas **rodadas** (filmadas) en las calles, con artistas desconocidos. Fue un cine realista iniciado por los directores italianos que, con sus estudios destruidos por la guerra, **se echaron a la calle** con sus cámaras al hombro, y filmaron la vida **tal como es.**

Recientemente una tecnología nueva ha permitido rodar películas en las que **los trucos** son extraordinarios, y la banda de sonido ha llegado a un grado de perfección insospechado.

1. ¿Qué sabe usted de las grandes estrellas de los años treinta?
2. ¿Puede decirnos quién es Greta Garbo, o Rodolfo Valentino, y por qué fueron famosos?
3. Ahora, ¿quiénes son sus artistas favoritos, y por qué?

4. ¿Cree usted que el cine europeo es « más intelectual » que el norteamericano? Defienda su opinión.
5. ¿Qué considera más difícil, ser artista o director? Explique.

C. Ahora casi todas las películas son filmadas **en color (a colores)** y hay muchas coproducciones: películas franco-italianas, italo-germanas, franco-españolas, anglo-francesas.... Muchos productores presentan sus películas en los **Festivales Cinematográficos Internacionales**, como el de Cannes, San Sebastián, Berlín o San Francisco. Si reciben un **premio, el éxito de taquilla** de la película está garantizado. Si la película es mala, el público dice que **es un tostón** o **una lata** (muy aburrida) y la película **fracasa** (no tiene éxito). En la actualidad el nombre del director es tan importante o más que el de los artistas, y aparece en **el reparto,** junto con los nombres de los técnicos: **operadores** (que manejan las cámaras), **directores de sonido, de vestuario, de maquillaje** (cosméticos), **de luminotecnia** (luces), **el/la guionista** (autor o autora del **guión,** que coordina el diálogo con los problemas técnicos de fotografía).

1. ¿Cree usted que un premio en un Festival garantiza que la película es buena?
2. ¿Qué sabe usted del Premio Oscar?
3. ¿Vio usted algún tostón últimamente? ¿Por qué se aburrió usted?
4. ¿Cree que el maquillaje puede hacer guapa a una persona fea?

D. Un **teatro** es un local donde **representan** obras de teatro. **Un cine** es un local donde **ponen (echan,** proyectan) películas. Las obras de teatro están divididas en actos, y entre ellos hay **entreactos.** Si una película es muy larga se divide en dos partes. Entre ellas hay un **descanso** o **intermedio.**

Si un espectáculo tiene éxito (es un éxito), la gente **hace cola** delante de **la taquilla,** hasta que **los taquilleros** dicen que **se agotaron las entradas** (se terminan **los boletos**). Entonces aparecen **los revendedores,** que venden las entradas a precios muy altos. También hay **reventa** de entradas antes de algunas competiciones deportivas.

En los cines **de sesión continua, las localidades** (entradas, boletos) en general están **sin numerar,** y cada espectador se sienta donde encuentre un sitio. En **las funciones de gala,** o en **estrenos** las entradas están **numeradas:** cada una indica **la fila** y **la butaca** que se debe ocupar en **el patio de butacas,** en **los palcos** o en **el anfiteatro.**

1. ¿Qué diferencia hay entre un teatro y un cine?
2. ¿Por qué hay quienes dicen que debería prohibirse la reventa de entradas?
3. ¿Qué indica el hecho de que se agoten los boletos?
4. ¿Sabe usted cómo son las funciones de gala de Hollywood?

El escenario es la calle, y un mimo entretiene a su público. Si usted fuera periodista, ¿qué artículo escribiría sobre esta vieja forma de teatro popular callejero?

LA CULTURA Y LA LENGUA

A. Ser un(a) celestina. En el siglo XV aparació en España una obra literaria con el título de *La tragicomedia de Calixto y Melibea*. En ella se cuenta la trágica historia del amor de dos jóvenes. Sus amores son posibles gracias a la intervención de una vieja alcahueta (intermediaria en relaciones amorosas fuera del matrimonio). Esta vieja se llama Celestina, y es un personaje teatral tan fascinante que ha dado su nombre a todos los que sirven de intermediarios en alguna relación ilegal, generalmente de tipo amoroso o, más concretamente, sexual. Esta expresión puede usarse en una forma amistosa: « Mi amiga Amalia fue la celestina de nuestros amores. La que es ahora mi mujer y yo nos conocimos en una fiesta que Amalia dio en su casa. » ¿Correspondería esto a ser un *go-between*?

B. Ser un donjuan o **ser un Don Juan**. Un personaje muy famoso del teatro clásico español es Don Juan Tenorio, un hombre muy valiente, guapo y cínico que seduce a las mujeres y luego las abandona. La versión femenina de Don Juan podría ser **Carmen**, la gitana de la ópera del mismo nombre: su amor siempre lleva al desastre. ¿Don Juan es como Casanova? Y Carmen, ¿es una vampiresa, como algunas actrices de los años treinta?

C. *To be a carpetbagger* es una expresión que tiene su origen en los años que siguieron a la Guerra de Secesión, cuando muchos aventureros fueron al Sur para dedicarse a la política. Su equipaje consistía en una bolsa de mano hecha con una alfombra *(carpet),* y de ahí su nombre. A un hispano podríamos explicarle que ser un *carpetbagger* es, más o menos, ser **un politicastro.** (¡No tiene nada que ver con la vida política cubana!)

D. ¿Cómo le explicaríamos a un extranjero qué es ser un ***Madison Avenue product***? ¿Es un producto de la publicidad? O, más críticamente, ¿es un fraude publicitario? ¿Se le ocurre alguna otra posibilidad?

DIFICULTADES Y EJERCICIOS

A. Uso de: doler, lastimar, hacer daño, herir, sufrir

doler = causar dolor	to hurt = to cause pain
doler = sentir dolor	to hurt = to feel pain
lastimar = hacer daño = lesionar	to hurt = to injure
hacer/causar daño a/en = dañar	to hurt = to harm
herir = causar una herida	to hurt = to wound
sufrir = pasar dificultades	to hurt = to suffer

¿Qué **duele** más, ir al dentista o pagar la cuenta?
A mí **me duele** la cabeza, y a ella **le duele** el estómago.
Ten cuidado cuando juegues con el perrito. Es muy pequeño y puedes **lastimarlo.**
Caí por la escalera y **me lastimé** una pierna.
La lluvia ácida **causa daños en** los bosques.
Repetir rumores infundados puede **hacer daño a** la reputación de otros.
La bomba de los terroristas **hirió** a mucha gente inocente.
El terrorista **se hirió** con su propia pistola.
Con la crisis económica hay mucha gente que **sufre.**

PRACTICA

Ahora vamos a eliminar las palabras *en bastardilla* y vamos a usar en su lugar alguna de las expresiones estudiadas.

Modelo:

Siento dolor en el cuello.
Me duele el cuello.

1. Mientras rodaba una película, el protagonista se cayó del caballo y *se lesionó* una pierna.
2. Dice que la rodilla le *causa mucho dolor.*
3. Cuando nos *causan dolor* las muelas, es imposible trabajar.
4. La bala *causó una herida* al policía.
5. Estas botas son demasiado pequeñas y me *hacen daño.*
6. Los productos químicos *dañan* el agua de los ríos.
7. Cuando limpiaba la pistola me *causé una herida* en el hombro.
8. Me *causa dolor* ver como alguna gente trata a los animales.
9. Cuando los zapatos *lastiman* es difícil andar.
10. Uno de mis amigos es muy arrogante, y eso va a *dañarlo* mucho.

PRACTICANDO AL CONTESTAR

1. Cuando duele alguna parte del cuerpo, ¿se debe ir al médico, o es mejor dejar que la naturaleza siga su curso?
2. ¿Te has lastimado alguna vez practicando algún deporte?
3. ¿Qué piensas de las personas que, conscientemente, hieren los sentimientos de otros?
4. En tu opinión, ¿qué es lo que causa más daño a la naturaleza?

B. Uso de: tener razón, no tener razón; darle la razón (a alguien)

tener razón = estar en lo cierto	*to be right*
no tener razón	*to be wrong*
darle la razón (a alguien) = conceder que la otra persona está en lo cierto	*to agree (that the other person is right)*

Este crítico de teatro **tiene razón**: la obra es muy mala. En mi opinión, a veces **no tiene razón,** pero creo que esta vez tengo que **darle la razón.**

PRACTICA

Eliminemos ahora las palabras *en bastardilla* y usemos una de las expresiones estudiadas.

Modelo:

Cuando el director cree *estar en lo cierto,* no cambia de opinión.
Cuando el director cree tener razón, no cambia de opinión.

1. Concedo que *estás en lo cierto.* Es mejor que vayamos a una película de aventuras.
2. *Concedo que* tu hermano *está en lo cierto.* Esta película es una lata.
3. Estás *en un error.* En ese cine las entradas siempre están numeradas.
4. Tus amigos *están en lo cierto.* Se agotaron las entradas.
5. Creí que era una película doblada, pero *estaba en un error.* Está en inglés.
6. *Concedo que estás en lo cierto.* Esta película es muy interesante.
7. *Estás en un error.* La música de fondo no está inspirada en Mozart.
8. *Concedo que ustedes están en lo cierto.* Esta película debía haber sido filmada en color.
9. Tengo un amigo que se considera infalible. Dice que él *nunca está en un error.*
10. *Estamos en lo cierto.* La reventa debiera estar prohibida.

PRACTICANDO AL CONTESTAR

1. ¿Crees que tienen razón los que dicen que es imposible ser, a la vez, buen artista de teatro y de cine?
2. Cuando hablas con tus amigos, ¿te molesta que te digan que no tienes razón en lo que dices?
3. En un divorcio, ¿es posible que las dos partes tengan razón?
4. En la polémica sobre el aborto, ¿a quiénes les das la razón?

C. Uso de: equivocarse / confundirse de + nombre ; estar equivocado, estar confundido; estar confuso; usar frases equívocas, usar frases ambiguas

equivocarse / confundirse de + nombre	*verb + the wrong + noun*
estar equivocado / confundido	*to be mistaken*
estar confuso (= no saber qué pensar)	*to be confused*
usar frases equívocas / ambiguas	*to equivocate*

Queríamos ver una película francesa, pero **nos equivocamos (nos confundimos) de** cine, y terminamos viendo una película ita-

liana. Perdón, **estoy equivocado (estoy confundido)**, era alemana. Bueno, ya no sé qué era. **Estoy confuso.**
A veces los políticos **usan frases equívocas (ambiguas)** que pueden significar varias cosas.

PRACTICA

1. Quería llamar por teléfono a mi amigo, pero *marqué otro* número.
2. Me dijeron: Lo siento, usted *se confundió de* número.
3. Tengo muchos problemas y no sé que hacer. *No sé qué pensar.*
4. Creía que te llamabas Luis. Veo que *estoy en un error.*
5. El senador quiere contentar a todos, y siempre usa frases *que pueden significar varias cosas.*
6. Llegamos tarde al teatro porque *nos equivocamos de* autobús.
7. Te pedí que sacaras entradas para el cine Rex, y las sacaste para el Capitol. *Te confundiste de* cine.
8. Vivo en el cuarto piso. Cuando vengas no *llames a otro* piso, como la última vez.
9. Contesta sí o no, y no uses frases *ambiguas.*
10. Mi casa y la casa de mi vecino son casi iguales, y muchas veces mis amigos *llaman a la otra* casa.
11. Si crees que voy a prestarte dinero, estás *en un error.*
12. Todo esto es muy difícil y no lo comprendo bien. Estoy *perdido.*

PRACTICANDO AL CONTESTAR

1. ¿Recuerdas con facilidad los nombres de las personas a las que conoces sólo superficialmente, o te equivocas de nombre cuando las ves?
2. Cuando estás en una ciudad que no conoces bien, ¿tienes buena memoria visual para reconocer las calles, o te confundes de calle con facilidad?
3. ¿Qué haces cuando alguien se equivoca de nombre y te llama por un nombre que no es el tuyo?
4. ¿Qué piensas de la gente que nunca da una respuesta directa, y siempre contesta con frases ambiguas?

VARIANTES   Hemos visto qué significa **usar frases ambiguas / equívocas,** es decir, de significado dudoso. Si decimos de alguien que **es una
persona ambigua** estamos poniendo en duda su sinceridad, o incluso
indicamos que hay algo obscuro en su vida. Y si decimos que alguien
tiene una reputación ambigua estamos poniendo en duda su honradez
o su honestidad.

D. Uso de: equivalentes españoles de la palabra inglesa *wrong*

1. *Wrong* (adjetivo) se usa para indicar que se ha cometido un error. La forma equivalente en español es **equivocarse / confundirse de,** el adjetivo **equivocado (-a)** o la expresión **que no es (era):**

> **Me equivoqué de** número.
> **Me confundí de** número. ⎫
> Marqué el número **equivocado.** ⎬ *I dialed the wrong number.*
> Marqué el número **que no era.** ⎭

La última frase es una abreviación de « ... que no era el número que quería marcar. »

2. *wrong* (adjetivo) = *not to be the appropriate + noun:*

> Este no es el momento **adecuado / apropiado / indicado** para hablar de obras de teatro.
> *This is the wrong time to discuss plays.*

Como se puede ver, el español usa la forma negativa. La forma afirmativa corresponde a la forma inglesa *to be right + noun.*

> Eres la persona **adecuada / apropiada / indicada** para ese trabajo.
> *You are the right person for that job.*

3. *wrong* (adjetivo) cuando indica un juicio ético o moral:

> Hizo **algo malo** y lo pagó.
> *He did something wrong and he paid for it.*

> Dije **lo que no debía,** cuando **no debía** y a quien **no debía.**
> *I said the wrong thing at the wrong time and to the wrong person.*

4. *wrong* (adjetivo) = *unfair:*

> No debías haber castigado al niño. No has sido **justo** (= Has sido **injusto**).
> *You shouldn't have punished the child. You were wrong.*

5. *wrong* (adjetivo) = *mistaken; false:*

> Las cifras **están equivocadas**.   *The figures are wrong.*
> Las cifras **son erróneas**.   *The figures are wrong.*
> Las cifras **son falsas**.   *The figures are false.*
> Las cifras **están falseadas**.   *The figures are false.*

Se ve que **equivocado, erróneo** indican un error involuntario, mientras que **falso, falseado,** indican un error voluntario, fraudulento.

6. *wrong* (adverbio) = *in a wrong way:*

> Escribiste **mal** mi nombre.   *You spelled my name wrong.*

7. *wrong* (nombre) = *the opposite of moral rectitude:*

> Muchos locos no pueden distinguir entre el bien y **el mal**.
> *Many insane people cannot distinguish between right and wrong.*

8. *otros casos especiales:*

> **El revés** de una tela.   *The wrong side of a cloth.*
> Comprendiste todo **al revés**.   *You got it all backwards.*
> **Algo le pasa a** la cámara.   *Something is wrong with the camera.*

PRACTICA

Usar las expresiones estudiadas en lugar de las palabras *en bastardilla*.

1. Tomé un autobús *que no iba a donde yo quería ir.*
2. Este no es el momento *oportuno* para pensar en rodar una película.
3. Nuestro amigo tiene muy poco tacto, y siempre dice *algo inoportuno*.
4. En este documento el nombre está bien, pero el apellido *no está bien*.
5. Las fotos salieron mal porque el fotógrafo enfocó *erróneamente*.
6. *Tiene algo malo* esta cámara.
7. Cuando entregó su declaración de impuestos dio cifras *no ajustadas a la verdad*.
8. Varios siquiatras declararon que el acusado está loco, y que no sabe distinguir entre el bien y *lo que está mal*.
9. Quería llamar al 911 y llamé al 811. Llamé a un número *erróneo*.
10. Su explicación fue muy confusa, y yo lo comprendí todo *en sentido opuesto*.

PEQUEÑO TEATRO

El mundo del espectáculo es un tema sobre el cual todos tienen algo que decir. Pueden hablar de los espectáculos en general o de alguno en particular: una película, obra de teatro, comedia musical o lo que sea.

1. La clase puede convertirse en un estudio cinematográfico, y los estudiantes se repartirán diversas funciones: dirección, guión, representación, maquillaje, fotografía, etc. Todos juntos hablan de una escena que van a filmar.
2. Algo parecido se puede hacer imaginándose que están en un ensayo de una obra de teatro.

3. Se puede crear una sesión de crítica de cine o de teatro, como las que hay en la televisión. Varios críticos comentan algún espectáculo reciente.
4. La clase se convierte en un grupo de censores. Tendrán que decidir qué se va a censurar: escenas violentas, eróticas, de contenido político, de crítica a alguna religión determinada...

SEA USTED MI INTERPRETE, POR FAVOR

Con el material de esta lección, los estudiantes deben preparar frases o preguntas en inglés que otros, los intérpretes, tendrán que expresar en español. Los intérpretes también deben traducir al inglés la respuesta dada en español. Algunas posibilidades:

1. What is more important in a movie: the plot, the actors or the director?
2. When you see a foreign movie, do you prefer to see it dubbed or with English subtitles?
3. Do you think it is wrong to censure shows?
4. What do you do in a party when you say or do the wrong thing?

CUESTIONES GRAMATICALES

Los pronombres relativos (1)

A. Los pronombres relativos funcionan como diplomáticos que representan a alguien o a algo. Compare las dos columnas: sólo en la de la derecha hay pronombres relativos. Estos pueden funcionar como:

1. sujeto:

   Ayer hablé con unos artistas. Ellos te conocen.

   Ayer hablé con unos artistas **que** te conocen. (**que** = sujeto de *conocen*)

2. objeto directo:

   El actor es muy malo. Lo vimos ayer.

   El actor **que** vimos ayer es muy malo. (**que** = objeto directo de *vimos*)

3. objeto indirecto:

   Esa actriz es francesa. Yo le hablé ayer.

   Esa actriz a **quien** hablé ayer es francesa. (**quien** = objeto indirecto de *hablé*)

4. preposición + complemento circunstancial:

Ese es el operador. Sin él no podemos usar la cámara.

Ese es el operador **sin el cual** no podemos usar la cámara.

B. Las oraciones de relativo funcionan como adjetivos, y pueden ser especificativas o explicativas. Las comas son muy importantes:

Especificativa: Los actores que se hirieron durante el rodaje fueron al hospital. (Los que no se hirieron no fueron.)

Explicativa: Los actores, que se hirieron durante el rodaje, fueron al hospital. (Todos se hirieron, y todos fueron al hospital.)

C. El problema para los estudiantes de español está en que hay pronombres relativos que son intercambiables, y otros que no lo son. Vamos a ver los casos más importantes:

1. **Que**   Es invariable, y puede referirse a cosas y a personas.

a. Cuando se refiere a cosas:

a. 1. En oraciones especificativas no puede ser substituido por nada:

Las cámaras **que** hacen en Japón son muy buenas.

a. 2. **Que = el cual**   En oraciones explicativas existe la posibilidad de substituir **que** por **el cual** o sus variantes **(los cuales, la cual, las cuales)**:

Las cámaras, **que** están hechas en Japón, son muy buenas.
Las cámaras, **las cuales** están hechas en Japón, son muy buenas.

El cine, **que** está cerca de casa, tiene buenos programas.
El cine, **el cual** está cerca de casa, tiene buenos programas.

a. 3. **Que = el que**   En oraciones explicativas también es posible substituir **que** por **el que** y sus variantes **(la que, los que, las que)**. La diferencia entre las formas **el que** y **el cual** es sutil: **el que** y sus variantes siempre indican que se trata de uno entre varios:

La película, **que** fue filmada en color, fue un éxito de taquilla.
La película, **la cual** fue filmada en color, fue un éxito de taquilla.
La película, **la que** fue filmada en color, fue un éxito de taquilla.

En las dos primeras frases yo hablo de una película. En la tercera frase está claro que yo estoy hablando de varias películas, pero me refiero específicamente a una de ellas, que fue filmada en color, no a las otras, que fueron filmadas en blanco y negro. Por eso algunas veces **el que** y

el cual no son intercambiables, no por razones gramaticales, sino por razones de lógica:

> El actor se hizo operar la nariz, **la cual** era un poquito grande.
> *El actor se hizo operar la nariz, **la que** era un poquito grande.
>   (¿Tiene varias narices?)

a. 4. Que = el cual = el que   En otros casos, por el contrario, esa sutil diferencia no tiene mucha importancia:

> La función, **que** empieza a las tres, es para niños.
> La función, **la cual** empieza a las tres, es para niños.
> La función, **la que** empieza a las tres, es para niños.

a. 5. El que o **el cual** y sus variantes son preferibles a la forma **que** cuando hay peligro de ambigüedad:

> El actor vive en una casa con jardín, **el cual** (el jardín) es grande.
> El actor vive en una casa con jardín, **la cual** (la casa) es grande.
> Me gustan los decorados de esas obras, **los que** hiciste tú. (Tú hiciste los decorados.)
> Me gustan los decorados de esas obras, **las que** hiciste tú. (Tú hiciste las obras.)

a. 6. Preposición + que   Cuando se refiere a cosas, **que** puede ir precidido de preposiciones cortas:

> La cámara **de que** te hablo es japonesa.
> La obra **en que** está basada la película es *Romeo y Julieta.*
> El guión **a que** te refieres lo escribió un novelista muy famoso.

a. 7. En la mayoría de los casos, sin embargo, se prefieren las formas **el que** o **el cual** y sus variantes, especialmente cuando las preposiciones son **sin** o **por,** o cuando son largas:

> Las entradas, **sin las cuales** no se puede asistir a la función, son difíciles de conseguir.
> Los decorados, **por los que** pagamos tanto, son mediocres.
> La taquilla, **delante de la cual** hace cola la gente, abre a las tres.
> El entreacto, **durante el cual** la gente sale al vestíbulo, dura poco.

a. 8. Lo que = lo cual son formas neutras intercambiables, que se refieren siempre a acciones, nunca a objetos o personas. Compare:

> Cometió varios errores, **lo que (lo cual)** le costó muy caro.
>   (= El acto de cometer varios errores le costó muy caro.)
> Cometió varios errores, **los que (los cuales)** le costaron muy caros.
>   (= Los errores le costaron muy caros.)

PRACTICA

Pronombres relativos referidos a objetos o a acciones.

En lugar de las palabras *en bastardilla* vamos a usar el pronombre relativo correspondiente, y haremos una sola frase con cláusula principal y cláusula de relativo.

> **Modelo:**
>
> Hablé del guión y de la fotografía. *La fotografía* es excelente.
> Hablé del guión y de la fotografía, <u>la cual</u> es excelente.

1. Me interesa el cine mudo. En *el cine mudo* la fotografía es muy importante.
2. Tengo un disco con la música de esa película. *Esa película la* vimos ayer.
3. Comentamos la música de fondo y el argumento. *El argumento* es muy poco interesante.
4. La película tiene unos magníficos decorados. Por *el hecho de tener unos magníficos decorados* le dieron un premio en el Festival.
5. La película tiene unos magníficos decorados. Por *esos decorados* le dieron un premio en el Festival.
6. La fiesta fue en una casa con jardín. *La casa* es enorme.
7. Yo tengo la novela en la que está basada la película. *La película la* vimos en el cine Rex.
8. Esa es la nueva cámara. Por *esa cámara* pagamos una fortuna.

b. **Que** referido a personas:

b. 1. **Que** en oraciones especificativas no puede ser substituido por nada:

> La mujer **que** dirigió la película también escribió el guión.

b. 2. **Que = quien = el cual** en oraciones explicativas:

> El guionista, **que** es italiano, escribió el guión en francés.
> El guionista, **quien** es italiano, escribió el guión en francés.
> El guionista, **el cual** es italiano, escribió el guión en francés.

b. 3. La sutil diferencia entre **el cual** y **el que** también existe cuando estos pronombres se refieren a personas:

> Mi hermana, **que** vive en París, es artista de cine.
> Mi hermana, **la cual** vive en París, es artista de cine.
> Mi hermana, **la que** vive en París, es artista de cine. (Se ve que tengo varias hermanas, una de las cuales vive en París.)

b. 4. Preposición + **quien**   Después de una preposición no se puede usar **que** referido a personas:

> La maquilladora **de quien** te hablo se llama Elena.
> Los directores **para quienes** trabajé me recuerdan bien.

b. 5. **Quien** se usa siempre cuando el pronombre relativo funciona como un complemento indirecto:

> El taquillero **a quien** robaron el dinero no quiere volver a trabajar.

b. 6. Preposición + **quien** = preposición + **el cual** = preposición + **el que**. En los casos b. 4. y b. 5. se pueden usar **el cual** o **el que** y sus variantes. Recuerde que **el que** siempre indica uno entre varios:

> La maquilladora **de quien (la cual / la que)** te hablo...
> Los directores **para quienes (los cuales / los que)** trabajé...
> El taquillero **a quien (al cual / al que)** le robaron el dinero...

PRACTICA

Vamos a eliminar las palabras *en bastardilla* y a hacer una sola frase con cláusula principal y cláusula de relativo.

Modelo:

> Es un actor famoso. Con *ese actor* hablé ayer.
> Es un actor famoso <u>con quien / el cual / el que</u> hablé ayer.

1. Es el revendedor. *El* me vendió las entradas a un precio escandaloso.
2. Esa es la actriz. *De ella* me contaron muchas cosas interesantes.
3. Te presento a mi hermano. Gracias a *él* trabajé en una película.
4. Aquí está el productor. *El* financió la película.
5. Ahí están la operadora y el maquillador. A *ellos* les pagan muchísimo.
6. Esos son los decoradores. Con *ellos* tuvo un problema el director.
7. Ayer hablé por teléfono con mi hermana. *Ella* vive en París. (Tengo otras hermanas que viven en otras ciudades.)
8. Los abogados hablaron con el guionista. A *él* le plagiaron el guión.
9. Es un decorador famoso. *El* ha tenido muchos éxitos.
10. Contrataron al mejor maquillador. Sin *él* no pueden trabajar.

EL ARTE DE LA COMPOSICION

El ensayo expositivo

Hemos visto en la lección anterior como una experiencia personal puede ser la base de un ensayo, en el cual presentamos una tesis y llegamos a unas conclusiones.

Puede suceder, también, que presentemos nuestras ideas sobre algún tema, sin que en nuestra exposición entre la anécdota de una experiencia personal. Es posible escribir sobre un tema abstracto, como « La belleza », o sobre una abstracción en contacto con el mundo concreto, como « La importancia de la belleza física en el mundo del cine ». En estos casos, quien escribe intenta convencer a los lectores de que la tesis presentada es válida, y para hacerlo presenta argumentos que conduzcan a la conclusión deseada. La estructura básica de este tipo de composición puede sintetizarse así:

a. Presentación del tema.   b. Argumentación.   c. Conclusión.

a. Al presentar el tema quizá sea necesaria una definición que evite ambigüedades. Así, si escribimos sobre « La buena educación », podemos aclarar que tratamos de la cortesía, no de la enseñanza. Y si el tema es muy amplio, podemos establecer unos claros límites, indicando, por ejemplo, que al hablar de « El éxito en el cine » nos referimos a los éxitos de taquilla, no al éxito artístico.

Hay que evitar comenzar las definiciones con la forma « ...es cuando... ». Podemos decir que « un éxito de taquilla » es un espectáculo que hace ganar mucho dinero a sus productores, o que es muy bien recibido por el público; pero no debemos escribir que « un éxito de taquilla es cuando un espectáculo hace ganar mucho dinero a sus productores ». Y, naturalmente, debemos evitar definiciones que no definen, sino que repiten el término definido. Si leemos que « Ser actor de cine es trabajar como actor en el cine », seguimos sin saber qué es ser actor.

b. Los argumentos presentados deben ser lógicos y convincentes, aunque esto no garantiza que sean irrebatibles. Se debe escribir con un cierto distanciamiento, usando expresiones impersonales como « ...se puede ver, entonces, que... », o « ...y así se llega a la inevitable conclusión de que... », o empleando la primera persona del plural: « ...vemos, entonces, que... », o « ...y así llegamos a la inevitable conclusión de que... ». Debe evitarse el uso de la forma « yo », aunque ésta no es una regla inviolable si se quiere introducir un toque personal en el texto.

c. Hay unas cuantas expresiones que suelen preceder a la conclusión, como « por lo tanto, por consiguiente, así, resulta que, se deduce que » y otras, que establecen una relación entre la tesis, los argumentos presentados y la conclusión alcanzada, creando así un conjunto armónico.

Los signos de puntuación (1)

Los signos de puntuación que indican pausas

A. El punto (.) sirve para indicar el fin de un período que tiene sentido por sí mismo. Si el período que sigue está muy relacionado con el anterior, los dos están separados por un **punto y seguido** (no hay nuevo párrafo). Si la oración siguiente introduce otro tema, o un aspecto diferente del mismo tema, empezamos un nuevo párrafo después de cerrar el anterior con un **punto y aparte**.

El punto también se usa en las abreviaturas. Veamos dos párrafos en los que hay dos puntos y seguido, un punto y aparte y un punto usado en una abreviatura:

> Muchos norteamericanos no quieren aprender lenguas extranjeras. Dicen que cuando viajen por otros países, siempre encontrarán gente que hable inglés. El inglés, en su opinión, es una lengua universal.
> Si Vd. (usted) piensa lo mismo, no tardará en convencerse de su error.

B. La coma (,)   Aunque el estilo personal determina, en cierto modo, el uso de las comas, hay unas ciertas reglas básicas.

1. Se usan comas para separar los diferentes elementos de una enumeración. Los dos últimos están unidos por **o, y** o su forma negativa, **ni**:

> Me gusta ir al cine, al teatro, a la ópera y a los conciertos.
> Las peliculas son excelentes, buenas, regulares o malas.
> Esa obra no tiene interés, buen argumento ni buenos decorados.

2. También hay enumeraciones de frases separadas por comas, excepto las dos últimas:

> Me gusta ir al cine, ver teatro, escuchar ópera y asistir a conciertos.

3. Cuando reproducimos por escrito lo que dice una persona, separamos con comas las palabras (generalmente nombres o títulos) con que esa persona se dirige a otra:

> Te aseguro, Enrique, que ese papel no es para mí.
> Señorita, escuche bien lo que le digo.

4. El sujeto, aunque tenga más de una palabra, no debe estar separado de su verbo por una coma:

Las butacas de este cine son muy cómodas.
La música de fondo de la película me parece mala.

5. Puede suceder que el sujeto vaya cualificado por una o más palabras, o por una frase, que lo describen. En este caso:

Si esas palabras tienen una función especificativa, no van separadas por comas:

Los actores cansados de rodar se marcharon al hotel. (Los que no estaban cansados no se marcharon.)

Si su función es explicativa, esas palabras se escriben entre comas:

Los actores, cansados de rodar, se marcharon al hotel. (Todos están cansados, y todos se marcharon al hotel.)

6. Del mismo modo, van entre comas palabras o expresiones de carácter explicativo o exclamativo:

El doblaje, por desgracia, priva a los artistas de su propia voz.
Llegaron los actores y, junto con el director, leyeron la obra.
Di algo, por favor, para probar el equipo de sonido.

7. Se usan comas para separar dos oraciones, cuando en la segunda no se menciona el verbo porque es el mismo que en la primera:

El tenor cantó con entusiasmo, la soprano con pasión.

8. Y, finalmente, se usan las comas para evitar ambigüedades:

Llegó la nueva cámara de la operadora, enviada desde Japón.

Sin coma, la oración diría que la operadora fue enviada desde Japón.

C. El punto y coma (;) es una especie de super-coma: Cuando una oración es larga y tiene muchas comas, el punto y coma nos permite establecer una pausa sin tener que cerrar la oración. Es frecuente el uso del punto y coma, en oraciones largas, antes de **pero** y **aunque**:

El joven actor extranjero llegó a los estudios de la casa productora para la que iba a trabajar, y todo le parecía un lío; no comprendía lo que quería el director, lo que tenía que hacer ni lo que esperaban de él; pero se acostumbró pronto, por suerte para él.

D. Los dos puntos (:) se usan:

1. Después de una oración completa que anuncia una enumeración:

El estudio estuvo muy ocupado ayer: rodaron desde las seis de la mañana, ensayaron varias escenas y grabaron la música de fondo.

2. Cuando se cita a alguien. En este caso la cita comienza con ma-

yúscula. Compare la cita directa, con dos puntos y mayúscula, con la indirecta:

El director dijo: Es necesario que ensayemos más.
El director dijo que es necesario que ensayemos más.

3. Después de la introducción de una carta, con mayúscula o minúscula:

Queridos amigos: estoy trabajando en unos estudios...
Queridos amigos: Estoy trabajando en unos estudios...

E. Los puntos suspensivos (...) son la forma escrita de una pausa larga que indica vacilación, dificultad en completar una idea o, simplemente, que el final se da por conocido:

Ese director dirige... bastante bien. Sin embargo, cuando se equivoca...

PRACTICA

A. En cada una de las líneas siguientes hacen falta puntos. Colóquelos, y escriba la letra mayúscula necesaria.

Modelo:

La taquilla está abierta el taquillero la abrió hace unos
minutos.
La taquilla está abierta. El taquillero la abrió hace unos
minutos.

1. El se interesa por las estrellas pero no es astrónomo sus estrellas son las de cine.   2. Los estudios estaban destruidos los directores se echaron a la calle y filmaron películas realistas algunas tuvieron mucho éxito.   3. Me duele verte sufrir en silencio cuéntame qué te pasa.   4. Se agotaron las entradas ¿vamos a otro cine? hay otras películas interesantes.

B. En las frases siguientes, coloque las comas que sean necesarias.

Modelo:

Ayer por la tarde después de trabajar fui al cine con unos
amigos.
Ayer por la tarde, después de trabajar, fui al cine con unos
amigos.

1. Los actores y el director repartieron los papeles leyeron el guión hicieron un primer ensayo hablaron un poco de la obra y se fueron a casa.
2. Hablaron el director el guionista el actor y la actriz los electricistas y los maquilladores.

3. Las películas mal hechas no tuvieron éxito. Las bien hechas sí.
4. Las películas mal hechas no tuvieron éxito. Todas estaban mal hechas.
5. La casa productora una casa alemana quiso rodar dos películas las dos en color en la isla de Puerto Rico.
6. Le prometo señor director que aprenderé bien mi papel.
7. Le prometí al director que aprendería bien mi papel el que me dio.
8. Ensayaremos por la mañana y si es necesario por la tarde también.
9. Ensayaremos por la mañana por la tarde y por la noche si es necesario.
10. Los subtítulos desgraciadamente no pueden expresar todo lo que dicen las palabras de los actores.
11. Esa mujer Carmen es una versión femenina de Don Juan una Doña Juana que seduce a los hombres y después pobrecitos los abandona.
12. Llegaron los electricistas y antes de empezar el ensayo probaron todas las luces pues algunas no habían funcionado bien el día anterior.

C. En el párrafo siguiente, ponga los signos de puntuación necesarios.

Tengo un amigo que cuando viaja por el extranjero siempre lleva en el bolsillo un diccionario de la lengua del país donde está él dice que los diccionarios solucionan todos los problemas pero yo sé muy bien que no es cierto un día en España él entró en una librería y empezó a ver libros un dependiente le preguntó si quería algún libro en particular y él después de buscar en el diccionario el verbo *to browse* le dijo que no que sólamente había entrado para pastar el dependiente lo miró con asombro porque en español pastar es lo que hacen los animales cuando están en el campo comer hierba.

REVISION GENERAL

Al contestar a estas preguntas practicaremos una vez más el vocabulario nuevo. Recuerde, lo importante es comprobar que comprendemos estas palabras y expresiones, y que sabemos usarlas en la conversación.

VOCABULARIO

A. Conteste a estas preguntas usando en sus respuestas las palabras que están *en bastardilla,* y otras del vocabulario nuevo.

Modelo:

En un espectáculo, ¿por qué *se agotan las entradas*?

Posible respuesta:

Se agotan las entradas porque el espectáculo tiene mucho
  éxito, y mucha gente quiere verlo.

1. ¿Por qué están divididas en *actos las obras de teatro,* pero no
las películas?   2. ¿Qué importancia tiene *el vestuario* en un
espectáculo?   3. ¿Por qué es *ambigua* la frase: Mi vecino se
mató?   4. En tu opinión, ¿qué espectáculo *vale la pena* ver?
5. ¿Conoce usted *el argumento* de Romeo y Julieta?; ¿puede con-
tárnoslo?   6. ¿Dónde se compran *las entradas (los boletos)*?
7. ¿Por qué hay películas con *subtítulos*?   8. Cuando están *fil-
mando* una película, ¿qué hacen *los operadores*?   9. ¿Qué hay
en *la cartelera de espectáculos*?   10. Las películas de vaqueros,
¿representan el Oeste *tal como fue* o *tal como es* en la imaginación
de los directores de Hollywood?   11. ¿Por qué cree usted que
las casas productoras más importantes están en Hollywood?
12. ¿Cree usted que *el sonido* de las películas ha mejorado mucho
en los últimos años?   13. ¿Por qué unos espectáculos *tienen
éxito* y otros *fracasan*?   14. Cuando *se rueda* una película en
las calles de una ciudad, ¿por qué se para la gente para ver *el
rodaje*?   15. ¿Sabes dónde están Paraguay y Uruguay?; ¿los
puedes encontrar en el mapa, o *te confundes* de país fácilmente?
16. ¿Cuándo dices que un espectáculo *es una lata* o *es un tostón*?
17. ¿Crees que las personas mayores siempre *tienen razón* porque
tienen más experiencia?   18. Unos prefieren ver películas *do-
bladas*, otros prefieren *subtítulos.* ¿A quiénes *les das la razón* y por
qué?   19. ¿Cuándo hay *reventa* de *localidades*?   20. ¿Qué
opinión tienes de *los revendedores*?

B. Frases incompletas. Complete estas líneas con una idea suya.

Modelo:

Doblar una película es *hacer que los artistas hablen en un
  idioma que no es el suyo.*

1. Cuando un espectáculo es muy largo, hay uno o varios...
2. Los artistas necesitan saber de memoria su...   3. Si digo
que Texas es un estado muy pequeño yo estoy...   4. Si tú no
me explicas bien el problema yo estoy...   5. Para encontrar mi
butaca tengo que saber el número y la...   6. Es peligroso jugar
con una pistola porque puedes...   7. Una persona no es responsable de sus actos si no puede distinguir el... del...   8. Un
politicastro es un...   9. Muchas veces el estreno de una película es una función de...   10. Cuando declaramos nuestros im-

puestos no debemos dar cifras...   11. Si las cifras están equivocadas, los resultados van a ser...   12. Los maquilladores pueden ocultar defectos de la cara usando...   13. Antes de la invención de la banda de sonido, el cine era...   14. Una frase con varios significados es una frase...   15. Al principio o al final de una película se ve una lista de nombres que se llama el... 16. Una celestina es una persona que...   17. Una clase no es el lugar adecuado para...   18. Una noche de luna en un jardín romántico es el momento indicado para hablar de...   19. Se puede ver la misma película varias veces en un cine de sesión... 20. Un Don Juan es un hombre que...

CUESTIONES GRAMATICALES

A. Usos de **que; el que, el cual** y sus variantes; **lo que, lo cual; quien**. Vamos a completar estas frases con la forma relativa adecuada. Atención a la presencia de las comas y de las preposiciones.

Modelo:

Estas cámaras, <u>las cuales</u> están hechas en Japón, son buenas.

1. Estas son las cámaras sin _____ no puedo trabajar.
2. Mañana llega mi madre, _____ vive en Caracas.   3. Mañana llega una de las dos actrices, _____ vive en Caracas, no la otra.
4. El guión de _____ te hablo es muy bueno.   5. El guionista de _____ te hablo es muy bueno.   6. Es un estudio muy famoso, en _____ han filmado muchas películas.   7. El hecho de ser un éxito de taquilla es algo por _____ la casa productora ha ganado mucho dinero.   8. Ayer vi una obra de teatro _____ no me gustó nada.   9. El director no aceptó el guión, _____ era un tostón.   10. Tuvimos que hacer cola por una hora, _____ fue una lata.   11. Los zapatos me hacen daño, por _____ tengo que volver a casa.   12. El zapato _____ me lastima más es el izquierdo.   13. Ese zapato izquierdo, _____ me lastima más de los dos, está mal hecho.   14. Esa es la taquilla delante de _____ tuvimos que hacer cola.   15. La luminotecnia y los decorados, _____ eran magníficos, salvaron la obra.   16. El argumento de la obra, _____ está bien pensado, es muy interesante.   17. El argumento de la obra, _____ está bien pensada, es muy interesante.   18. Las entradas de la función de gala, _____ costaban muchísimo, se agotaron.   19. Los boletos de la función de gala, _____ tuvo mucho éxito, se agotaron.   20. Comprendí que había metido la pata, y que había dicho _____ no debía.

B. Complete estas frases con una idea suya.

Modelo:

Las películas que *me gustan más son las de misterio.*

1. La música de fondo es algo sin la cual...   2. Las óperas son muy largas, a pesar de lo cual...   3. El maquillador es quien...   4. El maquillaje es lo que...   5. Se agotaron las entradas, las cuales...   6. Se agotaron las entradas, lo cual...   7. Cuando se agotan las entradas, los que ganan...   8. Los revendedores son quienes...   9. Doblan las películas, las que...   10. Cuando hay ensayo, los actores son quienes...   11. Hablé con los actores y con las actrices, las cuales...   12. Hablé con los actores y las actrices, los cuales...

POSIBLES TEMAS PARA UNA CONVERSACION/COMPOSICION

1. El cine y su influencia sobre el público.
2. Los éxitos de taquilla, ¿arte o publicidad?
3. La ópera, un espectáculo minoritario.
4. El cine norteamericano, reflejo de la sociedad de los EE.UU.
5. El teatro universitario, ¿diversión o actividad cultural?
6. La belleza física, ¿condición indispensable para ser artista de cine?
7. Policías y ladrones: la violencia en el cine.

PARA USAR EN LA CONVERSACION/COMPOSICION

1. *El mundo del espectáculo*

el teatro / la obra de teatro / el drama / la comedia / la comedia musical / la ópera

la cartelera

la taquilla / el taquillero / hacer cola = ponerse a la cola

las entradas = los boletos = los billetes = las localidades / numeradas ≠ sin numerar

agotarse las entradas

la reventa / el revendedor

el patio de butacas / la fila / la butaca

el anfiteatro / el palco

el acto / el entreacto = el descanso

el ensayo / ensayar / el ensayo general

la función / el estreno / la función de gala / la sesión continua

el cine / la película = el filme / en blanco y negro ≠ en colores
   = a colores / la película muda ≠ la película sonora

proyectar = poner = echar = pasar una película / la pantalla

la estrella de cine = el (la) artista de cine

el festival de cine / cinematográfico

el actor / la actriz

representación de una obra de teatro / representar / el papel

ser una lata = ser un tostón

tener éxito = ser un éxito (de taquilla) ≠ ser un fracaso = fra-
   casar

2. *El rodaje de una película*

la casa productora

rodar = filmar una película

los estudios cinematográficos / el plató

el reparto

el decorado / el decorador

el director
el guión / el (la) guionista / el argumento

la cámara / el operador
el maquillaje / el maquillador

la luminotecnia

el sonido / la banda de sonido / grabar / la música de fondo

el truco cinematográfico

doblar una película / el doblaje

los subtítulos

el vestuario

3. *Expresiones verbales*

equivocarse / equivocarse de / confundirse de / estar equivocado
   (confundido)

estar confuso

verbo + que no era / verbo + nombre + equivocado

usar frases equívocas (ambiguas) / ser ambiguo

no ser el + nombre + adecuado (apropiado, indicado)

hacer algo malo / hacer lo que no debía

ser erróneo / ser falso / estar falseado
verbo + al revés
el revés de + ...
(no) tener razón / darle la razón a alguien
herir = causar una herida
lastimar = hacer daño = causar daño = dañar = lesionar
herirse = lastimarse
doler / sentir dolor / causar dolor / dolerle algo a alguien

4. *La cultura y la lengua*

ser una celestina
ser un donjuan / un Don Juan
ser una Carmen
ser un politicastro

5. *Otras expresiones*

a lo mejor
distraerse ≠ aburrirse
echarse a la calle
exigir
ser el colmo de
tal como es
(no) valer la pena

6. *Los pronombres relativos:* que, quien, el que, el cual, lo que

LA JUSTICIA

Para unos, defensa del orden público. Para otros, defensa de la injusticia. ¿Quién tiene razón?

□ *Personajes: Los dos matrimonios.*

MANUEL Los periódicos de aquí dan la impresión de que los norteamericanos son muy aficionados a los **pleitos**.[1]

SHEILA ¿Por qué lo dices?

MANUEL Pues te diré. Constantemente se lee que alguien está **demandando**[2] a alguien por las razones más frívolas. He leído algunos casos que son increíbles.

PILAR Si no nos das algunos ejemplos no sabremos de qué estás hablando.

MANUEL Muy bien, aquí hay un caso: un muchacho que **pone pleito**[3] a los fabricantes de una radio de bolsillo porque los considera responsables de que un coche lo haya **atropellado**.[4]

CRAIG No comprendo. ¿**Qué tiene que ver**[5] la radio con el atropello?

MANUEL Según él, mucho. La radio es una de esas pequeñitas que se oyen mediante unos **auriculares**,[6] que no te permiten oír nada de lo que pasa a tu alrededor. Al atravesar la calle, el muchacho no oyó venir un coche y ¡pum!, se metió delante del auto y fue atropellado.

SHEILA Pero, ¿qué tiene que ver eso con los fabricantes de la radio? En todo caso el muchacho demandaría al conductor, digo yo.

MANUEL No, su abogado dice que la radio debía tener la advertencia de que es peligroso usarla al atravesar las calles.

PILAR ¿Es posible? Pero... eso es de sentido común.

HOWARD No me sorprendería nada que ganara el pleito. Hay jurados con ideas muy originales sobre la responsabilidad.

MANUEL Es inconcebible. En Europa ningún juez habría aceptado esa **demanda**,[7] ni ningún abogado se hubiera **atrevido a**[8] **presentarla**.[9]

CRAIG ¿Sabes lo que pasa? Hay mucha gente que siempre busca alguien a quién **echarle la culpa**[10] de sus propios errores. Y si hay dinero **por medio**,[11] **mejor que mejor**.[12]

MANUEL He leído casos aún más fantásticos: Una señorita que estaba teniendo un **lío**[13] con un hombre casado le puso pleito a la esposa porque ella, la esposa, había exigido a su marido que cortara sus relaciones con su **amante**,[14] es decir, con la **demandante**.[15]

PILAR ¿Cómo dices? ¿La **querida**[16] puso pleito a la esposa legítima? ¡Pero... eso es el colmo! Y, ¿cómo terminó el asunto?

MANUEL En ese caso concreto creo que el juez **la mandó al cuerno**.[17]

[1] litigios judiciales, *law suits*
[2] llevando a los tribunales, *suing*
[3] demanda
[4] *run over*
[5] ¿qué relación tiene?
[6] *earphones*
[7] *suit*
[8] arriesgado, *dared*
[9] *to file it*
[10] culpar, *to blame*
[11] incluido
[12] aún mejor
[13] relación
[14] la « otra »
[15] *plaintiff*
[16] amante
[17] la mandó al diablo

PILAR **Menos mal.**[18] **Era lo que faltaba,**[19] que el juez le hubiera dado una indemnización por **daños y perjuicios.**[20]

SHEILA Bueno... hay casos de *palimony* que no me parecen tan **disparatados.**[21]

PILAR ¿Casos de qué?

SHEILA Hay estados que consideran que, cuando dos personas viven juntas sin estar casadas, hay ciertos derechos en caso de que se separen.

MANUEL ¡Uy! Si esa doctrina legal llegara a los países hispánicos, donde tantos hombres tienen amantes... ¡los **líos**[22] que iba a haber!

[18] bien
[19] sería el colmo
[20] damages
[21] absurdos
[22] conflictos

PRACTICA INDIVIDUAL

ENCUESTA

1. ¿A quiénes les gustan mucho los *pleitos*? (1)
2. ¿Cuándo cree que está justificada una *demanda* contra alguien? (2)
3. ¿En qué circunstancias le *pondrías pleito* a alguien? (3)
4. ¿Qué haría usted con un conductor que *atropella* a alguien? (4)
5. ¿Cree usted que el número de *demandas tiene que ver con* el número de abogados? Explique su opinión. (7, 5)
6. ¿Le gusta a usted usar radios con *auriculares*? Diga por qué. (6)
7. ¿A qué tipo de aventura *se atrevería* usted? (8)
8. ¿Qué piensa usted de la gente que siempre *le echa la culpa* de sus propios errores a otros? (10)
9. ¿En qué circunstancias le parece a usted que si hay dinero *por medio, mejor que mejor*? (11, 12)
10. ¿Cree usted que siempre es un *lío* tener un *lío* amoroso? (22, 13)
11. En algunos países hay políticos que tienen *amantes (queridas)* y nadie los critica. ¿Cree usted que la sociedad norteamericana es más estricta en estas cuestiones? ¿Por qué? (14, 16)
12. Decirle a alguien: *¡Vete al cuerno!*, ¿le parece a usted correcto? (17)
13. ¿En qué ocasión diría usted: *¡Menos mal!* o *¡Lo que faltaba!*? (18, 19)
14. ¿Cree usted que si una persona habla mal de otra le debe pagar *daños y perjuicios*? (20)
15. ¿Cuál es la idea más *disparatada* que usted ha oído? (21)

COMENTARIOS SOBRE EL RESULTADO DE LA ENCUESTA

Después de leer en voz alta los resultados de la encuesta, todos harán comentarios sobre ellos.

PRACTICA GENERAL

Todos, profesores y estudiantes, deben hacer preguntas de carácter general. Esas preguntas deben incluir las expresiones nuevas, y deben hacer necesario usarlas en las respuestas. Algunas posibilidades:

1. ¿Qué tienen que ver el alcohol con los atropellos?
2. Perder el equilibrio es fácil. ¿En qué circunstancias estaría justificado que una persona le pusiera pleito a la municipalidad, simplemente porque se cayó en la calle? ¿O no estaría justificado nunca?
3. El último comentario de Manuel en el diálogo anterior, ¿les parece a ustedes un comentario sexista?
4. Si ustedes fueran abogados, y un cliente les trajera un caso disparatado, ¿lo aceptarían? Expliquen por qué sí y por qué no.

PRACTICA DE VOCABULARIO

Eliminemos las palabras *en bastardilla* y usemos otras que no cambien el sentido de la frase.

1. Mi vecino me dijo que va a *demandarme* porque mi perro lo mordió.
2. Yo creo que el número de accidentes tiene *mucha relación* con el número de conductores que beben demasiado.
3. Desgraciadamente esos conductores causan muchos *accidentes en los cuales el coche pasa por encima de una persona.*
4. Me gusta navegar, pero *no me arriesgaría* a cruzar el océano yo solo.
5. Es muy fácil *echarles la culpa* de nuestros errores a otros.
6. Pasaré una semana en Hawaii, y si paso dos semanas, *aún mejor.*
7. Mucha gente no quiere hacer nada si no hay dinero *en el asunto.*
8. Más de un político se encontró en un *conflicto* por tener *una relación amorosa ilegal* fuera del matrimonio.
9. En el siglo XVIII algunas *amantes* de varios reyes de Francia fueron muy famosas.
10. Cuando estoy de muy mal humor, si alguien viene a molestarme lo mando *al diablo.*
11. El tráfico fue terrible, llegué tarde al trabajo, olvidé la cartera en casa, y ahora acabo de perder las llaves. *¡Lo que me hacía falta!*
12. A las víctimas de muchos accidentes las indemnizan por *los problemas que tuvieron como consecuencia del accidente.*

AMPLIACION DE VOCABULARIO

A. En muchas sociedades modernas, **la violencia (la delincuencia)** es un problema muy serio. Hay **violencia urbana,** y también la hay en zonas rurales que, durante algún tiempo, parecían más **seguras. La delincuencia juvenil** y **el tráfico de estupefacientes (drogas)** tienen mucho que ver con el problema. El número de **delincuentes juveniles** cambia con las estadísticas de la población; el número de **toxicómanos (drogadictos)** parece aumentar a pesar de los esfuerzos para eliminar el **narcotráfico,** el cual está en manos de **narcotraficantes** internacionales. Muchos jóvenes se agrupan en **bandas** o **pandillas** que, a veces, se enfrentan con otras bandas y hay verdaderas batallas **a puñetazos** (con los puños), con **arma blanca** (cuchillos, navajas) e incluso con **armas de fuego**.

1. ¿Por qué cree usted que hay tanta delincuencia juvenil?
2. ¿Qué haría usted para que las calles fueran más seguras?
3. ¿Qué haría usted para controlar el narcotráfico? ¿O cree que es imposible controlarlo?
4. ¿Es usted partidario de un estricto control de las armas de fuego? Explique su punto de vista.

B. En las ciudades hay **violencia (delincuencia;** problemas de **seguridad ciudadana),** hay **delitos** (infracciones de la ley) y, por desgracia, también hay **crímenes (homicidios, asesinatos).** El **robo** es un delito, y el **ladrón** (quien **roba**) es un **delincuente.** Matar es un **delito** más grave: es un **crimen,** y quien lo comete es un **criminal, homicida** o **asesino.** Es decir, atención al uso de las palabras **crimen** y **criminal:** en español siempre se refieren a un **delito de sangre.** Por eso es posible decir en español: « En mi ciudad hay mucha **violencia (delincuencia)** *(crime);* hay muchos **delitos (robos,** por ejemplo) *(crimes),* pero no hay **crímenes (asesinatos, homicidios)** *(murders).* »

1. ¿Cuál de los dos términos es más general, delito o crimen?
2. En su opinión, ¿hay delitos que son tan graves como un crimen? Si sí, ¿cuáles serían?
3. Se dice que el narcotráfico conduce inevitablemente a la criminalidad. ¿Está usted de acuerdo? ¿Por qué sí o por qué no?
4. ¿Cree usted que los narcotraficantes pueden ser equiparados a los criminales?

C. El robo no es el único delito frecuente. Hay **atracos** (robos en las calles y medios de transporte), **asaltos** (a los bancos) y **robos de pisos** (robo en las casas). Los **atracadores** y los **asaltantes** que **atracan** y **asaltan** casi siempre tienen armas: cometen **robos a mano armada.** Los **ladrones de pisos** entran en las casas, pisos y apartamentos cuando éstos están vacíos, y **se llevan los objetos de valor**. Los robos son **delitos contra la propiedad,** y la policía dice que es prácticamente imposible tener una casa **a prueba de ladrones (de robos)**. También hay **delitos contra las personas,** como el **secuestro (rapto)**. Los **secuestradores (raptores)** que **secuestran** o **raptan** suelen pedir un **rescate** (mucho dinero) antes de **dejar en libertad** al **secuestrado**. Una variante del secuestro es el **secuestro de aviones** o la **piratería aérea**. También hay delitos **contra la honestidad:** la **violación** y la **corrupción de menores**. El **violador** (el que **viola**) **abusa** de su víctima. El **corruptor de menores** hace lo mismo con jóvenes menores de una cierta edad, que puede variar de país a país o de estado a estado. Las palabras **honestidad** y *honesty* son falsos cognados. Una persona **honrada** es una persona **recta, justa**. En general la **honradez** está relacionada con cuestiones financieras, los contratos, etc. La **honestidad** se refiere a cuestiones relacionadas con el cuerpo. A una persona **honesta, decorosa, recatada** no le gusta exhibir su cuerpo. Los **actos deshonestos** son los que los confesores llaman **pecados de la carne**.

1. ¿Le preocupan a usted los atracos? ¿Qué precauciones toma?
2. Si alguien entrara a robar en su casa, ¿qué sería peor para usted, la pérdida de objetos de valor o la violación de su domicilio?
3. ¿Qué haría usted si fuera pasajero en un avión secuestrado?
4. ¿Qué le parece más importante, la honradez o la honestidad?

D. La policía lucha contra la delincuencia. **Los policías** o **guardias,** cuando **están de servicio, patrullan** las calles en sus **coches patrulla,** o **hacen la ronda a pie,** solos o **en pareja**. Pueden **detener** a un **sospechoso** o **presunto delincuente,** especialmente si lo sorprenden **en flagrante delito** (cuando lo está cometiendo; en lenguaje familiar, cuando lo atrapan **con las manos en la masa**) o cuando hay **sospechas fundadas** de que puede haberlo cometido. Después de la **detención,** meten al **detenido** en el **coche celular** y lo llevan a la **comisaría,** donde lo **interrogan** y le **toman declaración**. Puede suceder que el detenido se niegue a **prestar declaración** en ese **interrogatorio,** y hay casos en los que la **brutalidad policial** le **arranca una declaración** que luego el detenido repudia ante el **juez**. Golpear (**pegar**), **aporrear** o **torturar** a los detenidos es ilegal.

1. ¿Cómo patrulla las calles la policía de su ciudad? ¿Qué sistema le parece a usted más eficaz?
2. ¿Cree usted que los derechos civiles de los ciudadanos están bien protegidos contra detenciones ilegales?
3. En los EE.UU., ¿bajo qué condiciones puede la policía interrogar a un detenido?
4. ¿Cree usted que hay casos de brutalidad policial en su ciudad? ¿Conoce usted alguno?

E. La policía mantiene **ficheros** con las **fichas** de mucha gente del **hampa** (los **bajos fondos**) y de todos los que tienen **antecedentes penales** (han

Las policías, junto con los policías, forman la policía, una institución encargada de mantener el orden público.

estado en la **cárcel**). En las fichas de los que **están fichados** hay datos personales y **huellas dactilares (digitales).** Para detener delincuentes la policía cuenta con **confidencias,** hechas por **confidentes,** sobre las actividades de los que actúan **fuera de la ley**. A veces, cuando sólo tiene una descripción de un sospechoso, los expertos de la policía preparan un **retrato robot** que puede ayudar a encontrarlo.

1. ¿Cree usted que alguien, en alguna parte, tiene ficheros de ciudadanos honrados, simplemente porque son activistas en ciertas causas políticas?
2. En los EE.UU. no hay un documento nacional de identidad, y muchos se oponen a su creación. ¿Por qué cree usted que mucha gente se niega a dar sus huellas dactilares?
3. ¿Por qué se hacen ahora ficheros de huellas dactilares de niños?
4. Un retrato robot, ¿cómo puede ayudar a encontrar a un sospechoso?

F. Cuando hay causas legales suficientes, un juez **procesa**[1] (**dicta auto de procesamiento** en el cual lo acusa de haber cometido un delito) al detenido y le dice que tendrá que **comparecer ante un tribunal.** En los **procesos criminales** el juez puede dejar al **acusado** en **libertad bajo fianza.** Durante el **juicio,** el **fiscal** acusa y el **abogado defensor** defiende. Los dos pueden traer **testigos de cargo** y **de descargo,** que **declaran bajo juramento** de decir la verdad, y no deben cometer **falso testimonio.** Los abogados **aportan pruebas** para demostrar la **culpabilidad** o la **inocencia** del **procesado,** que está sentado en el **banquillo,** y si el acusado tiene una buena **coartada** (prueba de que no estaba en el lugar donde se cometió el delito) su inocencia queda probada. En los países donde hay jurado, éste decide sobre la inocencia o culpabilidad del acusado. El juez **dicta sentencia,** y el veredicto puede condenar o absolver al procesado. Si lo absuelve, queda en libertad. Si el acusado es declarado **culpable,** es condenado a una **pena de reclusión** en una **cárcel (prisión, presidio, penal)** por varios años, a **cadena perpetua** o a la **pena de muerte (pena capital, última pena),** que existe en muy pocos países hispánicos. En los EE.UU. los condenados a la pena de muerte son **ajusticiados** en la **cámara de gas,** en la **horca,** por **fusilamiento** o mediante una **inyección.** Los condenados a la cárcel pueden ser puestos en **libertad vigilada** después de unos cuantos años.

En los **juicios civiles** hay un **demandado** y un **demandante** (que inicia el proceso), el cual busca indemnización por **daños y perjuicios,** reales, o imaginarios.

1. ¿En qué circunstancias cree usted que un juez debe negar la libertad bajo fianza?
2. Se repite mucho que los tribunales son muy blandos con los delincuentes. ¿Que piensa usted de eso?
3. Según estadísticas de 1985 sólo hay dos países (la U.R.S.S. y la Unión Sudafricana) que tienen más gente en las cárceles, en proporción a su población, que los EE.UU. ¿Por qué cree usted que hay tanta gente en prisión en los EE.UU.?
4. ¿Cree usted que en los EE.UU. hay un exceso de demandas civiles, basadas en motivos frívolos? ¿Conoce usted algún caso?

LA CULTURA Y LA LENGUA

A. Ser un Quijote   Don Quijote de la Mancha, el famoso personaje creado por Miguel de Cervantes (1547–1616) es un hombre idealista, capaz de sacrificarse por cualquier causa que le parezca justa. Esto lo

---

[1]*to process* = tramitar: Tramitaré estos papeles hoy mismo.

15

lleva al desastre muchas veces, pero él nunca aprende a ser un hombre práctico y realista. Por eso se dice de alguien que se guía por su idealismo, sin reparar en las consecuencias, que **es un Quijote**. Por ejemplo, un joven que se lanzó, él solo, a la defensa de una muchacha a la que atacaba una pandilla de delincuentes juveniles, es un Quijote.

B. Hacer / ser una quijotada es, más o menos, lo mismo. Muchas veces, cuando una persona sola lucha contra los prejuicios de toda una comunidad, termina en el desastre. Lo hace, sin embargo, llevada por su sentido de la justicia: Lo que esa persona hace **es una quijotada**. No tiene nada material que ganar, pero sigue su conciencia. ¿Cómo expresaría usted, en inglés, estas dos ideas?

C. ¿Cómo le explicaría usted a un extranjero qué es el *Bible belt*? ¿Es una parte de los EE.UU. donde la población es muy religiosa? ¿O muy intolerante? ¿O muy conservadora? ¿O muy reaccionaria? ¿O muy moral, honrada y honesta?

D. *To keep up with the Joneses* ¿Qué quiere decir esto? ¿Por qué Jones, y no otro nombre? ¿Qué aspecto de la sociedad norteamericana refleja esta expresión? ¿Cómo podríamos expresar esta idea en español? Algunas posibilidades: **Hay que alternar; hay que aparentar; hay que ser tanto como el que más; no dejarse pasar por nadie.**

DIFICULTADES Y EJERCICIOS

A. Uso de: pegar

pegar	adherir, encolar	*to glue (together)*
pegar	golpear	*to hit*
pegar / fijar	poner en una pared	*to post*
pegar	contagiar	*to infect with*

Para **pegar** las fotografías en el álbum necesitas un poco de goma de pegar (cola, sustancia adhesiva).

Una pandilla lo atacó, **le pegó** y le robó la cartera. (En este caso **pegar** necesita un pronombre de objeto indirecto, pues indica que alguien le pega (golpes) a otro. Compare: **Lo** atacaron y **lo** golpearon. **Lo** atacaron y **le** pegaron.)

Estaban **pegando** unos carteles en un muro, cuando vieron un letrero que decía: Prohibido **fijar (pegar)** carteles.

Cuando mi hijo mayor atrapó la gripe, se la **pegó** a todos sus hermanos.

PRACTICA

Eliminar *pegar* y a usar el equivalente adecuado a cada caso.

> **Modelo:**
>
> Rompí la tetera. Voy a ver si puedo *pegar* los trozos.
> Rompí la tetera. Voy a ver si puedo <u>encolar</u> los trozos.

1. Me dijeron en la tienda que esta goma lo *pega* todo: papel, cristal...
2. ¡No te acerques a mí! No quiero que me *pegues* tu catarro.
3. ¿Crees que esta goma es buena para *pegar* porcelana?
4. El médico dice que el niño puede *pegarle* la enfermedad a su hermano.
5. Lo atacaron en la calle, le robaron el dinero y *le pegaron*.
6. Prohibido *pegar* carteles.
7. No se debe *pegar* a los animales.
8. Si quieres, puedes colgar fotografías, pero no las *pegues* a la pared.
9. Hubo un gran escándalo de prensa cuando un periodista acusó a la policía de *pegar* a los detenidos.
10. La gripe es una enfermedad que *se pega* mucho.

PRACTICANDO AL CONTESTAR

1. ¿Te gusta la arqueología? ¿Qué hacen los arqueólogos cuando encuentran un vaso o un ánfora completos, pero rotos en muchos pedazos?
2. Un refrán español dice: « La letra con sangre entra ». ¿Cómo lo interpretas? ¿Estás de acuerdo con lo que dice?
3. Cuando hay elecciones, ¿qué influencia tienen sobre ti los carteles de propaganda electoral que ves pegados en las paredes?
4. Si tuvieras que cuidar a enfermos contagiosos, ¿qué precauciones tomarías para que no te pegaran su enfermedad?

B. Uso de: **pegarse, pegarse a; pelearse (con); pelear, luchar**

pegarse	golpearse contra, darse un golpe contra *to hit oneself*
	golpearse, darse de golpes con *to fight, to hit each other*
	contagiarse *to be catching*
pegarse a	*to stick; to glue oneself to*
pegarse =	tener una pelea con *to fight (brawl) with*
pelearse (con) =	reñir *to fight, to quarrel (with)*
pelear, luchar =	combatir *to fight (combat)*

Al salir corriendo **me pegué** con el brazo **contra** la puerta, y ahora me duele mucho el codo.

Los dos muchachos **se pegaron** detrás de la escuela.

Algunas enfermedades **se pegan** más que otras.

Los sellos (las estampillas) estaban húmedos y **se pegaron** unos **a** otros.

Es un hombre violento, y cuando bebe **se pelea (se pega) con** todos.

Mi novia y yo **nos peleamos** ayer, pero ya hicimos las paces.

Los soldados **pelearon (lucharon)** con gran heroísmo.

PRACTICA

Usar las expresiones estudiadas, en lugar de las palabras *en bastardilla*.

1. Me caí y me *di un golpe* en la rodilla.
2. Todos *lucharon* hasta el último hombre.
3. Iban en su coche a toda velocidad, y *se dio un golpe* contra un árbol.
4. Los dos se quieren mucho, pero siempre están *riñendo*.
5. Los dos muchachos empezaron a *darse de golpes,* pero sus amigos los separaron.
6. *Tuve una pelea* y me rompí la chaqueta.
7. ¿Es cierto que el tifus *se contagia*?
8. Los dos *se golpearon* con furia.

PRACTICANDO AL CONTESTAR

1. En la televisión hay muchas peleas a puñetazos. ¿Qué efecto tiene esto sobre los televidentes, especialmente los niños?
2. ¿Qué relación encuentras entre las peleas y la masculinidad?
3. En una guerra, ¿lucharías hasta morir, aun sabiendo que la guerra estaba perdida? ¿Por qué lo harías, o no lo harías?
4. ¿Qué te haría pelearte con tu novio (-a) o con unos buenos amigos?

C. Uso de: echarle la culpa (de algo a alguien), culpar; tener la culpa (de); la culpa la + tener + … ; la culpa + ser + de… ; la culpa + ser + adjetivo posesivo; ser culpable (de)

echarle la culpa (de algo a alguien)	*to blame*
culpar	*to blame*

tener la culpa (de)	
la culpa la + tener	
la culpa + ser + **de**	*to be somebody's fault, to be*
la culpa + ser + adjetivo posesivo	*guilty of*
ser culpable (de)	

Verdaderamente, nuestro amigo Ernesto tiene muy mala suerte. Siempre que sucede algo malo:

> Todos **le echan la culpa** (a él). **Le echan la culpa** (a él) **de** todo, en un coro que repite la misma idea en formas diferentes:
> Ernesto **tiene la culpa de** todo; **la culpa la tiene** Ernesto; **la culpa es de** Ernesto; **la culpa es suya** . . . ¡Pobre Ernesto! En la mayoría de los casos él no **es culpable de** nada.

PRACTICA

Eliminar las palabras *en bastardilla* y usar en su lugar las expresiones estudiadas.

1. En un artículo sobre la violencia urbana, el periodista *culpó* a los estupefacientes.
2. En su declaración, el detenido dijo que él no *tenía la culpa* de nada.
3. El violador dice que *la culpa la tiene* la violada, por llevar un vestido muy provocativo. ¡Qué idea tan disparatada!
4. Hay quien dice que los tribunales son demasiado blandos con los delincuentes: Los tribunales *son responsables* de la violencia urbana.
5. Otros dicen que la *responsabilidad* la tiene la pobreza.
6. Y otros aseguran que la *responsabilidad* es de las armas de fuego.
7. El acusado se declaró *inocente*.
8. ¿Cómo puede decir que *no tiene la culpa* del robo, si lo agarraron con las manos en la masa?

PRACTICANDO AL CONTESTAR

En su opinión, ¿de qué tienen la culpa estos problemas sociales?

1. la desintegración de la familia   2. la pobreza   3. los estupefacientes   4. la impersonalidad de la vida urbana   5. la violencia dentro de las cárceles   6. los delitos de carácter se-

xual   7. las guerras   8. los atropellos y otros accidentes automovilísticos   9. el excesivo número de pleitos   10. los atracos a mano armada   11. la piratería aérea

PEQUEÑO TEATRO

1. La clase puede convertirse en una comisaría de policía donde se interroga a un sospechoso.
2. También puede convertirse en un tribunal donde se celebra un juicio sobre cualquiera de los delitos más frecuentes.
3. La clase debe considerar una demanda de responsabilidad civil. Algunas posibilidades:
   a. En un hotel que tiene una playa a la orilla de un río, un huésped se tiró al agua de cabeza y se dio un serio golpe contra una roca sumergida. El huésped demanda al hotel por daños y perjuicios. Su argumento principal: No había letreros que advirtieran que era peligroso tirarse de cabeza. El hotel se defiende diciendo que es de sentido común no tirarse de cabeza en un lugar donde no se conoce la profundidad del agua.
   b. Un pasajero de un avión que ha sido secuestrado demanda a la compañía aérea. Su argumento: La compañía no protegió debidamente la seguridad del avión y de sus pasajeros. La aerolínea se defiende diciendo que la piratería aérea es un problema internacional contra el cual las compañías son impotentes. Dice que es un problema que sólo se puede solucionar a nivel de tratados internacionales entre gobiernos.
4. Un grupo de sociólogos habla del gran deporte de los norteamericanos: demandarse unos a otros por los motivos más frívolos.

SEA USTED MI INTERPRETE, POR FAVOR

Preparen preguntas que incluyan el vocabulario estudiado en esta lección. Los intérpretes traducen las preguntas del inglés al español, y las respuestas del español al inglés. Algunas posibilidades:

1. Is crime a problem in your city? What type of crime is more frequent?
2. Is it safe to walk in the streets at night? Do you do it? Explain.
3. What would you do if you were mugged?
4. Why are fingerprints so important for the police?

CUESTIONES GRAMATICALES

Los pronombres relativos (2)

A. **Quien, quienes** sin antecedente

En la lección anterior hemos visto el uso de **quien, quienes,** cuando tienen un antecedente:

> El hombre **de quien** te hablo es juez. Ese juez, **quien** es amigo mío, tiene fama de ser muy honrado.

Este pronombre relativo tiene también la particularidad de poder ser él mismo su propio antecedente, o sea, de llevar incluido su antecedente. Los siguientes pares de oraciones tienen el mismo sentido:

1. La persona que no ha visto Sevilla, no ha visto maravilla.
   Quien no ha visto Sevilla, no ha visto maravilla.

2. No hay nadie que pueda controlar el narcotráfico.
   No hay **quien** pueda controlar el narcotráfico.

3. No tengo ninguna persona con la cual pueda consultar el problema.
   No tengo con **quien** pueda consultar el problema.

En la primera oración de cada par hay un relativo, precedido de su antecedente: **La persona que, ...nadie que..., ninguna persona... la cual...** En la segunda oración de cada par, **quien** es antecedente de sí mismo.

PRACTICA

Vamos a contestar a estas preguntas usando **quien** o **quienes** en lugar de las palabras que están *en bastardilla.* No limite su respuesta a un sí o un no. Explíquela.

Modelo:

¿Por qué hay *personas que* estudian la delincuencia juvenil?
Hay quienes estudian la delincuencia juvenil porque es un problema muy importante en nuestra sociedad.

1. ¿Hay *alguien que* sepa cómo terminar con el narcotráfico?
2. ¿Por qué crees que *las personas que* te quieren bien te dirán siempre la verdad?
3. ¿Es verdad que *todos los que* han sido víctimas de un atraco votan después por los políticos más conservadores?
4. ¿Por qué no hay *nadie que* quiera pasear por los parques de noche?
5. ¿Es verdad que *toda persona que* comete un delito va a la cárcel?

Quienquiera que + verbo es una variante de este uso de **quien,** pero es más frecuente en el lenguaje escrito que en la conversación. Compare:

> **Quien** encuentre al criminal recibirá un premio.
> **Quienquiera que** encuentre al criminal, recibirá un premio.

En el segundo ejemplo, **quienquiera** es el antecedente de **que.**

B. Cuyo, cuya, cuyos, cuyas

Este pronombre relativo, que indica de quién es algo, se usa más en la lengua escrita que en la lengua hablada. En general, los hispanos prefieren no usarlo en la conversación, a pesar de que es muy útil, claro y conciso. Siempre indica una relación de poseedor–cosa poseída, pero tiene la particularidad de concordar con la cosa poseída. Es decir, funciona como un adjetivo. No es necesario que el « poseedor » sea una persona. En los ejemplos siguientes, las dos oraciones de cada par tienen el mismo sentido:

> El conductor, **cuyo** coche atropelló a un niño, va a ser procesado.
> El conductor, el coche del cual atropelló a un niño, va a ser procesado.
>
> Mi pobre vecino, **cuyas** dos hijas son toxicómanas, no sabe qué hacer.
> Mi pobre vecino, que tiene dos hijas toxicómanas, no sabe qué hacer.
>
> Pisa, **cuya** torre inclinada es famosa, es una hermosa ciudad.
> Pisa, donde está la famosa torre inclinada, es una hermosa ciudad.

En la conversación es más frecuente la segunda oración de cada par.

PRACTICA

En lugar de las palabras *en bastardilla* vamos a usar **cuyo** y sus variantes.

> **Modelo:**
>
> El pirata aéreo, *que tenía* armas *que* eran de fuego, se rindió.
> El pirata aéreo, cuyas armas eran armas de fuego, se rindió.

1. El procesado, *que tenía un* abogado defensor *que* era muy bueno, ganó.
2. La secuestrada, *la* familia *de la cual* pagó el rescate, fue liberada.
3. Muchos toxicómanos, *que tienen* problemas *que* son terribles, roban para mantener su vicio.
4. El ladrón, *que dejó unas* huellas dactilares *que* eran muy claras, fue capturado fácilmente.

C. Otro pronombre relativo poco usado: **cuanto (cuanta, cuantos, cuantas)**

Este relativo se usa poco en conversación, se refiere siempre a cantidades, puede tener la palabra **todo** como antecedente, y tiene estos equivalentes:

> El atracador me exigió dinero, y le di **(todo) cuanto** (todo el que) tenía.
> No creo nada de **(todo) cuanto** (todo lo que) me dices. (neutro)
> Me pidieron información, y di **(toda) cuanta** (toda la que) tenía.
> Confiscaron las armas, **(todas) cuantas** (todas las que) encontraron.
> Llegaron los policías, **(todos) cuantos** (todos los que) estaban de servicio.

PRACTICA

En lugar de la forma *todo cuanto* y sus variantes, vamos a usar **todo lo que** y sus variantes.

Modelo:

> Llamaron muchos coches celulares, *todos cuantos* había.
> Llamaron muchos coches celulares, todos los que había.

1. Interrogaron a las sospechosas, *todas cuantas* estaban detenidas.
2. Investigan todos los robos, *todos cuantos* son denunciados.
3. El confidente dijo *todo cuanto* sabía.
4. Quieren eliminar la brutalidad policial, *toda cuanta* haya.

EL ARTE DE LA COMPOSICION

Los signos de puntuación (2)

Además de los signos de puntuación estudiados en la Lección 2, hay otros que indican: (A) cambios en la entonación de la voz; (B) información adicional al contenido de una oración; (C) una cita.

A. Signos de puntuación que indican cambios de entonación en la voz: **los signos de interrogación ¿...?** y de **admiración ¡...!**

1. Los signos de interrogación indican exactamente eso: una pregunta. El signo inicial (¿) es necesario en español porque el orden de las palabras no indica al lector que lo que sigue es una pregunta: ¿Eres tú...? = ¿Tú eres...? En inglés, por el contrario, es obligatorio el cambio de orden *(Are you . . .?* versus *You are . . .)* o el uso de un verbo auxiliar *(Do you . . .?* versus *You . . .)*. En español una oración, afirmativa o

negativa, puede convertirse en una pregunta con un simple cambio en la entonación, o con ese cambio de entonación más la colocación del sujeto detrás del verbo. Además, cuando el sujeto es un pronombre, no es necesario expresarlo, excepto si se quiere destacar su importancia:

Negación:	(Tú) no sabías que detuvieron a los atracadores.
Pregunta:	¿(Tú) no sabías que detuvieron a los atracadores?
Pregunta:	¿No sabías (tú) que detuvieron a los atracadores?

2. Cuando hay varias preguntas cortas, todas seguidas, referidas a la misma cuestión, van separadas por un punto y coma; la primera pregunta empieza con mayúscula:

> Me preguntó muchas cosas: ¿Dónde estuvo usted ayer?; ¿qué hizo?; ¿con quién habló?; ¿a qué hora volvió a su casa?

3. Una pregunta puede comenzar en medio de una oración:

> Si detienen al sospechoso, ¿lo interrogarán?

4. La interrogación también puede comenzar al principio o en medio de la oración, según la intención del hablante. La forma escrita refleja este hecho:

> Ese artículo, ¿trata de la seguridad urbana?
> ¿Ese artículo trata de la seguridad ciudadana?

5. El uso de los **signos de admiración** sigue los mismos principios:

> a. Dicen que van a terminar con la violencia.
>   ¡Dicen que van a terminar con la violencia!
> b. ¡Qué delitos tan horribles!; ¡qué atracos!; ¡qué asaltos!
> c. El asesino tiene una coartada, y ¡qué coartada!
> d. Esa sentencia, ¡es injusta!
>   ¡Esa sentencia es injusta!

B. Signos de puntuación que indican adición de información a una oración: **el paréntesis ( )** y **la raya—**

1. **El paréntesis,** o **la raya,** permiten introducir alguna información adicional:

> Le revista que Sheila le dejó a Pilar (en casa de Sheila siempre hay muchas revistas) tiene un artículo sobre la seguridad ciudadana.
> Es una revista ilustrada—como tantas otras—que Sheila recibe todos los meses.

2. En las narraciones que incluyen conversaciones, se usa la raya para indicar que hay un cambio en las personas que hablan; la raya también separa las palabras del autor y las palabras de sus personajes:

>—Muchos jueces—dijo Craig—son demasiado blandos con los delincuentes.
>—No estoy de acuerdo—interrumpió Sheila—con esa idea tuya.

C. Signos de puntuación que encierran una cita: **las comillas** " " o « »

Se escriben entre comillas las palabras tomadas directamente de un texto, o en las que se repite algo dicho por alguien:

>Dice Martín Alonso: « El retrato literariamente es una parte de la descripción. Cuando se describe la figura o el carácter, es decir, las cualidades físicas o morales de una persona, hemos trazado un retrato literario. »
>Mi amiga ha tenido mucho éxito. Puede decir, como César: « Llegué, vi, vencí. »

Obsérvese que la comilla que cierra la cita se escribe después del punto final, pero precede al signo de puntuación cuando no es una cita:

>Vive en un « cottage ». (En este caso las comillas indican que la palabra es extranjera.)
>Su « fortuna », la tiene en su imaginación. (En este caso, las comillas indican ironía en el uso de la palabra entrecomillada.)

No se usan comillas cuando la cita está hecha en forma indirecta:

>Mi amiga puede decir, como César, que llegó, vio, venció.

PRACTICA

Ponga signos de interrogación, de admiración, rayas y comillas en este texto.

>No me gusta tu actitud hacia los abogados dijo Pilar.
>A mí tampoco añadió Sheila porque indica cómo diría yo falta de respeto hacia todo el sistema legal.
>Por qué dices eso intervino Manuel. Qué exagerada eres.
>Exagerada yo exclamó Sheila. Cómo es posible que me llames exagerada.
>Quien exagera eres tú.
>Sin abogados no habría pleitos dijo Manuel.
>Mira, ésa es la simplificación más tonta que he oído concluyó Pilar.

REVISION GENERAL

VOCABULARIO

A. Conteste a estas preguntas en forma breve, clara y sencilla.

Modelo:

¿Qué es un homicida?
Un homicida es una persona que mata a otra persona.

1. ¿Cuándo decimos que ha habido un delito de sangre?
2. ¿Qué hace un narcotraficante?   3. ¿Qué tipo de problema tiene un toxicómano?   4. ¿Qué es una pandilla?   5. ¿Qué hace un confidente?   6. ¿Qué es « agarrar a alguien con las manos en la masa »?   7. ¿Quiénes están fichados por la policía?   8. ¿Qué son las huellas dactilares?   9. ¿A favor de quién declara un testigo de descargo?   10. ¿Qué es una coartada?

B. Conteste a estas preguntas usando el vocabulario estudiado.

Modelo:

¿Quién es el abogado que acusa?
El abogado que acusa es el fiscal.

1. ¿Quién preside un tribunal?   2. ¿Qué medios de ejecución conoce usted?   3. Cuando un coche pasa por encima de alguien, ¿qué tipo de accidente ha ocurrido?   4. ¿Cómo está una persona que ha bebido demasiado?   5. ¿Qué decimos de alguien que roba?   6. ¿Qué nombre tiene el delito de atacar sexualmente a alguien?   7. ¿Qué delito comete un testigo que miente?   8. ¿Qué hacen los jurados?   9. En un proceso civil, ¿qué pide el demandante?   10. ¿Qué dicta un tribunal?

C. Complete estas frases usando el vocabulario estudiado.

Modelo:

Un robo es un delito contra...
Un robo es un delito contra la propiedad.

1. Cuando no hay delincuencia en las calles, decimos que las calles son...   2. Una pistola es un arma de fuego, y un cuchillo es un arma...   3. Quien comete un atraco es un...   4. Quien comete un delito es un...   5. Y quien comete un crimen es un...   6. Robar es un...   7. Matar es un...   8. Los narcotraficantes transportan y venden...   9. En general, los raptores piden un...   10. Los pecados de la carne son actos...   11. Los policías pueden hacer la patrulla a... o en...

D. Conteste a estas preguntas relacionadas con un juicio.

1. ¿Qué tiene que probar el fiscal? 2. ¿Cuál es la función del abogado defensor? 3. ¿Quién se sienta en el banquillo? 4. ¿Qué hacen los testigos de cargo? 5. ¿Qué hacen los testigos de descargo? 6. ¿Qué tienen que prometer o jurar los testigos? 7. Durante el juicio, ¿cómo puede estar en libertad el acusado? 8. Al final del juicio, ¿qué decide el jurado? 9. Según la decisión del jurado, ¿qué hace el juez? 10. ¿Cuál es la pena de reclusión más larga? 11. ¿Qué es la última pena? 12. ¿Cómo muere una persona condenada a la horca?

E. En las frases siguientes, elimine las palabras *en bastardilla* y use las expresiones estudiadas en la sección *Dificultades y ejercicios.*

Modelo:

Está prohibido *pegar* carteles.
Está prohibido fijar carteles.

1. En el parque, mi perro *tuvo una disputa* con otro perro. 2. Yo digo que el otro perro *es responsable* de esa pelea. 3. El dueño del otro perro dice que la *responsabilidad* la tiene el mío. 4. Yo *acuso* al otro perro de todo lo sucedido. 5. Al final, el dueño del otro perro y yo casi nos *dimos golpes.* 6. Yo creo que la violencia *es contagiosa*, y pasó de los perros a las personas. 7. Los perros, posiblemente, piensan que es al revés: la violencia humana se *contagia* a los perros. 8. Bueno, la cuestión es *pasar la responsabilidad* a otros.

CUESTIONES GRAMATICALES

A. Elimine las palabras *en bastardilla* y use en su lugar **quien, cuyo, cuanto** o la variante que sea necesaria.

Modelo:

Ese es el confidente *que tiene* informaciones *que* son buenas.
Ese es el confidente cuyas informaciones son buenas.

1. Ese señor, *que tiene el* perro *que* se peleó con el mío, vive cerca. 2. *Toda persona que* lleva perros al parque puede tener esos problemas. 3. No sé qué le pasa a mi perro, pero *todas las* veces *que* lo llevo al parque, se pelea con *todos los* perros *que* ve. 4. *Cualquier persona que* me oiga dirá que sólo sé hablar de perros. 5. No es verdad, pues *todos los que* me conocen saben que también sé hablar de gatos. 6. Los egipcios, *que tenían* gatos *que* eran sagrados, eran muy listos. 7. Tenían dioses *que tenían* cabezas *que* eran cabezas de gato o de perro. 8. Y

había templos *en los que los* sacerdotes adoraban a esos dos animales.   9. *¡Si yo* fuera gato en Egipto!   10. *¿Alguien* me haría una pirámide?

POSIBLES TEMAS PARA UNA CONVERSACION/COMPOSICION

1. La justicia, ¿igual para todos?
2. La jungla urbana.
3. La violencia, ¿tradición norteamericana?
4. Los secuestros de aviones como arma política.
5. Crimen y castigo: el sistema penitenciario.
6. Las cárceles, ¿castigo o rehabilitación?
7. La familia y la delincuencia juvenil.
8. ¿Es posible eliminar el narcotráfico?
9. La violencia, ¿inevitable en una sociedad industrializada?
10. La glorificación de la violencia en el cine y en la televisión.
11. Los pleitos, deporte nacional.
12. Los abogados en la sociedad.

PARA USAR EN LA CONVERSACION/COMPOSICION

Este vocabulario puede parecer excesivamente largo, pero muchas de las palabras son muy parecidas a sus equivalentes en inglés.

1. *La delincuencia / la seguridad ciudadana*

   las calles seguras ≠ las calles peligrosas

   la delincuencia / el, la delincuente juvenil / la violencia = la criminalidad

   vivir fuera de la ley

   el arma blanca ≠ el arma de fuego

   el asalto / asaltar / el, la asaltante

   el asesinato / el asesino / asesinar

   el atraco / el atraco a mano armada / el atracador / atracar

   atropellar / el atropello / el conductor borracho (embriagado, bebido)

   los bajos fondos = el hampa

   el crimen / el, la criminal / el homicidio / el, la homicida

   el delito / el, la delincuente / el delito de sangre / el delito contra la propiedad / el delito contra las personas el ladrón, la ladrona / robar / el robo / el robo a mano armada / el robo de pisos / el robo de objetos de valor

el narcotráfico / el, la narcotraficante / el, la traficante de estupefacientes (de drogas) / tráfico de estupefacientes (drogas)

el toxicómano = el drogadicto

la pandilla = la banda

el rapto / el raptor / el raptado / el secuestro / el secuestrador / el secuestrado

el rescate

la violación / el violador / violar / abusar de alguien

la corrupción de menores / el corruptor / los actos deshonestos / los pecados de la carne

2. *La policía (institución)*

el, la policía / el, la guardia

la comisaría de policía / el comisario

estar de servicio / patrullar / hacer la ronda / la patrulla a pie / la patrulla en coche / la patrulla en pareja

la confidencia / el, la confidente

detener / la detención / el detenido / el coche celular

sorprender (agarrar) con las manos en la masa = sorprender en flagrante delito

sospechoso

llevar a la comisaría / interrogar / el interrogatorio

tomar declaración / prestar declaración

la brutalidad policial / pegar = golpear = aporrear / torturar / arrancar una declaración

fichar / el fichero / estar fichado / tener antecedentes penales / las huellas dactilares (digitales) / el retrato robot

3. *Los tribunales*

comparecer ante el tribunal / dictar auto de procesamiento / procesar

ser acusado de... / sentarse en el banquillo (de los acusados)

el abogado defensor / el, la testigo de descargo

el, la fiscal / la prueba / probar / aportar pruebas / el, la testigo de cargo

la coartada

declarar bajo juramento / el falso testimonio

el, la juez / el jurado (grupo) / el, la miembro del jurado

la libertad bajo fianza / la libertad vigilada

la culpa / la culpabilidad / declarar culpable

la inocencia / declarar inocente

la sentencia / dictar sentencia / sentenciar a (condenar a)

la pena de muerte = la pena capital = la última pena

condenar a pena de reclusión por X años / condenar a cadena perpetua (toda la vida)

la cárcel / la prisión = el presidio = el penal / estar preso / ser un preso = ser un presidiario

ajusticiar / la cámara de gas / la horca / la inyección / el fusilamiento

4. *El proceso civil*

ponerle pleito a alguien = demandar a alguien = presentar una demanda contra alguien

el, la demandante ≠ el demandado

pedir daños y perjuicios

5. *Otras expresiones*

el, la amante = el querido

la honestidad / honesto = decoroso = recatado

la honradez / honrado = recto = justo

los auriculares

estar en un lío = tener un lío

dar un puñetazo / pegarse = pelearse (a puñetazos)

adherir = pegar

alternar = aparentar

atreverse a + infinitivo

contagiar = pegar una enfermedad

culpar = echarle la culpa de algo a alguien

la culpa + ser + adjetivo posesivo = la culpa + ser + de... = la culpa la + tener + ... = tener la culpa (alguien)

pegar = golpear / pegarse con = golpearse con

pegar = encolar

pelear con = luchar con

pegar carteles = fijar carteles

haber . . . por medio

mandar al cuerno a alguien

...mejor que mejor

menos mal (que)...

no dejarse pasar por nadie / ser tanto como el que más

¡...lo que faltaba!

tener / no tener (nada) que ver con...

6. *Expresiones culturales*

ser / hacer una quijotada / ser un Quijote

7. *Cuestiones gramaticales*

Los pronombres relativos: quien, quienes, quienquiera; cuyo; cuanto, todo cuanto

LA GENTE JOVEN

¿Quién coquetea con quién? Describa la escena y escriba una posible conversación entre los cuatro jóvenes.

Personajes: María Luisa, Howard; más tarde, Rita y Steven.

HOWARD Bueno, María Luisa, ¿**qué te parecen**[1] mis amigos? Ya has conocido a **unos cuantos**[2] desde que llegaste.

MARIA LUISA Pues mira, me parecen bien, excepto uno que **me presentaste**[3] ayer. Es un fresco.

HOWARD ¿Cuál de ellos? Había muchos en la fiesta.

MARIA LUISA Creo que se llama Clark, o **algo así**.[4] Tuve que **pararle los pies**[5]... ¡qué **pulpo**![6] Ese es de los que se creen que cuando una niña lo mira es porque quiere **ligar**[7] con él.

HOWARD Bueno, ser un poco **atrevido**[8] no está mal. ¿No crees?

MARIA LUISA Verás, ser un poco **lanzado**[9] está bien, pero hay que saber hacerlo con **gracia**.[10] Además, ese niño no me gustó. Lo encontré muy frívolo. Lo único que le interesa son las fiestas y los **ligues**.[11]

HOWARD Es natural, ¿no? ¿De qué querías que te hablara?; ¿de filosofía?

MARIA LUISA **No me tomes el pelo,**[12] Howard. Tú sabes muy bien lo que quiero decir. Algunos de tus amigos son muy interesantes, pero hay otros que... francamente, son de una ignorancia sublime. **Y eso que**[13] están en la universidad. ¿Cómo es posible que confundan Paraguay con Uruguay, o que me pregunten si en Brasil hablan español?

HOWARD ¡**Caray**![14] Yo también los confundo. Es que en nuestras escuelas no estudiamos geografía.

MARIA LUISA ¿Es posible? E historia, ¿tampoco? Uno de tus amigos me dijo ayer que no sabía quiénes fueron Mussolini, ni Franco, ni Perón, y creía que Evita no es más que una comedia musical.

HOWARD ¡Chica! ¡Qué crítica estás hoy! Así nadie te va a llevar a bailar. ¡Tú esperas que todos los jóvenes de aquí estén tan politizados como tus amigos de Madrid o de México! **¿Qué mosca te ha picado hoy?**[15]

MARIA LUISA Perdona, Howard, ya sé que no hay que generalizar, pero creo que hay que interesarse por el mundo que nos rodea. Para mí **la política**[16] es muy importante.

HOWARD Y a muchos de mis amigos no les interesa nada.

MARIA LUISA Ahí está el problema. Decir: « A mí no me interesa la política» es un acto político, pues significa que se está de acuerdo con el *status quo*.

HOWARD ¡Uy! ¡Qué filosófica estás!

(Llegan Rita y Steven)

[1] qué piensas de...
[2] algunos
[3] you introduced me to
[4] algo parecido
[5] pararlo
[6] octopus
[7] iniciar una aventura amorosa
[8] aggressive
[9] daring
[10] simpatía
[11] aventuras
[12] no te burles de mí
[13] a pesar de que
[14] caramba
[15] ¿por qué estás incomodada?
[16] politics

RITA ¡Hola! ¿Cómo están ustedes?

HOWARD Yo, muy bien. María Luisa está de mal humor, criticando a derecha e izquierda. Dice que aquí somos todos muy frívolos e ignorantes.

MARIA LUISA **No le hagas caso,**[17] Rita. Yo no dije eso.

STEVEN Rita y yo venimos a preguntarles si quieren ir mañana a un **mitin**[18] de protesta contra la política del gobierno de Africa del Sur.

HOWARD María Luisa, ¿por qué no le preguntas a Steven si sabe dónde está Africa del Sur?

MARIA LUISA Tú, tan sarcástico como siempre. Rita y Steven no pertenecen al grupo que critiqué antes. Sí, me gustaría ir. ¿Dónde y a qué hora es?

RITA Sabía que te interesaría. Hay que protestar contra la explotación de las **avestruces.**[19] Les arrancan las plumas para...

HOWARD **La mataste,**[20] Rita.

[17] no creas lo que dice; no prestes atención

[18] rally

[19] ostrich

[20] you blew it

PRACTICA INDIVIDUAL

ENCUESTA

1. *¿Qué le parecen* a usted los personajes del diálogo anterior? (1)
2. ¿Sabe usted el nombre de todos los estudiantes de la clase, o sólo el de *unos cuantos*? (2)
3. Si quiere hablar con alguien en una fiesta, ¿le habla aunque no lo conozca, o espera a que *se lo presenten*? (3)
4. ¿En qué circunstancias *le pararía usted los pies a alguien,* y por qué? (5)
5. María Luisa dice que Clark es *un pulpo.* ¿Qué cree usted que quiere decir? (6)
6. ¿Cree que la gente joven siempre intenta *ligar* en las fiestas? ¿Por qué cree que los jóvenes buscan *ligues*? Justifique su opinión. (7, 11)
7. ¿Se considera usted una persona *atrevida* o *lanzada*? ¿Por qué sí o por qué no? (8, 9)
8. ¿Cuál es su idea de *ser lanzado, pero con gracia*? (9, 10)
9. Si alguien *le toma el pelo,* ¿qué hace usted? (12)
10. ¿Está usted de acuerdo con María Luisa cuando dice que hay muchos jóvenes ignorantes, *y eso que* están en la universidad? ¿Le parece a usted que la opinión de María Luisa es injustificada? (13)
11. ¿En qué situación le preguntaría usted a alguien *¿qué mosca te ha picado hoy?* (15)
12. ¿Cree usted que María Luisa tiene razón cuando dice que no estar interesado en *la política* es un acto político? (16)

13. ¿Le molesta a usted mucho que no *le hagan caso*? ¿Por qué sí o por qué no? (17)
14. Explique usted por qué va o por qué no va a los *mítines* de protesta política. (18)
15. ¿Cree usted que María Luisa es una joven pedante *o algo así*? (4)

COMENTARIOS SOBRE EL RESULTADO DE LA ENCUESTA

Todos los estudiantes deben comentar las respuestas dadas.

PRACTICA GENERAL

Ahora todos deben hacer preguntas de carácter general, dirigidas a toda la clase. Las preguntas deben obligar a usar las expresiones nuevas. Algunas posibilidades:

1. ¿Qué les parece a ustedes la gente que se interesa mucho por la política?
2. En sociedad, ¿por qué creen ustedes que es mejor ser atrevido (o ser tímido)?
3. ¿Les parece a ustedes adecuada la instrucción en geografía y en historia que han recibido?
4. Comenten esta afirmación: Es posible ser buen ciudadano y no interesarse por la política.

PRACTICA DE VOCABULARIO

Eliminar las palabras que están *en bastardilla,* y usar en su lugar alguna de las expresiones estudiadas en esta lección.

1. ¿Qué *piensan ustedes de* la gente que dedica todo su tiempo a la política?
2. He leído *algunos* libros de historia.
3. En la universidad hablo con otros estudiantes sin que *haya una presentación en forma.*
4. Creo que ese muchacho se llama Clark, o *algo parecido.*
5. No me gustó su actitud y tuve que *pararlo.*
6. Me gusta la gente que es *audaz,* pero no demasiado.
7. ¿Crees que es posible criticar a alguien *graciosamente*?
8. Un amigo mío se cree un Don Juan, y sólo piensa en *las aventuras amorosas.*
9. No me gusta que *se burlen de mí.*
10. Mi amigo Jean Paul nunca olvidó el francés, *a pesar de que* vive aquí desde que tenía diez años.
11. ¡Caramba! ¿Por qué estás tan *incomodado* hoy?
12. Llamé al perro, pero él *no me prestó atención.*

13. Fuimos a *una gran reunión política.*
14. Cuando tengo problemas me enfrento con ellos. No meto la cabeza en la arena, como *unos grandes pájaros que viven en Africa del Sur.*

AMPLIACION DE VOCABULARIO

A. En los países hispánicos los jóvenes **se hablan de tú** (se **tutean**) desde que se conocen, o cuando hablan sin conocerse. El plural de **tú** es **vosotros (-as)**, que sólo se usa en España. En el sur de España y en las Islas Canarias se usa mucho la forma **ustedes** como plural de **tú**, y en Hispanoamérica se usa exclusivamente la forma **ustedes**. La forma **vosotros** tiene unas terminaciones verbales propias: **Vosotros queréis** ir a la fiesta; **vosotras no queríais** ir. **¡Bebed! ¡No bebáis!** En sus conversaciones, muchos españoles pronuncian mal este final en **-d** del imperativo afirmativo, y lo convierten en un infinitivo: **¡Entrar!** No se considera gramaticalmente correcto, pero es muy frecuente. En Argentina, Uruguay y partes de Centroamérica en lugar de la forma **tú** se usa mucho **vos**, que tiene sus formas verbales propias: **Vos tenés** muchos amigos; **vos hablás** mucho.

1. En inglés sólo existe la forma *you.* ¿Cómo se puede expresar familiaridad en la conversación?
2. En inglés, ¿crees que *to be on a first name basis* expresa la idea de **tutearse**? Si crees que no, ¿qué otra expresión sugerirías?

B. Las relaciones entre los jóvenes de **ambos** (los dos) sexos varían de una cultura a otra, y cambian también según las generaciones. La sociedad española, y la de algunos países hispanoamericanos, ha cambiado mucho en los últimos años; ciertas formas de conducta que hubieran sido inconcebibles hace poco tiempo son ahora aceptadas **sin pestañear** (sin expresar asombro con los ojos), y la virginidad femenina no tiene la importancia de antes. La virginidad masculina siempre fue considerada como algo inexistente, excepto entre los **curas** (hombres dedicados a la Iglesia). Ahora muchos **solteros** (personas que **no están casadas)** deciden **vivir juntos,** o **se casan por lo civil** sin prestar atención ninguna a los mandatos tradicionales de la sociedad, que exigen **casarse por la Iglesia.**

1. ¿Qué entiende usted por «valores tradicionales» en cuestiones de relaciones entre los diferentes sexos?
2. Casarse por la Iglesia, ¿es una afirmación de creencias religiosas o un acto social? Explique su opinión.
3. ¿Qué opiniones hay en su sociedad sobre vivir juntos sin estar casados?

4. En su opinión, ¿qué conducta personal era inaceptable hace pocos años, y es aceptada ahora sin pestañear?

C. Aunque en los países hispánicos la separación entre la juventud y las generaciones anteriores no es tan marcada como en otras sociedades, los jóvenes tienen su propia **jerga** (dialecto especial, **argot**—*slang*) que, muchas veces pasa a otros grupos sociales. En español **ligar** significa «atar, unir, enlazar», pero ahora en España se usa en el sentido de «establecer una relación que no es de simple amistad». El **ligue** (acto de ligar) es el comienzo de algo que puede terminar de diferentes maneras, según el grado de libertad de costumbres de los participantes. Los jóvenes **se conocen** en clases, cafés, bares, discotecas o cualquier otro lugar, hablándose espontáneamente, sin necesidad de **presentación,** o después de **ser presentados** por algún amigo común. En España, como en otros países hispánicos, no hay leyes que prohiban a los jóvenes entrar en locales donde se consumen **bebidas alcohólicas,** y en todas las universidades hay bares que sirven como centro de reunión donde los estudiantes comparten unos vasos de vino o unas cervezas.

1. En su sociedad, ¿tienen los jóvenes alguna jerga especial? ¿Cómo es?
2. Entre la gente de su generación, ¿dónde es más fácil ligar?
3. En su sociedad, ¿cómo y dónde se conocen los jóvenes? ¿Son necesarias las presentaciones?
4. ¿Por qué cree usted que la sociedad norteamericana tiene tantas leyes contra el consumo de las bebidas alcohólicas?

D. Dos personas pueden **quedar citadas** (**estar citadas, citarse, tener una cita,** ponerse de acuerdo para encontrarse en un lugar y salir juntas). Una persona nunca es **una cita,** mientras que en inglés norteamericano alguien puede ser la *date* de otra persona. Además, **una cita** no necesariamente tiene carácter sentimental; es posible tener una cita con el dentista, o para hablar de negocios.

De ser simples **conocidos,** dos jóvenes pueden pasar a ser amigos, y si **flirtean** o **coquetean** un poco, o si hay **el flechazo** de Cupido, **se enamoran. Enamorarse de** alguien puede ser una fuente de **cariño** (amor) y de **ternura** (afecto), y si los dos **están enamorados** pueden decidir **hacerse novios,** es decir, tomar en serio su relación amorosa. **El noviazgo,** sin embargo, puede conducir al **matrimonio** o no. **Los novios** pueden **reñir, pelearse** o **tener un disgusto** por cuestiones de **celos,** o por cualquier otro motivo, y **la riña** o **pelea** puede conducir a **la ruptura.** Si ésta es unilateral, quien rompe el noviazgo **planta** o **deja plantado** **(-a)** a la otra persona: «Enrique y María fueron novios durante seis meses, pero luego ella **lo plantó (lo dejó plantado)** y se casó con otro.»

Dejar plantado también puede significar no ir a una cita: «**Quedamos citados** a las cinco, pero ellos **me dejaron plantado.**»

1. ¿Qué piensa usted de la gente que siempre llega tarde a las citas?
2. ¿Cree usted en el flechazo? Explique su opinión.
3. ¿Por qué cree usted que riñen más los novios?
4. ¿Cómo reacciona usted cuando alguien lo deja o la deja plantado (-a)?

E. Si los novios deciden casarse, y si quieren seguir las formas tradicionales, deben cumplir ciertos ritos. Primero **formalizan las relaciones,** lo cual significa que el noviazgo no es un juego juvenil, sino que **va en serio.** Un día las dos familias se reúnen en una pequeña ceremonia: **la petición de mano.** Los padres del novio visitan a los padres de la novia y **les piden (para su hijo) la mano de su hija.** Los novios intercambian regalos, y ahora son **prometidos.** El regalo típico del novio a la novia es una **pulsera, o una sortija, de pedida.** El de la novia al novio no está determinado por la tradición. **La prometida** prepara su **equipo** (ropa), y el día de **la boda** es otra vez **la novia,** quien entra en la iglesia del brazo de su **padrino de boda,** mientras que **el novio** la espera al pie del altar, al lado de **la madrina.** Después de la ceremonia son **marido y mujer, o esposo y esposa. El matrimonio (la pareja:** el marido y la mujer), **los padrinos** y **los testigos de boda** firman **el acta de matrimonio.** Luego hay un banquete, y después los **recién casados** salen de **viaje de luna de miel** o **de novios.**

1. ¿Qué ceremonia norteamericana sería equivalente a la petición de mano, y cómo es, tradicionalmente, esa ceremonia?
2. ¿Qué diferencias ve usted entre una boda norteamericana y una boda hispánica? ¿Hay padrinos y madrinas de boda?
3. ¿Por qué cree usted que estas ceremonias son (o no son) importantes?
4. ¿Qué tipo de boda preferiría usted?

F. La boda es un rito social y un rito religioso. La mayoría de las bodas se celebra según los ritos de la Iglesia Católica, aun en casos en que los novios no son católicos practicantes. Si el matrimonio **no sale bien,** los esposos pueden **separarse** o **divorciarse.** Con la simple **separación** no pueden **contraer segundas nupcias.** Si **se divorcian por mutuo acuerdo,** o él **se divorcia de** ella, o ella **se divorcia de** él, son **divorciados** y pueden casarse otra vez, pero no **por la Iglesia** (Católica). Si son fervientes católicos y no creen en **el divorcio,** pueden pedir **una anulación** de su matrimonio. Roma lo **anula** y dicta que ese matrimonio nunca existió. Las leyes de divorcio cambian de un país a otro. En algunos casos el ex-marido tiene que pagar **una pensión** o **asistencia de divorcio** a su antigua esposa.

«La Tuna» da un concierto improvisado en una plaza de Segovia.

1. ¿Por qué cree usted que no salen bien muchos matrimonios?
2. ¿Sabe usted algo de las polémicas sobre el divorcio dentro de la Iglesia Católica? ¿Qué piensan del divorcio los católicos de su país?
3. ¿Cuáles cree usted que pueden ser algunas causas de anulación de un matrimonio?
4. La idea de que los ex-maridos paguen una pensión a sus ex-esposas, ¿le parece a usted un producto de una mentalidad sexista?

LA CULTURA Y LA LENGUA

A. Aunque todos los países hispánicos hablan la misma lengua, hay a veces diferencias de vocabulario que indican preferencia por una palabra en lugar de otra, cuando ambas existen en español; otras veces hay algunas palabras de uso casi exclusivo en un área determinada. Estas diferencias, sin embargo, no impiden que los hispanoparlantes se comprendan, y son mucho menos numerosas de lo que se cree, especialmente en la lengua hablada por las personas cultas del mundo hispánico. Hay casos en que la preferencia por una u otra palabra indica pertenencia a una clase social determinada, más que diferencia nacional o regional.

En el mundo hispanoparlante todos comprenden las palabras **marido, mujer, esposo** y **esposa. Marido** y **mujer** son de uso frecuente en España, mientras que en casi toda Hispanoamérica se prefiere el uso de **esposo** y **esposa**. Si en Perú un hombre habla de «mi mujer» todos comprenden que está hablando de su **amante** o **querida,** no de su esposa. Si en España alguien habla de **mi esposo** o **mi esposa,** esa persona queda inmediatamente clasificada como perteneciente a una clase social por debajo de la clase media, que prefiere el uso de **marido** y **mujer**. Hay algo de sexismo inconsciente en esto. Un hombre puede hablar de **mi mujer,** pero si una mujer habla de **mi hombre,** todos comprenderían que está hablando de su **amante,** y en un sentido muy poco romántico.

B. Algunas palabras que expresan virtudes, o defectos, no necesariamente expresan la misma idea en diferentes culturas. En el mundo norteamericano, especialmente en el mundo de los negocios, es buena cosa ser *aggressive*, mientras que ser **agresivo** es un defecto, y muy serio, en el mundo hispánico. Si una compañía necesita un *aggressive executive,* debe anunciar que busca un **directivo dinámico/emprendedor/activo,** pero nunca agresivo. Un borracho puede estar agresivo en una taberna, pero una persona con un alto cargo en una compañía nunca deber serlo ni estarlo. Y si un muchacho es agresivo con las chicas, es que las amenaza y les pega. Si él es *aggressive with the girls,* es un **lanzado,** un **atrevido** o un **fresco**.

C. ¿Cómo le explicaría usted a un amigo de habla española qué es una *blind date*? No una «cita ciega», ciertamente. ¿Qué le parecen estas sugerencias?: (1) Voy a salir con un(a) amigo (-a) de unos amigos; (2) Mis amigos me invitaron a una fiesta y me encontraron pareja; (3) Voy a salir con alguien a quien nunca he visto; (4) Tengo una cita-sorpresa. ¿Alguna otra posibilidad?

D. ¿Y cómo le explicaría qué es el *puppy love*? No amor entre perritos, naturalmente. Algunas posibilidades: (1) El primer amor; (2) El amor adolescente; (3) El amor de los que son demasiado jóvenes para saber qué es el amor. ¿Otras sugerencias?

DIFICULTADES Y EJERCICIOS

A. Uso de: **parecer, el parecer, al parecer, parecerle** (algo a alguien), **parecerse, parecerse a, ser parecido a, tener parecido con, el parecido, parecido** (adjetivo), **ser bien parecido**

parecer = tener aspecto de ser + adj.	*to seem; to look*
el parecer = la opinión	*opinion*
al parecer = según parece	*apparently*
parecerle (algo a alguien) = creer	*to seem (= to think)*
parecerse	*to look alike*
parecerse a	
ser parecido a	*to look like*
tener parecido con	
el parecido = la semejanza	*resemblance*
parecido (adjetivo) = casi igual	*almost similar to*
ser bien parecido = ser guapo	*to be good looking*

Parece increíble: este niño **parece** débil, pero es fuerte como un castillo.

El médico nos dio su **parecer**: el niño está muy bien. **A su parecer** (en su opinión) no tenemos que preocuparnos. **Al parecer** lo que necesita es tomar más el sol y ponerse moreno.

Me parece que María Luisa y su madre **se parecen mucho.**

María Luisa **se parece a** Pilar, y Pilar **se parece a** María Luisa. Es decir, María Luisa **es parecida a** su madre, y su madre **tiene mucho parecido con** su hija. **El parecido** es extraordinario: tienen unos rasgos muy **parecidos.**

María Luisa dice que Howard **es muy bien parecido,** muy guapo.

PRACTICA

Vamos a usar una de estas variantes de **parecer** en lugar de las palabras que están *en bastardilla*.

Modelo:

Este niño *tiene aspecto de ser* débil, pero es muy fuerte.
Este niño parece débil, pero es muy fuerte.

1. A María Luisa le gustan los chicos *guapos*.
2. Howard y su padre *son casi iguales*.
3. Tengo una sortija que es *casi igual* a la tuya.
4. Nos gustaría saber tu *opinión* sobre nuestra idea de vivir juntos.
5. Nuestros padres dicen que, *en su opinión,* no es buena idea.
6. *Según parece,* no están de acuerdo con algunas costumbres modernas.
7. Tú tienes *mucha semejanza* con tu hermano.

8. *Creo* que te equivocas.
9. Todo eso que me contaste *tiene aspecto de ser* increíble.
10. *¿Tú crees* que Howard es *guapo*?

PRACTICANDO AL CONTESTAR

1. En tu familia, ¿a quién te pareces? ¿Quién tiene más parecido contigo?
2. ¿Te parece que ser bien parecido es indispensable para ser artista de cine? Explica tu opinión.
3. Cuando hay problemas en un matrimonio amigo, ¿das tu parecer?; ¿por qué sí o por qué no?
4. Cuando ves una película de aventuras, ¿crees que te gustaría encontrarte en una situación parecida?

B. Uso de: aguantar, soportar, mantener

aguantar / **soportar** = tolerar	*to bear, to stand*
soportar = sustentar (el peso de...)	*to bear, to support*
mantener = sustentar (a alguien)	*to support*

«Dicen que hay que **aguantar** las adversidades de la vida, pero la mía es **inaguantable**», me confió mi amigo. Al pobre hombre no le gusta su trabajo, y me dijo que no puede **soportar** a su jefe, que su jefe es **insoportable**. Además, no gana bastante para **mantener** a su familia, y viven en una casa tan vieja que las paredes casi no pueden **soportar** el tejado.

PRACTICA

Usar las palabras estudiadas, en lugar de las que están *en bastardilla*.

1. Mi jefe es *imposible de aguantar*.
2. Su conducta es *imposible de soportar*.
3. Hasta que los hijos son mayores, los padres tienen que *sustentarlos*.
4. Los hijos de mi vecino hacen un ruido que no puedo *tolerar*.
5. La vida está muy cara. No sé que haré para *sustentar* a mi familia.
6. Las columnas *sustentan* el peso del tejado.
7. ¡Qué trabajo tan aburrido! No lo *soporto*.
8. Ella se divorció porque no podía *tolerar* más los celos de su marido.
9. El no quiere trabajar. Prefiere que su mujer lo *sustente*.
10. Y ella, ¿cómo *aguanta* esa situación?

PRACTICANDO AL CONTESTAR

1. ¿Cuál es tu definición de una persona inaguantable?
2. ¿Qué es más difícil de soportar, un dolor físico o un dolor moral?
3. ¿Te gustaría encontrar a alguien que te mantuviera? Explica por qué sí o por qué no.
4. ¿Qué cosas en la vida te parecen inaguantables?

PEQUEÑO TEATRO

1. Dos pares de estudiantes hacen el papel de padres ultraconservadores. Otro par de estudiantes hace el papel de una joven pareja que anuncia a sus padres respectivos que ellos, los jóvenes, van a vivir juntos sin casarse.
2. Unos padres explican a sus hijos por qué van a divorciarse.
3. Una pareja tiene una escena de celos.

SEA USTED MI INTERPRETE, POR FAVOR

Estas preguntas incluyen parte del vocabulario estudiado. Preparen otras preguntas parecidas.

1. What is your idea of an aggressive person?
2. Why do you, or why don't you, like people interested in politics?
3. Can you explain to me what is an engagement ring, and what does it represent in American society?
4. Would you like to have a church wedding, or just go to city hall and be married by a judge?

CUESTIONES GRAMATICALES

Uso de: por y para (1)

En lugar de hacer una lista de los casos en que se usa **por** y de los casos en que se usa **para,** vamos a considerar unos conceptos abstractos que están en contraste.

Contraste A: Razón **(por)**—Propósito **(para)**

La razón de nuestros actos es algo que siempre está detrás de ellos: Es algo que encontramos explorando hacia atrás. La misma idea explica el uso de la expresión en inglés: *What was in the back of your mind?* La razón explica el porqué, el *why* de nuestras acciones.

El propósito de una acción está siempre en el futuro: Es el objetivo de la acción. El propósito explica el para qué, el *what for* de nuestros actos.

Razón: **por**	Beber por olvidar. (Bebe porque quiere olvidar.)
Propósito: **para**	Bebe para olvidar. (Bebe con la intención de olvidar.)

La idea de **razón, motivo** o **explicación** de una acción **(por)** puede expresarse también de otros modos:

Le dieron el trabajo $\begin{cases} \text{por} \\ \text{por ser} \\ \text{porque es} \\ \text{a causa de que es} \\ \text{y la razón es que él es} \\ \text{y la explicación está en que es} \\ \text{y el motivo es que él es} \end{cases}$ inteligente.

Lo mismo sucede con la idea de **propósito, intención** o **destino** de una acción **(para):**

Le dieron el trabajo $\begin{cases} \text{para} \\ \text{con el objeto de} \\ \text{con el propósito de} \\ \text{con la intención de} \end{cases}$ ayudarle.

Si comprendemos bien la diferencia entre **razón,** que siempre mira hacia atrás, y **propósito,** que mira hacia adelante, una parte del problema del uso de **por** y **para** se soluciona fácilmente. En muchos casos las dos preposiciones son posibles. El uso de una u otra depende de lo que se quiera decir:

Razón: **por**	Propósito: **para**
Beben demasiado, y por eso no voy a sus fiestas.	Beben demasiado, y para eso no voy a sus fiestas.
Se casó por dinero.	Se casó para tener dinero.
Fui a la fiesta por la música.	Fui a la fiesta para oír la música.
Coquetea con otros por dar celos a su novio.	Coquetea con otros para dar celos a su novio.
El la plantó por otra.	El la plantó para ligar con otra.

PRACTICA

Vamos a usar **por** o **para** en lugar de las palabras *en bastardilla,* sin cambiar el sentido de la frase.

Modelo:

Se casó con una mujer rica *porque quería* dinero.
Se casó con una mujer rica <u>por</u> dinero.

Por ser
1. Va a muchas fiestas, siempre *con la intención de* flirtear. para
→ 2. *Como es* simpático, tiene muchos amigos. Por ser
3. *Si quieres* salir con María, tienes que citarte con ella. Para
4. No soporta a su marido *a causa de* las escenas de celos que le hace. Por
5. Ella no lo quiere *porque es* guapo, sino *porque es* cariñoso. Por ser
6. Se quieren mucho, pero siempre se pelean *a causa de* la política. Por
7. *Si tu propósito es* ligar, debes ir a una discoteca. Para
8. Los dos se citaron *con la intención de* ir al cine. Para
9. El compró una pulsera *con el objeto de dársela a* su prometida. Para
10. Ella tuvo que pararle los pies a su amigo, *porque él es un* pulpo. Por ser

Contraste B: Razón (**por**)—Sorpresa (**para**)

En este caso, el uso de **por** es igual al estudiado en el contraste A. Por el contrario, el uso de **para** en este contraste expresa **sorpresa ante un hecho inesperado**:

Razón: por	Sorpresa: para
Por (ser) italiano, sabe mucho de ópera.	Para (ser) italiano, no sabe mucho de ópera.

En las dos columnas se acepta como cierta una generalización: todos los italianos saben mucho de ópera. En la frase de la izquierda hay una relación causa-efecto: El es italiano y, por lo tanto, sabe mucho de ópera. En la frase de la derecha se muestra sorpresa ante un hecho inesperado: Es italiano y, sin embargo (¡qué raro!), no sabe mucho de ópera.

Veamos otros casos de contraste razón-sorpresa:

Razón: por	Sorpresa: para
Es culto por haber viajado mucho. (Viajar da cultura.)	Es inculto, para haber viajado mucho. (Viajó, pero no aprendió nada.)
Es fuerte por ser joven.	Es débil para (ser) joven.
Es guapo por ser hijo de una mujer guapa.	Es feo para (ser) hijo de una mujer guapa.

En las frases de la columna de la izquierda podemos usar **porque** en lugar de **por**, sin cambiar el sentido. En las frases de la derecha podemos usar otras expresiones en lugar de **para**, también sin cambiar el sentido:

Es culto porque ha viajado
mucho.
Es fuerte porque es joven.
Es guapo porque es hijo de
una madre guapa.

Es inculto, a pesar de que ha
viajado.
Es débil, aunque es joven.
Es feo, a pesar de ser hijo de
una madre guapa.

PRACTICA

Las oraciones siguientes indican razón o sorpresa, y expresan unas
cuantas generalizaciones discutibles. Vamos a eliminar las palabras *en
bastardilla* y, en su lugar, usaremos **por** o **para** sin cambiar el sentido
de la frase. En algunos casos hay que introducir el verbo *ser*.

Modelo:

A pesar de ser tan culto, es muy poco interesante.
<u>Para</u> ser tan culto, es muy poco interesante.

1. Lo invitan a muchas fiestas *porque es* simpático. Por
2. *A pesar de ser* español, es muy rubio. Para ser
3. *Considerando que tiene* setenta años, está muy ágil. Para ser
4. Baila muy bien *porque es* hispanoamericano. Por ser
5. *Como es* mexicano, canta muy bien los corridos. Por ser
6. *Aunque es* diplomático, no tiene tacto ninguno. Por ser
7. *Considerando que es* brasileño, no baila bien la samba. Para ser

Contraste C: Tránsito por el tiempo **(por)**—Propósito **(para)**

En este contraste, el concepto de propósito **(para)** es igual al estudiado
en el contraste A.

Tránsito por el tiempo: por	Propósito: para
Iré a México por un mes.	Iré a México para (estar allí) un mes.
Me quedaré en Acapulco por seis días.	Iré a Acapulco para (quedarme allí) seis días.
Tránsito por el tiempo:	Estaré en México durante un mes, y en Acapulco durante seis días.
Propósito:	Mi intención es estar en México durante un mes, y en Acapulco durante seis días.

PRACTICA

Vamos a usar **por** o **para** en lugar de las palabras *en bastardilla*, sin
cambiar el sentido de la frase.

Modelo:

Te esperé *desde las cuatro hasta las cuatro y media* (= media
    hora).
Te esperé <u>por</u> media hora.

1. Fuimos a Punta del Este *con la intención de* estar allí una semana.   *Para*
2. Si vas a la capital, quédate allí *durante* unos días.   *Por*
3. Estaré allí *el lunes, el martes y el miércoles* (= tres días).   *Por*
4. El matrimonio se separó *durante* seis meses, pero ahora están   *Por*
    juntos.
5. El novio estuvo pagando la pulsera de pedida *durante* todo un   *Por*
    año.
6. Fui a México *con la intención de* asistir a la boda de unos amigos.   *Para*

Contraste D: Tránsito por el espacio (**por**)—Destino (**para**)

Tránsito por el espacio: **por**	Destino: **para**
Voy a México por El Paso.	Mañana salgo para México.
Hace tiempo que no voy por allá.	Hace tiempo que se fue para allá.
En la playa hay gente joven por todas partes.	Toda la gente joven salió para la playa.

La idea del tránsito por el espacio es muy amplia: Indica que voy a
México atravesando El Paso; que hace tiempo que no recorro México
(= que no viajo a través de México, de un lado para otro); que los
jóvenes están en todas partes.

La idea del destino nos dice que mañana salgo en dirección a (hacia)
México; que hace tiempo que alguien se fue hacia allá; que los jóvenes
se fueron en dirección a la playa.

PRACTICA

Vamos a eliminar las palabras *en bastardilla,* usando en su lugar **por** o
para, sin cambiar el significado de la oración.

Modelo:

Se marcharon *con destino a* Arizona.
Se marcharon <u>para</u> Arizona.

1. Después de la boda se fueron *con destino a* España en viaje de
    novios.   *Para*
2. En Madrid pasearon *a lo largo de* la calle de Alcalá.   *Por*
3. En la ciudad había mucha gente *en* todas partes.   ~~*Para ser*~~ *Por*
4. Fueron *con dirección a* la Plaza Mayor *atravesando* la Puerta del
    Sol.   *Para*   *Por*

Para

5. Escribieron unas postales *destinadas a* sus padrinos de boda.
6. Luego se fueron *en dirección a* su hotel.

Para

Contraste E: Tiempo impreciso (por)—Tiempo límite (para)

Este contraste, también relacionado con el paso del tiempo, existe cuando se indica un momento determinado, pero sin gran precisión (**por** = más o menos, alrededor de), y cuando se establece un plazo máximo, un tiempo límite (**para** = lo más tarde).

Tiempo impreciso: por	Tiempo límite: para
Van a casarse por diciembre.	Van a casarse para diciembre.
Visitarán a sus amigos por junio.	Visitarán a sus amigos para junio.

El tiempo impreciso indica que se casarán más o menos en diciembre, y que visitarán a sus amigos alrededor de junio.

El tiempo límite indica que se casarán lo más tarde en diciembre, quizá antes, pero no después de diciembre, y que visitarán a sus amigos en junio, quizá a finales de mayo, pero no en julio ni agosto.

PRACTICA

En lugar de las palabras *en bastardilla* vamos a usar **por** o **para**, sin cambiar el sentido de la frase.

Modelo:

Creo que fueron a Francia *más o menos en* agosto del año pasado.
Creo que fueron a Francia <u>por</u> agosto del año pasado.

1. Los padrinos llegarán *lo más tarde a* las tres. *Para*
2. Los recién casados vendrán a visitarnos *más o menos en* Navidad. *Por*
3. La fiesta terminará *lo más tarde a* las diez. *Para*
4. *Al* fin de mes regresarán de su viaje de luna de miel. *Para*
5. La casa estará terminada *como máximo en* marzo. *Para*

PRACTICA DE LOS CONTRASTES A–E

Usaremos **por** o **para** en lugar de las palabras *en bastardilla*, como hemos hecho en los ejercicios anteriores.

Para

1. *[A pesar de]ser* extranjero, el prometido de nuestra amiga Helen habla inglés bien.

2. Sí, pero no le dieron un puesto en la tele *a causa de* su acento. ~por~
3. El hace muchos ejercicios *con el propósito de* mejorar su acento. ~para~
4. ¿Cuándo van a salir *con dirección* a Europa? Para
5. Saldrán después de la boda, que será *lo más tarde* el mes próximo. Para
6. Piensan ir a Europa, *con el propósito de* estar allí algún tiempo. Para
7. Van a visitar muchas ciudades, y a viajar *a lo largo de* todo el Por
   continente.
8. Luego van a regresar a los Estados Unidos *vía* Canadá. Por
9. ¿Tú crees que ella se casa *porque él tiene* dinero? Por
10. Sí, pero también lo quiere *porque es* cariñoso, *porque es* simpático
    y *porque es* guapo. Por ser   Por ser   Por ser
11. Y él, ¿por qué se casa con ella? *¿A causa del* amor? Por
12. No. El se casa *porque necesita* la tarjeta verde. Por
13. *A pesar de* ser tan jóvenes, ya son muy cínicos. Para
14. ¡Oh, no! Los dos se casan *a causa del* idealismo. El ideal de Helen   Por   ~Para~
    es ser rica, y el ideal de su prometido es conseguir el permiso de
    residencia.
15. Me parece que ese matrimonio no va a durar *durante* mucho   Para   Por
    tiempo.
16. Pues yo creo que nacieron uno *destinado al* otro. Para el

---

EL ARTE DE LA COMPOSICION

El uso de los acentos

En todas las palabras de más de una sílaba, una de éstas se pronuncia
con más fuerza que las otras. Es decir, la vocal de esa sílaba lleva el
acento tónico, el énfasis, no necesariamente indicado en forma escrita:
El flechazo es algo incomprensible, que nadie puede controlar.

Si en esa sílaba que lleva el acento tónico hay un diptongo formado por una vocal fuerte (a, e, o) y una vocal débil (u, i), el acento
tónico cae sobre la vocal fuerte: Juan y Manuela se divorciaron en Miami.

Si en la sílaba tónica hay un diptongo de dos vocales débiles (iu,
ui) el acento tónico cae sobre la segunda vocal, sea u o i: Luis es de
Fiume. Dos vocales fuertes no forman diptongo: tu-te-ar-se.

En español hay unas reglas que determinan en qué sílaba cae el
acento tónico. La función del acento gráfico (´) es indicarnos que esas
reglas no son aplicables.

A. 1. Las palabras que terminan en **vocal**, en **n** o en **s** llevan el acento
    tónico en la penúltima sílaba (la segunda sílaba empezando por
    el final): Su esposo Esteban trabaja en una oficina con otros dos
    colegas.
2. Por lo tanto, cuando en una palabra terminada en vocal, en **n** o
    en **s**, el acento tónico no cae en la penúltima sílaba, hay que

indicarlo con un acento gráfico: Se enamoró con pasión cuando la vio en el autobús. Compare: Yo compro—él compró; quería que se casaran—se casarán; esperaba que pasaras—tú pasarás; Málaga—Granada—Canadá.

B. 1. Las palabras terminadas en una **consonante** que no sea **n** ni **s** llevan el acento tónico en la última sílaba: Es esenci**al** lleg**ar** a la ciud**ad** cuando el rel**oj** marque las tres.

   2. Por eso, cuando el acento tónico cae en otra sílaba que no sea la última, hay que indicarlo con un acento gráfico: Es f**á**cil escribir con l**á**piz. Compare: nariz—lápiz; papel—cárcel.

C. 1. Hemos visto que cuando hay un diptongo de una vocal fuerte y otra débil, el acento tónico cae sobre la vocal fuerte: Bu**e**nos **A**ires. Si la pronunciación de la palabra requiere dar más fuerza a la vocal débil del diptongo, hay que indicarlo con un acento gráfico: Ten**í**a un t**í**o en R**í**o de Janeiro. Compare: Mario—María; Mauro—Raúl. Esto sucede aunque las dos vocales estén separadas por una **h**: Reh**ú**so a venderle el b**ú**ho a Ra**ú**l.

     En los diptongos formados por dos vocales débiles, si se quiere dar más fuerza a la primera vocal hay que ponerle un acento: Luis R**í**us Fiume.

   2. El acento gráfico sobre la vocal débil destruye el diptongo y forma dos sílabas. Compare: Ma-rio, Ma-rí-a; Mau-ro, Ra-úl; Ca-li-for-nia, An-da-lu-cí-a; Ma-rí-a es muy se-ria.

D. 1. En los monosílabos el acento tónico cae, naturalmente, sobre la única sílaba que hay. Algunos monosílabos, sin embargo, tienen un acento gráfico para distinguirlos de otros monosílabos que se escriben de la misma manera. Compare:

> **Mi** familia es muy importante para **mí**. (**Mi**—adjetivo posesivo; **mí**—pronombre)
> **Tú** estás en **tu** casa. (**Tú**—pronombre; **tu**—adjetivo posesivo)
> **El** coche lo conduce **él**. (**El**—artículo; **él**—pronombre)
> **Te** gusta el **té**. (**Te**—pronombre; **té**—nombre)
> **Si** eso es verdad, es terrible: **Sí**, todo lo quiere para **sí** (= para él). (**Si**—condicional; **sí**—afirmativo; **sí**—pronombre)
> **Se** lo dije ayer: **Sé** que ella **se** casó. (**Se**—pronombre de objeto indirecto; **sé**—del verbo *saber;* **se** casó—reflexivo)
> Pide que le **dé** una taza **de** café. (**Dé**—del verbo *dar;* **de**—preposición)

Cuando la Academia decidió que se acentuaran estos monosílabos, se olvidó de otros pares:

> **Di** la verdad: Yo no te **di** nada. (**Di**—del verbo *decir;* **di**—del verbo *dar*)

Fue un accidente terrible. El lo vio cuando **fue** a la ciudad. (**Fue**—pretérito de *ser* y de *ir;* lo mismo con **fui**)

Ve a la ventana y **ve** si llegaron. (**Ve**—imperativo de *ir* y de *ver*)

Otros pares que se distinguen por el acento: **Este** coche es mejor que **éste**. (**Este**—adjetivo demostrativo; **éste**—pronombre demostrativo). Lo mismo sucede con los otros adjetivos y pronombres demostrativos: **Esta** sortija es más cara que **ésta**. **Esa** pulsera es más bonita que **ésa**. **Aquel** muchacho es más celoso que **aquél**. Y así con los plurales: **esos**—**ésos**, etc.

Los neutros **esto, eso, aquello** (siempre en singular) no se acentúan nunca, porque no hay lugar a confusión con los otros adjetivos o pronombres demostrativos: No me gusta **esto**. **Eso** es malo, y **aquello** es peor. (**Esto, eso, aquello** siempre se refieren a un hecho, una actividad o a una idea abstracta, nunca a personas u objetos.)

2. Hay algunas palabras que sólo tienen acento cuando forman parte de una pregunta o de una exclamación:

¿**Qué** quieres? Quiero **que** vengas. ¡**Qué** idea!

¿**Cuándo** salió? Salió **cuando** terminó el trabajo.

¿**Cómo** está usted? Estoy **como** siempre, ¡**cómo** un rey!

¿**Dónde** estás? Estoy **donde** debo estar. ¡Qué horror! ¡**Dónde** vives!

¿Con **quién** hablaste? Hablé con **quien** puede ayudarme. ¡Yo sé **quién** me puede ayudar!

¿**Cuál** prefieres? Prefiero este coche, del **cual** me han hablado bien.

¿**Cuánto** sabes? Sé todo **cuanto** (= todo lo que) hay que saber. ¡**Cuánto** sabes!

Estas palabras también llevan acento cuando la pregunta es indirecta: Yo no sé **qué** quiere. Dime **dónde** vas a estar.

3. Algunas palabras cambian de significado, según tengan o no tengan acento:

a. **Sólo** quiero que me dejen **solo**. (**Sólo** = solamente, adverbio; **solo:** adjetivo).

Recientemente la Academia ha decidido que el acento en el adverbio se use únicamente cuando hay posibilidad de confusión: **Sólo** trabajo **solo** dos días de la semana (= solamente dos días trabajo sin compañía).

b. Dime algo **más, mas** sin mentirme. (**Más:** *more;* **mas:** *but.* Este uso de **mas** está limitado a la poesía. No es frecuente en conversación).

c. **Aun** sus padres no saben que él no tiene trabajo **aún**. (**Aun:** incluso, *even;* **aún:** todavía, *yet*).

d. Para evitar confusiones, la conjunción **o** lleva acento cuando aparece entre números: ¿Esto es 10 **ó** 70?

E. 1. Cuando a un adjetivo acentuado se le añade el sufijo **-mente,** para convertirlo en adverbio, conserva el acento: Difícil—difícilmente.

2. Hay palabras que, al cambiar del singular al plural, pueden adquirir o perder un acento gráfico: Examen—exámenes. Sin acento gráfico, el acento tónico caería en la segunda **e**—exam**e**nes, por ser palabra terminada en **s.** El acento gráfico sobre la **a** es necesario para que esa sílaba retenga el acento tónico. Caso contrario: autob**ú**s—autobuses. En el plural el acento tónico cae sobre la **u,** donde debe estar, y no es necesario indicarlo con un acento gráfico.

3. Las palabras terminadas en **vocal + y** no llevan acento: Uruguay, Paraguay, virrey, convoy.

4. La diéresis (¨) no es un acento. Se coloca sobre la **u** en las sílabas **gue** y **gui** para indicar que se pronuncia la **u:** Nicaragüense, pingüino.

5. En palabras compuestas, si la primera palabra tiene acento, lo pierde: balón + cesto = baloncesto.

PRACTICA

A. Explique por qué las palabras de estas frases necesitan o no necesitan acento.

1. El príncipe llegó a su mansión, y después se fue al jardín. 2. El marinero entró solo en la taberna, y sólo bebió un vasito de anís. 3. ¡Qué barbaridad! ¡Cómo creció la ciudad! 4. En Navidad puse en el salón un árbol de papel. 5. El convoy llegó a Veracruz y el virrey desembarcó con todo su séquito. 6. En este país hay un aire limpísimo. 7. Ríus es un apellido catalán. 8. Nicaragua continúa en guerra continua. 9. Raúl compró un búho. 10. Eloísa Rajoy se casó con José Luis Alemany.

B. Coloque los acentos necesarios.

1. Cuando me preguntan donde vivo, yo siempre digo: en el lugar mas bonito del mundo. 2. ¿Por que digo que es asi? Porque a mi me parece que es la verdad. 3. Aqui naci, aqui estan mis raices, en estas calles y plazas donde jugue cuando era niño. 4. Ya se que se dice por ahi que la industria ha contaminado el aire, y que el trafico es terrible en todas partes. 5. ¡Que me importa! Yo no me marchare. Cada esquina tiene un recuerdo para mi, y en esta pequeña ciudad pasare el resto de mis dias. 6. Yo solo me siento solo cuando estoy lejos de aqui.

C. Explique el uso de los acentos en estas frases.

1. El tráfico de heroína es intensísimo. Yo sé que mi vecino traficó, pero yo no trafico.   2. Si sales con el señor Solís, ya sabes que saldrás con un pulpo.   3. Yo no firmo la solicitud, pero él la firmó.   4. Dolores tiene muchos dólares.   5. Hoy oí al doctor Radío. Habló por radio.   6. Yo le dije que entrara, aunque sé que no entrará.

REVISION GENERAL

VOCABULARIO—DIALOGO

A. Con el vocabulario del diálogo, dar una explicación breve, clara y sencilla.

Modelo:

¿Qué es un avestruz?

Posible respuesta:

Un avestruz es un pájaro muy grande, que vive en Africa del Sur, y que no puede volar, pero que corre muy rápidamente.

1. Si tengo unos cuantos dólares, ¿tengo muchos o tengo pocos?   2. En sociedad, ¿cuál es una manera frecuente de conocer a otras personas?   3. ¿Qué es «pararle los pies a alguien»?   4. Un pulpo es un animal que vive en el mar. ¿Por qué se dice de un muchacho que «es un pulpo»?   5. En la vida social, ¿prefieres a la gente tímida o a la gente atrevida, y por qué?   6. ¿Es posible ser un pulpo con gracia?   7. ¿Cómo reacciona una persona muy tímida cuando le toman el pelo?   8. Cuando alguien está insoportable, ¿por qué se le pregunta «qué mosca te ha picado»?; ¿qué relación tiene esta expresión con las moscas?   9. ¿Cómo justifica mucha gente el hecho de que no le interesa la política?   10. ¿A quién le haces caso, y por qué?

B. Eliminar las palabras *en bastardilla* y usar en su lugar el vocabulario nuevo estudiado en el diálogo.

Modelo:

Los dos jóvenes tienen una relación que *es seria*.
Los dos jóvenes tienen una relación que va en serio.

1. *¿Qué opinión tienes de* mis amigos?   2. En la fiesta estuvieron *algunos* amigos.   3. Si vienes a la fiesta, yo te *haré co-*

nocer a muchos amigos míos.   4. Esa muchacha se llama Miriam, o Marion, o algo *parecido.*   5. Ese amigo tuyo es un fresco, y tuve que *decirle que no hiciera lo que estaba haciendo.*   6. Ese muchacho parece que es *todo manos.*   7. Alguien tendrá que decirle que es demasiado *audaz.*   8. Elena tiene novio, y no le interesa *tener aventuras* con otros muchachos.   9. Si intentas *burlarte de mí,* me incomodaré.   10. Enrique es un Don Juan, *a pesar de que* tiene novia.   11. *¡Caramba!* No sé qué *te ha pasado* hoy, que estás insoportable.   12. Ella dice que soy muy frívolo, porque no hablo de *cuestiones políticas.*   13. Cuando ella me critica, yo no le *presto atención.*   14. En Africa del Sur hay *unos pájaros muy grandes, que no vuelan.*

DIFICULTADES Y EJERCICIOS

A. Conteste a estas preguntas usando el vocabulario estudiado.

Modelo:

¿Te pareces a alguien de tu familia?
Sí <u>me parezco</u> a mi...

1. ¿Qué animal doméstico parece un tigre pequeñito?   2. Tener animales en los parques zoológicos, ¿te parece una buena idea?
3. En general, ¿qué les parece a los padres la idea de que algunas parejas vivan juntas sin casarse?   4. ¿A qué otro animal se parecen las panteras?   5. ¿Eres parecido a alguien de tu familia?   6. ¿Tú crees que los hermanos siempre se parecen algo, aunque sea muy poco?   7. ¿Por qué los seres humanos nos parecemos a los chimpancés?   8. ¿Por qué se dice que hay muchas ciudades pequeñas que son muy parecidas?   9. Cada generación tiene sus problemas, pero . . . ¿son parecidos?   10. A tu parecer, ¿cómo es un hombre bien parecido?   11. En una familia, ¿quiénes mantienen a los hijos?   12. ¿Hasta qué edad crees que hay que mantener a los hijos?   13. ¿Cuántas horas de trabajo ininterrumpido puedes aguantar?   14. En un edificio, ¿qué función tienen las columnas?   15. ¿Te gustan los niños? ¿Hay algún momento en que los encuentras insoportables?

B. Elimine las palabras *en bastardilla* y use el vocabulario estudiado en la sección Dificultades y Ejercicios.

Modelo:

Los padres *sustentan* a los hijos.
Los padres <u>mantienen</u> a los hijos.

1. Las ruedas de un coche *sustentan* todo el peso del automóvil.
2. En general, los modelos y las modelos son *guapos*.   3. Un tigre es *casi igual* a otro tigre.   4. Los elefantes no *son como* ningún otro animal.   5. *Según parece*, el flechazo es frecuente.
6. *¿Qué piensas de* la política del gobierno?   7. Los dos chicos son hermanos, pero *en mi opinión*, no hay *semejanza* entre ellos.
8. Me interesa saber tu *opinión* sobre mis problemas académicos.
9. Tus problemas *tienen aspecto de ser* difíciles.   10. Pero tus problemas y los míos son *casi iguales*.

VOCABULARIO GENERAL

A. Conteste a estas preguntas con una definición breve, clara y sencilla.

Modelo:

¿Qué es el divorcio?

Posible respuesta:

El divorcio es la disolución legal de un matrimonio.

1. ¿Qué es tutearse?   2. ¿Quién es la madrina de una boda?
3. ¿Cuándo le da el novio a la novia una pulsera de pedida?
4. ¿Qué es el flechazo?   5. ¿Qué es coquetear?   6. ¿Qué es ser bien parecido?   7. ¿A quién llamarías tú «un pulpo»?
8. ¿Cuál es la diferencia entre estar soltero y estar casado?
9. ¿Qué diferencia hay entre la pasión y la ternura?   10. ¿Qué es el equipo que prepara una novia antes de su boda?
11. ¿Quién es un cura?   12. ¿Qué diferencia hay entre un ligue y un noviazgo?   13. ¿Qué es la asistencia de divorcio?
14. ¿En qué circunstancias dejarías plantado a alguien?
15. ¿Qué padres tienen un disgusto si un hijo o una hija vive con alguien sin casarse?   16. ¿Con quién te tuteas?   17. ¿A quién tratas de usted?   18. ¿Por qué crees que mucha gente acepta sin pestañear las escenas violentas de algunas películas?
19. ¿Qué es más frecuente en tu sociedad, casarse por la Iglesia o casarse por lo civil?   20. Entre estudiantes, ¿son necesarias las presentaciones para conocerse?   21. ¿Con quién te gustaría tener una cita?   22. ¿Cómo son las citas con un dentista?
23. ¿Te gusta que coqueteen contigo?   24. ¿Qué crees que es más importante, el cariño o la pasión?   25. ¿Qué te hace sentirte celoso (-a)?   26. ¿Te parece posible vivir con alguien durante muchos años sin reñir nunca?   27. ¿Qué puede causar una ruptura en un noviazgo?   28. Los noviazgos de los adolescentes, ¿siempre van en serio?   29. ¿Tendrías un disgusto muy grande si tu prometido (-a) te dejara plantado (-a)?

B. Complete estas frases con una idea suya.

Modelo:

En una petición de mano, el novio da a la novia una...
En una petición de mano, el novio da a la novia una <u>pulsera</u>.

1. La ceremonia en la que los novios se prometen es la _____
2. El novio entra en la iglesia acompañado por la _____
3. Después de la boda todos firman el _____ 4. Después del banquete, los novios salen de viaje de _____ 5. Después de una separación, los católicos no pueden _____ 6. Pero hay muchos que sí contraen _____ 7. Si los dos quieren divorciarse, se divorcian por mutuo _____ 8. La Iglesia Católica no acepta el divorcio, pero a veces acepta que el matrimonio no ha sido válido, y lo _____ 9. Si hay hijos menores, después del divorcio el padre tiene que pagar una _____ 10. Cuando se casan, todos los _____ casados están seguros de que el matrimonio va a salir bien.

CUESTIONES GRAMATICALES

A. En lugar de las expresiones *en bastardilla* vamos a usar **por** o **para**.

Modelo:

El bebe *porque quiere* olvidar.
Bebe <u>por</u> olvidar.

1. Otelo mató a Desdémona *a causa de los* celos. 2. Estuvieron casados *durante* unos años. 3. Los jóvenes van a la discoteca *con la intención de* bailar. 4. *A pesar de que es* extranjero, habla inglés muy bien. 5. *Si quieres* ligar, tienes que ser un poco lanzado. 6. La boda de Elena y Enrique será *más o menos* en enero. 7. El equipo de la novia debe estar terminado *lo más tarde en* enero. 8. Los novios van a salir *en dirección a* México, en viaje de luna de miel. 9. Primero irán a la capital, *con la intención de* estar allí una semana. 10. Después saldrán *con dirección a* Puerto Vallarta, pasando antes *a través de* Guadalajara. 11. Quieren ir a Puerto Vallarta *a causa de* las magníficas playas que hay allí. 12. Andrés e Isabel, después de unos días de recién casados, tuvieron su primera riña *a causa de* los celos. 13. Estuvieron sin hablarse *durante* una tarde. 14. Pero pronto se reconciliaron *con el propósito de quererse* siempre. 15. Los dos se casaron *a causa del* amor. 16. Creen en el amor *que durará* una eternidad. 17. Si tienen algún disgusto, es *durante* pocos días. 18. Mis amigos hablan un argot

especial, *con el propósito de* que nadie los entienda.   19. He tenido una riña con mis amigos *a causa de* cuestiones políticas. 20. *Al* fin terminamos.

B. Coloque los acentos necesarios.

1. Imaginate, el rehuso aceptar veintiun millones de dolares. 2. Tu estas en tu casa y yo en la mia.   3. ¿Quieres que te de te cuando te sientas cansado?   4. Dame una contestacion. Si si, sere feliz. Si no, me pondre tristisimo.   5. Ojala vayamos a Malaga. Si fueramos a Marruecos iriamos a Tanger.   6. Mi colega opero a la cantante de opera. Yo no la opere porque no opero en ese hospital.   7. Raul corto los arboles que crecian en su jardin. Yo no corto los mios.   8. El oregano de Oregon es magnifico.   9. Hacia dieciseis dias que iban hacia Venecia. 10. Ya se que se dice por ahi que yo no se nada.   11. Nadie ha venido. Ni aun el director ha llegado aun.   12. Maria se rio cuando Mario se cayo en el rio.

POSIBLES TEMAS PARA UNA CONVERSACION/COMPOSICION

1. La revolución sexual, ¿mito o realidad?
2. La glorificación de la juventud.
3. Los valores morales y las diferentes generaciones.
4. La gente joven y su visión del presente (...del pasado; ...del futuro).
5. La juventud y la política.
6. La vejez en la sociedad actual.
7. ¿Cómo seré yo a los cincuenta años?
8. El sexismo en la vida familiar.
9. El arte de educar a los hijos (...a los padres).

PARA USAR EN LA CONVERSACION/COMPOSICION

1. *El noviazgo*

el amor / el cariño / ser cariñoso / la ternura / sentir ternura por...

los celos / tener celos de... / ser celoso / estar celoso de...

la cita / tener una cita con... = estar citado con... = citarse con... = quedar citados = quedar citado con...

conocerse / el conocido / hablarse de usted ≠ hablarse de tú = tutearse coquetear con... = flirtear con... / ser coqueto / el coqueteo

dejar plantado a... = dar el plantón a... = plantar a...

el disgusto / tener un disgusto con... / estar disgustado con...

reñir con / estar reñido con.../ la riña

pelearse con... / estar peleado con... / la pelea

enamorarse de... / estar enamorado de...

el flechazo (de Cupido)

ir en serio / formalizar las relaciones

el ligue / ligar con...

el noviazgo / el novio—la novia / ser novios / hacerse novios / la pareja

presentarle alguien a alguien / ser presentado a... / la presentación

el prometido—la prometida / la petición de mano / pedir la mano de... / la pulsera de pedida / la sortija de pedida

ser un atrevido / ser un lanzado / ser un pulpo

vivir juntos sin estar casados

2. *El matrimonio*

el acta de matrimonio

la boda / el novio—la novia / el padrino de boda—la madrina de boda / los testigos de boda

casarse por la Iglesia / el cura / casarse por lo civil / el juez

contraer matrimonio / contraer segundas nupcias

estar casado ≠ estar soltero / ser (una persona) casada ≠ ser (una persona) soltera

los recién casados / la luna de miel / el viaje de luna de miel = el viaje de novios

el marido—la mujer / el esposo—la esposa

3. *Problemas*

el querido—la querida = el, la amante

engañar a... = ponerle los cuernos a...

el adulterio / el adúltero—la adúltera

separarse / la separación / estar separados

el divorcio / divorciarse de... / estar divorciado / la pensión / la asistencia de divorcio

anular el matrimonio / la anulación

4. *Otras expresiones*

> aguantar / ser inaguantable / soportar / ser insoportable
>
> el argot = la jerga
>
> el avestruz / esconder la cabeza en la arena como un avestruz
>
> la bebida alcohólica / darse a la bebida / estar alcoholizado / ser un alcohólico
>
> ¡Caray! / ¡Caramba!
>
> hacerle caso a... = prestar atención a... / seguir los consejos de...
>
> ¡La mataste! = ¡Lo estropeaste todo!
>
> mantener / correr con los gastos de...
>
> el mitin / la reunión / la manifestación / la concentración
>
> pararle los pies a...
>
> parecer / parecerse / parecerse a... / ser parecido a... / tener parecido con
>
> el parecer / la opinión / al parecer / parece (ser) que...
>
> ser bien parecido = ser guapo
>
> ¿Qué mosca te ha picado? = ¿Por qué estás tan incomodado?
>
> salirle bien (mal) algo a alguien / Todo me sale mal / Tengo mala suerte
>
> sin pestañear / sin darle importancia / sin vacilar
>
> tomarle el pelo a... / burlarse de...
>
> unos cuantos = algunos
>
> y eso que... = a pesar de que...

5. *Cuestiones gramaticales:* usos de **por** y **para**

LECCION·5

LOS TOPICOS NACIONALES

El baile flamenco es una de las grandes creaciones artísticas del pueblo español, pero no la única.

Personajes: Los dos matrimonios y sus hijos, María Luisa y Howard

MARIA LUISA Fíjate en este anuncio de una compañía aérea, Howard. Nunca he visto tantos **tópicos**[1] juntos.

HOWARD ¿Qué tiene de especial? A mí me parece muy bonito y muy apropiado. Si es un anuncio de vuelos a España es natural que tenga fotografías de toreros y de señoritas con mantilla y castañuelas.

MARIA LUISA Claro, y si fuera un anuncio de vuelos a México tendría una foto de un hombre con un sombrero muy grande, durmiendo la siesta al pie de un cacto, ¿no?

PILAR Tendría que ser un dibujo. Ese es otro **lugar común**[2] difícil de encontrar.

CRAIG Pues circula mucho **por ahí**,[3] igual que la imagen de la señorita brasileña con varios kilos de fruta en el sombrero, a la Carmen Miranda.

HOWARD Bueno, pero... ¿qué quieren que hagan los que preparan estos anuncios? Todo eso es lo típico, ¿no creen?

MARIA LUISA No, no es lo típico, es **lo tópico**[4]

SHEILA Francamente, en el extranjero yo encontré muchos tópicos sobre América. Creen que aquí sólo hay rascacielos gángsteres, crímenes y **vaqueros**.[5]

MARIA LUISA ¡Vaqueros! Yo **llevo aquí varias semanas**[6] y sólo los he visto en los anuncios de unos cigarrillos.

HOWARD Cuando quieras me vestiré de vaquero.

MARIA LUISA ¿Vaquero, tú? ¡Los únicos caballos que has montado en tu vida son los del **tiovivo**![7]

SHEILA Es increíble la cantidad de tópicos que se repiten por ahí, y mucha gente los cree **a pies juntillas**.[8] La culpa la tienen las películas, que dan una visión estereotipada de cada país.

HOWARD Decir eso es **hablar en tópicos**.[9] La cuestión es mucho más compleja.

SHEILA Oiga, joven, ¿desde cuándo critica usted a su madre?

PILAR Déjalo, Sheila. Todos los jóvenes necesitan criticar a sus padres.

HOWARD Otra **frase hecha**.[10]

CRAIG Pero, ¿qué mosca te ha picado hoy?

MARIA LUISA **Está de mala uva**[11] porque un ligue que tenía lo ha plantado.

PILAR ¡Niña! Esa es una expresión muy **vulgar**.[12]

MARIA LUISA ¿Vulgar «estar de mala uva»? ¡Ay, madre, qué poco sabes

[1] clichés, stereotypes

[2] tópico

[3] around

[4] idea abstracta del tópico

[5] cowboys

[6] hace varias semanas que estoy aquí

[7] carrousel

[8] completamente

[9] repetir tópicos

[10] tópico

[11] está de mal humor

[12] sin elegancia

de lo que se dice por ahí! Esa expresión es muy vulgar, pero en el otro sentido de la palabra: es muy frecuente.

PILAR Bueno, vamos a dejar esto. Me parece que nos estamos saliendo del **tema de la conversación**,[13] que era el de los tópicos.

HOWARD ¡**Hala**,[14] María Luisa, continúa con tu análisis sociológico de los **carteles**[15] turísticos!

MARIA LUISA No, me parece que voy a hacer un análisis sicológico de tus frustraciones sexuales.

[13] *topic*
[14] *come on*
[15] *posters*

PRACTICA INDIVIDUAL

ENCUESTA

1. En su opinión, ¿qué es un *tópico*? (1)
→ 2. ¿Qué piensa usted de la imaginación u originalidad de los que repiten muchos *lugares comunes* en su conversación? (2) *those*
3. ¿Puede usted repetir algún *lugar común* entre los muchos que circulan *por ahí*? (2, 3)
4. ¿Qué cree usted que es lo típico de la región donde usted vive? ¿Y qué es *lo tópico* de esa región? (4)
5. ¿Con qué parte de los Estados Unidos asocia usted a los *vaqueros*? (5)
6. ¿Cuánto tiempo *lleva usted en este curso*? (6)
7. ¿Por qué cree usted que a los niños les gusta andar en *tiovivo*? (7)
8. ¿Es usted una persona escéptica, o hay algo que usted cree *a pies juntillas*? (8)
9. ¿Quiénes, en su opinión, *hablan* mucho *en tópicos*? ¿Los políticos?; ¿los agentes de viajes?; ¿la gente culta?; ¿todos nosotros? (9)
10. ¿Cree usted que hay algo, o mucho, de verdad en algunas de las *frases hechas* que circulan por ahí? Por ejemplo: Viajar ilustra; Venecia es muy romántica; los norteamericanos son muy individualistas. (10)
11. *Estar de mala uva* no es una expresión muy elegante. ¿Qué expresión inglesa da la misma idea? (11)
12. ¿Usa usted expresiones *vulgares* en su conversación? Las que usa, ¿se pueden repetir en todas partes? (12)
13. ¿Qué *tema de conversación* le interesa más a usted? (13)
14. En su opinión, ¿qué hace que un *cartel turístico* sea atractivo? (15)

COMENTARIOS SOBRE EL RESULTADO DE LA ENCUESTA

Ahora pueden leer ante la clase todas las respuestas dadas, y hacer comentarios sobre ellas.

El pasado hispánico de California, convertido en tópico.

PRACTICA GENERAL

Todos deben preparar algunas preguntas de carácter general, que incluyan el vocabulario nuevo. Algunas posibilidades:

1. ¿Qué tópicos incluiría usted en un cartel turístico de Nueva York?
2. ¿Qué lugares comunes asocia usted con: Hollywood, Hawaii, México, Brasil, París, Italia, Tahití, Japón?
3. ¿Qué representa el vaquero en la cultura norteamericana?
4. ¿Qué relación cree usted que hay entre algunos tópicos que circulan por ahí y los prejuicios raciales?

PRACTICA DE VOCABULARIO

Vamos a contestar a las preguntas siguientes usando, en lugar de las palabras *en bastardilla*, algunas de las expresiones estudiadas en el diálogo anterior. Este ejercicio también se puede hacer con los libros cerrados. En este caso los estudiantes tendrán que decidir qué palabras desaparecerán, y cuáles van a substituirlas.

Modelo:

¿Qué *tópicos* incluirías en un cartel turístico de Nueva York?
Los <u>lugares comunes</u> que incluiría son: la Estatua de la
    Libertad, el Empire State Building y el Puente de Brooklyn.

1. ¿Por qué crees que tienen tanto éxito las películas de *hombres que andan a caballo por el Oeste*?

2. ¿Cuánto tiempo *hace que está* el Presidente en la Casa Blanca?
3. ¿Hay gente que cree *completamente* que hay vida en otros planetas?
4. ¿Qué haces cuando estás *de mal humor*?
5. ¿Hay *algún tópico* que te moleste?
6. ¿Qué tópicos circulan *por todas partes* sobre los norteamericanos?
7. ¿Usa usted algunas frases *que se repiten constantemente*?
8. ¿Cómo reacciona usted cuando alguien usa frases *sin elegancia*?
9. ¿Con qué etapa de su vida asocia usted *unos caballitos de madera que dan vueltas y vueltas*?
10. ¿Qué incluiría usted en un *poster* turístico de su ciudad?

AMPLIACION DE VOCABULARIO

A. Una vulgaridad es un tópico, un lugar común, una frase hecha, algo trivial que se dice cuando no se tiene una opinión personal, original, sobre el tema de la conversación. **Decir vulgaridades** significa, por lo tanto, hablar en tópicos, repetir trivialidades. Una **expresión vulgar** es un dicho frecuente, popular y común. Una **persona vulgar** es alguien sin características extraordinarias que la separen de la mayoría de la gente, y la **lengua vulgar** es la hablada por todos. Al mismo tiempo, hay un ligero toque despectivo en estas dos palabras, que también pueden indicar algo **grosero:** «Cuando se incomoda usa un lenguaje tan vulgar que parece otra persona. La vulgaridad de su lenguaje es asombrosa». En este ejemplo las palabras vulgar y vulgaridad significan lo mismo que *vulgar* y *vulgarity*.

1. En el mundo de hoy, ¿quién crees que tiene ideas originales, y quién sólo repite vulgaridades?
2. ¿Crees que un lenguaje grosero es más aceptable en un hombre que en una mujer? Explica tu opinión.
3. ¿Crees que ahora hay más tolerancia con el lenguaje grosero? ¿Por qué sí o por qué no?
4. En la vida social, ¿qué te parece una vulgaridad? Por ejemplo, ¿te parece una vulgaridad hablar de cuestiones de dinero?

B. Los tópicos sobre un país son, a veces, fomentados por los mismos habitantes del país en cuestión. **Lo típico,** lo que es más representativo y simbólico del país, se convierte fácilmente en **lo tópico** cuando es explotado, generalmente con fines turísticos. Cuando los turistas regresan a sus países con los objetos típicos que han comprado durante sus vacaciones, ayudan a confirmar los tópicos que circulan por ahí: Todos los españoles saben **tocar las castañuelas** y la guitarra, y todos **bailan flamenco** y van a **las corridas de toros,** donde aplauden a **los toreros;**

todos los escoceses (habitantes de Escocia, al norte de Inglaterra) **tocan la gaita;** todos los indios norteamericanos **tejen cestos** y **mantas;** en el Oeste todos usan **sombreros de vaquero;** todos los mexicanos llevan **sarape** y unos sombreros enormes, con el **ala** muy ancha. Los carteles turísticos también fomentan la circulación de los tópicos: En los países tropicales todos tocan las maracas; en Norteamérica todas las ciudades tienen rascacielos; en Perú hay llamas por todas partes; en Hawaii todos llevan **collares de flores.** Cuando un visitante descubre que la realidad es muy diferente **se lleva una desilusión,** es decir, **se queda desilusionado** porque no encuentra lo que esperaba ver por todas partes.

1. Si ha viajado, ¿qué objetos típicos vio a la venta en los aeropuertos?
2. ¿Cómo se podrían evitar los tópicos en los carteles turísticos?
3. Según los tópicos que circulan, ¿qué instrumento musical se toca mucho en Hawaii?; ¿en México?; ¿en Nueva Orleans?; ¿en Viena?; ¿en Escocia?
4. ¿Cuándo se ha llevado usted alguna desilusión?

LA CULTURA Y LA LENGUA

A. Las corridas de toros son parte de la cultura española, aunque no se celebran en todos los países hispánicos. Hay corridas de toros en España, México, Colombia, Venezuela y Perú, y también se celebran en Portugal y en el sur de Francia. Sobre las corridas de toros hay opiniones para todos los gustos. Para unos, las corridas son un arte; para otros, una crueldad injustificable. Su influencia se siente en el idioma, pues hay muchas expresiones relacionadas con los toros que se usan con relativa frecuencia en la conversación.

En el ruedo *(ring)* los toreros **torean** al toro, lo hacen moverse de un lado para otro agitando una capa roja, sin que el toro consiga herir o matar al torero. Así, **torear a alguien** expresa la idea de jugar con alguien: «Esa chica no quiere decir ni sí ni no. Cree que puede torearme, pero yo no me dejo torear». También puede significar «evitar a alguien». «Hace dos semanas que estoy toreando a mis acreedores». ¿Cómo expresaríamos estas ideas en inglés? ¿Qué hace el ligue que me torea? *Playing with me? Teasing me?* Y, ¿qué hago yo con mis acreedores? *Am I dodging them, or avoiding them?* ¿Otras posibilidades?

En **el toreo** (el arte de torear) el torero debe matar al toro con su **estoque** (espada). Es muy difícil hacerlo, y por eso al acto de matar al toro se le llama **la hora de la verdad,** es decir, el momento en que el torero debe probar que es un experto en su arte: «Ya aprendí toda la teoría, y ahora tengo que ponerla en práctica. Llegó la hora de la verdad». ¿Hay alguna expresión parecida en inglés?

Cuando el toro muere tiene un espasmo y se queda con las patas rígidas: **Estiró la pata,** es decir, murió. Decir que alguien «estiró la pata» no es una forma muy respetuosa de hablar del difunto, pero la expresión no es rara. ¿Qué decimos aquí? ¿Hay alguna frase que hace referencia a darle una patada a un cubo? Y, ¿qué relación tiene esa frase con la costumbre de ahorcar a los delincuentes?

Después de la muerte del toro, unas mulas arrastran *(drag)* el cuerpo muerto del pobre animal. Por eso, **estar para el arrastre** significa estar muy cansado, exhausto. Entonces, si estoy para el arrastre, ¿cómo estoy? *Am I exhausted? Worn out?*

B. La religión católica también ha dado muchas expresiones al español. En la cultura hispánica, la mención del nombre de Dios y de los santos es una muestra de devoción, no falta de respeto. Exclamaciones como **¡Dios mío!, ¡Por Dios!, ¡Jesús, María y José!, ¡Por todos los santos del cielo!, ¡Por los clavos de Cristo!** son frecuentes en la conversación de la gente religiosa. Cuando alguien estornuda, se le dice **¡Jesús!,** pero la gente que no es religiosa prefiere decir **¡Salud!** Cuando alguien se ha dado un golpe muy grande en la cabeza, se dice que **se ha roto la crisma,** una referencia al bautismo, y cuando una comida es muy buena, **sabe a gloria.** ¿Cuál es la actitud norteamericana hacia el uso de expresiones de carácter religioso en la conversación? ¿Qué se quiere evitar cuando se dice *gosh,* o *for Pete's sake*? ¿Qué otros eufemismos se usan?

C. En la cultura norteamericana, el vocabulario de los deportes y de los negocios ha pasado a la conversación diaria. Cuando decimos que alguien está *off base,* ¿expresamos la idea de que está confundido, o totalmente despistado? Y si alguien se cansa de luchar, decimos que *he threw in the towel,* o *the sponge,* como un boxeador. ¿Qué hizo? ¿Se rindió? ¿Se hartó?

Si me siento muy bien, *I feel like a million dollars,* que es algo así como sentirse como un rey. Y si la historia de mi fortuna es un cuento de ir *from rags to riches,* ¿quiero decir que empecé con nada?; ¿o que salí de la nada?; ¿o que antes yo era un Don Nadie? Durante muchos siglos, en la cultura hispánica, los principios aristocráticos predominaron sobre los principios comerciales, y no había gran prestigio social para los que se hacían ricos por su propio esfuerzo. Por eso no hay una expresión equivalente a la de ser un *self-made man.* Cuando se quiere expresar esa idea, se usa la forma inglesa, o una versión española que la traduce literalmente: «Es un *self-made man,* o una persona que se hizo a sí misma».

DIFICULTADES Y EJERCICIOS

A. Uso de: **tocar, tocarle** (un premio) **a alguien; tocarle** (el turno) **a alguien**

---

tocar *to touch*

tocar (= hacer sonar) *to play an instrument; to ring a bell*

tocarle (un premio) a alguien (= ganar) *to draw a prize*

tocarle (a alguien) (= ser el turno de alguien) *to be one's turn*

Le **toqué** la frente al niño, y noté que tenía fiebre.
Andrés Segovia **toca** la guitarra muy bien.
Las campanas de la iglesia **tocan** todas las mañanas.
Si no **tocas** el timbre (de la puerta), nadie nos abrirá.
Espero que algún día **me toque** el premio gordo de la lotería.
Hoy **te toca** a ti pagar el café.

PRACTICA

Vamos a eliminar las palabras *en bastardilla* y a usar en su lugar la variante más adecuada de **tocar**.

Modelo:

Me gustaría *ser un gran artista de* la guitarra.
Me gustaría tocar muy bien la guitarra.

1. Cuando *suenan* las campanas de la catedral, se oyen en toda la ciudad.
2. ¿Es cierto que *ganaste* el premio gordo de la lotería?
3. Hoy *es tu turno de* lavar los platos.
4. El timbre de la puerta no *suena*.
5. ¡No *pongas la mano* en ese cable eléctrico!
6. En el piano me gusta *interpretar* la música de Chopin.

PRACTICANDO AL CONTESTAR

1. ¿Sabes tocar algún instrumento musical?
2. Si te tocara mucho dinero en la lotería, ¿qué harías?
3. ¿Tienes suerte? ¿Te tocó algo alguna vez en una rifa?
4. ¿Quién hace qué en tu casa? ¿A quién le toca lavar los platos?

B. Uso de: desilusionar, decepcionar; desilusionarse (con), decepcionarse (con)

---

desilusionar (= causar una desilusión)	*to disenchant*
decepcionar (= causar una decepción)	*to disappoint*
desilusionarse con (= llevarse una desilusión)	*to be disenchanted*
decepcionarse con (= llevarse una decepción)	*to be disappointed*

Cuando María Luisa dijo que no sabía bailar flamenco **desilusionó (causó una desilusión, decepcionó, causó una decepción)** a sus amigos norteamericanos.

Pero ella también **se desilusionó (se llevó una desilusión, se decepcionó, se llevó una decepción)** cuando fue a Arizona y no vio vaqueros por todas partes.

VARIANTES **Desilusionarse / decepcionarse** (pero no **llevarse una desilusión / decepción**) puede significar también **perder el interés** por algo demasiado difícil, o imposible:

Cuando vimos que todo sería inútil, **nos desilusionamos / nos decepcionamos** y abandonamos el trabajo.

PRACTICA

Eliminar las palabras *en bastardilla* y usar las expresiones estudiadas.

Modelo:

Dicen que esa ciudad es bonita, pero yo la encontré muy fea.
Esa ciudad me *causó una desilusión.*
Esa ciudad me desilusionó.

1. Fuimos al ballet, y cuando anunciaron que la primera bailarina estaba enferma, nos llevamos una *desilusión.*
2. Siempre empiezas a trabajar con entusiasmo, pero pronto *pierdes el interés* y lo dejas.
3. Yo tenía fe en ti, pero sé que me has mentido. Me has *causado una decepción.*
4. Los niños esperaban que les trajeras regalos, y cuando te vieron llegar con las manos vacías *se decepcionaron.*
5. Mi padre esperaba que yo fuera ingeniero, pero soy guitarrista. Me parece que *le causé una desilusión.*
6. Mi amigo japonés no sabe judo. Me *desilusionó.*

PRACTICANDO AL CONTESTAR

1. ¿Crees que alguna vez le causaste una desilusión a alguien? ¿Qué pasó?
2. ¿Cómo reaccionarías si alguien a quien admiras mucho te decepcionara en algo? Por ejemplo, si descubrieras que esa persona es un oportunista sin escrúpulos.
3. Cuando empiezas un trabajo, ¿qué te hace desilusionarte y abandonarlo?
4. En la universidad, ¿qué te ha decepcionado?

C. Uso de: ilusionar; ilusionarse (con), estar ilusionado (con); hacerse ilusiones (de); hacerse la ilusión (de)

---

ilusionar (= entusiasmar) *to thrill*

ilusionarse (con) (= entusiasmarse con) *to be thrilled*

estar ilusionado (con) (= estar entusiasmado con) *to be excited*

hacerse ilusiones (de) (= soñar con) *to dream of*

hacerse ilusiones (de) (= engañarse a sí mismo) *to kid oneself*

hacerse la ilusión (de) (= imaginarse) *to imagine*

Ilusioné a los niños con la idea de ir a Disneyland. Cuando les dije que iríamos allí, **se ilusionaron con** la idea. **Están ilusionados con** el viaje. **Se hacen ilusiones de** que van a divertirse mucho, y **se hacen la ilusión de** ser piratas o exploradores por un día, pero yo les advertí que el viaje no es seguro, y les dije que **no se hicieran ilusiones**, porque quizá no podríamos ir. Cuando los veo tan **ilusionados**, yo **no me hago ilusiones**: Tendré que llevarlos sea como sea. Si no lo hago, nunca más creerán en mis promesas.

OBSERVACION: **Hacerse ilusiones** se usa casi siempre en forma negativa:

No te hagas ilusiones. No podremos ir a Disneyland.

PRACTICA

En lugar de las palabras *en bastardilla* vamos a usar alguna de las expresiones estudiadas.

Modelo:

Los niños *se entusiasmaron* con la idea de ir a Disneyland.
Los niños <u>se ilusionaron</u> con la idea de ir a Disneyland.

1. Mi hijo más pequeño *se entusiasma* pensando que va a ver a Mickey Mouse.
2. Como el viaje no es seguro, yo les dije que no *soñaran demasiado*.
3. El viaje será caro. No me *engaño a mí mismo* en cuanto al precio.
4. Me *imaginaré* que soy millonario, y llevaré a los niños a Disneyland.
5. Yo los *entusiasmé* con la idea, y ahora no puedo decir que no iremos.
6. Muchos niños *sueñan con* que van a ser astronautas.

PRACTICANDO AL CONTESTAR

1. Cuando tenías ocho o nueve años, ¿con qué te ilusionabas?
2. Las armas atómicas son un peligro para toda la humanidad. ¿Eres optimista o no te haces ilusiones sobre el futuro del mundo? Explica por qué.
3. ¿Te haces a veces la ilusión de ser otra persona? ¿Quién o qué te haces la ilusión de ser?
4. ¿Admiras mucho a alguien, o deseas mucho algo? ¿Quién o qué te ilusiona?

D. Uso de: ilusión; desilusión, decepción

ilusión = entusiasmo *enthusiasm*

esperanza *hope*

sueño, algo inalcanzable *dream*

algo que no existe *illusion*

falsa idea, idea equivocada *delusion*

desilusión / decepción *disappointment*

El pintor trabajó con mucha **ilusión**, convencido de que aquél iba a ser su mejor cuadro.

Tenía la **ilusión** de ser el mejor pintor del país. Esa era su esperanza.

Aunque a veces pensaba que esa esperanza era un sueño, era una **ilusión** inalcanzable.

Además, pensaba él, la fama es algo que no existe, es una **ilusión**.

Y él sabía que no debía basar su vida sobre una falsa idea: la **ilusión** de que la fama le daría la felicidad.

Hacer eso lo llevaría a una gran **desilusión**.

PRACTICA

Como hemos visto, *ilusión* puede significar muchas cosas. En las frases siguientes vamos a eliminar esa palabra y a usar en su lugar otro término. Atención a los elementos que nos dan el sentido de la frase.

Modelo:

Pon más interés en tu trabajo. Debes trabajar con más *ilusión*.

Pon más interés en tu trabajo. Debes trabajar con más entusiasmo.

1. Mi abuelo ya no espera nada de la vida. Dice que vive sin *ilusiones.*
2. Yo le digo que siempre hay que soñar con algo. Hay que tener *ilusiones.*
3. El me dice que la felicidad, como los sueños, es *una ilusión.*
4. El es muy escéptico, y me dice que esperar la felicidad es partir de una premisa falsa, de una *ilusión.*
5. Y me cita de memoria los famosos versos de Calderón de la Barca, para que yo los traduzca al inglés:

> ¿Qué es la vida? Un frenesí.
> ¿Qué es la vida? Una ilusión,
> una sombra, una ficción,
> y el mayor bien es pequeño:
> que toda la vida es sueño,
> y los sueños, sueños son.

6. Yo creo que *el único sueño* de mi abuelo es tomarme el pelo.

PEQUENO TEATRO

1. La clase se divide en dos grupos. Unos estudiantes son turistas que visitan un país del cual sólo conocen unos cuantos tópicos. Los otros estudiantes hacen el papel de habitantes de ese país, dispuestos a explotar la ignorancia de los turistas. ¿Qué esperan ver en los Estados Unidos los turistas no muy cultos? ¿Qué «América típica» inventaría para esos turistas una agencia de viajes?
2. Caso contrario: Un grupo de turistas cultos quiere visitar los Estados Unidos, para estudiar la cultura norteamericana. ¿Qué itinerario prepararía la agencia de viajes para mostrar a estos turistas la América real, y no la de los tópicos?
3. Se puede hacer lo mismo con otros países que sean conocidos por, al menos, una parte de la clase.
4. Otra posibilidad: Un grupo defiende, y otro critica, ciertos tópicos que circulan por ahí:

(a) Los latinos son buenos amantes. (b) Los latinos son románticos y apasionados. (c) Los anglosajones son fríos e inexpresivos. (d) Los orientales son misteriosos. (e) Los alemanes no tienen imaginación. (f) Los matrimonios católicos tienen muchos hijos. (g) Los profesores son distraídos. (h) El viajar ilustra. (i) Los hispanos lo dejan todo para mañana. (j) Los pobres son pobres porque no quieren trabajar.

SEA USTED MI INTERPRETE, POR FAVOR

Preparen preguntas que incluyan el vocabulario estudiado, y háganse-
las a sus compañeros de clase por medio de un intérprete, que también
interpretará la respuesta. Algunas sugerencias:

1. What clichés are in circulation about Italy and the Italians?
2. What would be a terrible disappointment for you?
3. What do you think of teaching a few vulgar expressions in class?
4. Why did Calderón de la Barca say that "life is a dream?"

CUESTIONES GRAMATICALES

Uso de: por y para (2)

En la lección anterior hemos visto que **por** y **para** contrastan en estas
situaciones:

Por	**Para**
A. Razón	Propósito
B. Razón	Sorpresa
C. Tránsito por el tiempo	Propósito
D. Tránsito por el espacio	Destino
E. Tiempo impreciso	Tiempo límite

Veamos otros contrastes:

Contraste F: Tránsito de objetos y personas **(por)**—Propósito **(para)**

Tránsito de objetos quiere decir que algo cambia de manos, como cuando
se compra o vende algo. Tránsito de personas indica substitución de
una persona por otra.

Tránsito de objetos: por
Pagué $20 por una entrada
del concierto.
Cambié la entrada del
concierto por unos discos.

Propósito: para
Pagué $20 para ir al
concierto.
Vendí la entrada del
concierto para comprar
unos discos.

Tránsito de personas: por
Trabajo por mi hermano (=
en lugar de mi hermano).
El embajador habla por su
gobierno (= en lugar de su
gobierno).

Propósito: para
Trabajo para mi hermano (=
él es mi jefe).
El embajador habla para su
gobierno (= con la
intención de que su
gobierno lo escuche).

Al usar **por** para expresar el tránsito (la substitución) de personas, nos encontramos con una ambigüedad del español. « Trabajo por mi hermano » significa:

> Trabajo en lugar de mi hermano.   (tránsito)
> Trabajo porque mi hermano lo quiere.   (razón)
> Trabajo porque mi hermano lo necesita.   (razón)
> Trabajo gracias a mi hermano.   (razón)

PRACTICA

Vamos a usar **por** o **para** en lugar de las palabras *en bastardilla*.

Modelo:

> Trabajo *en lugar de* mi hermano, porque está enfermo.
> Trabajo <u>por</u> mi hermano, porque está enfermo.

1. *A cambio de* mi trabajo, me pagan bien.   *Por*
2. Cambió las palabras groseras *y en su lugar escribió* otras más aceptables.   *Por*
3. Fue a España *con la intención de* aprender a bailar flamenco.   *Para*
4. El delegado estudiantil habla *en representación de* toda la clase.   *Por*
5. No debes decir «estirar la pata» *en lugar de* «morir».   *Por*
6. *Gracias a* mis méritos me dieron el puesto.   *Por*
7. Estoy tan cansado que estoy *dispuesto al* arrastre.   *Para él*   *(Para él)*
8. Estoy haciendo unas fotos *destinadas a ser usadas en* unos carteles.   *Para*
9. Di mi sombrero mexicano *a cambio de* uno de vaquero.   *Por*
10. Trabajo *porque lo necesita* la familia.   *Por*

Contraste G: Opinión (**por**)—Opinión (**para**)

Tanto **por** como **para** sirven para expresar una opinión. El contraste está en las palabras que rodean a estas dos preposiciones:

tomar + **por** } + adjetivo tener + **por** }	**para** + nombre / pronombre + verbo
Mi hermano tomó a mi amiga por inglesa (= creyó que era inglesa).	Para él, mi amiga era inglesa.
Con ese sarape, te van a tomar por mexicano.	Con ese sarape, para todos vas a ser mexicano.
Te tengo por sexista (= en mi opinión eres sexista).	Para mí, eres sexista.

Cada par de frases tiene el mismo sentido, expresado de modo diferente.

PRACTICA

Vamos a cambiar las frases siguientes, usando las tres posibles estructuras estudiadas.

> **Modelo:**
>
> *Te considero una persona culta.*
> Te tengo por una persona culta.
> Te tomo por una persona culta.
> Para mí, eres una persona culta.

1. Como es rubio, todos creyeron que era alemán. *Como es rubio, para todos era alemán.*
2. Mi primera impresión fue que él era inglés. *todos lo ~~tuvieron~~ tenían ~~e la~~ por alemán*
3. A causa de su sombrero, todos creyeron que él era vaquero. *lo tomaron por*
4. Tu amigo sabe mucho de toros, y yo creí que era torero.
5. Tú creíste que soy argentino, pero soy uruguayo.

Contraste H: Intención vaga (**estar por** *"más"* + infinitivo)
    Disposición (**estar para** + infinitivo)

Intención vaga: estar por + inf.	**Disposición: estar para** + inf.
Estoy por ir al café (= estoy pensando en ir al café).	Estoy para ir al café (= a punto de salir hacia el café).
Estamos por ir al cine (= estamos jugando con la idea de ir al cine).	Estamos para ir al cine (= listos para ir al cine).

PRACTICA

En lugar de las palabras *en bastardilla,* vamos a usar **estar por** + infinitivo, o **estar para** + infinitivo.

> **Modelo:**
>
> No vengas, porque *en este momento voy a* salir hacia tu casa.
> No vengas, porque estoy para salir hacia tu casa.

1. Ernesto se cree muy inteligente, pero estoy *pensando en* decirle *Por decirle* que se hace ilusiones.
2. Es un pedante que siempre dice que está *a punto de* escribir una *(Para)* ~~por~~ gran novela, pero nunca hace nada.
3. Siempre *tiene el vago proyecto de* hacer algo extraordinario. *Por*
4. Pero cuando dice que ya está *a punto de* hacerlo, cambia de opinión. *Para*
5. Cuando lo vi ayer, me dijo que *pronto iba a* salir para Nepal. *Para*

6. Dice que está *jugando con la idea de* entrar en un monasterio *Por*
budista.
7. Yo estuve *pensando en* decirle que debería quedarse allí para *Por*
siempre.
8. Cuando estaba *a punto de* decírselo, preferí callarme. *Para*

Contraste I: Parcialidad (**estar por**)—Disposición (**estar para**)

Es una variante del contraste H. La diferencia es que puede usarse con
verbos en infinitivo, con nombres, pronombres, adverbios o cláusulas
subordinadas.

Parcialidad: estar por	Disposición: estar para
Si podemos escoger entre ir a Puerto Rico o a Jamaica, estoy por ir a Puerto Rico (= soy partidario de ir a P.R.).	No estoy para viajar (= no estoy en condiciones de viajar; no tengo ganas de viajar; no tengo humor para viajar).
Estoy por Puerto Rico.	No estoy para viajes.
En el conflicto entre mi hermano y su mujer, estoy por él.	No estoy para ellos (= los viajes).
Entre salir hoy o mañana, estoy por mañana (= prefiero mañana).	Estaré listo para mañana. (caso de tiempo límite: Contraste E)
Estoy por que salgamos mañana.	Estaré (listo) para que salgamos mañana.

iguala ↗

Como se ve, **estar para** se usa *casi* siempre en forma negativa:

Papá está de mala uva hoy, y no está para bromas.
El abuelo está muy viejito, y no está para viajar.
El pobre ya no está para viajes.
Ya no está para eso. Sólo está para que lo cuiden mucho.

PRACTICA

Usar **estar por** o **estar para** en lugar de las palabras *en bastardilla.*

Modelo:

Papá está de mal humor, y no *quiere* que le traigas problemas.
Papá está de mal humor, y no <u>está para</u> que le traigas
problemas.

1. En los problemas de la familia, yo nunca *soy partidario de* nadie.
2. Yo siempre *prefiero* la paz familiar por encima de todo.
3. Francamente, no *tengo ganas de* líos familiares.

Por

por 4. No me gusta *tomar partido* (*a favor de*) uno u otro. ¿o?

5. Me hago la ilusión de que es posible vivir *sin favorecer a* ninguno
de los dos lados.

para 6. Pero eso es hacerse ilusiones. Tarde o temprano hay que decidir,
aunque uno no esté *en disposición de* tomar decisiones.

para

tomar una decision — make a decision

J. Usos sin contraste

Hay casos en los que los usos de **por** y **para** no están en contraste. No
hay, por lo tanto, paralelismos que puedan ofrecer dificultades:

Tener una ilusion de + inf. + adj.

1. Acción sin terminar: **por** + infinitivo

Tengo tres lecciones por estudiar (= sin estudiar).
Hay muchos problemas por resolver (= sin resolver).

2. Voz pasiva: **por**

Hay lugares comunes que son repetidos por mucha gente.
Algunas ciudades son muy visitadas por los turistas.

3. Repetición insistente: nombre + **por** + nombre

La actriz aprendió su papel línea por línea (= línea tras línea;
una línea detrás de otra).
Leyeron por radio el discurso del presidente, frase por frase.

4. Expresión de cantidades: **por**

El banco paga el 7% (siete por ciento) de interés.
El nuevo rico quería una biblioteca, y compró los libros por kilos.
Los huevos se venden por docenas.

Resumen de todos los contrastes

por	para
A. Razón Habla por hablar.	A. Propósito Habla para convencer.
B. Razón Por ser diplomático, tiene tacto.	B. Sorpresa Para diplomático, no tiene tacto.
C. Tránsito por el tiempo Voy a México por dos meses.	C. Propósito Voy a México para (estar) dos meses.
D. Tránsito por el espacio Voy a México por El Paso.	D. Destino Mañana salgo para México.
E. Tiempo impreciso Llegarán por Navidad.	E. Tiempo límite Llegarán para Navidad.

F. Tránsito de objetos / personas
Cambié el coche viejo por uno nuevo.
El habló por toda la familia.

F. Propósito
Vendí el coche para comprar otro.
El habló para toda la familia.

G. Opinión
Te tengo por inteligente.

G. Opinión
Para mí eres inteligente.

H. Intención vaga
Estoy por salir.

H. Disposición
Estoy para salir.

I. Parcialidad
En este problema estoy por ti.

I. Disposición
No estoy para problemas.

J. Usos sin contraste

1. Acción sin terminar: El trabajo está por hacer.
2. Voz pasiva: Esos tópicos son dichos por mucha gente.
3. Repetición insistente: Sólo repite frases hechas, tópico por tópico.
4. Expresión de cantidades: Repite las vulgaridades por docenas.

PRACTICA DE TODOS LOS CONTRASTES

Usar **por** o **para** en lugar de las palabras *en bastardilla*.

1. Recitó todo el poema, verso *tras* verso. *Por*
2. Vivieron juntos *durante* un año, y después se casaron. *Para Por*
3. *Porque es* rico, tiene muchos amigos. *Por ser*
4. Estoy *pensando que quizá debiera* aprender árabe. *Por*
5. Todos se fueron *hacia* Venezuela. *Por Para*
6. Pagué siete dólares *a cambio de* este libro. *Por*
7. Son las tres, y la cama *sin* hacer. *Por*
8. *Considerando que es* vienés, baila muy mal el vals. *Para ser*
9. Tuvieron mucho éxito en la fiesta *porque saben* bailar flamenco. *por*
10. Llegarán *lo más tarde a* fines de junio. *Para*
11. No voy a verte ahora, porque sé que estás *a punto de* salir. *Para*
12. Iré a Guatemala *atravesando* México. *Por*
13. Las palabras del Presidente son *destinadas a* todos los ciudadanos. *Para*
14. Toda la familia salió *con dirección a* Puerto Rico. *Para*
15. En cuestiones políticas, yo estoy *en favor de* la democracia. *Por*

EL ARTE DE LA COMPOSICION

La descripción y la narración

En la lección primera hemos practicado el arte de escribir sobre una experiencia personal, con dos enfoques diferentes. En uno, nos limitamos a contar una experiencia pura y simple. En el otro, unimos la narración de esa experiencia a la presentación de una tesis, llegando a unas conclusiones que la prueban. Es decir, hemos practicado el arte de escribir un pequeño ensayo.

En la lección segunda avanzamos un paso más, y aprendimos a escribir ensayos basados no necesariamente en una experiencia personal, sino en nuestra propia opinión sobre una situación o sobre una idea abstracta. Después de hacer esto, practicamos algo más prosaico, pero no menos importante, como es el uso de los signos de puntuación y de los acentos.

Ahora entraremos en otro terreno: la descripción y la narración. Cualquier diccionario nos dice que la descripción es el dibujo o la representación de algo mediante palabras; y nos informa que la narración es el relato de algo que ha sucedido. La descripción de una persona se llama retrato, y vamos a estudiarla en otro lugar.

A. La descripción

1. El caso más frecuente es el de la descripción de un lugar: nuestra clase, una habitación, una ciudad, un paisaje.... También se puede describir un sentimiento, como el amor o el miedo; e incluso se puede describir una idea abstracta, como la vulgaridad o la ilusión, aunque en este caso ya estamos muy cerca de la meditación personal sobre un tema determinado.

2. La descripción fotográfica (llamemos así a una descripción objetiva, pura y simple, sin intenciones artísticas) se limita a indicar cómo es un objeto, o un lugar, sin que los sentimientos del escritor entren en la descripción. Los adjetivos tienen una función informadora—grande, pequeño, alto, bajo—y no tienen connotaciones afectivas. Así es la descripción de un paisaje en un libro de geografía o de geología. Quien describe, de todos modos, debe tener en cuenta algunos principios: selección de los detalles más importantes, eliminación de detalles innecesarios y organización del conjunto con orden, claridad y concisión.

3. En la descripción artística el autor introduce elementos personales, sensaciones e impresiones relacionadas con el objeto o lugar descritos. Aparecen ahora adjetivos con valor estético y afectivo—hermoso, horrible, atractivo—y abundan las comparaciones, algunas de ellas tópicos muy repetidos: «Era un árbol majestuoso, que se alzaba al cielo

como la torre de una catedral...». También se establecen relaciones entre el objeto de la descripción y los sentimientos de quien describe: «Bajo el ardiente sol del verano, la amplia playa desierta tenía una atmósfera inmóvil que adormecía con su silencio y su calor». Otro tópico.

B. La narración

En una narración contamos una historia, y lo más frecuente es seguir un orden cronológico que va del principio al fin. Si lo hacemos al revés estamos usando una técnica retrospectiva: empezamos por el final y luego saltamos al principio. También podemos destruir la cronología. Así se hace en algunas novelas modernas, en las que el lector es llevado de hoy a ayer, y de ayer a mañana, en continuos cambios que, si no son manipulados con gran arte, pueden conducir a una anarquía temporal incomprensible. La narración suele tener los verbos en sus tiempos pasados, y está, generalmente, en tercera persona: «Ellos se miraron con pasión y...».

C. Descripción y narración

Muchas veces estos dos conceptos se combinan para formar un todo armónico. En los cuentos y novelas los autores nos dicen cómo es una casa, o una ciudad, o un paisaje, y nos cuentan algo que pasa allí. Es decir, combinan la descripción con la narración, como en estas líneas: «Mi perro es de raza desconocida, un animalito bastante feucho, no muy grande, con pelo corto de un color entre mostaza y chocolate, a quien yo encontré abandonado en la calle un día de lluvia. Lo traje a casa, lo sequé, le di de comer (¡y cómo comió!), y después de relamerse bien el hocico me miró con sus ojos grandes, castaños, redondos como botones, y en ellos pude leer un ¡Gracias, amigo! que nunca olvidamos, ni él ni yo.»

PRACTICA

A. *Descripción fotográfica* Escribir una breve descripción (no más de una página) de un objeto o un lugar conocidos. Hacerlo sin introducir en ella ningún elemento personal o afectivo. Algunas sugerencias:

1. Descripción de un sofá en un catálogo de muebles de oficina.
2. Descripción técnica de un modelo nuevo de automóvil.
3. Un veterinario describe un perro de una cierta raza.
4. Un arquitecto describe una casa.
5. Un topógrafo describe un valle en el que hay un pueblo.
6. Un meteorólogo describe las condiciones atmosféricas del día.

B. *Descripción artística* En estas descripciones el objeto descrito debe resultar atractivo, ya sea con fines de venta o para comunicar a los lectores todo el significado afectivo que el objeto tiene para quien lo describe.

1. Descripción de un sofá en un anuncio del periódico o de la televisión.
2. Anuncio de un nuevo modelo de coche: su elegancia, belleza de líneas...
3. Mi perro, mi fiel amigo.
4. Mi casa y lo que ella significa para mí.
5. Mi ciudad y los recuerdos que me unen a ella.
6. Un magnífico día de playa, o de campo, o en las montañas, o en el mar.

C. *La narración* Atención a la diferencia entre la descripción (dibujo) y la narración (cuento).

1. Un magnífico día de playa, o de campo, o en las montañas, o en el mar.
2. La historia de mi ciudad.
3. La historia de mi casa.
4. Una anécdota que confirma el tópico de la fidelidad de los perros.
5. La historia del automóvil (o: de mi automóvil).
6. La historia de un mueble en una casa muy antigua: ¿qué secretos de familia podría contar ese mueble?

D. *Descripción y narración* Si no se han combinado la descripción y la narración al hacer la Práctica C, éste es el momento de hacerlo. La fórmula es, más o menos: «Cómo es X y qué le pasó». Recuerde, este es un ejercicio técnico, como hacer escalas en un piano. No es necesario escribir una composición larga. Algunas sugerencias:

1. En una subasta pública van a vender el sofá de la oficina de un famoso agente artístico de Hollywood. Escriba una breve descripción e historia de ese sofá (¡y tenga cuidado con las leyes sobre el libelo!).
2. Algún edificio famoso. ¿Conoce usted la historia de Saint Simeon, en California, o la de alguna casa famosa en su ciudad? Describa la casa y cuente por qué es famosa.
3. ¿Qué lugar tiene algún recuerdo importante para usted? Describa el lugar y cuéntenos qué pasó en él.
4. Si usted tuvo un perro en su infancia, ¿cómo era, y qué le pasó?
5. Escriba sobre alguna persona que haya tenido mucha influencia en su vida, y por qué la tuvo.
6. Usted tiene que escribir unas líneas sobre un personaje famoso, cómo es, o era, y por qué es famoso. Escoja uno que usted conozca

bien, o escriba algo sobre: John F. Kennedy, Evita Perón, Rodolfo Valentino, Greta Garbo, Marilyn Monroe, Charlie Chaplin, Richard Nixon.

Un poco de ortografía

Posibles errores ortográficos por interferencia del inglés. Algunas palabras españolas son muy parecidas a sus equivalentes inglesas, pero tienen diferencias ortográficas. Atención a las letras **en negritas**:

No conci**b**o cómo te compraste un automóvil tan malo.
El niño tiene fie**b**re.
Todos entraron en la ta**b**erna.
El **e**rmitaño vive en una **e**rmita.
Tiene la **h**abilidad de saber manipular a sus amigos.
El **sujeto** del verbo está **sujeto** a variaciones.
El **s**istema verbal español no es difícil.
El go**b**ierno está en Washington.
Con **respecto** al Presidente, siento un gran **respeto** por él.

REVISION GENERAL

VOCABULARIO—DIALOGO

A. Conteste a estas preguntas usando el vocabulario estudiado.

Modelo:

¿Qué es un tópico?

Posible respuesta:

Un tópico es un lugar común.

1. ¿Por qué el vaquero es una parte de la mitología norteamericana?   2. ¿A quiénes les gusta más andar en tiovivo, a los niños o a los mayores?   3. ¿Hasta qué edad creen los niños a pies juntillas en Santa Claus?   4. ¿Tienes ideas originales o hablas en tópicos?   5. ¿Hay alguna frase hecha que mucha gente repite frecuentemente, *you know what I mean*?   6. ¿Qué tema de conversación prefieres?   7. En general, ¿cómo son los carteles turísticos?

B. Use las palabras estudiadas en lugar de las palabras *en bastardilla*.

Modelo:

Un tópico es *un lugar común*.
Un tópico es una frase hecha.

1. Una frase hecha es un *lugar común*.   2. No encuentro mi libro. Sé que está por *alguna parte,* pero no sé dónde exactamente. 3. Muchos extranjeros creen que el Oeste americano está lleno de *hombres a caballo*.   4. En Disneyland hay *caballitos de madera que dan vueltas*.   5. Mucha gente cree *completamente* que hay habitantes en otros planetas.   6. Yo prefiero no hablar cuando estoy de *mal humor*.   7. Hay *materias* de conversación que no se deben tratar delante de los niños.   8. Una manera fácil de decorar una habitación es poner *grandes fotografías turísticas* en la pared.

DIFICULTADES Y EJERCICIOS

A. Conteste a estas preguntas.

1. ¿Qué instrumento te gustaría tocar?   2. Cuando vas a visitar a alguien, ¿qué haces al llegar delante de la puerta? 3. ¿Cuándo tocan las campanas de las iglesias?   4. ¿Por qué estás o no estás contento cuando te toca trabajar en domingo? 5. ¿Qué gran ilusión tienes en la vida?   6. ¿Qué te desilusionaría más?   7. ¿Con quién te has desilusionado?   8. ¿Con qué te has decepcionado?   9. ¿De qué te haces ilusiones, de llegar a ser famoso o rico?   10. ¿Crees que alguien se hace la ilusión de casarse contigo?   11. ¿Qué clase de viaje tienes la ilusión de hacer?   12. ¿Crees que es posible vivir sin ilusiones? 13. Los jóvenes de tu generación, ¿están ilusionados con el futuro o son pesimistas y no se hacen ilusiones?   14. ¿Te has engañado a ti mismo alguna vez? ¿Qué idea equivocada has tenido?

B. Use el nuevo vocabulario en lugar de las palabras que están *en bastardilla*.

Modelo:

Los pesimistas creen que la felicidad es *algo que no existe*.
Los pesimistas dicen que la felicidad es una ilusión.

1. Hay mucha gente que *sueña con* ser artista de cine.   2. A veces, cuando estoy trabajando, cierro los ojos y *me imagino* que estoy en una playa tropical.   3. Yo no quiero *causar una desilusión* a mis amigos.   4. El trabajo parecía muy interesante, pero en dos semanas *me llevé una desilusión* con él, y lo dejé.   5. Ahora tengo otro trabajo, y estoy *entusiasmado* con él.   6. Trabajaré con *entusiasmo*.   7. *Sueño con* llegar a ser el presidente de la compañía.   8. Pero no quiero *engañarme a mí mismo*.   9. ¿Quién sabe? Algún día *será* mi turno.

CUESTIONES GRAMATICALES

A. Conteste a estas preguntas con una idea suya.

Modelo:

¿Hablas bien español? ¿Crees que podrían tomarte por español?

Posible respuesta:

Creo que (no) podrían tomarme por español.

1. Donde trabajas, ¿te pagan por semana o por mes?   2. En este curso, ¿cuántas lecciones quedan por estudiar?   3. Cuando vas al cine, ¿cuánto pagas por una entrada?   4. Cuando vas al cine, ¿cuánto pagas para entrar?   5. Para ti, ¿cuál es el tópico más repetido sobre los Estados Unidos?   6. ¿Crees que sabes todo el vocabulario de la lección, palabra por palabra?   7. ¿Has leído todas las páginas, línea por línea?   8. ¿Para quién trabajas?   9. ¿Por quién harías un gran sacrificio?   10. ¿A qué hora estaremos listos para salir de clase?

B. Vamos a usar **por/para, tener/tomar por** o **estar por/para,** en lugar de las palabras *en bastardilla.*

Modelo:

Todos *vamos a* salir *ahora mismo.*
Todos <u>estamos para</u> salir.

1. *En mi opinión,* tocar la guitarra es muy difícil.   2. Hay que pagar mucho dinero *a cambio de* un coche nuevo.   3. Picasso era español, pero como vivió muchos años en Francia mucha gente lo *considera* francés.   4. Llevo bastante tiempo estudiando español, y ahora estoy *jugando con la idea de* ir a México para practicarlo.   5. Quedan seis frases *sin* hacer.   6. Si un amigo estuviera enfermo, yo iría a trabajar *en lugar de* él.   7. Yo tengo el acento de Buenos Aires, y siempre *piensan que soy* argentino.   8. En los bancos pagan interés *a cambio de* los depósitos que tienes allí.   9. En España los españoles no tienen que pagar *cuando quieren* entrar en los museos.   10. La entrada sólo es pagada *cuando los visitantes son* los extranjeros.

VOCABULARIO GENERAL

Conteste a estas preguntas con una idea suya.

1. Qué tópicos circulan sobre estos países: España, México, Perú, Estados Unidos, Francia, Irlanda o Italia?   2. ¿Y qué lugares

comunes se dicen de Nueva York, Nueva Orleáns, Los Angeles, Hawaii, Arizona, Nevada o Tijuana?   3. ¿Qué haces cuando un amigo está de mala uva?   4. ¿Cuándo sientes que estás para el arrastre?   5. ¿Por qué te gustaría o no ser torero? 6. ¿Con qué tipo de películas te entusiasmas?   7. ¿Conoces tus propios defectos, o te engañas a ti mismo y crees que no los tienes?   8. ¿Qué te decepcionaría de una persona a quien admiras mucho?   9. ¿Con qué sueñas?   10. ¿Coqueteas mucho? ¿Toreas a tus admiradores o admiradoras?

POSIBLES TEMAS PARA UNA CONVERSACION/COMPOSICION

1. Los tópicos, una ayuda para las imaginaciones pobres.
2. Tópicos sobre los Estados Unidos.
3. Tópicos sobre otros países.
4. Disneyland, ¿América típica o América en tópico?
5. El norteamericano típico.
6. El turismo y la explotación del tópico.
7. París (o cualquier otra ciudad) vista por quien no la ha visto nunca.
8. La realidad en conflicto con el tópico.
9. La dosis de verdad que hay en los tópicos.
10. Ideas preconcebidas sobre algunos caracteres nacionales.

PARA USAR EN LA CONVERSACION/COMPOSICION

1. *Los tópicos*

España: bailar flamenco
        tocar las castañuelas
        la corrida de toros
        torear
        el torero

Escocia, Galicia, Irlanda: tocar la gaita

Hawaii: el collar de flores

los indios americanos: hacer cestos
                    tejer mantas

México: el sarape
        el sombrero con alas muy anchas

el Oeste Americano: el vaquero
            el sombrero de vaquero

  decir vulgaridades
  la expresión vulgar
  la frase hecha
  hablar en tópicos
  el lugar común
  el tópico, lo tópico
  vulgar *(adj.)* / la vulgaridad

2. *La ilusión*

  causar una decepción
  causar una desilusión
  decepcionar
  decepcionarse con
  la decepción
  desilusionar
  desilusionarse con
  la desilusión
  engañarse a sí mismo
  entusiasmar
  entusiasmarse con
  estar entusiasmado con
  estar ilusionado con
  hacerse ilusiones de
  ilusionar
  ilusionarse con
  imaginarse
  llevarse una decepción
  llevarse una desilusión

3. *La cultura y la lengua*

  a. *Expresiones relacionadas con la religión:*
   ¡Dios mío!
   ¡Jesús! ¡Jesús, María y José!
   ¡Por los clavos de Cristo!
   ¡Por todos los santos del cielo!
   romperse la crisma
   saber a gloria

    b. *Expresiones relacionadas con los toros:*
        estar para el arrastre
        estirar la pata
        la hora de la verdad
        torear a alguien

4. *Otras expresiones*

    el cartel turístico
    creerse algo a pies juntillas
    estar de mala uva = estar de mal humor
    grosero
    llevar + *expresión de tiempo*
    por ahí
    ¡Salud!
    soñar con
    el tema de la conversación
    el tiovivo
    tocar (un instrumento musical)
    tocarle el turno a alguien
    tocarle un premio a alguien

5. *Cuestiones gramaticales:* usos de **por** y **para**

EL ANTIAMERICANISMO

En la atmósfera de libertad de Puerto Rico hay lugar para muchas ideologías diferentes.

Personajes: Los dos matrimonios y sus hijos María Luisa y Howard

SHEILA Pilar, ¿has leído esta revista que **acaba de llegar**[1] hoy?

PILAR No. Bueno, le **eché un vistazo**[2] por la tarde, después del almuerzo. En realidad, **no hice más que**[3] hojearla.[4]

SHEILA Hay un artículo muy interesante sobre el antiamericanismo.

CRAIG ¡Ah, sí! Eso me interesa, **a menos que repita**[5] los mismos tópicos **de siempre**.[6]

MARIA LUISA ¿Qué quieres decir con eso de « los mismos tópicos de siempre »? Lo que es un tópico para ti puede ser una verdad **como una casa**[7] para otros, ¿no?

CRAIG No. Un tópico es un tópico, **lo mires por donde lo mires**.[8]

HOWARD **No te metas en**[9] **una discusión**[10] con mi padre. Ya sabes que tiene **argumentos**[11] para todo.

MARIA LUISA ¿Y yo, qué? ¿Crees que soy tonta?

PILAR Craig, me parece que vamos a tener otra escenita de rebeldía juvenil.

MANUEL Déjala, Pilar. Ella tiene sus propias opiniones, y debe defenderlas.

MARIA LUISA A ver, Craig, ¿cuáles son los tópicos de siempre **en cuanto al**[12] antiamericanismo?

CRAIG Niña, se pueden resumir en uno: Los Estados Unidos tienen la culpa de todo lo malo que pasa en el mundo.

MARIA LUISA No bromees. Yo te repetiré unas cuantas críticas a la política de tu país. Número uno: os llamáis defensores de la democracia, pero siempre habéis defendido a todo cuanto dictador reaccionario ha habido: Trujillo, Batista, Somoza, los militares argentinos, Stroessner, Pinochet... ¿continúo la lista?

HOWARD ¡Caray! Los tienes a todos en la punta de la lengua. Yo no tengo ni idea de quiénes son algunos de esos señores.

MARIA LUISA Pues vete a una enciclopedia, y **te enterarás**.[13] Será una buena lección de historia para ti, que **falta que te hace**.[14]

HOWARD ¡Oye! ¿Por qué estás de tan mala uva hoy? ¿Es que algún ligue tuyo te dejó plantada? **¿Acierto?**[15]

PILAR Bueno, haya paz. Estamos hablando de algo, no discutiendo.

MANUEL Me parece que María Luisa tiene ahí un buen argumento, Craig. ¿Con qué le contestas?

CRAIG Con un viejo dicho: «En política internacional no hay amigos; hay intereses.»

SHEILA Francamente, a mí me parece que la cuestión es otra. La his-

[1] llegó hoy
[2] vi ligeramente
[3] solamente
[4] pasar las hojas rápidamente
[5] a no ser que, *unless*
[6] usuales
[7] muy grande
[8] visto desde cualquier punto
[9] no participes
[10] un debate
[11] razones
[12] con relación
[13] lo sabrás
[14] la necesitas
[15] ¿descubrí la verdad?

toria prueba que cuando un país es poderoso, también es muy criticado. Y ahora nos toca a nosotros.

CRAIG Dinos, María Luisa, ¿cómo llamaban a Felipe II, ese señor tan taciturno que fue rey de España en el siglo XVI, cuando España tenía un gran imperio? ¿No era algo así como «El Demonio del Mediodía» o «del Sur»?

MARIA LUISA Es cierto, pero no estamos hablando del imperio español, sino del imperialismo americano.

CRAIG Pues mira, tengo un libro muy bueno sobre ese tema. Si quieres **te lo presto**.[16]

MARIA LUISA De acuerdo. Lo leeré **de cabo a rabo**.[17]

HOWARD ¡Ves! Mi padre tiene argumentos de trescientas páginas.

MARIA LUISA No te preocupes. Ya se los contestaré dentro de un par de días.

[16] te lo dejo
[17] del principio al final

PRACTICA INDIVIDUAL

ENCUESTA

1. En la clase, ¿qué *acabas de* hacer ahora mismo? (1)
2. ¿Cuándo lees el periódico con calma y cuándo *le echas un vistazo*? (2)
3. Si *no haces más que hojear* la lección, ¿qué te pasa en clase? (3, 4)
4. «Nadie puede estar bien *enterado* de lo que pasa por el mundo, *a menos que* lea un buen periódico». ¿Estás de acuerdo con esto? Comenta. (13, 5)
5. ¿Qué tópico *de siempre* te parece una verdad *como una casa*? (6, 7)
6. ¿Crees que hay problemas nacionales que, *los mires por donde los mires*, no tienen solución? ¿Cuáles son? (8)
7. Cuando alguien tiene problemas, ¿lo ayudas o prefieres *no meterte en* líos? (9)
8. Hay gente que se apasiona por lo política. ¿Crees que es posible hablar de política sin terminar teniendo *una discusión*? Explica tu opinión. (10)
9. Si alguien criticara la política internacional de tu país, ¿qué *argumentos* usarías para defenderla? (11)
10. *En cuanto a* tu ciudad, ¿qué comentarios buenos y malos hay? (12)
11. ¿Cómo *te enteras* de lo que pasa por el mundo? (13)
12. ¿Qué opinión tienes de la gente que dice: «Yo no sé nada de política, *ni falta que me hace*»? (14)
13. ¿Calculas bien la edad de las personas? ¿Siempre *aciertas*? ¿Qué te ayuda a *acertar*? (15)

14. Cuando necesitas dinero, ¿quién *te lo presta*? (16)
15. ¿Eres gran lector(a) de periódicos? ¿Los lees *de cabo a rabo* o *no haces más que echarles un vistazo*? (17, 3, 2)

COMENTARIOS SOBRE LA ENCUESTA

Todos los estudiantes deben hacer comentarios sobre las respuestas dadas a cada una de las preguntas.

PRACTICA GENERAL

Usando el vocabulario nuevo, todos deben preparar preguntas dirigidas a toda la clase. Las palabras nuevas deben entrar en las preguntas y en las respuestas. Algunas sugerencias:

1. Si pudieras aprender de memoria, de cabo a rabo, el diccionario de una lengua extranjera, ¿crees que podrías hablar ese idioma?
2. En cuanto a la política, ¿por qué te interesa o no te interesa?
3. En las fiestas, ¿te gusta estar con las mismas personas, o te cansas de ver las mismas caras de siempre?
4. ¿En qué tipo de discusiones te gusta meterte?

PRACTICA DE VOCABULARIO

Vamos a contestar a estas preguntas, eliminando las palabras *en bastardilla* y usando, en su lugar, algunas expresiones estudiadas en esta lección.

Modelo:
Con relación a la conversación en clase, ¿qué harías para que todos participaran?
En cuanto a la conversación, haría preguntas interesantes.

1. ¿Estudias el vocabulario de memoria, *del principio al final,* o lo aprendes practicando en preguntas y respuestas?
2. Si necesitaras dinero para comprarte un coche, ¿crees que un banco *te lo dejaría*?
3. ¿Te gusta *saber* los secretos de los demás?
4. ¿Es fácil encontrar *razones* para defender la política de tu país?
5. ¿Te interesan *los debates* políticos?
6. ¿Qué le dices a alguien que quiere *participar* en todos los problemas de la familia?
7. ¿Conoces a alguna persona que, *vista desde cualquier punto,* sea una persona perfecta?

8. En la sociedad donde vives, ¿hay problemas muy antiguos?; ¿cuáles son sus problemas *desde hace muchos años*?
9. ¿Qué tópico te parece a ti una verdad *muy grande*?
10. ¿Comprendes bien el español, o no lo comprendes *a no ser que* te hablen con calma?
11. En una sala de espera, ¿lees las revistas que hay allí, o *pasas las hojas sin leer*?
12. Cuando estudias la lección de español, ¿escribes los ejercicios o *solamente* los repites oralmente?
13. ¿Qué *has terminado de* hacer en los últimos minutos?

AMPLIACION DE VOCABULARIO

A. La división del mundo en muchos países hace que existan entre ellos **simpatías** y **antipatías** que, a veces, duran generación tras generación. El sentimiento de **la lealtad** (fidelidad) hacia el propio país se puede convertir fácilmente en un **nacionalismo exacerbado** (exagerado, excesivo, rabioso) que hace imposible la objetividad y muy difíciles las relaciones internacionales. **El patriotismo** (amor a **la patria,** al propio país) se convierte así en **patrioterismo** o **chovinismo** (patriotismo irracional) que niega que en el propio país haya nada malo. **El patriota** ama a su patria sin dejar de ver, por eso, sus defectos. **El patriotero** considera que un defecto «es algo que tienen los otros países». Nicolás Chauvin, un soldado francés de la época napoleónica, no fue el primer *chauviniste*, o chovinista, aunque haya dado su nombre a ese exagerado patriotismo. El sentimiento patriótico se expresa de muchas maneras, entre ellas el respeto por ciertos símbolos nacionales: **la bandera nacional** (los colores nacionales) y **el himno nacional** que, muchas veces, no es precisamente una obra de arte musical.

1. ¿Cómo crees que se puede expresar la lealtad hacia el propio país?
2. ¿Por cuál país sientes simpatía, y por cuál sientes antipatía?
3. «Mi país ante todo, con razón o sin ella», ¿te parece una frase patriótica o patriotera?
4. En un país de inmigrantes, ¿por qué crees que hay gente que pone en duda la lealtad y el patriotismo de esos nuevos ciudadanos?

B. La xenofobia (antipatía hacia lo extranjero) tiene su contrapartida en **la xenofilia** (amor por lo extranjero); así los amigos de los Estados Unidos son **americanófilos,** y en el extremo opuesto están los **americanófobos.** Del mismo modo, el mundo se divide en **rusófilos** y **rusófobos, francófilos** y **francófobos, germanófilos** y **germanófobos, hispanófilos** e

hispanófobos, etc. Cuando alguien siente una exagerada admiración por lo extranjero, combinada, quizá, con un cierto menosprecio hacia su propio país, se dice que está **extranjerizado: americanizado, afrancesado, britanizado, germanizado, hispanizado,** etc.

1. ¿Crees que los Estados Unidos tienen una capacidad especial para americanizar a los inmigrantes? ¿Por qué? ¿Cómo se expresa?
2. Si vivieras fuera de tu país, ¿crees que te extranjerizarías fácilmente?
3. ¿Por qué crees que hay muchos francófilos entre las clases cultas?
4. En la Segunda Guerra Mundial, ¿cómo crees que llamaban a los partidarios de los aliados?

C. El mundo actual está dividido en países **industrializados** o **desarrollados,** países **en vías de desarrollo** y países **subdesarrollados,** también llamados del **tercer mundo.** Los países desarrollados tienen un **nivel de vida** alto, y son **exportadores de productos industriales** y de **tecnología,** que son importados por los países subdesarrollados. Estos, a su vez, son **exportadores de materias primas,** y en muchos casos se sienten **explotados,** pues consideran que los países industrializados están **saqueando sus recursos naturales** y explotando su **mano de obra barata** y que, además, controlan los precios del **mercado** internacional. Algunos países acusan a **las grandes potencias** de **intervención en sus asuntos internos,** unas veces con presiones diplomáticas o económicas, e incluso con intervenciones militares. **Los infantes de marina** de los Estados Unidos han **desembarcado** varias veces en países hispanoamericanos, y los han ocupado por períodos más o menos largos. Los países europeos tienen una larga historia de colonialismo, que ellos justificaban con la necesidad de «llevar la civilización europea» a otros continentes.

1. En su opinión, ¿cuáles son los países industrializados, y por qué los considera usted desarrollados?
2. ¿Qué problemas tienen los países exportadores de materias primas?
3. ¿Qué argumentos justifican el intervencionismo en otros países?
4. ¿Qué reputación tienen los infantes de marina?

D. En muchos países hay sentimientos antiamericanos que los habitantes del país justifican de diversas maneras. ¿Qué contestaría usted a algunas de estas críticas?

a. Los Estados Unidos tienen **bases navales** o **aéreas** en otros países, y hay problemas entre el personal militar **destinado a** esas bases, y la población local. Además, las bases serán un objetivo militar en caso de guerra entre los Estados Unidos y la Unión Soviética, y mucha gente preferiría ser neutral en ese conflicto.

b. Los Estados Unidos están aliados con **las oligarquías conservadoras** de muchos países, y son un obstáculo al progreso social y económico de esos países.

c. Los Estados Unidos están tan obsesionados con el comunismo que no toleran, si pueden, que gobiernen los partidos de la izquierda no-comunista, aunque sean democráticamente elegidos por el pueblo.

d. Cuando la diplomacia no tiene éxito, los Estados Unidos intervienen en los asuntos internos de otros países, unas veces de una manera indirecta, fomentando **golpes militares**, **golpes de estado** o **cuartelazos** de la derecha; otras veces de una manera **descarada** (abiertamente), enviando soldados norteamericanos que **derriban** al gobierno e instalan un **gobierno títere** fácil de controlar.

e. Los Estados Unidos dicen ser defensores de la democracia. La realidad es que ayudan a las dictaduras de la derecha, y hacen lo posible por derribar a las dictaduras de la izquierda. Esto se llama hipocresía o **aplicar criterios diferentes**.

f. Los norteamericanos son muy **etnocéntricos**, y no tienen interés por la lengua y la cultura de otros países.

g. Los norteamericanos **derrochan** (gastan innecesariamente) los recursos naturales que han sacado de otros países.

1. ¿Cómo reaccionaría usted si una gran potencia extranjera tuviera bases navales o aéreas en su país?
2. ¿Qué se entiende por una oligarquía?
3. Los jefes del Partido Comunista español son invitados a las fiestas del Palacio Real en España. ¿Cómo explica esta tolerancia, y cómo explica usted la obsesión anticomunista de muchos norteamericanos?
4. ¿Conoce algún caso reciente de intervención de alguna gran potencia en los asuntos internos de otro país?
5. Estos comentarios antiamericanos pueden ser ofensivos para mucha gente. ¿Cómo los refutaría usted uno por uno?
6. ¿Cree usted que esos comentarios son justos o injustos? ¿Por qué?
7. John F. Kennedy dijo que «Los que hacen imposible la evolución hacen inevitable la revolución». ¿Cómo interpreta usted esta frase?

LA CULTURA Y LA LENGUA

A. El etnocentrismo, las xenofobias y xenofilias de cada sociedad se reflejan en algunas expresiones del idioma. Los españoles, en general, no sienten gran simpatía por Francia, y si un español habla de algún invitado que **se despidió a la francesa**, está criticando su falta de cortesía por haberse marchado sin dar las gracias. ¿Qué diríamos aquí?

En La Habana, aunque los EE. UU. ha cerrado su embajada, hay una oficina que se ocupa de los intereses norteamericanos en Cuba, y ésta es la vista desde sus ventanas. ¿Qué le parece a usted este cartel? ¿Le parece una broma, una provocación, una tontería...o qué? Escriba un comentario.

B. El tópico que circula sobre los escoceses (los habitantes de Escocia, al norte de Inglaterra) es el de ser muy cuidadosos con su dinero, fama que dio la expresión española **ir a escote,** es decir, dividir los gastos entre los participantes de una fiesta o visita a un restaurante. En los Estados Unidos, ¿quiénes dieron al inglés una expresión equivalente?

C. Los habitantes del norte de Europa, menos expresivos que los apasionados mediterráneos (otro tópico), son la fuente de la expresión **hacerse el sueco,** es decir, poner cara de inocencia, de ignorancia para evitar responsabilidad, o sea: **hacerse el tonto** en situaciones de este tipo: «Al llegar la cuenta de la cena, yo le insinué delicadamente que íbamos a escote, pero él se hizo el sueco y no sacó la cartera. Tuve que pagar yo». En inglés, *what do we play?*

D. Los cosacos de las estepas rusas tienen fama de ser grandes bebedores, y por eso alguien que bebe demasiado **bebe como un cosaco,** mientras que en inglés los grandes bebedores son los pescados. Y si alguien **fuma como un carretero** (un hombre que conduce una carreta— *a horse drawn wagon*), fuma varios paquetes al día. Los carreteros, hombres duros, no sólo dejaron fama de fumar mucho, sino que también dieron origen a las expresiones **hablar/jurar/blasfemar como un carretero.** Al parecer, su lenguaje no era particularmente elegante ni respetuoso con la religión. Con la industrialización de España, los carreteros han desaparecido, pero no su contribución folklórica al idioma. ¿Cuáles serían las expresiones equivalentes en su país?

E. Si los españoles ven a los extranjeros con ojos críticos, lo mismo sucede a la inversa. España dominó la política europea en el siglo XVI, y los españoles que se paseaban por Europa como por su propia casa provocaron simpatías y antipatías que hoy vemos en algunas lenguas europeas. ¿Qué nos indica la expresión *palaver*, tan parecida a «palabra»? Los franceses tienen el verbo **habler,** que significa «hablar mucho sin decir nada». Y a través del francés nos llegó aquí la palabra española fanfarrón, convertida en *fanfaron*. Cuando alguien es muy orgulloso, los alemanes dicen que «es orgulloso como un español». ¿Qué nos dice todo esto en cuanto a la fama que dejaron los españoles?

El anti-alguien, por lo tanto, no es un fenómeno nuevo. Es una actitud que siempre ha existido contra un país u otro, y ahora les toca el turno a los Estados Unidos. La cuestión es, ¿hay un fondo de verdad en los comentarios anti-alguien, o están completamente injustificados?

DIFICULTADES Y EJERCICIOS

A. Uso de: **deber; deberse a** + *nombre;* **deber** + *infinitivo;* **deber de** + *infinitivo;* **el deber; los deberes; la deuda**

deber (= tener que pagar)	*to owe*
deber + *infinitivo* (= tener la obligación de + *inf.*)	*must* + *inf. (duty)*
deber de + *infinitivo* (= probablemente + *verbo*)	*must* + *inf. (probability)*
deberse a (= tener obligaciones con)	*to have a duty towards*
deberse a (= ser consecuencia de)	*to be due to* + *noun*
el deber (= la obligación)	*duty*
los deberes (= la tarea)	*homework*
la deuda (= obligación financiera)	*debt*

Mi hermano **debe** (dinero) a todo el mundo.
Sabe que **debe pagar** (= tiene que pagar), pero no sabe cómo.

> **Debe de jugar** (= probablemente juega) en los casinos de Las Vegas.
> El **se debe a** su familia. ¿Por qué gasta el dinero fuera de casa?
> El problema **se debe a** su afición al juego. No la puede resistir.
> Su **deber** es mantener a su familia. Sus **deudas** son un problema.
> Sus hijos estudian mucho y siempre hacen **los deberes**.

Para muchos hispanoparlantes no es clara la diferencia entre **deber** + *infinitivo* (= obligación) y **deber de** + *infinitivo* (= probabilidad), y los usan como si las dos expresiones tuvieran los dos sentidos. La diferencia, sin embargo, es clara, como se ve en este ejemplo:

> ¿Qué hace Craig en este momento?
> Debe estar en la oficina (= tiene que estar en la oficina).
> Debe de estar en la oficina (= probablemente está en la oficina).

PRACTICA

Eliminar las palabras *en bastardilla* y usar, en su lugar, la variante más adecuada de **deber**.

Modelo:

Argentina *tiene que pagar* mucho dinero a otros países.
Argentina <u>debe</u> mucho dinero a otros países.

1. Las *obligaciones financieras* de la Argentina son enormes.
2. *Tiene la obligación de* pagar miles de millones de dólares.
3. Sus problemas *son consecuencia de* una mala política financiera.
4. Ahora *necesita* pedir más dinero a los bancos internacionales.
5. *Quizá puede* haber una solución, pero ¿dónde está?
6. *La obligación* de los argentinos es elevar la productividad.
7. Todos *tienen obligaciones con* la patria.
8. El país tiene problemas, como un estudiante que no hizo *la tarea*.
9. *¿Es consecuencia de qué* esta situación?
10. Argentina puede pagar sus *obligaciones financieras* en el futuro.
11. Pero su presente *quizá puede* ser uno de los más problemáticos.

PRACTICANDO AL CONTESTAR

1. ¿Cuál debe de ser el comentario antiamericano más frecuente?
2. ¿Qué debe hacer un país para elevar su nivel de vida?
3. ¿A qué se debe el antiamericanismo?
4. ¿Qué hace usted cuando tiene muchas deudas?

B. Uso de: acertar, acertar a + *infinitivo*, acertar con

acertar (= averiguar, adivinar)	*to guess*
acertar (= estar en lo cierto)	*to guess right*
acertar (= dar en el blanco)	*to hit the mark, target*
acertar a + *inf.* (= poder)	*to be able to*
acertar a + *inf.* (verbo + por casualidad)	*to happen to*
acertar con (= encontrar, dar con)	*to find*

—Tienes acento extranjero. ¿De dónde eres?
—A ver si **aciertas** (adivinas) de dónde soy.
—Es difícil. Tu acento es muy raro, y **no acierto a** (no puedo) localizarlo. Puede ser alemán. ¿**Acerté**? (¿Encontré la respuesta?)
—Sì, **acertaste** (estás en lo cierto; también: diste en el blanco).

Tuve un pequeño accidente en la autopista, pero **acertó a pasar** (pasó por casualidad) por allí un policía y me ayudó.

No sé dónde dejé el pasaporte. Lo busco desde hace una hora y **no acierto con** él (no lo encuentro).

PRACTICA

En lugar de las palabras *en bastardilla,* usar una variante de **acertar**.

Modelo:

Dijiste que iba a llover, y *estuviste en lo cierto.*
Dijiste que iba a llover, y acertaste.

1. Alguien va a venir a visitarnos. A ver si *adivinas* quién es.
2. Es Howard. ¿*Estoy en lo cierto*?
3. Sí, *encontraste la respuesta.* ¿Sabes dónde está ahora?
4. Está practicando tiro de pistola, pero es muy malo y nunca *da en el blanco.*
5. Creo que una vez *por casualidad llegó a* dar en el blanco.
6. No *puedo* comprender por qué practica ese deporte.
7. Howard es difícil de encontrar. Ayer lo busqué y no *lo encontré.*
8. Pues yo, *por casualidad pasé* por la biblioteca, y vi al «pistolero».
9. ¿Quién es «el pistolero»? ¡Ah, es Howard! ¿*Adiviné bien*?
10. Si *por casualidad descubre* que le llamé pistolero, se incomodará.
11. Claro. En español un «pistolero» es un gángster. ¿*Estoy en lo cierto*?

PRACTICANDO AL CONTESTAR

1. ¿Conoce usted bien la naturaleza humana? Cuando juzga a alguien, ¿acierta siempre?; ¿por qué?
2. Si usted acertara a presenciar un crimen, ¿qué haría?
3. Cuando tiene algún problema personal, ¿cómo acierta con la solución?
4. ¿Hay algo en su sociedad que usted no acierta a comprender?

C. Uso de: prestar, pedir prestado, tomar prestado; el préstamo; prestarse a

---

prestar (= dejar prestado, anticipar) *to lend, to loan*

pedir prestado a (= solicitar en préstamo) *to borrow from*

tomar prestado de (= recibir en préstamo) *to borrow from*

el préstamo *loan*

prestarse a (= ofrecerse a) $\begin{cases} \textit{to offer oneself to} \\ \textit{to lend oneself to} \end{cases}$

Los bancos **prestan** dinero.
Cuando lo necesito, **se lo pido prestado a** un banco.
Ya sé que **tomar prestado del** banco tiene sus problemas.
Tarde o temprano hay que pagar **el préstamo** y los intereses.
Los bancos **se prestan a** ayudarme, pero no lo hacen gratis.
Hay cláusulas de los contratos que **se prestan a** confusiones.

Como se ve, en español no hay un verbo que corresponda exactamente a *to borrow*. **Tomar prestado de** se usa poco. Lo más frecuente es usar **pedir prestado,** o cambiar la frase y usar a la persona que presta como sujeto de **prestar, dejar prestado** o, simplemente, **dejar:**

El dinero **se lo pedí prestado a** mi hermano.
El dinero **me lo prestó** mi hermano.
El dinero **me lo dejó prestado** mi hermano.
El dinero **me lo dejó** mi hermano.

PRACTICA

Usar una variante de **prestar** en lugar de las palabras *en bastardilla*.

Modelo:
El dinero me lo *anticipó* el banco.
El dinero me lo prestó el banco.

1. Una amiga de Sheila me *dejó prestada* esta revista.
2. ¿Crees que el banco te *dejará* el dinero?

3. ¿Por qué no le *solicitas un préstamo* a tu hermano?
4. Estoy seguro que él te lo *dará*.
5. *Solicitar préstamos* al banco para pagar deudas es mal sistema.
6. Este coche no es mío. *Se lo pedí a* un amigo.
7. Lo que dices *puede tener* diferentes interpretaciones.
8. Howard *se ofreció a* ayudarme en mi trabajo.
9. Si *dejas* dinero a un amigo, perderás dinero y amigo. (¿Quién lo dijo?)

PRACTICANDO AL CONTESTAR

1. Si no tuvieras dinero para terminar tus estudios, ¿a quién se lo pedirías prestado?
2. ¿Estás de acuerdo con Shakespeare cuando escribió que «quien presta dinero a un amigo pierde los dos, dinero y amigo»? Explica tu opinión.
3. Si le prestas dinero a un amigo, ¿le cobras interés? Explica por qué lo haces o por qué no lo haces.
4. ¿Qué es la usura?

PEQUEÑO TEATRO

Un grupo critica ferozmente a los Estados Unidos, o a cualquier otro país, mientras que el otro grupo lo defiende. También puede hablarse de algunas cuestiones de carácter general, como: ¿Qué es el patriotismo?; ¿Es patriótico ocultar los defectos propios, sobre todo cuando se habla con extranjeros?; ¿Qué significa el dicho de que «la ropa sucia se lava en casa»?; ¿Cómo hay que interpretar el eslogan de «*America, love it or leave it*»?; y, ¿Cómo interpretar esa frase tan repetida: «Mi país con razón o sin ella»?

SEA USTED MI INTERPRETE, POR FAVOR

Preparen varias preguntas que obliguen a practicar el vocabulario nuevo. Los estudiantes tendrán que interpretar las preguntas del inglés al español, y las respuestas del español al inglés. Sugerencias:

1. Does it bother you to hear foreigners criticizing your country? Why?
2. What is the difference between patriotism and jingoism?
3. In a bank loan, who is the lender and who is the borrower?

CUESTIONES GRAMATICALES

Ser y estar (1)

> Ser o no ser, dijo Hamlet.
> ¡Qué problema singular!
> Ser o no ser no es problema.
> El problema es ser o estar.

Y ese problema no es tan difícil como parece si consideramos algunos aspectos sicológicos de la lengua, además de los gramaticales.

Contraste A: **Ser** + *adjetivo*—**Estar** + *adjetivo*

Cada individuo ve el mundo desde dos puntos de vista:

La realidad normal y aceptada (ser)	Un cambio en esa realidad (estar)
Howard **es** alto (= tiene mucha estatura).	Howard **está** alto (= más alto que los jóvenes de su edad).
Esa familia **es** rica (= tiene dinero).	Esa familia **está** rica (= hizo dinero).
Este helado de vainilla **es** rico (= sabe bien).	Este helado de vainilla **está** rico (sabe todavía mejor que los otros).
Esa familia **es** pobre (= no tiene dinero).	Esa familia **está** pobre (= perdió su fortuna).
Tu amigo **es** aburrido (= parte de su personalidad).	Tu amigo **está** aburrido (= algo o alguien lo aburrió).
Esta manzana **es** verde (= su color natural: verde).	Esta manzana **está** verde (= etapa de un cambio de verde a madura).
El matrimonio **es** feliz (= tiene una vida feliz).	El matrimonio **está** feliz (= algo los hizo felices).
El **es** casado (= parte de su identidad, como ser rubio).	El **está** casado (= dejó de ser soltero).
Tu padre **es** joven (= no es viejo).	Tu padre **está** joven (= tiene aspecto joven, a pesar de su edad).
Mi abuelo **es** viejo (= tiene muchos años).	Mi abuelo **está** viejo (= parece tener más años de los que tiene).

Cuando los adjetivos funcionan como nombres necesitan el verbo **ser** y el artículo indeterminado:

Nombres	Adjetivos
Su marido **es** un enfermo.	Su marido **está** enfermo.
Napoleón **es** un muerto famoso.	Napoleón **está** muerto.

¡Cuidado! A veces, la existencia de una frase idiomática con un significado muy específico hace imposible ciertos usos de **estar** + *adjetivo:*

Esa señora **es** muy rica (= tiene mucho dinero).
Esa señora **está** muy rica (= es sexualmente muy atractiva).

El joven **es** bueno (= tiene bondad).
El joven **está** bueno (= es sexualmente atractivo *o* ya no está enfermo).

PRACTICA

En las oraciones siguientes vamos a suprimir las palabras *en bastardilla* y vamos a usar en su lugar **ser** o **estar**.

Modelo:

Esta ciudad *siempre tiene una atmósfera* triste.
Esta ciudad es triste.

Con la crisis económica la ciudad *tiene una atmósfera* triste.
Con la crisis económica, la ciudad está triste.

1. Mi vecino *tiene fama de* antipático.
2. Ya tiene bastantes años, pero *tiene aspecto* joven.
3. Ayer, en una fiesta, él *actuó como un hombre* simpático, aunque todos sabemos bien que no lo es.
4. Come mucho y *se puso* gordísimo.
5. Y bebe mucho. *Todos lo consideran* un alcohólico.
6. Sus hijos *tienen juventud.* (Use: jóvenes)
7. No se parecen a su padre. *Tienen simpatía.* (Use: simpáticos)
8. Cuando pasan las vacaciones en la casa, *resulta* agradable verlos.
9. Ayer hablé con ellos y me dijeron que su padre *se encuentra* enfermo.
10. Como no *se encuentra* bien, *actúa de una manera* insoportable.
11. Yo creo que, en realidad, él *siempre actúa de una manera* insoportable.
12. Y estos días *él actúa de un modo* más insoportable que nunca.

Contraste B: Voz pasiva—Resultado de una acción

Voz pasiva: Ser	Resultado de una acción: Estar
La guerra **fue** ganada por el más fuerte.	La guerra **está** ganada.
La ciudad **fue** destruida por el terremoto.	La ciudad **está** destruida.
El país **es** mal gobernado por el dictador.	El país **está** mal gobernado.

Vemos que la voz pasiva siempre usa **ser,** mientras que el resultado de una acción se expresa con **estar** + *participio* con función de adjetivo. No hay que confundir la verdadera voz pasiva **(ser),** usada en la columna de la izquierda, con las oraciones que expresan el resultado de una acción **(estar),** y que luego indican por quién fue realizada esa acción:

Voz pasiva:	Creo que ese libro **fue** prohibido por la censura.
Resultado de una acción:	Creo que ese libro **está** prohibido por la censura.

En inglés podemos ver esta diferencia en los casos en que un participio y su correspondiente adjetivo tienen formas diferentes:

Voz pasiva:	The sandbox **was filled** with sand by the children.
Resultado de una acción:	The sandbox **is full** (= somebody filled it).

PRACTICA

A. Con las ideas expresadas en los siguientes pares de oraciones, hacer una sola oración en voz pasiva. Atención al uso de **ser.**

Modelo:
El libro está terminado. Lo terminó el autor.
El libro <u>fue</u> terminado por el autor.

1. La isla va a estar ocupada. La ocupará un país vecino.
2. Los soldados están destinados a una base aérea. Los destinó el gobierno.
3. El dictador está en el exilio. Lo mandó al exilio una junta revolucionaria.
4. Los países subdesarrollados están ayudados. Los ayudan los países ricos.

B. Con las ideas siguientes, hacer oraciones que indiquen el resultado de una acción. Atención a los participios irregulares.

Modelo:

Alguien rompió la taza.
La taza está rota.

1. El autor escribió el libro.   2. Tú hiciste la comida.   3. El puso la mesa.   4. Administran bien el país.   5. Firmaron los tratados.   6. Ocuparon el país.

EL ARTE DE LA COMPOSICION

Repaso del uso de los acentos

Coloque los acentos necesarios:

1. ¡Que horror! El niño se metio un lapiz en la nariz. ¡Llama al medico!
2. Dame una contestacion. Si si, sere feliz. Si no, me sentire tristisimo.
3. Raul corto los arboles que crecian en su jardin.
4. Si, se que no me quieres, y no se que hare sin ti. Para mi, tu eres unica.
5. Nadie ha venido. Ni aun el director ha llegado aun, pero llegara el sabado.
6. Este libro es magnifico, pero ese es aburridisimo. ¡Llevatelo de aqui!

Cuestiones de ortografía

No confundir:

1. **a,** preposición / **ha,** del verbo **haber** / **¡Ah!,** exclamación

   ¡Ah!, ¡Nuestro amigo **ha** ido a México!

2. **abría,** imperfecto de **abrir** / **habría,** condicional de **haber**

   Si yo hubiera sabido que eran ustedes, yo **habría** abierto la puerta, aunque ya les dije que nunca la **abría** después de las diez.

3. **¡Ay!,** exclamación / **hay,** forma impersonal de **haber** / **ahí,** adverbio

   ¡Ay!, hay un ratón **ahí.**

4. **he,** de **haber** / **e,** letra y conjunción copulativa / **¡Eh!,** exclamación

   He estado en Francia **e** Italia.   **He** visto a todos, padres **e** hijos.

> ¡**Eh!** ¡Yo no **he** hecho nada   Sólo **he** escrito la letra **e.**
> malo!

5. **hecho,** participio de **hacer** / **hecho,** nombre / **echo,** presente de **echar** / **echó,** pretérito de **echar**

> Es terrible lo que has **hecho.** Es un **hecho** que eres un sinvergüenza, y por eso te **echo** (= expulso) de casa.
>
> Mi padre me **echó** (= me expulsó) de casa; mi jefe me **echó** (= despidió) de mi trabajo. ¿He **hecho** algún **hecho** imperdonable?

PRACTICA

Escoger la palabra adecuada para poder completar estas frases.

> **Modelo:**
>
> Mucha gente (a/ha) ido (a/ha) la fiesta.
> Mucha gente <u>ha</u> ido <u>a</u> la fiesta.

1. (Hay/ay/ahí) un problema (hay/ay/ahí). ¡(Hay/ay/ahí)! ¡Y qué problema!
2. ¿(a/ha/ah) oído? (e/eh/he) ido (a/ha/ah) Italia. No me cree, ¡(e/eh/he)!
3. Me (abría/habría) echado si yo hubiera (echo/hecho) un (echo/hecho) así.

El punto de vista en la narración

En la narración en tercera persona, que es la forma más frecuente de la novela o del cuento, hay siempre, naturalmente, un autor. Al iniciar su narración el autor escoge, consciente o inconscientemente, un punto de vista desde el cual va a decir lo que nos quiere contar. Para hacerlo tiene varias posibilidades:

A. El autor puede estar claramente presente en su narración, de una manera más o menos directa.
1. El habla directamente a sus lectores, y no les deja olvidar que es él quien está contando la historia. Esta es una forma típica de muchos escritores del siglo XIX:

> «Esta historia que voy a contarles, queridos lectores, no es una historia triste...»

2. Otras veces, sin hablar tan directamente a sus lectores, el autor está presente con sus opiniones, expresadas con verbos en la forma *yo:*

> «Los amigos de María dicen que ella está siempre contenta porque es feliz. El problema es, digo yo, saber si está siempre

contenta porque es feliz, o si es feliz porque está siempre contenta.»

En este párrafo el autor es quien escribe ese «digo yo» que nos transmite su opinión sobre la felicidad de María.

B. El autor empieza a desaparecer. Ya no habla en la forma *yo*, como en A.1, pero todavía expresa sus opiniones:

«María siempre está contenta, porque es feliz.»

El autor nos dice algo que todos pueden ver: «María está contenta», y luego añade una explicación: «porque es feliz». Es decir, el autor se concede a sí mismo el derecho a entrar en los pensamientos de su personaje, para luego comunicarlos a sus lectores. Es un autor omnisciente; lo sabe todo. Veamos un caso más claro todavía:

«María está siempre contenta. Ella sabe que es feliz, y cuando piensa en su felicidad una ligera sonrisa le alegra la cara.»

C. Autor ausente

1. El autor se retira. Nunca nos da su opinión. Nunca entra en los pensamientos de sus personajes. Se limita a contarnos lo que se puede ver:

«María siempre tiene aspecto de estar contenta, y una ligera sonrisa le alegra la cara.»

2. El autor desaparece casi por completo. Ya ni siquiera cuenta su historia. Se limita a hacernos oír a sus personajes:

—María, tú siempre estás contenta—dijo Pepe.
—Es que soy muy feliz—explicó ella.
—Se te nota en la cara. Tienes una ligera sonrisa que te la alegra toda.

Lo único que nos dice el autor es quién habla: «dijo Pepe», «explicó ella». Y cuando ya no es necesario, como en la tercera línea, ni siquiera eso nos dice. Esta es una técnica que ya se parece mucho al teatro: El diálogo tiene más importancia que la narración.

Cuando en una composición contamos una historia, aunque sea muy breve, usamos la técnica de la novela. Podemos escoger el punto de vista desde el cual vamos a contar nuestra historia, o podemos combinar varios puntos de vista. En este caso, ¡atención!, hay que hacerlo con mucho cuidado. Si, por ejemplo, hemos estado usando la técnica del autor ausente (C.1 o C.2), y después de varias páginas introducimos una opinión del autor: « ...pero yo creo que ella mentía... », el lector se preguntará quién es ese *yo* que está hablando.

En la lección próxima veremos algunas de las ventajas y de las limitaciones de cada uno de los posibles métodos.

PRACTICA

Escribir una breve narración en la que se cuente algo que le ha pasado a alguien, usando las tres técnicas básicas.

A. Autor presente.
B. Autor presente de manera indirecta.
C. Autor ausente.

REVISION GENERAL

DIALOGO

A. Conteste a estas preguntas usando el vocabulario estudiado.

Modelo:

Si algún día no viene usted a clase, ¿cómo se entera usted del trabajo que han hecho sus compañeros?

Posible respuesta:

¿Cómo me entero? Pues...les pregunto qué hicieron, y les pido que me presten sus apuntes.

1. La clase, ¿acaba de empezar, o ya empezó hace algún tiempo? 2. ¿Vas a muchas fiestas, o no haces más que trabajar? 3. En una clase de literatura, ¿puede usted comentar bien las novelas si sólo les ha echado un vistazo? 4. ¿Por qué cree que es imposible aprender una lengua extranjera a menos que se practique mucho? 5. ¿Cree usted que los que critican a los Estados Unidos no hacen más que repetir los tópicos de siempre? 6. ¿O cree usted que a veces dicen verdades como una casa? 7. «Lo mires por donde lo mires, a los jóvenes norteamericanos no les interesa la política». ¿Cree usted que esta afirmación es verdad? 8. A usted, personalmente, ¿le gusta meterse en discusiones políticas? 9. ¿Qué argumentos tiene usted para defender su interés, o falta de interés, por la política? 10. En cuanto al antiamericanismo, ¿qué piensa usted? 11. ¿Sobre qué cuestión diría usted: «No quiero saber nada, ni falta que me hace»? 12. Si le digo que es usted muy inteligente, ¿acierto? 13. ¿A quién le prestaría usted dinero? 14. ¿Cree que ya sabe usted el vocabulario de esta lección, de cabo a rabo?

B. Use el nuevo vocabulario en lugar de las palabras *en bastardilla*.

Modelo:

Estudié el vocabulario *del principio al final*.
Estudié el vocabulario de cabo a rabo.

1. Los bancos *dejan* dinero.   2. No quiero que me hables de política. No quiero *saber* nada.   3. Tus *razones* para criticar a mi país me parecen absurdas.   4. No quiero tener *una disputa* sobre cuestiones políticas.   5. Mis problemas son míos. No quiero que tú *entres* en ellos.   6. Hay problemas que no tienen solución, *los veas desde donde los veas.*   7. Los que critican a mi país son los mal contentos de *todo el tiempo.*   8. Y eso me parece a mí una verdad *enorme.*   9. Iré a tu fiesta, *a no ser* que tenga que trabajar.   10. No leí la novela con atención. *La leí rápidamente* y no me gustó.   11. Necesito unas vacaciones. En las últimas semanas no hice *otra cosa sino* trabajar.   12. La jefe no está. *Ha salido hace unos minutos.*

DIFICULTADES Y EJERCICIOS

A. Conteste a estas preguntas en forma breve, clara y sencilla.

Modelo:

¿A qué hora debe estar usted en clase?

Posible respuesta:

Debo estar en clase a las...

1. Cuando usted le pide prestado dinero a un banco, ¿qué le debe pagar?   2. ¿A qué se debe que haya muchos americanófobos?   3. ¿Dónde hace usted los deberes?   4. Entre América y Europa hay una diferencia de horas. ¿Qué hora cree usted que debe de ser ahora en España?   5. En caso de guerra, ¿a quién se debe usted?   6. ¿Quiénes tienen muchas deudas, los que piden dinero prestado, o los que no lo piden?   7. ¿Tiene usted una conversación interesante? ¿Siempre acierta con algo interesante que decir?   8. Si le digo que Texas es el estado más grande de todos, ¿acierto?   9. A ver si acierta esto: ¿qué ciudad está más hacia el oeste, Reno o Los Angeles? ¿Acertó?   10. ¿Acierta usted a recordar cómo fue su primer día en el jardín de infancia?   11. ¿Tiene usted una inteligencia rápida? ¿Siempre acierta con una buena respuesta cuando le preguntan algo en español?   12. Las tarjetas de crédito pueden ser una tentación. ¿A qué se prestan?   13. ¿Cuál es el lado malo de un préstamo?

B. Use el vocabulario nuevo en lugar de las palabras *en bastardilla.*

Modelo:

El banco me dio *dinero que debo pagar más tarde.*
El banco me dio un préstamo.

1. Los estudiantes *tienen que* hacer *las tareas.*   2. En muchos casos, la xenofobia *es consecuencia de* la ignorancia.   3. Me casé y ahora *tengo obligaciones con* mi familia.   4. Mantener a mi familia es mi *obligación.*   5. Debo tener mucho cuidado con el dinero y, sobre todo, no tener *obligaciones con un banco.* 6. Perdí unos documentos muy importantes, y no *soy capaz de* encontrarlos.   7. No sé mucha geografía, y cuando intento identificar un país en el mapa nunca *estoy en lo cierto.*   8. Pero ayer busqué Uruguay en el mapa, y *pude* encontrarlo en un minuto.   9. Pero creo que *pude* encontrarlo por casualidad. 10. Mi novia me conoce muy bien. Puede *averiguar* mis pensamientos.   11. Cuando me dice lo que estoy pensando, siempre *está en lo cierto.*   12. Una frase ambigua *se ofrece* a confusiones.   13. No me gusta *solicitar dinero en préstamo.*   14. Voy a pintar mi casa, y mi hermano *se ofreció* a ayudarme.

VOCABULARIO GENERAL

A. Dé una respuesta breve, clara y sencilla.

Modelo:

¿Qué es el chovinismo?

Posible respuesta:

El chovinismo es un patriotismo exacerbado, que impide ver los defectos del propio país. Sin embargo, hay quien dice que el chovinismo nunca es un defecto.

1. ¿Qué diferencia hay entre un patriota y un patriotero? 2. ¿Qué representan las estrellas y las barras de la bandera nacional de los Estados Unidos?   3. ¿Es fácil cantar el himno nacional de su país?   4. ¿Qué es la xenofobia?   5. ¿Cree usted que hay muchos xenófobos en su país?   6. En su país, ¿qué hay más, rusófobos o rusófilos?   7. ¿Qué simpatías y antipatías ha habido en su país durante la Segunda Guerra Mundial?   8. ¿Qué aspectos de la vida norteamericana ayudan a americanizar a los inmigrantes?   9. ¿Por qué se dice que Miami está muy cubanizado?   10. ¿Qué países tienen un nivel de vida más alto, los países industrializados o los que están en vías de desarrollo?   11. ¿Qué países exportan productos industriales, y qué países exportan materias primas?   12. ¿Por qué y por quién se sienten explotados algunos países subdesarrollados? 13. ¿Qué recursos naturales tiene el estado donde usted vive? 14. ¿Por qué la mano de obra barata hace más fácil exportar un producto industrial?   15. En estos momentos, ¿quiénes son las

grandes potencias?   16. ¿Quiénes desembarcaron en las playas de Normandía durante la Segunda Guerra Mundial?   17. ¿Qué es una oligarquía?   18. ¿Por qué cree usted que los Estados Unidos necesitan bases aéreas y navales en otros países? 19. ¿Qué es un gobierno títere?   20. ¿Ha habido algún golpe militar en la historia de los Estados Unidos?   21. ¿Acierta usted a recordar qué país ha intervenido descaradamente, en los últimos años, en los asuntos internos de otro país?   22. ¿Por qué cree usted, o no cree, que la población de su país derrocha los recursos naturales?

B. Complete estas frases con una idea suya.

  Modelo:

  Cuando los militares derriban al gobierno decimos que hay
    un... (golpe militar, o un cuartelazo).

  1. A veces, los militares destinados a bases en otros países tienen problemas porque...   2. Si alguien fuma muchísimo, decimos que fuma como...   3. Y si alguien se despide de una fiesta sin dar las gracias, se ha despedido a la...   4. Si yo no quiero comprender lo que me dicen, me hago el...   5. Los países del tercer mundo son los que no están...   6. Los países que son muy fuertes son las grandes...   7. Un país que empieza a tener industria es un país en vías de...   8. Si un extranjero va a Alemania y adopta las costumbres alemanas, se dice de él que está...   9. Si esto ocurre en Francia, decimos que está...; si en España, está... y si ocurre en los Estados Unidos, decimos que está...   10. La xenofilia es...   11. La Marsellesa es el... de... 12. Un patriotero siente un patriotismo...

POSIBLES TEMAS PARA UNA CONVERSACION/COMPOSICION

  1. El antiamericanismo, ¿irracional o justificado?
  2. La hegemonía política, fuente inevitable de antipatía internacional.
  3. El antiamericanismo en Hispanoamérica.
  4. El intervencionismo norteamericano en Hispanoamérica, fuente de resentimiento.
  5. Patriotismo y patrioterismo.
  6. Factores económicos del antiamericanismo.
  7. La expansión cultural norteamericana y su choque con otras culturas.
  8. La americanización de los inmigrantes.
  9. Las compañías multinacionales y el antiamericanismo.
 10. El antiamericanismo, fuente de sentimientos aislacionistas.

11. El etnocentrismo norteamericano.
12. Problemas del Tercer Mundo.

PARA USAR EN LA CONVERSACION/COMPOSICION

1. *El nacionalismo*

la xenofilia ≠ la xenofobia

americanófilo ≠ americanófobo / anglófilo ≠ anglófobo / francófilo ≠ francófobo / germanófilo ≠ germanófobo / hispanófilo ≠ hispanófobo / rusófilo ≠ rusófobo

extranjerizado ≠ nacionalista

afrancesado / americanizado / britanizado / germanizado / hispanizado

la simpatía ≠ la antipatía

la etnocentria / el etnocéntrico

2. *El patriotismo*

la bandera nacional / el himno nacional

el chovinismo / el, la chovinista / el patrioterismo / el patriotero / el patriotismo exacerbado

la patria / el patriotismo / el, la patriota / la lealtad

3. *Las potencias*

las grandes potencias

intervenir / la intervención (descarada) en los asuntos internos de otro país

la base aérea (o: naval) / estar destinado a una base aérea (o: naval)

desembarcar / el infante de marina / la infantería de marina

los países industrializados (o: desarrollados) / el desarrollo

el país exportador de productos industriales / la tecnología

derrochar los recursos naturales / el alto nivel de vida

el país en vías de desarrollo / el país subdesarrollado / el subdesarrollo / el Tercer Mundo

el país exportador de materias primas / la mano de obra

explotar los recursos naturales

la oligarquía conservadora / la dictadura / el dictador / derribar al gobierno / el cuartelazo / el golpe de estado / el golpe militar

el gobierno títere

4. *Expresiones verbales*

   acabar de + *infinitivo*
   acertar / acertar a + *infinitivo* / acertar con
   aplicar criterios diferentes
   deber / deber + *infinitivo* / deber de + *infinitivo* / deberse a
   echar un vistazo / hojear
   enterarse (de)
   (ni) falta que te (me, le, etc.) hace
   lo mires por donde lo mires
   meterse en
   no hacer más que + *infinitivo*
   pedir prestado / tomar prestado
   prestar / dejar prestado / el préstamo
   la usura / el usurero
   prestarse a

5. *La cultura y la lengua*

   beber como un cosaco
   blasfemar como un carretero / jurar como un carretero
   despedirse a la francesa
   fumar como un carretero
   hablar como un carretero
   hacerse el sueco / hacerse el tonto
   ir a escote

6. *Otras expresiones*

   a menos que + *subjuntivo*
   el argumento
   (ser grande) como una casa
   de cabo a rabo
   de siempre
   el deber / los deberes
   la discusión
   en cuanto a

7. *Cuestiones gramaticales*

   usos de **ser** y **estar**

LECCION·7

LOS DEPORTES

Los deportes de invierno son muy populares en las montañas de España, Chile y Argentina.

□ *Personajes: María Luisa y Rita. Más tarde, Steven.*

MARIA LUISA Mañana voy a salir en **barco de vela**[1] con Steven. Me va a enseñar a navegar.

RITA ¿Y tú te lo has creído? ¡Cómo se ve que no lo conoces! ¿**No te das cuenta de**[2] que ése es un truco que él usa con todas las muchachas?

MARIA LUISA ¿Qué quieres decir? Yo no veo nada malo en que me enseñe a navegar. Siempre me ilusionó la idea de competir en una regata.

RITA Pero mujer, ¿no sabes que **ese tío**[3] tiene fama de ser un pulpo? Me parece que en lugar de un **chaleco salvavidas**[4] vas a necesitar un **cinturón de castidad**.[5] Yo, en tu caso, no iría.

MARIA LUISA Todo lo contrario. Yo **no me perderé la ocasión de**[6] darle una lección a ese Don Juan marítimo. Creo que **se va a encontrar con la horma de su zapato**.[7]

RITA Ten cuidado. Steven **va a lo suyo**[8] **a toda vela**.[9]

MARIA LUISA No te preocupes. Yo también sé ir a lo mío. Mira, ahí viene el pirata seductor.

STEVEN ¡Hola! ¿Estás lista para tu primera lección de navegación? Mi **balandro**[10] está en el lago. ¿Vamos?

MARIA LUISA Cuando quieras. Pero, ¿dónde está tu coche?

STEVEN En casa. Hay algo que no funciona bien.

RITA Yo puedo llevarlos en el mío, si quieren.

MARIA LUISA Magnífico. Y, oye, ¿por qué no sales a navegar con nosotros?

STEVEN No, no puede ser. En mi barco sólo **caben**[11] dos. Es un balandro pequeño.

RITA ¡**Si lo sabré yo!**[12] Además, hoy voy a jugar una **partida**[13] de tenis con Howard.

MARIA LUISA Pero mañana vamos todos juntos a ver **el partido**[14] de fútbol, ¿no?

RITA Sí, si no **naufragas**[15] hoy.

STEVEN No naufragará. Mi balandro no se puede hundir.

RITA Y, ¿cómo se llama tu barco?; ¿Titanic?

STEVEN No, se llama *Sleeping Beauty*.

RITA La Bella Durmiente. Un nombre muy apropiado.

STEVEN Tu ironía se presta a varias interpretaciones. No te preocupes, María Luisa. Volverás a tierra sana y salva.

(Al día siguiente María Luisa y Rita hablan por teléfono.)

[1] sailboat

[2] no comprendes; no ves

[3] that guy
[4] life jacket
[5] chastity belt
[6] no dejaré pasar la ocasión de…
[7] he is going to meet his match
[8] sólo piensa en sus intereses
[9] full sail
[10] small sail boat

[11] hay espacio para
[12] lo sé muy bien
[13] game
[14] game
[15] te hundes

RITA ¿Qué tal fue tu expedición marítima? ¿Ocurrió lo que te dije que
pasaría?

MARIA LUISA Bueno, pues sí y no. Estuvimos abrazados **un buen rato.**[16]

RITA ¿Ves? Ya te lo dije yo. El darte una clase de navegación era un
pretexto.

MARIA LUISA Pues mira, no fue precisamente eso. La cosa es que cuando
estábamos en el medio del lago, vino **un golpe de viento**[17] y **vol-
camos,**[18] y como yo no soy ninguna gran nadadora...pues chica,
me abracé a él como nunca me abracé a nadie. ¿Y sabes qué?
Pues me gustó.

[16] bastante
tiempo

[17] viento fuerte
y repentino

[18] dimos la
vuelta, we
capsized

PRACTICA INDIVIDUAL

ENCUESTA   Divididos en grupos, pueden hacerse unos a otros estas
preguntas.

1. ¿Te gusta salir en *balandro*? Explica por qué sí o no. (10)
2. ¿Cómo *te das cuenta de* que una invitación es un truco para otra
   cosa? (2)
3. ¿Cómo *te das cuenta de* que *un tío* es un pulpo? (2, 3)
4. ¿Cuándo necesitas un *chaleco salvavidas*? (4)
5. ¿Sabes qué es un *cinturón de castidad*? ¿Cuándo se usaron? (5)
6. Si tuvieras la oportunidad de ir en un *barco de vela* a Tahití,
   ¿perderías la ocasión de ir? Explica por qué sí o por qué no. (1, 6)
7. ¿Te crees muy listo? ¿Alguna vez *te encontraste con la horma de
   tu zapato*? Explica qué pasó. (7)
8. ¿Qué piensas de la gente que siempre *va a lo suyo*? (8)
9. ¿Te parece interesante saber cuántas personas *caben* en una cabina telefónica, o en un Volkswagen? ¿Te parece divertido o tonto
   el hacer experimentos de ese tipo? Explica tu respuesta. (11)
10. ¿En qué circunstancias dirías tú: ¡*Si lo sabré yo*!? (12)
11. ¿En qué deporte se habla de *partidas*, y en qué deporte se habla
    de *partidos*? (13, 14)
12. ¿Qué necesitas cuando estás en un barco que *naufraga*? (15)
13. Si un barco *naufraga*, ¿dónde puedes aguantar *un buen rato* en
    el agua, en la costa de Alaska o en la costa de la Florida? (15, 16)
14. ¿Cuántos días crees que necesitarías para atravesar el Atlántico,
    navegando *a toda vela*? (9)
15. Cuando estás navegando a vela, ¿por qué es peligroso *un golpe de
    viento*? (17)
16. Relacionado con la pregunta anterior, ¿qué te puede hacer *volcar*
    cuando navegas a vela? (18)

Comentarios sobre la encuesta

Las respuestas dadas pueden ser comentadas en una conversación general, antes de pasar a la práctica.

PRACTICA GENERAL

Todos deben preparar varias preguntas que exijan el uso de las expresiones nuevas. Algunas posibilidades:

1. ¿Cuál es uno de tus grandes deseos? ¿De qué no te perderías la ocasión?
2. Las personas egoístas, ¿tienen en cuenta los intereses de sus amigos, o siempre van a lo suyo? Y tú, ¿qué haces?
3. ¿Qué asociación de ideas te trae el pensar en un largo viaje en un barco de vela?
4. ¿Cuándo necesitas un chaleco salvavidas?

PRACTICA DE VOCABULARIO

Vamos a contestar a estas preguntas sin usar las palabras que están *en bastardilla*. En su lugar usaremos una expresión que tenga el mismo significado. Esta práctica puede hacerse con los libros cerrados.

Modelo:

En general, ¿cuál es la mejor estación del año para la navegación en barcos *que necesitan del viento para moverse*?
En general, el verano es la mejor estación para la navegación en barcos de vela.

1. Cuando alguien es muy egoísta, ¿tú *lo notas* o no *lo notas*? ¿Cómo *lo notas*?
2. ¿Cuándo tienes que usar un chaleco *que te hace flotar*?
3. *¿Dejarías pasar* la ocasión de hacer un viaje por las islas del Caribe?
4. En esta clase nos interesa practicar el español. Entonces, ¿qué debemos hacer cuando *pensamos en lo que nos interesa*?
5. ¿Debemos practicar sólo unos minutos o *bastante tiempo*?
6. ¿Qué puede sucederle a un barco de vela cuando hay un viento *fuerte y repentino*?
7. Sucedió hace mucho tiempo, pero ¿sabes cómo *se hundió* el Titanic?
8. ¿Qué diferencia hay entre un *encuentro* de tenis y un *encuentro* de fútbol?
9. Si estás navegando por un mar donde hay tiburones, y el barco *da la vuelta*, ¿qué haces?

AMPLIACION DE VOCABULARIO

A. La navegación a vela es un **deporte de mar** que se practica en todo el mundo. Hay **barcos de vela (= veleros)** de muchos tipos, y tienen nombres diferentes. **Un yate** es un velero grande, generalmente lujoso, en el que se pueden hacer **cruceros** muy largos. Tiene uno o dos **mástiles,** y muchas **velas. Los balandros** son veleros más pequeños. La palabra **barco (una embarcación)** es muy general. **Un barco** puede ser enorme o pequeño. **Una barca** es siempre pequeña, y también son pequeños **los botes,** que puede ser **de vela** o **de remo,** y **las lanchas. Remar** es un buen ejercicio **(el remo)** que se puede practicar en **un bote,** en **un esquife,** en **una yola** o en **una piragua. El piragüismo** es un deporte muy emocionante en los ríos que tienen rápidos.

Un deporte muy popular en las playas que tienen **olas** grandes es **hacer tabla hawaiana (el surfing).** Si la tabla tiene una vela, hablamos de **un windsurfer,** así, en inglés, o de **una plancha a vela.**

Para practicar **el esquí acuático** se necesita **una motora, (una lancha motora, una lancha de motor)** o una lancha pequeña con **un motor de fueraborda.**

1. ¿En qué tipo de barco de vela puedes hacer un crucero? ¿Cómo son esos barcos?
2. ¿Qué diferencia hay entre un barco y un bote?
3. ¿Qué deporte te parece mejor para hacer ejercicio, la navegación a vela o el remo? ¿Por qué?
4. De todos los deportes acuáticos mencionados, ¿cuál te parece el más emocionante, y por qué?

B. Un deporte que obliga a ejercitar todos los músculos es **la natación** que se practica en **una piscina** (México: **alberca;** Argentina: **pileta). Los nadadores** pueden **nadar** a estilo **braza,** que es algo así como nadar igual que las ranas. El estilo **crol** es más rápido, el estilo **mariposa** es muy espectacular, y el estilo **espalda** puede hacer que los nadadores tropiecen unos con otros, pues no ven hacia donde van. El estilo perro, naturalmente, es el que todos los niños del mundo saben sin que nadie se lo enseñe. **Las piscinas** tienen **un trampolín** desde donde se puede saltar al agua. Los que no saben nada de **saltos de trampolín** (México: **clavados)** aprietan la nariz con los dedos y **se tiran de pie.** Los que saben **saltar** (México: **clavar) se tiran de cabeza** dando **el salto del ángel,** con los brazos extendidos como alas, o **el salto de tirabuzón,** en el que caen dando vueltas como una sacacorchos.

En el mar, donde hay rocas y peces, se practica mucho **la pesca submarina,** para la cual se necesitan **unas aletas** en los pies, **unas gafas submarinas** en la cara y **un respirador** (un tubo que permite respirar a poca profundidad). Si se quiere **bucear** (nadar debajo del agua) por un buen rato, hace falta **un balón o tanque de oxígeno** y, cuando el agua está fría, **un traje de goma.** Naturalmente, si además de pasearte por debajo del agua quieres pescar, necesitas **un fusil de pesca submarina** (o: **fusil de pescar**) que dispara **flechas** o **arpones.**

1. ¿A qué estilo te gusta nadar? ¿Por qué lo prefieres?
2. ¿Saltas bien desde el trampolín? ¿Desde qué altura? ¿Cómo te tiras al agua?
3. ¿Qué peligros hay en la pesca submarina?
4. ¿Por qué crees que se hace mucha pesca submarina en los trópicos?

C. Hay mucha gente que no se considera **un** o **una atleta,** pero que **hace ejercicio** en su casa o en **un gimnasio.** Con una simple barra se pueden hacer **pulsos** *(chin-ups),* y sin equipo de ninguna clase se pueden hacer **fondos** *(push-ups),* o **flexiones** *(sit-ups).* En **un gimnasio** se puede **hacer** o **levantar pesas,** y los y las **gimnastas** hacen ejercicios en **las barras paralelas,** en **las anillas** o en **el potro. Las pesas** pueden ser de diferentes **pesos:** hay **pesas** ligeras, con **un peso** de 25 o 30 kilos (aproximadamente 50 o 60 libras), y **pesas** muy pesadas, con **un peso** de más de 100 kilos. **Levantando pesas** de mucho **peso** se puede conseguir **una musculatura** espectacular, pero que está muy lejos del ideal de armonía que hemos heredado de la Grecia clásica.

1. ¿Va usted frecuentemente a un gimnasio? ¿Qué ejercicios hace allí?
2. ¿Qué ejercicios fáciles se pueden hacer en casa, sin equipo de ninguna clase?
3. ¿Qué piensa usted de los hombres y las mujeres que dedican horas y horas a levantar pesas?
4. ¿Cree usted que las mujeres admiran una gran musculatura en los hombres? ¿Y a la inversa?

D. A **los Juegos Olímpicos** u **Olimpiadas** van los mejores **atletas** de cada país, que han pasado por muchas eliminatorias antes de ser seleccionados para formar parte del **equipo olímpico nacional.** Millones de personas ven en la tele las finales de **los deportes de pista: las carreras, las carreras de relevos,** en las que **los corredores** se pasan unos a otros **un testigo; los lanzamientos** (de disco, de jabalina, de martillo y de peso) y **los saltos** (de altura, de pértiga y de longitud). Todos **los competidores** quieren **mejorar las marcas establecidas,** es decir, quieren **batir las marcas** o **establecer una nueva marca.**

1. ¿Qué estatua griega clásica muy famosa, de un atleta, conoce usted?
2. ¿Qué diferencia hay entre una carrera de longitud y una carrera de relevos?
3. ¿Qué tipo de salto le parece a usted el más espectacular?
4. Hay límites a lo que el cuerpo humano puede hacer. ¿Cree usted

que será posible establecer nuevas marcas olímpicas en el futuro? Explíquese.

E. Entre los **deportes de masas,** el más popular en los EE.UU. es, quizá, **el fútbol americano.** En el mundo europeo e hispanoamericano es **el fútbol** *(soccer)*. **Los partidos** se juegan en grandes **stadiums, estadios** o **campos de fútbol,** en cuyo **graderío** pueden sentarse miles de espectadores. **Los jugadores** de los dos **equipos** deben obedecer las decisiones de **un árbitro,** que **arbitra el partido.** Cada equipo quiere meter **el balón (la pelota)** en **la portería** del equipo contrario. Es decir, quiere **meter goles (marcar goles, marcar tantos).** **Los hinchas** (los entusiastas) del **equipo local** aplauden a sus jugadores, y **abuchean** a los del **equipo visitante.** La pasión deportiva se convierte a veces en puro vandalismo, y ha habido serios casos de violencia en los campos de fútbol de varias ciudades.

En **un partido de fútbol** puede **ganar** uno de **los equipos** o, cuando **empatan** (cuando hay **empate**), terminan con el mismo número de **goles** o **tantos,** y nadie **gana** ni nadie **pierde.**

Los equipos de cada país participan en **la liga,** o en otra **competición** especial llamada **la copa.** Las dos son seguidas con gran interés por **los hinchas,** unos deportistas que se ponen gordos bebiendo cerveza y comiendo patatas fritas mientras ven **los partidos** en la televisión. Algunos **futbolistas** (jugadores de fútbol) cobran cantidades astronómicas por **fichar** por un equipo u otro. En un solo **fichaje** pueden ganar más dinero que un intelectual en varios años.

Otro **deporte de masas** en los EE.UU. es **el béisbol** o **pelota base,** que también es muy popular en algunos (pocos) países hispánicos. El vocabulario español del **béisbol** es fascinante. ¿Qué cree usted que es **un jonrón, un cácher, un bate** o **un bateador**?

1. ¿Cuáles son las diferencias principales entre el fútbol americano y el fútbol europeo o *soccer*?
2. ¿Por qué cree usted que se entusiasman tanto los hinchas con una cosa tan tonta como es ver a unos hombres que corren detrás de un balón?
3. ¿Cree usted que los partidos internacionales de fútbol ayudan a la amistad entre los pueblos? Explique su respuesta.
4. ¿Qué piensa usted de una sociedad que paga más a un jugador de fútbol que a una persona que trabaja en un hospital?

LA CULTURA Y LA LENGUA

A. Varios deportes modernos tienen su origen en Inglaterra, o fueron popularizados por Inglaterra, e impusieron un vocabulario inglés en otros idiomas. En el mundo hispánico algunos lingüistas crearon la

El ala delta hace posible un viejo sueño de la humanidad: volar como un pájaro.

palabra **balonpié** como equivalente de *football*, pero no tuvo éxito y se terminó aceptando el neologismo **fútbol,** lo mismo que **el gol, el corner,** y **el penalty,** junto con el verbo **chutar,** que corresponde al inglés... ¿qué? Otras adaptaciones de palabras inglesas echaron raíces, y **el baloncesto** coexiste con **el basquebol, la pelota base** con **el béisbol, y el polo acuático** con **el waterpolo. El balonmano** y **el balonvolea** no tienen que competir con sus versiones inglesas. **El boxeo** deja ver claramente su origen inglés, lo mismo que el verbo **noquear,** y **el ring** compite con **el cuadrilátero.**

    Con el buen tiempo miles de hispanoparlantes se van a las montañas o a las playas para **acampar, hacer camping** o **ir de acampada.** En muchos lugares turísticos se ven letreros que anuncian **terrenos de camping, campamentos** o, simplemente, **camping,** donde se puede **montar la tienda de campaña** y dormir en **un saco de dormir.**

B. De la palabra noruega *ski* nacieron **el esquí** y el verbo **esquiar. Los esquiadores** suben a lo alto de **la pista de esquí** en **un telesilla,** y bajan deslizándose sobre sus **esquíes,** empujándose con sus **bastones.** Hay dos deportes de la India que los ingleses llevaron a otros países: **el polo,** que se juega a caballo, y **el hockey** (la palabra **joquei** no ha tenido éxito), que se juega con un palo curvado llamado **stic** o **estic.**

C. El golf no puede hispanizarse, pues daría *un golfo,* que es una parte de la costa, como en «el Golfo de California o Mar de Cortés», o es un hombre que vive sin trabajar y sin escrúpulos. Se juega con **bastones** o **palos de golf.**

Hay quien se divierte escalando montañas, simplemente porque están ahí, y las primeras montañas escaladas por pura diversión fueron los Alpes. De ahí viene que ese deporte se llame **el alpinismo. Los alpinistas** arriesgan su vida, pero si lo hacen en los Andes de Sudamérica la arriesgan haciendo **andinismo,** y ellos son **andinistas.** La palabra que no ofende a nadie es **el montañismo,** que no es ni suizo ni chileno. Es de todos.

D. Los vascos, que viven en el norte de España y en el sur de Francia, dieron a otros idiomas el **jai-alai,** el juego de **la pelota vasca** o **frontón,** que consiste en lanzar una pelota contra una pared. Es un juego muy rápido.

DIFICULTADES Y EJERCICIOS

A. Uso de: realizar, realizarse; darse cuenta de

1. **realizar** (= ejecutar, completar)	*to carry out (a project, a plan)*
realizar (= satisfacer)	*to fulfill (hopes, dreams)*
realizar (= hacer)	*to make (a trip)*
2. **realizarse** (= hacerse realidad)	*to be fulfilled, to come true*
realizarse (= celebrarse)	*to take place*
3. **darse cuenta de** (= ver, comprender)	*to realize*

1. María Luisa es muy seria y siempre **realiza** (= completa) los planes que hace.
   Ahora tiene un sueño que espera **realizar** (= satisfacer) algún día.
   Su sueño es **realizar** (= hacer) un largo viaje en barco de vela.
2. Ella no sabe si esos sueños **se realizarán** (= se harán realidad). Por ahora se limita a ir a todas las exposiciones de barcos de vela que **se realizan** (= tienen lugar) en la ciudad.
3. Ella **se da cuenta de** (= ve, comprende) que lo primero que tiene que hacer es aprender a navegar.

PRACTICA

A. Vamos a contestar a estas preguntas sin repetir las palabras que están *en bastardilla*, usando en su lugar alguna de las variantes de **realizar**. Si este ejercicio se hace con los libros cerrados, cada uno tendrá que decidir qué palabras debe eliminar.

Modelo:

¿Eres optimista? ¿Crees que podrás *satisfacer* todos tus sueños?
(No) Soy optimista, y (no) espero realizar todos mis sueños.

1. ¿Cada cuántos años *se celebran* los Juegos Olímpicos?
2. ¿A dónde te gustaría *hacer* un viaje, y por qué?
3. ¿Qué sueños esperas *satisfacer*?
4. ¿Te crees magnífico (-a), o *comprendes* que, como todos nosotros, tú también tienes algunas limitaciones?
5. ¿Eres perseverante? ¿Siempre *completas* tus proyectos?

B. En el siguiente ejercicio vamos a hacer lo contrario: Vamos a eliminar las palabras **realizar, realizarse** o **darse cuenta de,** y vamos a usar en su lugar un sinónimo.

Modelo:

¿Has *realizado* algún viaje interesante el año pasado?
Sí, hice un viaje a Suiza para escalar los Alpes.

1. ¿*Te das cuenta de* que es peligroso navegar sin chaleco salvavidas?
2. ¿Cuál es el mayor deseo que esperan *realizar* muchos atletas?
3. ¿Dónde *se realizaron* los últimos Juegos Olímpicos?
4. ¿Crees que alguna vez *se hará realidad* el sueño de la paz universal?
5. ¿Qué viaje tendrás que *realizar* si quieres ir a la próxima Olimpiada?

B. Equivalentes españoles de *to ride; to give a ride; to take for a ride; ride; rider*

1. *to ride (a car)*	**ir en coche, andar en coche**
to ride (a train)	**viajar en tren, ir en tren**
to ride (a horse)	**montar/andar a caballo, cabalgar**
to ride (a bike)	**montar/andar en bicicleta**
2. *to give a ride*	**llevar en coche, dar un aventón**
3. *to take for a ride*	**engañar; dar el paseo (matar)**

4. *ride (= driving for pleasure)*	**paseo, vuelta (en coche)**
ride (= distance)	**viaje, recorrido, trayecto**
5. *rider (= passenger)*	**pasajero**
rider (on horseback)	**jinete, caballista**
rider (of a bike, motorbike)	**ciclista, motorista**
motorist	**automovilista**

1. Vivo lejos de mi trabajo, y tengo que **ir en coche** todos los días, aunque no me gusta **andar en coche**.
Preferiría **ir en tren**. Desde niño me gustó **viajar en tren**. Los domingos me gusta **montar a caballo**. Creo que **cabalgar** es un buen ejercicio. También me gusta **montar en bicicleta**.
2. Si mi coche no funciona, mi vecino me **lleva en su coche**. Otras veces soy yo quien le **da un aventón** (expresión usada en México).
3. El gobierno **engañó** a los periodistas. Los escuadrones de la muerte siguen **dando paseos** a los campesinos. Los **pasean** durante la noche.
4. Cuando hace buen tiempo me gusta dar **un paseo en coche**.
Cuando doy **una vuelta en coche** nunca voy muy lejos.
El viaje en coche desde San Francisco a Los Angeles es **un recorrido** bastante largo. **El trayecto** de mi casa a la universidad es corto.
5. Yo trabajo en una compañía de transportes, y no me permiten llevar **pasajeros** en los camiones.
Para ser un buen **caballista** no es necesario ser muy alto ni fuerte. **Los jinetes** de los caballos de carreras son pequeños y de poco peso. Todos **los ciclistas** y **motoristas** deben llevar casco.

PRACTICA

Conteste a estas preguntas de forma lógica, usando algunas de las expresiones estudiadas. Libros cerrados.

Modelo:

Cuando se vive lejos del trabajo, ¿cómo se va a trabajar?
Cuando se vive lejos del trabajo, se puede ir en coche o en tren.

1. ¿Qué es algo que deben saber hacer los vaqueros?
2. Si tu coche no funciona, y tienes que ir a trabajar, ¿qué le pides a un amigo que vive cerca de ti, y que trabaja en el mismo lugar?
3. ¿Qué son los escuadrones de la muerte?

4. ¿Sabes qué es el Orient Express? ¿Quiénes usan ese tren?
5. ¿Cómo es la distancia que hay entre tu casa y la universidad?
6. ¿Quiénes tienen que usar casco cuando conducen (manejan)?
7. ¿Te gusta conducir, o prefieres ser quien va sentado a la derecha del conductor?
8. ¿Qué es un «jockey»?
9. ¿Es peligroso transportar desconocidos en tu coche? ¿Por qué?
10. Si hace buen tiempo, ¿prefieres salir a pie o salir en coche?

C. Equivalentes españoles de to drive; drive; driveway

1.	*to drive (= to operate)*	**conducir (manejar)**
	to drive	**ir en coche**
	to drive somebody to...	**llevar (a alguien) a...**
2.	*drive (= short ride)*	**paseo/vuelta en coche**
	drive (= distance)	**trayecto, recorrido**
3.	*driveway*	**entrada/salida de coches**

1. Los españoles **conducen** muy rápidamente. Los mexicanos **manejan** muy rápidamente también. Para ir a trabajar muchos de ellos prefieren usar el transporte público, en lugar de **ir en coche**.

   A veces la circulación es tan terrible que **me lleva a la** desesperación.
2. Hay tanto tráfico que ya no es agradable salir a **dar una vuelta (un paseo) en coche**.

   ¿Vas a atravesar el país en coche? ¡Es **un trayecto (recorrido)** largo!
3. Está prohibido estacionar delante de las **entradas (salidas)** de coches.

Como se ve, *ride* y *drive* pueden ser sinónimos en inglés, y expresan la idea de distancia o la de una breve salida en automóvil.

PRACTICA

Vamos a contestar a estas preguntas usando las expresiones estudiadas.

Modelo:

¿Qué hace un taxista durante todo el día?
Un taxista tiene que conducir (manejar) su taxi durante todo el día.

1. Si no hay transporte público para ir a tu trabajo, ¿qué tienes que hacer?

2. Si no quieres meter el coche en el garaje, ¿dónde lo estacionas?
3. Si alguien estaciona delante de tu garaje, ¿qué haces?
4. ¿Hay una distancia muy grande entre tu ciudad y la capital del estado?
5. ¿A qué te llevan los problemas de la circulación?
6. Si te gusta conducir y hace buen tiempo, ¿qué haces?

PEQUEÑO TEATRO

1. La clase se puede convertir en un comité que organiza un festival deportivo. El comité tiene que decidir qué deportes se incluirán en ese festival.
2. Un grupo de periodistas habla de los aspectos económicos de los deportes. Algunos critican las cantidades astronómicas que se pagan a algunos deportistas. Otros las justifican.
3. Los estudiantes hablan de las actividades deportivas en su universidad. ¿Deben ser muy importantes, o deben ser una parte muy secundaria de las actividades universitarias? Cada grupo defiende una opinión.
4. Los Juegos Olímpicos se han politizado en los último años. Un grupo justifica esta politización. Otro grupo favorece la separación entre los deportes y la política.

SEA USTED MI INTERPRETE, POR FAVOR

Cada estudiante debe preparar varias preguntas que requieran usar el vocabulario nuevo en las preguntas y en las respuestas. Algunas sugerencias:

1. When did you realize that your sailing instructor is all hands?
2. If you could cruise the Caribbean in a yacht, would you miss the chance?
3. Are you a good diver, or do you just plug your nose and jump feet first?
4. What would you do if you saw a shark while skindiving?

CUESTIONES GRAMATICALES

Ser y estar (2)

En la lección anterior hemos visto los contrastes A (**ser** + adjetivo—**estar** + adjetivo), y B (Voz pasiva: **ser**—Resultado de una acción: **estar**).

Contraste C: **Ser** + expresión de lugar—**Estar** + expresión de lugar

C. 1. **Ser** = tener lugar
Estar = encontrarse en

Este contraste diferencia entre el lugar donde ocurre una acción **(ser)** y el lugar donde se encuentra situado un objeto o una persona **(estar)**.

ser = tener lugar	estar = encontrarse
La partida de tenis **es** en el club.	Los jugadores **están** en el club.
La regata **es** en el lago.	Los balandros **están** en el lago.
El crucero **será** por el Caribe.	El yate **estará** en el Caribe.
Las carreras **fueron** en el estadio.	Los corredores **están** en el estadio.

PRACTICA

Contestar a estas preguntas usando **ser** o **estar** en lugar de las palabras *en bastardilla*. Si el ejercicio se hace con los libros cerrados, los que contesten tendrán que decidir qué palabras pueden eliminar.

Modelo:

¿Dónde *tienen lugar* las carreras de esquí?
Las carreras de esquí son en las pistas de esquí.

1. ¿Dónde *se encuentran* las tiendas de campaña?
2. ¿Dónde *se encuentran* los nadadores?
3. ¿Dónde *tuvieron lugar* las últimas Olimpiadas?
4. ¿Cuándo *tendrán lugar* los próximos Juegos Olímpicos?
5. ¿Dónde *tienen lugar* los partidos de fútbol?
6. ¿Dónde *se encuentran* los gimnastas?

C. 2. Aquí / ahí / allí + **es** + donde...
Aquí / ahí / allí + **está** + nombre + donde...

Aquí **es** donde juegan al tenis.	Aquí **está** la pista donde juegan al tenis.
Ahí **es** donde nadamos.	Ahí **está** la piscina donde nadamos.
Allí **es** donde saltan.	Allí **está** el trampolín donde saltan.

La única diferencia entre estas dos estructuras es que **estar** tiene que ir seguido por un nombre, el cual no es necesario cuando se usa **ser**. Estas estructuras permiten tres posibles órdenes de palabras:

Es ahí donde nado.   **Está** ahí la piscina donde nado.

Ahí **es** donde nado.	Ahí **está** la piscina donde nado.
Donde nado **es** ahí.	La piscina donde nado **está** ahí.

PRACTICA

Expresar las ideas indicadas en las oraciones siguientes, usando las estructuras **ser** + donde... y **estar** + nombre + donde....

Modelo:

Yo boxeo ahí.	Ahí <u>es</u> donde boxeo.
Yo boxeo en ese gimnasio.	Ahí <u>está</u> el gimnasio donde boxeo.

1. El barco naufragó ahí.	Ahí _____ donde naufragó el barco.
2. El barco naufragó en esa roca.	Ahí _____ la roca donde naufragó el barco.
3. Los hinchas están ahí.	Ahí _____ donde están los hinchas.
4. Hago ejercicio aquí.	Aquí _____ donde hago ejercicio.
5. Esquío en esa pista.	Ahí _____ la pista donde esquío.
6. Esa es la yola donde remo.	Ahí _____ la yola donde remo.

C. 3. Las estructuras anteriores permiten el uso de **ser** o de **estar** para indicar situación, en frases muy breves en las cuales **donde** y todo lo que le sigue está implícito.

En esta estructura:

a. Podemos usar **ser** o **estar** con objetos que no se mueven (pistas, frontones, campos de fútbol).
b. Usamos **estar** cuando nos referimos a personas, animales u objetos que se mueven (atletas, caballos de carreras, piraguas).
c. Usamos **ser** cuando nos referimos a actividades (remar, nadar, saltar).

Hay dos posibles órdenes de palabras:

a. La pista, ¿dónde **es/está**?	**Es/Está** ahí.	Ahí **es/está**.
b. Los boxeadores, ¿dónde **están**?	**Están** ahí.	Ahí **están**.
Los caballos, ¿dónde **están**?	**Están** ahí.	Ahí **están**.
La barca, ¿dónde **está**?	**Está** ahí.	Ahí **está**.
c. ¿Dónde remas?	**Es** ahí.	Ahí **es**.

En los casos a. y b. podríamos usar **encontrarse en:**

   a. La pista **es/está/se encuentra** ahí.
   b. Los boxeadores **están/se encuentran** ahí.
      Los caballos **están/se encuentran** ahí.
      La barca **está/se encuentra** ahí.

El caso c. corresponde a una actividad, como en el caso C. 1. visto antes:

   ¿Dónde remas? (= ¿Dónde tiene lugar la actividad de remar?)
      Es ahí.

PRACTICA

Contestar a estas preguntas con **ser** o **estar.**

   Modelo:
   ¿Dónde se encuentran los   Están ahí.   o: Ahí están.
      atletas?
   ¿Dónde tuvo lugar la regata?   Fue ahí.   o: Ahí fue.

   1. ¿Dónde juegan al baloncesto?   _____ aquí.   Aquí _____
   2. ¿Dónde volcó la barca?   _____ allí.   Allí _____
   3. ¿Dónde se encuentra el   _____ ahí.   Ahí _____
      campamento?
   4. ¿Dónde se encuentran las   _____ ahí.   Ahí _____
      piraguas?
   5. ¿Dónde se encuentran las   _____ ahí.   Ahí _____
      nadadoras?
   6. ¿Dónde montaste la tienda?   _____ ahí.   Ahí _____

C. 4. **En** + nombre + **ser** + donde + ...

Esta estructura siempre requiere **ser,** y no contrasta con otra estructura similar que requiera **estar.** Hay tres posibles órdenes de palabras, y si comparamos esta estructura con las presentadas en C. 2 y en C. 3 vemos que ahora no se usan nunca los adverbios aquí, ahí, allí. Se incluye uno de estos casos en el ejemplo, para ver bien la diferencia:

   Es aquí donde hacen tabla hawaiana.
   Es en esta playa donde hacen tabla hawaiana.
   En esta playa es donde hacen tabla hawaiana.
   Donde hacen tabla hawaiana es en esta playa.

PRACTICA

Cambiar las frases siguientes, expresando la misma idea con la forma **ser en,** y usando los tres posibles órdenes de palabras.

Modelo:

En Puerto Rico hay magníficas playas.
Es en Puerto Rico donde hay magníficas playas.
En Puerto Rico es donde hay magníficas playas.
Donde hay magníficas playas es en Puerto Rico.

1. En la Sierra Nevada hay muchas pistas de esquí.
2. En los Alpes se practica el alpinismo.
3. En los Juegos Olímpicos se baten las marcas.
4. Los hinchas se sientan en el graderío.

Contraste D: **Ser de** = origen, material, propiedad
            Estar de = expresión adverbial de modo

Ser de + ... indica origen: Muchos jugadores de pelota base **son de** México.
indica material: Las pesas **son de** metal.
indica propiedad: Las gafas submarinas **son de** Howard.

Estos tres usos de **ser de** + ... contrastan con un solo uso de **estar de** + una expresión adverbial de modo. Este uso, en realidad, es una variante de los contrastes A y B: un cambio apreciado en la realidad, y un resultado de una acción. Si digo que **estoy de pie,** puedo considerar que he cambiado mi posición, o que estoy de pie como resultado de la acción de levantarme. Por eso la lengua ofrece la posibilidad de expresar la misma idea con la forma **estar** + palabra con función de adjetivo. Podemos ver esto en los ejemplos siguientes:

Estoy de pie. = Estoy levantado. (México: Estoy parado.)
Estoy de rodillas. = Estoy arrodillado.
Estoy de codos sobre la mesa. = Estoy acodado sobre la mesa.
Estoy de mal humor. = Estoy malhumorado.

Estar de + profesión indica que ese trabajo es más o menos provisional:

No encuentro trabajo en mi profesión, y ahora **estoy de** taxista.

Ser de: a. origen
Los 49 **son de** San Francisco.
    b. material
Las anillas **son de** metal.
    c. propiedad
El telesilla **es del** hotel.

Estar de: modo
El equipo **está de** suerte (= tiene suerte).
La gimnasta **está de** mal humor (= está malhumorada).
Estuvimos de acampada en la Sierra (= estuvimos acampados).

PRACTICA

Vamos a eliminar las palabras *en bastardilla,* usando en su lugar **ser de**
o **estar de**.

Modelo:

Fue un gran atleta, pero ahora *trabaja como* barman.
Fue un gran atleta, pero ahora está de barman.

1. Este yate *tiene su base en* una de las islas del Caribe.
2. Muchos buenos caballos de carreras *vienen* de Kentucky.
3. Ese caballo *pertenece a* un millonario del petróleo.
4. La copa *está hecha con* plata.
5. Los futbolistas que ganaron el partido *tienen* buen humor.
6. La tienda de campaña *pertenece a* unos amigos míos.
7. Los trampolines *están hechos con* cemento o madera.
8. Las pesas que hay en el gimnasio *pertenecen al* gimnasio.

Grupo E: **Ser** y **estar** sin contraste

E. 1. **Ser** + expresión de tiempo:

Es tarde para una partida de   El partido de fútbol **es** a las
    tenis.   dos.

E. 2. **Ser** entre palabras que funcionan como sustantivos. Una palabra
o grupo de palabras funciona como sustantivo cuando actúa de sujeto
del verbo o de predicado nominal:

La vida **es** lucha.   Vivir **es** luchar.   Tú **eres** tú.

Hacer camping en las montañas **es** vivir con la naturaleza.

E. 3. **Estar** + gerundio. Expresa una acción que está siendo realizada
en el momento, o que es una acción frecuente:

Están abucheando al equipo visitante.
Ahora **estoy remando** una hora cada día.
En estos Juegos Olímpicos **están batiendo** muchas marcas.

Pero no estos casos:

Where are you going?   ¿A dónde vas?
Did you call me? I am coming!   ¿Me llamaste? ¡Ya voy!

PRACTICA

Vamos a usar **ser** o **estar** en lugar de los verbos *en bastardilla.*

Modelo:
Bucear *quiere decir* nadar debajo del agua.
Bucear es nadar debajo del agua.

1. El azul de este mar *parece* más bien verde.
2. Tu conducta es muy extraña hoy. Tú no *te conduces como* tú.
3. Fichar con un buen equipo *significa* ganar mucho dinero.
4. Todos *continúan* aplaudiendo al equipo local.
5. No puedo ir al gimnasio, pero *sigo* haciendo fondos y flexiones en casa.
6. *En estos días te veo* fumando mucho.

EL ARTE DE LA COMPOSICION

Posibilidades de los diferentes puntos de vista

Cada uno de los puntos de vista estudiados en la lección anterior tiene ventajas e inconvenientes. Unos dan al autor infinitas posibilidades, otros limitan su libertad. Si el autor quiere que su narración parezca creíble y verosímil, debe considerar las posibilidades y limitaciones que cada enfoque le ofrece.

A. Narración en primera persona

Tiene la ventaja de que puede parecer muy natural. ¿Quién mejor que uno mismo para contar su propia historia? Hay que tener cuidado, al mismo tiempo, de que el lenguaje sea adecuado al personaje que habla en la forma *yo*. Si este personaje, por ejemplo, es una persona ignorante, el autor no debe hacerlo hablar en un lenguaje culto y elevado.

El punto de vista de este tipo de narración es fijo: todo está visto por los ojos del narrador. El autor no puede ser omnisciente; no puede escribir: «Cuando ella me dijo que vendría a verme, pensó que no iba a hacerlo». ¿Cómo lo sabe el narrador, si no puede entrar en los pensamientos de otra persona? El autor, por el contrario, podría escribir: «Cuando ella me dijo que vendría, me dio la impresión de que no tenía la intención de hacerlo». También, si el narrador quiere contar algo que sucedió en un lugar en el cual no estaba, tiene que acudir a un cambio de punto de vista que sea lógicamente aceptable: «Todo lo que sucedió mientras yo no estaba allí me lo contó, más tarde, mi primo».

B. Narración en tercera persona

Es la más frecuente en el cuento y la novela. Sus variantes ofrecen diferentes posibilidades:

B. 1. *Autor-narrador presente*

a. *Autor-narrador que habla directamente a los lectores:* «...esta historia que les voy a contar...». El autor-narrador establece una barrera, su persona, entre el lector y la narración. El autor, que no se esconde, puede tomarse toda clase de libertades:

1. Cambios de lugar: «...y mientras Ernesto estaba en casa, sus amigos estaban en el café y hablaban de él. Uno de ellos dijo que...»
2. Omnisciencia: «...y él pensó que...»
3. Cambio de tiempo: «...y ahora vamos a ver lo que había sucedido dos años antes».

b. *Autor-narrador que interviene de vez en cuando con sus opiniones:* «...y el niño, con esa crueldad típica que yo veo en todos los niños, le dijo: Usted está muy gordo». La idea de que los niños son crueles es del autor, que interviene para darnos sus opiniones. El autor pone todo en bandeja de plata para que el lector lo absorba. El problema está en que el resto de la narración debe probar que las opiniones del autor-narrador están justificadas. Si el autor nos dice que un personaje es tonto, pero la conducta de ese personaje no nos hace pensar que lo sea, nosotros, como lectores, encontramos una contradicción que nos hace difícil aceptar la narración.

c. *Autor-narrador que expresa sus opiniones sin usar la forma yo:* «...y el niño, con la crueldad típica de todos los niños, le dijo: Usted está muy gordo». El autor todavía nos da su opinión, pero sin introducir la forma *yo*. El autor, en este caso, es menos visible que en el caso b. y, ciertamente, su presencia se nota menos que en el caso a. En el caso c. el autor está en libertad de dar su opinión, puede ser omnisciente, puede introducir cambios de lugar y de tiempo y puede presentarnos el mismo suceso desde diferentes puntos de vista.

B. 2. *Autor ausente*

Este es un enfoque más difícil para el autor. En lugar de darnos sus opiniones, tiene que hacer que los lectores se formen las suyas propias juzgando lo que dicen, o hacen, los personajes. El autor ya no puede decirnos: «Juan es tonto», sino que tiene que hacer que Juan se porte de una manera tal que nosotros, los lectores, lleguemos a la conclusión de que Juan es, efectivamente, tonto.

El autor tampoco puede ser omnisciente, aunque todavía le queda la libertad de indicar brevemente los cambios de lugar o de tiempo. Llevada a su último extremo, esta técnica hace que un cuento o novela se convierta en una conversación grabada: lo que podríamos llamar la novela-magnetófon o la novela-grabadora. En ella no hay descripciones, sino conversaciones, y a través de ellas el autor tiene que presentarnos la intriga de su novela, que en este caso ya se parece mucho a una obra de teatro.

Estas son algunas de las posibilidades que cada técnica nos ofrece. Hay otras muchas, y cualquier breve composición puede convertirse en un experimento de creación literaria, por modesta que sea.

PRACTICA

Escoger un episodio cualquiera (puede ser una experiencia personal) y escribirlo con cuatro técnicas diferentes.

1. Autor-narrador presente que habla directamente a sus lectores.
2. Autor-narrador que interviene de vez en cuando con sus opiniones.
3. Autor-narrador que expresa sus opiniones sin usar la forma *yo*.
4. Autor ausente.

REPASO DEL USO DE LOS ACENTOS

Coloque los acentos necesarios.

1. Ya se que al balandro se le rompio el mastil, volco y se hundio.
2. Queriamos que jugaras al beisbol el miercoles proximo. ¿Jugaras?
3. Los hinchas abuchearan al equipo de futbol si no gana el sabado.
4. El publico se sento en el graderio y espero el comienzo del partido.

Cuestiones de ortografía

No confundir la **b** de burro y la **v** de vaca. Estudie detenidamente estas frases:

1. gra**b**ar *to engrave* / gra**v**ar *to tax* / **grabe,** del verbo **grabar** / **grave** *grave, serious*

El joyero va a **grabar** mis iniciales en esa bandeja. La P ya está **grabada**.
Van a **gravar** los licores con más impuestos. El tabaco ya está **gravado**.
No **grabe** mis iniciales en esa bandeja.
El enfermo está **grave**.

2. tu**v**o, del verbo **tener** / tu**b**o *tube*

En el hospital, él **tuvo** que respirar por un **tubo** que le pusieron.

3. **bota** *boot* / **botar** *to bounce; to fire from a job; to launch a boat* / **votar** *to vote;* **voto** *vote* / **bote** *boat, tin can* / **vote,** de **votar**

Es una **bota** nueva.
La pelota no **bota**.
El no **vota** en las elecciones.

El jefe me va a **botar** de mi   Mi jefe no va a **votar** nunca.
trabajo.

El presidente **botó** el barco. El **votó** por su partido.
Llevó muchos **botes** de ¡**Vote** usted hoy!
   conservas en el **bote**.

4. **revelar** *to reveal, to develop pictures* / **rebelar(se)** *to revolt*

El general no quiere **revelar** si el ejército se va a **rebelar** o no.
El fotógrafo **reveló** las fotos del día en que el general **se rebeló**.
El **revelado** de las fotos en color es caro.

5. **bacilo** *germ* / **vacilo**, del verbo **vacilar** *to hesitate*

Yo **vacilo** mucho. No sé si este **bacilo** es el que causa la enfermedad.

6. **barón** *baronet* / **varón** *male*

El **barón** murió sin hijo **varón**, y el título pasó a otra rama de la
familia.

7. **bienes** *property* / **vienes**, del verbo **venir**

El barón murió y te dejó muchos **bienes**. ¿Cuándo **vienes** a verlos?

PRACTICA

Completar este texto con la letra adecuada.

   Modelo:

En el campo hay un ____urro y una ____aca.
En el campo hay un <u>burro</u> y una <u>vaca</u>.

1. El re____elado de las fotografías que tomó el fotógrafo de prensa
re____eló que el general que se re____eló fue un general bien conocido.   2. Los soldados que se re____elaron pronto re____ela-
ron sus verdaderas intenciones: derribar al gobierno.   3. La
situación es gra____e. Las terribles escenas de la re____elión están
gra____adas en mi retina.   4. Y todo empezó porque el gobierno dijo que iba a gra____ar más la gasolina. ¡Cómo si no
estuviera ya bastante gra____ada!   5. El Presidente tiene que
gra____arse en la cabeza la idea de que no puede gra____ar más
a la población.   6. ¡Por favor, señor Presidente, no gra____e
más productos!   7. Si lo hace, me parece que los militares lo
van a ____otar.   8. Y ya sabe usted lo que pasa cuando el país
queda bajo la ____ota militar.   9. La población no puede
____otar, y si no ____ota con sus ____otos va a ____otar con sus
____otas, es decir, violentamente.   10. No hay que ____acilar.
La revolución es como un ____acilo que puede atacar a la nación
en cualquier momento; por eso yo no ____acilo en decirle la ver-

dad.   11. La libertad es uno de nuestros mejores ___ienes, y si ___iene la revolución todo se va al diablo.

REVISION GENERAL

DIALOGO

A. Conteste a estas preguntas con una idea suya, y use en su respuesta el vocabulario nuevo.

Modelo:

Si un barco se hunde, ¿qué te puede salvar la vida?

Posible respuesta:

Si un barco se hunde, me pueden salvar la vida un bote salvavidas o un chaleco salvavidas.

1. ¿Qué barcos no tienen motor?   2. Cuando estás en un balandro y hace mucho viento, ¿te das cuenta del peligro?; ¿qué peligro hay?   3. ¿Tienes sentido de la responsabilidad, o no te pierdes la ocasión de ir a una fiesta aunque tengas mucho trabajo?   4. ¿Para qué usaban los cinturones de castidad en la Edad Media?   5. ¿Por qué crees que un marido moderno se encontraría con la horma de su zapato si intentara ponerle un cinturón de castidad a su esposa?   6. ¿Quiénes van a los suyo, las personas egoístas o las personas generosas?   7. ¿Por qué crees que no es buena idea navegar a toda vela cuando el viento es muy fuerte?   8. ¿Por qué crees que ya hay demasiada gente en el mundo, o que todavía cabe más?   9. ¿Qué partidas de tenis son muy famosas?   10. ¿Por qué crees que la gente va a los partidos de fútbol?   11. ¿Qué le pasó al Titanic?   12. ¿Qué pasa cuando vuelca un barco?   13. ¿Cuál es tu idea de un tío insoportable?

B. Use el vocabulario estudiado, en lugar de las palabras *en bastardilla*.

Modelo:

Un balandro es un barco *que no tiene motor*.
Un balandro es un barco <u>de vela</u>.

1. Yo *veo perfectamente* que, si quiero aprender, tengo que estudiar.   2. En los barcos y aviones hay *chaquetas que permiten flotar*.   3. Yo no *dejaría pasar* la ocasión de ver un buen *encuentro* de fútbol.   4. Uno de mis amigos no tiene escrúpulos, y siempre *piensa en sus intereses*.   5. Un día él se va a encontrar con *alguien que tendrá menos escrúpulos que él, y se va a llevar*

una sorpresa.   6. Lo conozco muy bien, y sé que es muy egoísta. *¡Lo sé muy bien!*   7. En un balandro no *hay espacio para* más de dos personas.   8. Las *sesiones* de tenis más famosas son las de Wimbledon.   9. Si un barco tropieza con una roca, *se hunde.* 10. El Andrea Doria tardó *bastante tiempo* en hundirse.   11. Un buen golpe de *aire fuerte* puede hacer *dar la vuelta* a un balandro.

DIFICULTADES Y EJERCICIOS

A. Vamos a usar un sinónimo en lugar de **realizar(se)**.

Modelo:

En Wimbledon *se realizan* partidas de tenis.
En Wimbledon <u>se celebran</u> partidas de tenis.

1. Los optimistas siempre creen que podrán *realizar* su sueños.
2. Los partidos de fútbol *se realizan* los domingos.   3. Algún día *se realizará* el gran deseo de todo el mundo: vivir en paz.
4. Nadie creía que sería posible *realizar* un viaje a la luna.
5. Pero ese viaje ha sido *realizado.*   6. Yo tengo muchos proyectos, pero nunca llego al final, nunca los *realizo.*

B. Complete las frases siguientes con **realizar(se)** o con **darse cuenta**.

Modelo:

Voy a _____ un proyecto.
Voy a <u>realizar</u> un proyecto.

1. El proyecto es difícil, y yo _____ que tendré que trabajar mucho.   2. Pero al final yo sé que lo _____ .   3. La investigación _____ en el laboratorio.   4. Hay que _____ que la ciencia tiene límites.   5. Pero, en futuro, todos _____ que yo soy un genio.   6. Tendré que _____ un viaje a Estocolmo cuando me den el Premio Nobel.   7. Ese día yo habré _____ todos mis sueños.

C. Elimine las palabras *en bastardilla* y complete estas frases con uno de los equivalentes españoles de **to ride / to drive** y sus variantes.

Modelo:

Los escuadrones de la muerte *mataron* a un profesor.
Los escuadrones de la muerte <u>le dieron el paseo</u> a un profesor.

1. Los vaqueros del Oeste son muy buenos *caballistas.*   2. Los vaqueros aprenden a *andar* a caballo cuando son muy jóvenes.
3. Mi coche es pequeño, y sólo caben el conductor y tres *personas.*
4. Un autobús mató a un *muchacho que iba en una bicicleta.*
5. Me gusta andar en moto, y creo que soy un buen *conductor de*

motos.   6. Los *que conducen automóviles* no deben beber.
7. Para ir a trabajar en la ciudad, mucha gente *usa* el tren.
8. Cuando hace buen tiempo, me gusta dar *un paseo* en coche.
9. La distancia desde mi casa al centro de la ciudad es un *espacio* bastante grande.   10. Dicen que es peligroso *pararse y ofrecer el coche* a desconocidos.   11. Compré una moto usada. Me dijeron que funcionaba muy bien, y no es verdad. Me *dijeron una mentira.*   12. Llamé a la policía porque había un coche *delante de la puerta de mi garaje.*   13. En la vida moderna es indispensable saber *usar un coche.*

CUESTIONES GRAMATICALES

A. Vamos a usar **ser** o **estar** en lugar de las palabras *en bastardilla.*

> **Modelo:**
>
> Ahí *se encuentran* los remos de la barca.
> Ahí <u>están</u> los remos de la barca.

1. Los balandros modernos *están hechos* de plástico.   2. Los yates grandes *pertenecen a* la gente que tiene mucho dinero.
3. Las regatas *tendrán lugar* en el lago.   4. Los chalecos salvavidas *se encuentran* dentro de la cabina.   5. Volcar *quiere decir tener* un problema.   6. Ahí *se encuentra* la playa donde los jóvenes hacen tabla hawaiana.   7. Ahí *se encuentra* mi tabla.
8. Unos Juegos Olímpicos *tuvieron lugar* en Los Angeles.   9. Los atletas *tenían su origen en* muchos países.   10. Las pesas *están hechas* de metal.   11. Batir una marca *significa* ganar una medalla.   12. Los atletas *continúan* practicando todo el año.
13. Los alpinistas *se encuentran* en las montañas.   14. El frontón *tiene su origen en* el País Vasco.   15. El polo y el hockey *tienen su origen en* la India.   16. Los esquíes *están hechos* de madera.   17. Las buenas pistas de esquí *se encuentran* en Colorado y en California.   18. Nuestro equipo ganó el partido, y todos los jugadores *nos encontramos* de buen humor.   19. El equipo de gimnastas que ganó *pertenece a* los Estados Unidos.
20. Las carreras de relevos *tienen lugar en* el estadio.   21. El boxeador se rompió un brazo y no puede boxear. Ahora *trabaja como* camarero.

B. Ahora vamos a completar estas frases con **ser** o **estar.**

> **Modelo:**
>
> En Hawaii _____ donde hay las mejores playas para hacer tabla.
> En Hawaii <u>es</u> donde hay las mejores playas para hacer tabla.

1. En esa piscina _____ donde juegan al polo acuático.   2. Ahí _____ los jugadores.   3. El trampolín _____ desde donde saltan los nadadores.   4. Donde _____ los gimnastas _____ en el gimnasio.   5. Meter goles _____ lo que quieren los jugadores de fútbol.   6. Donde la pesca submarina _____ muy agradable _____ en el trópico.   7. Lo que tu barca necesita _____ un motor de fueraborda.   8. Los Andes _____ unas montañas que _____ en América del Sur.   9. Quienes _____ unos magníficos andinistas _____ los chilenos y los argentinos.   10. Ellos _____ escalando montañas casi todo el año.   11. Para hacer flexiones, fondos y pulsos no necesitas _____ en un gimnasio. Puedes hacerlos en casa.   12. Lo que hacen los que no saben tirarse de cabeza _____ tirarse de pie.   13. Los atletas olímpicos que batieron marcas _____ muy famosos ahora, y ellos _____ ganando mucho dinero. 14. Esos atletas _____ de suerte.   15. El lanzamiento de disco _____ un deporte que viene de Grecia.   16. Las primeras Olimpiadas _____ las que se celebraron en Grecia.   17. En Olimpia _____ las ruinas del estadio que usaban los atletas. 18. Las carreras de relevos también _____ de origen griego. 19. Muchas estatuas de atletas griegos y romanos _____ en los museos.   20. Esas estatuas _____ de mármol.   21. Los museos _____ en las ciudades.

VOCABULARIO GENERAL

A. Conteste a estas preguntas usando el vocabulario estudiado.

Modelo:

¿Qué tipo de motor puedes usar en un barco que no tiene motor?

Posible respuesta:

Puedo usar un motor de fueraborda.

1. ¿Qué es una piragua, y donde se usa?   2. ¿Qué tipo de barca usas para practicar el deporte del remo?   3. En un barco de vela, ¿por qué es muy importante el mástil?   4. ¿Qué deporte es muy popular en las playas de Hawaii, o en otras playas donde hay olas grandes?   5. ¿Qué necesitas para practicar el esquí acuático?   6. ¿Qué deporte practicas en una piscina? 7. ¿Cuántos estilos de natación conoces?   8. De estos estilos, ¿cuál es el más rápido?   9. ¿Y cuál es el más espectacular? 10. En una piscina, ¿desde dónde saltas?   11. ¿Cómo saltan los que no saben saltar?   12. ¿Cómo es el salto del ángel? 13. ¿Qué necesitas para bucear?   14. ¿Qué te pones cuando el

agua está muy fría?   15. ¿Cómo respiras cuando buceas a grandes profundidades?   16. ¿Qué dispara un fusil de pesca submarina?   17. ¿Qué parte del cuerpo ejercitas cuando haces pulsos, fondos o flexiones?   18. ¿Qué tipo de ejercicio haces cuando quieres desarrollar tu musculatura?   19. ¿En qué hacen ejercicios los gimnastas?   20. ¿Qué se pasan los corredores, unos a otros, en una carrera de relevos?   21. ¿Qué tipo de saltos conoces?   22. ¿Qué tipo de salto te parece más espectacular, y por qué?   23. ¿Qué es batir una marca?   24. ¿Dónde se sienta el público en los estadios?   25. En un partido de fútbol, ¿qué quieren hacer con el balón los jugadores de los dos equipos?   26. ¿Qué pasa cuando los dos equipos empatan?   27. ¿Quién tiene más hinchas, el equipo local o el equipo visitante?   28. ¿Cuál es la copa más importante en su país?   29. ¿A cambio de qué fichan los jugadores?   30. ¿En qué duermes cuando estás en una tienda de campaña?   31. ¿En qué subes a la parte más alta de una pista de esquí?   32. ¿Qué es el andinismo?

POSIBLES TEMAS PARA UNA CONVERSACION/COMPOSICION

1. El significado de los Juegos Olímpicos.
2. La glorificación de los atletas en nuestra sociedad.
3. La explotación de los atletas en nuestra sociedad.
4. La obsesión con la musculatura: ¿machismo o narcisismo?
5. La comercialización de los deportes.
6. La manipulación de los deportes con fines políticos.
7. La función de los deportes en la universidad.
8. El sentido deportivo de la existencia.
9. ¿Qué es más importante, jugar bien o ganar?
10. El prestigio deportivo como arma sexual.
11. La explotación comercial de los triunfadores olímpicos.
12. Los Juegos Olímpicos y el nacionalismo.

PARA USAR EN LA CONVERSACION/COMPOSICION

1. *Los deportes*

   a. *Deportes de mar = deportes acuáticos*
   a. 1. *La navegación a vela*
   el barco / el barco de vela / el velero / el balandro / el yate

el mástil / la vela

el crucero / el golpe de viento

el barco de motor / la motora / el motor de fueraborda

la barca / el bote / la lancha / la piragua / el piragüismo / el esquife, la yola

remar / el remo

naufragar / volcar / el chaleco salvavidas

a. 2. *La piscina = la alberca = la pileta*

nadar / el nadador / la natación

el estilo braza / el estilo crol / el estilo espalda / el estilo mariposa

saltar = clavar / el salto de trampolín = el clavado / el salto del ángel / el salto de tirabuzón

tirarse de cabeza / tirarse de pie

el polo acuático

a. 3. *La pesca submarina*

bucear / las gafas submarinas / el respirador / las aletas

el balón = el tanque de oxígeno

el fusil de pesca submarina / el arpón / la flecha

a. 4. *Las olas*

hacer tabla hawaiana = hacer surfing

hacer tabla de vela = hacer windsurfing

hacer esquí acuático

b. *El gimnasio*

hacer gimnasia / el, la gimnasta

la musculatura / el músculo / levantar pesas / el peso

las anillas / las barras paralelas / el potro

hacer ejercicio en casa / hacer flexiones / hacer fondos / hacer pulsos

c. *Los deportes de pista*

correr / el corredor

las carreras / las carreras de relevos / el testigo

el lanzamiento de disco / el discóbolo / el lanzamiento de jabalina / el lanzamiento de peso

el salto de altura / el salto de longitud / el salto de pértiga

d. *Los Juegos Olímpicos = las Olimpiadas*

el, la atleta / el equipo olímpico nacional

competir / la competición / el competidor

el estadio = el stadium / el graderío

batir una marca = establecer una marca = mejorar una marca

e. *Los deportes de masas*

arbitrar / el árbitro

el campo de fútbol / el, la hincha / abuchear

el partido / el equipo / el equipo local / el equipo visitante / el
futbolista / el jugador

el balón = la pelota

chutar / marcar = meter un gol, un tanto / la portería

el corner / el penalty

la liga / la copa

ganar ≠ perder / empatar

fichar / el fichaje

el béisbol = la pelota base / el bate / el bateador / el cácher /
el jonrón

el baloncesto = el basquebol

f. *Los deportes de invierno = los deportes de nieve*

esquiar / el esquiador / el esquí / el bastón de esquiar / la pista
de esquí

el telesilla

g. *El montañismo*

escalar / el alpinismo / el, la alpinista / el andinismo / el, la
andinista

h. *La acampada*

el camping / acampar / ir de camping = ir de acampada

el terreno de camping / el campamento

montar la tienda de campaña / el saco de dormir

i. *Otros deportes*

el tenis / la pista de tenis / la partida de tenis

el boxeo / el boxeador / el cuadrilátero / noquear

el frontón = el jai-alai = la pelota vasca

la equitación = montar a caballo = andar a caballo = cabalgar

el, la jinete / el, la caballista

2. *Otras expresiones*

el, la automovilista / el, la ciclista / el, la motorista / montar en
bicicleta = andar en bicicleta, en moto

el cinturón de castidad

conducir = manejar

dar un paseo = dar una vuelta

darle el paseo a alguien = matar

darse cuenta de

encontrarse con la horma de su zapato

engañar

la entrada / la salida de coches

ir a lo suyo

ir en coche / andar en coche

llevar a alguien en coche / darle un aventón a alguien / el pasajero

perder(se) la ocasión de

el rato

el recorrido / el trayecto / el viaje

viajar en tren / ir en tren

3. *Cuestiones gramaticales*

usos de **ser** y **estar**

LOS MEDIOS DE INFORMACION

El muchachito que trabaja en el quiosco es su mejor cliente. Está leyendo una revista, pero...¿no debería estar en la escuela leyendo libros? ¿Cómo va a ser el futuro de este muchachito? Escriba un artículo sobre los niños que tienen que trabajar y que, por eso, no pueden ir a la escuela.

☐ *Personajes: Los dos matrimonios.*

MANUEL Verdaderamente, es muy interesante para un extranjero comparar los medios de información de varios países.

CRAIG ¿Encuentras muchas diferencias entre los medios de información de los Estados Unidos y los de otras naciones?

MANUEL Pues mira, sí y no. En televisión y en radio veo que hay muchas **emisoras**[1] privadas, pero no hay una emisora nacional, como la BBC de Londres, o la Radiotelevisión Española.

SHEILA Bueno, hay una Voz de América, pero **emite**[2] principalmente para el extranjero.

PILAR Francamente, la mayor diferencia que veo yo es que las estaciones de televisión de aquí tienen demasiados **anuncios**.[3] Esas constantes interrupciones de los programas son insoportables. Si yo viviera aquí, mi reacción sería no comprar nunca ningún producto anunciado en la tele.

CRAIG Eso es lo que hacemos Sheila y yo. Es nuestra pequeña **venganza**,[4] pero mucha gente se deja influir por **la publicidad**.[5] Además, hay que reconocer que todas esas estaciones privadas necesitan **patrocinadores**[6] para sus programas.

MANUEL Lo que sí encuentro es que aquí hay muy buenos canales educativos. **Por cierto**,[7] ¿quién los financia? Su programación **suele ser**[8] magnífica.

SHEILA Los propios **telespectadores**[9] que ven esos programas. Nosotros nos hicimos miembros de uno de esos canales. Pagamos **una cuota**[10] anual, y así podemos ver algo mejor que esas interminables **telenovelas**.[11]

PILAR Los seriales norteamericanos llegan a todo el mundo. A veces están muy mal doblados, y son una fuente de anglicismos.

MANUEL Es verdad. Hace ya muchos años estaba yo en un bar de un pueblecito de la costa. Tenían **el televisor**[12] puesto **a toda marcha**[13] con una película de gángsteres doblada al español, y de vez en cuando hablaban del «sindicato», que en español es lo que aquí llamáis la *union*. Y entonces, uno de los viejos pescadores que estaba viendo la película dijo muy serio: «¡Qué bien organizados están esos gángsteres! **¡Hasta tienen un sindicato!**».[14]

PILAR Es terrible. En los periódicos y en la tele se leen y oyen verdaderas monstruosidades lingüísticas. Hay **periodistas**[15] y **locutores**[16] que hablan de la «polución atmosférica». Resulta cómico.

CRAIG No comprendo. ¿Por qué resulta cómico?

[1] estaciones, canales, cadenas
[2] transmite
[3] comerciales
[4] revancha
[5] advertising
[6] sponsors
[7] a propósito, by the way
[8] es frecuentemente
[9] televidentes
[10] subscripción
[11] soap operas, seriales
[12] aparato de TV
[13] at full speed (loud, muy alto)
[14] they even have a union
[15] reporteros
[16] anunciadores o comentadores

PILAR Porque en buen español «polución» significa «orgasmo» o «eyaculación». Y entonces, si en una ciudad hay **contaminación** de noche, pero no de día, ¿hay que hablar de «la polución nocturna»? ¡Hombre, que no me hagan reír!

MANUEL A pesar de todo, la Academia ha aceptado ese uso. Muchos dicen «polución atmosférica» y la Academia se rindió y la metió en el diccionario.

PRACTICA INDIVIDUAL

ENCUESTA

Un grupo de estudiantes hace una encuesta entre sus compañeros de clase. Recuerden que deben usar el vocabulario nuevo tanto en la pregunta como en la respuesta.

1. ¿Cómo son *los canales* de televisión que hay en tu ciudad? (1)
2. ¿Crees que en tu país debiera haber una *emisora* nacional de televisión? ¿Por qué sí o por qué no? (1)
3. Las *cadenas* de televisión, ¿a qué hora *emiten* sus mejores programas, y por qué lo hacen a esa hora? (1, 2)
4. ¿Qué diferencia hay entre *una estación* educativa y las otras? (1)
5. ¿Qué opinión te merecen *los anuncios* que ves en la tele? (3)
6. Hay un dicho de que *la venganza* es un plato que se come frío. ¿Qué quiere decir? (4)
7. ¿Crees que *la publicidad* es importante para el éxito de un producto? ¿Por qué? (5)
8. ¿Crees que *los patrocinadores* de los programas de televisión tienen alguna influencia sobre la programación? Explica tu opinión. (6)
9. *Por cierto*, ¿qué harías tú si estuvieras encargado de la programación de una cadena de televisión? (7)
10. ¿Qué cadena tiene programas que *suelen ser* magníficos? ¿Por qué crees que *suelen ser* buenos? (8)
11. ¿Cómo crees que *los telespectadores* pueden influir sobre la programación? (9)
12. ¿Por qué crees que es buena idea pagar *una cuota* anual a un canal educativo? (10)
13. ¿Qué *telenovelas* tienen éxito ahora, y por qué? (11)
14. ¿Por qué crees que hay mucha gente que pasa horas y horas delante del *televisor*? (12)
15. ¿Te gusta frecuentar lugares donde ponen la música *a toda marcha*? ¿Por qué sí o por qué no? (13)
16. ¿Te gustaría ser *periodista*? Explica tu respuesta. (15)
17. ¿O preferirías ser *locutor* o *locutora* de radio o de televisión? (16)

COMENTARIOS SOBRE EL RESULTADO DE LA ENCUESTA

Al leer en voz alta las respuestas dadas, todos comentarán los resultados.

PRACTICA GENERAL

Cada estudiante debe preparar varias preguntas de interés general, que exijan usar el vocabulario nuevo en la pregunta y en la respuesta. Algunas posibilidades:

1. ¿Por qué hay gente que al hablar de los telespectadores los llama teleidiotas?
2. ¿Hay alguna fórmula para una telenovela de éxito? ¿Cuál es?
3. En general, ¿qué opinión tiene de los canales educativos el ciudadano medio de su país?
4. ¿Qué influencia tiene sobre usted la publicidad?

PRACTICA DE VOCABULARIO

Vamos a contestar a estas preguntas sin usar las palabras que están *en bastardilla*. En su lugar usaremos una de las expresiones practicadas en este diálogo.

   Modelo:

   ¿Conoces *a alguien de otro país*?
   Sí, conozco a un extranjero.
   o: No, no conozco a ningún extranjero.

1. ¿Cuál es tu *canal* favorito, y por qué?
2. ¿Prefieres alguna *emisora* de radio en particular? ¿Qué tipo de programas *transmite* tu emisora favorita?
3. ¿Por qué crees que hay mucha gente que prefiere *las historias sentimentales* a los programas *instructivos*?
4. ¿Por qué son necesarios los *comerciales* para *las emisoras* de televisión?
5. ¿Crees que la *revancha* está justificada? ¿Siempre? ¿En qué casos?
6. ¿Por qué cobran tanto dinero los canales de televisión por unos minutos de *un mensaje que anuncia un producto*?
7. ¿Qué tipo de programas prefieren financiar *los que pagan por anunciar en la tele*?
8. Donde usted vive, ¿cómo *acostumbran a* ser los programas televisivos, buenos o malos?

9. ¿Cree usted que los programas están dirigidos a los *televidentes* menos inteligentes?
10. ¿Por qué hay mucha gente dispuesta a pagar una *subscripción* anual a los canales educativos, si pueden verlos sin pagar?
11. ¿Cuál es tu *serial* favorito? ¿Cómo es?
12. Alguien ha dicho que el *aparato de televisión* convirtió al círculo de la familia en un semicírculo. ¿Qué quiere decir eso?
13. ¿Por qué a mucha gente joven le gusta oír la música *a todo volumen*?
14. ¿Cómo pueden los *reporteros* tener influencia en la vida política?
15. ¿Por qué son muy famosos algunos *comentadores* o *anunciadores* de la televisión?

AMPLIACION DE VOCABULARIO

A. La televisión es un medio de información muy poderoso. Las **antenas de televisión** cubren los tejados del mundo; los **telediarios** transmiten las noticias a millones de hogares; los **partes meteorológicos** (los **pronósticos del tiempo**) predicen si va a hacer sol o no, y millones de personas pasan muchas horas **pegados al televisor,** fascinados por las imágenes de la **pequeña pantalla** que, muchas veces, los manipula con fines comerciales o políticos.

Los **operadores** de televisión llegan con sus cámaras a cualquier lugar de la tierra donde suceda algo interesante. **Los entrevistadores** hacen preguntas más o menos indiscretas que **los entrevistados** responden mejor o peor, y los niños crecen en una cultura televisiva que los hace adictos a la imagen y ciegos a la lectura. **Encender (poner)** la tele es fácil. Lo difícil para muchos es **apagarla (cerrarla).**

1. Para saber lo que pasa por el mundo, ¿prefiere usted leer el periódico o ver el telediario?
2. ¿Crees en el pronóstico del tiempo? Explica por qué sí o por qué no.
3. Cuando eras niño, ¿cuántas horas pasabas pegado al televisor? Esas horas, ¿te han influido en algo?
4. Si fueras entrevistador de televisión, ¿qué preguntas harías?

B. Los periódicos tienen muchas secciones:

B. 1. En **la primera plana** aparecen las noticias más importantes, con **grandes titulares, a varias columnas** o incluso **a toda página** si de verdad son de importancia. Casi todos los periódicos tienen fotografías con **un pie** que explica la imagen. En **la página editorial** el periódico publica **el editorial,** un artículo sin firma que refleja la ideología del diario, y que suele estar escrito por el director del periódico, o por **un edito-**

rialista. También suele haber **artículos de fondo,** con la firma de su autor, que comentan la actualidad.

1. ¿Qué tipo de noticias aparecen en la primera plana?
2. ¿Cuándo aparecen titulares a toda página?
3. ¿Por qué tienen mucho poder los editorialistas de los grandes diarios?
4. En general, ¿de qué suelen tratar los artículos de fondo?

B. 2. Todos los periódicos publican noticias locales, y los grandes diarios tienen **corresponsales en el extranjero** que envían sus **crónicas** desde otros países. Los corresponsales de prensa y de televisión, **los fotógrafos de prensa, los operadores de las cámaras de televisión** y **los comentaristas** son los héroes del **periodismo** cuando **informan sobre** *(when they*

El Teatro Universitario de la Universidad de Guadalajara, en México, filma una escena …¿de qué? No parece una obra de teatro. ¿Estarán cantando? ¿Qué breve noticia escribiría usted para un periódico?

cover) guerras y revoluciones en otros países. Algunos de ellos han muerto ante las cámaras, y varias escenas violentas filmadas **sobre el terreno** hicieron cambiar la opinión de miles de telespectadores en todo el mundo. La tele ha ocupado el lugar de **las revistas ilustradas** de hace años.

1. ¿Por qué crees que puede ser peligroso trabajar de corresponsal en el extranjero?
2. ¿Por qué aceptarías o rechazarías ser operador de televisión en una guerra?
3. El periodismo como carrera, ¿le parece a usted interesante? ¿Por qué sí o por qué no?
4. ¿Conoce usted alguna revista ilustrada? ¿Cómo es?

B. 3. **La sección financiera** da las noticias de la marcha de los negocios, y de **las alzas** (subidas) y **bajas** de **las acciones** y **valores** (documentos que prueban participación económica en una empresa) en **la Bolsa,** donde se compran y venden esos valores. Además de dar esas **cotizaciones del día,** también informa sobre **el tipo de cambio de las divisas (moneda extranjera)** y sobre las cotizaciones de algunos productos.

1. ¿Quién cree usted que lee la sección financiera del periódico?
2. ¿Cree usted que las alzas y bajas de la Bolsa tienen alguna influencia sobre su vida?
3. Si tú preparas un viaje al extranjero, ¿por qué debes informarte de la cotización de la moneda del país que vas a visitar?

B. 4. **La crónica de sociedad** nos da informaciones muy interesantes: **La puesta de largo (la presentación en sociedad)** de la bella señorita Tal y Cual; la fiesta dada por los señores de Tal y Cual en su magnífica residencia, para celebrar los quince años de su simpática hija Fulanita de Tal, la bella **quinceañera;** en las secciones de **chismografía** *(gossip)* también se informa sobre dónde y cómo **veranea** (pasa las vacaciones) **la jet-set,** con quién sale **el play-boy** de moda y quién está ligando con quién, temas favoritos también de **la prensa del corazón.** En un terreno menos frívolo, **las notas necrológicas** hacen el elogio de los que acaban de pasar a mejor vida. Sus familias publican **una esquela** en la cual se comunica su muerte y se anuncia la hora del **funeral** (ceremonia generalmente religiosa) y del **entierro.**

1. ¿Te interesa este tipo de noticias? ¿Por qué sí o por qué no?
2. ¿En qué grupos sociales se lee esta sección con gran interés, y por qué?
3. La crónica de sociedad, ¿te parece una tontería o una inocente muestra de la vanidad humana? Explica tu opinión.
4. ¿Qué esperas que escriban de ti en tu nota necrológica?

B. 5. El público se divierte con los deportes o con los espectáculos. **La sección deportiva** recoge información sobre **los campeonatos** o **competiciones deportivas,** los resultados de **los partidos** de varios **juegos,** como el fútbol, el baloncesto o la pelota base, y sobre **los campeones** favoritos de **los aficionados**.

En la cartelera de **la sección de espectáculos** se anuncian las películas que se proyectan en los cines y las obras que se representan en los teatros, **las salas de fiesta (los cabarets, los clubes nocturnos),** las **carreras de caballos** o de **galgos** (perros muy delgados que corren mucho), y **las corridas de toros**.

En **la sección cultural** aparece la lista de **las exposiciones de arte (pintura, escultura),** e información sobre los últimos libros publicados. En estas secciones hay también **críticas** de cine, de teatro, de arte o de libros, escritas por **críticos**.

1. ¿Qué diferencias hay entre un partido de fútbol (el juego norteamericano) y un partido de fútbol (el juego europeo)?
2. Cuando vas al cine, o al teatro, ¿lees antes la crítica del filme o de la obra de teatro que vas a ver? ¿Confías en la opinión de los críticos?
3. En tu opinión, ¿qué clase de gente frecuenta las salas de fiestas?
4. ¿Has visitado alguna exposición recientemente? ¿Podrías hacernos una crítica de lo que has visto? Si no has visitado ninguna, ¿qué clase de exposición te gustaría ver?

B. 6. Hay dos secciones muy populares en los periódicos: **los chistes ilustrados (las tiras cómicas,** [México: **los monitos**]) y **el consultorio sentimental** (la sección de **los corazones solitarios**). Hay chistes que **hacen burla de** la vida política, y chistes que **se burlan** de las debilidades humanas o que encuentran un lado cómico en algún **suceso** (evento) **de actualidad** (reciente).

Las cartas de lectores que tienen problemas familiares o sentimentales son contestadas por alguien que casi siempre muestra una buena dosis de sentido común, tolerancia, comprensión y sentido del humor.

1. ¿Cuál es su chiste ilustrado favorito, y por qué?
2. ¿Por qué crees que mucha gente « seria » es ávida lectora de las tiras cómicas?
3. ¿Has escrito alguna vez una carta a un consultorio sentimental? Si lo has hecho, ¿crees que tus amigos harían burla de ti si lo supieran?
4. ¿Te gustaría contestar cartas dirigidas a un consultorio sentimental? ¿Por qué crees que podrías o no podrías hacerlo bien?

LA CULTURA Y LA LENGUA

A. Todos los días millones de norteamericanos pasan mucho tiempo conduciendo su automóvil, y el verbo *to drive* y otras palabras relacionadas con los coches aparecen frecuentemente en la conversación, como hemos visto en la lección anterior. Muchas de estas expresiones no tienen un fácil equivalente en español, porque no forman parte de la cultura hispánica. Un *drive-in* puede tener diferentes funciones: sería **un restaurante en el que se puede comer sin salir del coche,** o **en el que te sirven en el coche,** costumbre que en muchos países se consideraría bárbara e inaceptable; puede ser un **cine de coches,** o **autocine,** que ha tenido alguna aceptación, a pesar de la oposición de mucha gente religiosa; y puede ser **una ventanilla para automovilistas** en algún banco; en Puerto Rico la llaman **servi carro.**

¿Qué hacen en español los *commuters* que llenan **las carreteras** y **autopistas** dos veces al día? En español son **los que van y vienen al trabajo en coche,** y el **ir y venir en coche** es menos frecuente que en este país porque, en general, la gente prefiere vivir dentro, no fuera, de las ciudades.

En la tensión de la circulación a **las horas punta** no hay nada peor que un *back-seat driver,* ese **pasajero que constantemente le dice a quien conduce lo que tiene que hacer...**¡Uf! Esto es bastante para **volver loco al conductor,** algo que aquí también hacemos «en coche»: *we drive him crazy.* Y la estructura de las ciudades norteamericanas impone el uso del automóvil de tal manera que tenemos que **ir en coche a la tienda** *(to drive to the store);* **acompañar a un amigo a su casa** o **llevarlo en coche** *(to drive him back);* **nos marchamos (en coche)** *(we drive away),* y si **pasamos por** *(we drive by)* una cafetería podemos **acercarnos** *(we drive up)* o **seguir nuestro camino** o **pasar de largo** *(to drive on)* según tengamos ganas o no de tomar un café.

B. Lo mismo sucede con *to ride,* que unas veces puede referirse a coches, y entonces **vamos** o **andamos en coche,** y otras a burros, elefantes, o lo que sea, en cuyo caso **vamos, andamos** o **montamos en** esos animalitos. Con los caballos necesitamos otra preposición: **vamos, andamos** o **montamos a caballo.**

A todos los niños del mundo les gusta ir a un parque de atracciones donde hay muchos *rides*... muchos **carruseles** o **tiovivos, montañas rusas** y otras diversiones que dan vueltas, y donde también pueden **dar una vuelta montados en** algún animal más o menos pacífico.

C. Durante las vacaciones, muchos jóvenes viajan sin tener que pagar nada por el transporte. Son **los auto-stopistas,** que ahorran mucho dinero **viajando a dedo,** es decir, **haciendo auto-stop.** ¿A qué corresponde esto en inglés?

DIFICULTADES Y EJERCICIOS

A. Uso de: ocurrir; ocurrírsele (algo a alguien)

ocurrir (= pasar, suceder, acontecer)	*to happen*
ocurrírsele (algo a alguien)	*to have an idea (something occurs to somebody)*

Aquí hay muchos malos programas de televisión, pero eso **ocurre** en todas partes. Ahora **se me ocurre** una pregunta: ¿Qué se entiende por un buen programa? Todo es muy relativo.

PRACTICA

Vamos a usar **ocurrir** u **ocurrírsele** (algo a alguien) en lugar de las palabras *en bastardilla*.

Modelo:

¿Por qué hay tanta gente delante del banco? *¿Pasó* algo?
¿Por qué hay tanta gente delante del banco? ¿Ocurrió algo?

1. Me imagino lo que *sucedió*. Robaron el banco.
2. ¡Qué ideas *tienes*! ¡Siempre *piensas* lo peor!
3. ¡Hay tanta violencia! *Aconteció* lo que tenía que *ocurrir*.
4. *¡Tengo* una idea! Vamos a preguntar qué *pasó*.
5. ¡Oiga, señor! *¿Sucedió* algo?
6. Están haciendo una película para la tele. Esto no *pasa* todos los días en este barrio.
7. ¿Ves como siempre *piensas* lo peor?
8. Bueno, hombre, es natural. ¡En esta ciudad siempre *ocurren* unas cosas tan raras!

PRACTICANDO AL CONTESTAR

1. ¿Qué ocurre cuando una estación de televisión tiene pocos patrocinadores?
2. ¿A quién se le ocurre una idea para tener un canal sin anuncios?
3. ¿Hay algún tema que la sociedad no admita en la televisión? ¿Qué le ocurriría a una cadena que transmitiera algo sobre ese tema?
4. Todavía se habla mucho de un país llamado Vietnam. ¿Qué ocurrió allí?

B. Uso de: **el editorial, la editorial, el editor, el/la editorialista, el director, el/la jefe de redacción; resumir, corregir; el corrector de estilo, el corrector de pruebas; el editor; editar, publicar**

el editorial	*editorial*
la editorial	*publishing house*
el editor	*publisher*
el/la editorialista	
el redactor de editoriales	*editorial writer*
el autor del editorial	
el director, el/la jefe de redacción	*editor in chief*
resumir, corregir	*to edit*
el corrector de estilo, el editor	*editor*
el corrector de pruebas	*proofreader*
editar, publicar	*to publish*

La directora del periódico le dijo al **editorialista** que tenía que escribir **un editorial** sobre **las editoriales** que se dedican a **editar** libros pornográficos.

—Es intolerable—me dijo—que se **publiquen** esos libros.

El editorial que escribió salió demasiado largo, y parecía escrito con precipitación.

El corrector (el editor) tuvo que pasar varias horas **resumiéndolo** y **corrigiéndolo**.

La correctora de pruebas todavía encontró algunos errores.

PRACTICA

Vamos a usar el nuevo vocabulario en lugar de las palabras *en bastardilla*.

Modelo:
Trabajo en una *casa que publica libros.*
Trabajo en una editorial.

1. A veces recibimos textos demasiado largos, y hay que *hacerlos más breves.*
2. Otros están mal escritos, y hay que *mejorar la prosa.*
3. La opinión del periódico está expresada en *un artículo sin firma.*
4. Voy a abrir *un negocio de publicación de libros.*

5. Me gustaría ser *la persona que escribe el editorial del periódico.*
6. Esta compañía sólo *publica* diccionarios.
7. El *que dirige el periódico* es un hombre muy conservador.
8. Los *que escriben los editoriales* de los grandes periódicos tienen mucha influencia política.
9. Hay escritores que escriben con poco cuidado, y necesitan *una persona que corrija su* estilo.
10. Los autores de libros tienen que *eliminar los errores de* las pruebas.

PRACTICANDO AL CONTESTAR

1. ¿En qué tipo de editorial le gustaría trabajar, y por qué?
2. ¿Es difícil resumir una novela? Explique su opinión.
3. ¿Qué hay que saber para ser un buen corrector?
4. ¿Qué hacen los directores de los periódicos?

PEQUEÑO TEATRO

A. La clase se convierte en un equipo de redactores de un periódico. Se distribuyen los papeles: director, redactores, correctores de pruebas, fotógrafos, corresponsales en otras ciudades del país y en el extranjero, críticos de cine, de teatro, de arte, de libros. Hay también articulistas (personas que escriben artículos). Si hay muchos estudiantes en la clase, los papeles pueden duplicarse, creando así una rivalidad profesional que puede animar el diálogo.

B. Los estudiantes traerán a la clase el mismo ejemplar del periódico local, o del periódico de la universidad. Usan este periódico como posible modelo de un diario que van a empezar a publicar. Todos comentan cada una de las secciones del periódico, criticando lo que en ellas encuentren de malo e indicando lo que les parece bien, para tomarlo como modelo de su futuro diario. Mejor todavía, si es posible, pueden traer a la clase un periódico de España, de algún país hispanoamericano, o uno de los que se publican en español dentro de los EE.UU.

C. Un periódico local cualquiera puede servir de fuente de noticias, como si fuera un teletipo o una agencia de prensa, para un diario que los estudiantes van a publicar. Tendrán que criticar las noticias y artículos, y decidir en qué sección del nuevo periódico serán publicados.

SEA USTED MI INTERPRETE, POR FAVOR

Cada estudiante preparará varias preguntas que incluyan el vocabulario nuevo. Algunas sugerencias:

1. What is the best idea that ever occurred to you?
2. What section of the paper do you like to read, and why?
3. What do you think of the weather reports you see on TV? Do you believe them? Why?
4. What would you like to be, a press photographer, an anchorperson for TV or an editor in chief? Explain your choice.

CUESTIONES GRAMATICALES

Los tiempos que expresan el pasado

En español, como en inglés, hay varios tiempos verbales que expresan una acción pasada:

Pasado inmediato (Presente perfecto)	**He hablado** con la operadora de televisión.
Pasado completo (Pretérito)	**Hablé** con el director del periódico. **Estuve hablando** con él un buen rato.
Pasado repetido o continuo (Imperfecto)	**Hablaba** con él todos los días. **Estaba hablando** con él cuando sonó el teléfono.
Pasado del pasado (Pluscuamperfecto)	Ya te dije ayer que **había hablado** con él antes de ayer.
Pasado del pasado (Pretérito perfecto)	Cuando **hube hablado** con él, me marché.

El pretérito perfecto se usa muy poco. La idea del pasado del pasado en el último ejemplo se expresaría mejor así: Después de haber hablado con él, me marché.

Estos nombres de los tiempos verbales no son de uso general. Varios gramáticos usan nombres diferentes, y hay un cierto grado de anarquía en estas denominaciones. En este libro se usan los nombres que se parecen más a los correspondientes tiempos en inglés.

Contrastes

A. *Presente perfecto—Pretérito*

Los dos tiempos expresan una acción ocurrida en el pasado. Usando el presente perfecto, los efectos de la acción pasada se hacen sentir todavía:

> Hace una semana que estoy en México. **He entrado** por Nogales.

El uso del pretérito nos indica que la acción pertenece a un pasado que tiene una conexión más débil con el presente:

> **Estuve** en México el verano pasado.

En algunas partes del mundo hispánico no se hace esta sutil distinción, y muchos hispanoparlantes usan casi exclusivamente el pretérito:

> Hace una semana que estoy en México. **Entré** por Nogales.

B. *Pretérito—Imperfecto*

Este contraste es el que presenta mayores problemas para el estudiante extranjero, pero el problema es más aparente que real. El uso de estos dos tiempos está determinado por dos factores, que actúan aislados o en combinación:

B. 1. El que la acción pasada esté completa (pretérito), o sea una acción incompleta, continua o repetida en el pasado (imperfecto).

B. 2. El punto de vista del que habla, siempre subjetivo.

B. 1. *Acción pasada completa—Acción pasada continua o repetida*

Si aprendemos a ver claramente cuando una acción pasada está completa (por ejemplo, el principio o el final de una acción), y cuando es incompleta, continua o repetida, gran parte del problema desaparece. Veamos el uso de estos tiempos en una brevísima historia:

María **entró** en la casa donde **vivían** sus amigos.

> **entró:** Tan pronto como María pasó de la calle a la casa, el acto de entrar está completo.
>
> **vivían:** ¿Dejaron de vivir allí? No lo sabemos. Acción incompleta.

Saludó a los que **conocía** y también **conoció** a otros jóvenes que le **presentaron**.

> **saludó:** Al terminar de decir ¡Hola!, la acción de saludar está completa.
>
> **conocía:** Su amistad es anterior a la fiesta. Acción continua.
>
> **conoció:** Habló con ellos por primera vez. Principio de la acción de conocerlos. También: el rito social de la presentación está completo.
>
> **le presentaron:** El acto de presentarle a alguien está completo.

Bailó con un muchacho que **tenía** barbas y que **era** muy simpático.

> **bailó:** Acción completa. Luego dejó de bailar.
> **tenía:** Acción continua. Durante todo el tiempo el muchacho tiene barbas.
> **era:** Acción continua e incompleta. Durante la fiesta el muchacho es amable, y se supone que todavía sigue siéndolo.

Con este enfoque se elimina al problema de una pequeña lista de verbos (saber, conocer, tener, querer, poder, haber) que, dicen muchas gramáticas, cambian de significado según se usen en pretérito o en imperfecto. Lo que sucede, en realidad, es que expresan acciones completas (pretérito) o continuas (imperfecto). El inglés, al no tener dos tiempos verbales con los que expresar este matiz, usa palabras diferentes, o no hace la sutil distinción.

> Yo **sabía** la noticia. *(I knew the news.)* El saber la noticia es parte de mis conocimientos.
> Yo **supe** la noticia. *(I found out about the news.)* Cuando alguien terminó de darme la noticia, la acción de recibirla está completa.
> **Conocía** a tu hermano. *(I knew your brother.)* Eramos amigos.
> **Conocí** a tu hermano. *(I met your brother.)* Alguien me lo presentó.
> Mi padre **tenía** dinero. *(My father had money.)* No sabemos si lo perdió o si murió rico.
> Mi padre **tuvo** dinero. *(My father had money.)* Y lo perdió.
> Yo no **quería** firmar. *(I didn't want to sign.)* No se sabe si al final firmé o no.
> Yo no **quise** firmar. *(I refused to sign.)* Dije que no, y la acción de negarme está completa.
> Yo **podía** firmar. *(I could sign.)* Posibilidad abierta. Pero, ¿firmé?
> Yo **pude** firmar. *(I was able to sign.)* Y lo hice. El acto de poder está completo.
> En el verano no **había** agua. *(There was no water during the summer.)* Día tras día sin agua.
> En el verano no **hubo** agua. *(There was no water during the summer.)* Un verano, considerado como una unidad completa y terminada, sin agua.

B. 2. *El punto de vista del hablante*

En muchos casos el uso del pretérito o del imperfecto no es una cuestión gramatical, sino que depende del punto de vista del que habla. La frase estará gramaticalmente bien con cualquiera de los dos tiempos, aunque puede haber, quizá, una sutil diferencia de significado.

El pretérito establece una cierta distancia entre el que habla y la acción pasada. El hablante informa de algo que ocurrió.

El imperfecto acerca el pasado al presente, lo hace más vivo. El hablante describe el pasado como si hubiera sido participante o testigo presencial de la acción.

Veamos dos posibilidades para comenzar un cuento de niños:

Una vez **había** un rey que **tenía** una hija que **era** muy bonita.	Una vez **hubo** un rey que **tuvo** una hija que **fue** muy bonita.

Sin duda alguna, los niños se sienten más atraídos por la narración en el imperfecto. Les parece más próxima al presente y les hace sentirse transportados al pasado. Veamos otros casos:

El año pasado yo **estaba** en España.	El año pasado yo **estuve** en España.
Simón Bolívar **era** un gran militar.	Simón Bolívar **fue** un gran militar.

En la columna de la izquierda yo revivo el pasado, dejo su final abierto, como si pudiera extenderse hasta el presente. En la columna de la derecha yo hablo del pasado como de algo más remoto, más separado del presente.

Cuando **era** niño, **tenía** un perro.	Cuando **era** niño, **tuve** un perro.

Ser niño es un período de duración indefinida, y por eso usamos el imperfecto. Si usamos el pretérito estamos considerando la infancia como un momento claramente definido, o como algo que nunca tuvo principio:

Tú siempre **fuiste** muy serio. Tú nunca **fuiste** niño.

Al hablar de la edad, el uso del imperfecto o del pretérito puede dar sentido diferente a la frase:

Cuando **tenía** diez años, **tenía** un perro que **se llamaba** Eric.
Cuando **tuve** diez años, mi padre me **dio** un perro, y le **puse** Eric.

La segunda frase habla del día en que cumplí diez años.

B. 1. + B. 2. *Combinación de los dos factores*

Los hispanohablantes continuamente combinan estos dos factores, el concepto de acción completa o incompleta, continua o repetida, por un lado, y el punto de vista personal, por otro, como elementos que determinan el uso del pretérito o del imperfecto. En muchos casos, como hemos visto, el problema no es gramatical (los dos tiempos están bien), sino sicológico. El estudiante extranjero debe concentrar su atención en los casos en los que no hay opción, es decir, cuando uno de los dos tiempos hace que la frase sea gramaticalmente inaceptable. Veamos un caso típico en el que hay varias opciones, según lo que el hablante quiera expresar:

> Cuando **llegué** a casa, **sonó** el teléfono. (Dos acciones completas)
> Cuando **llegué** a casa, **sonaba** el teléfono. (Una acción completa y una acción continua o incompleta)
> Cuando **llegaba** a casa, **sonaba** el teléfono. (Dos acciones incompletas)
> Cuando **llegaba** a casa, **sonó** el teléfono. (Una acción incompleta, y otra completa)

Veamos ahora un texto en el que no hay opciones:

Yo **nací** en Argentina, en una pequeña ciudad que **estaba** cerca de una montaña que **era** muy alta. Allí **viví** hasta los diez años, cuando mis padres **decidieron** que yo **debía** estudiar, y me **mandaron** a Buenos Aires, donde **teníamos** parientes. Yo no **quería** ir, pero ellos me **explicaron** que **era** necesario, porque en Buenos Aires **iba** a ingresar en un colegio mucho mejor que los que **había** en nuestra pequeña ciudad provinciana. **Fui,** pues, y cuando **llegué** allí mis tíos me **recibieron** con mucho cariño, y me **llevaron** a su casa. Allí **conocí** a mis primos, a los que no **conocía,** y recuerdo que poco después **me enamoré** de una de sus amigas, que **tenía** tres años más que yo. Pero todo esto **ocurrió** hace mucho tiempo, cuando yo **sabía** muy poco de la vida.

PRACTICA

A. Vamos a completar este cuento usando el imperfecto o el pretérito de los verbos dados *en bastardilla.* Explicar, en cada caso, por qué se usa uno u otro tiempo. En este ejercicio hay 31 puntos.

Yo *(ser)* un niño de diez años cuando mis padres *(vender)* la casa de la ciudad y *(comprar)* otra en un pueblo. El pueblo *(ser)* pequeño y *(estar)* cerca del mar. Ellos *(pagar)* muy poco por aquella casa, que *(ser)* muy vieja y que *(tener)* fama de tener fantasmas. Una noche de verano yo *(salir)* al jardín y *(ver)* a un niño que *(tener)* más o menos mi edad. Yo le *(decir)* ¡Hola!, y le *(preguntar)* quién *(ser).* El me *(contestar)* que *(llamarse)* Daniel, y después me *(contar)* una historia muy complicada, que yo no *(entender)* muy bien. Al final me *(preguntar)* si yo *(creer)* en fantasmas. Yo le *(decir)* que no *(saber)* si yo *(creer)* o no. El *(sonreírse)* con tristeza y me *(decir):* «No somos malos, ¿sabes? Somos... diferentes.» Yo lo *(oír)* bien claramente. El *(decir)* «somos», es decir, nosotros. Pero, ¿cómo *(poder)* yo interpretar aquello? «Nosotros»... ¿*(ser)* él y yo o «nosotros» *(ser)* ellos, los fantasmas? Yo nunca *(llegar)* a comprenderlo, y aún ahora, muchos años más tarde, sigo sin comprenderlo todavía. Pero nunca *(olvidar)* la sonrisa triste de aquel niño.

B. Vamos a hacer lo mismo con esta narración contada en el presente. Los verbos *en bastardilla* deben ser cambiados al pretérito, al imperfecto, al presente perfecto o al pluscuamperfecto, según sea necesario.

1. Cuando Hernán Cortés *llega* a México, no *tiene* muchos soldados españoles.
2. *Desembarcan* todos en Cozumel, y allí *encuentran* a un español que *vive* con los mayas que *habitan* la isla.
3. ¿Cómo *llega* allí este español? El *es* uno de los pocos que *quedan* de la tripulación de un barco que *naufraga* en la costa de la isla unos años antes.
4. Este español *se llama* Aguilar, *sabe* la lengua maya y *puede* hablar con los indios.
5. Naturalmente, él no *olvida* el español, y *empieza* a hablarlo otra vez tan pronto como *ve* a los que *acaban* de llegar.
6. Como Aguilar *habla* la lengua maya, Cortes *puede* conversar con los indios.
7. El les *hace* muchas preguntas, que los indios le *contestan*.
8. Los mayas le *dicen* que *hay* unas ciudades muy ricas en la tierra firme y en otras islas que *hay* cerca de allí.
9. Lo que los mayas *quieren* es ver marchar a Cortés.
10. Cortés *se marcha*, y los habitantes de la isla *respiran* tranquilos.
11. Los españoles *se van* en sus barcos, y *navegan* a lo largo de la costa.
12. De vez en cuando *desembarcan* y *encuentran* otros grupos mayas.
13. Por fin *llegan* a un lugar donde *fundan* una nueva ciudad, a la que le *ponen* el nombre de Veracruz.
14. Allí *hay* muchos mosquitos, y la vida *es* muy incómoda.
15. Los españoles *reciben* noticias de que en el interior del país *hay* una ciudad muy rica que *está* llena de oro.
16. *Salen* todos de Veracruz y *comienzan* el largo viaje que *va* a llevarlos a Tenochtitlán, la capital del imperio azteca.
17. *Pasan* por el territorio de varias tribus indias, y Cortés *se da cuenta* de que muchos indios *detestan* a los aztecas.
18. El *sabe* todo esto porque ahora *tiene* un intérprete más: la hermosa Malinche, que *habla* la lengua de los mayas y la de otras tribus de la región.
19. Así, Cortés *puede* comunicarse con los aztecas: El *habla* en castellano, Aguilar *traduce* del castellano al maya, y Malinche *traduce* del maya al náhuatl, la lengua de los aztecas.

20. Cortés y sus españoles *llegan* a Tenochtitlán.
21. El emperador Moctezuma no *quiere* recibirlos, pero los españoles *son* muy fuertes y *entran* en la ciudad. El emperador los *acepta* sin gran entusiasmo.
22. Cortés y sus soldados *son* los primeros «paracaidistas» *(gate crashers)* de la historia de América.

EL ARTE DE LA COMPOSICION

La técnica del retrato

Según el diccionario de la Real Academia Española, un retrato es «la descripción de la figura o carácter de una persona». Esta definición del retrato se refiere, naturalmente, al retrato en la literatura, no en la pintura, y nos ofrece varias posibilidades:

1. *Descripción de la figura, es decir, del aspecto físico de una persona:*

> Estefanía no es ni alta ni baja, ni fea ni bonita y, al andar, se mueve con la gracia de un animalito del bosque.

En pocas líneas hemos dicho que Estefanía es una mujer de tipo medio. Pero, ¿qué edad tiene? Sabemos que se mueve con movimientos graciosos, como un animalito. Comparar a una persona con un animal no es muy halagador, pero el diminutivo, animalito, hace que la comparación no sea insultante. Añadimos, además «un animalito del bosque», y el resultado es un elogio, no un insulto. Al mismo tiempo estamos diciendo que Estefanía es muy joven.

2. *Descripción del carácter, de la manera de ser de una persona:*

> Estefanía es alegre y habladora. Casi nunca se incomoda pero, cuando lo hace, los ojos le brillan como si tuviera en ellos toda la furia del mundo. Sus incomodos, sin embargo, duran poco, y pronto vuelve a ser la Estefanía de siempre, habladora y alegre.

En este párrafo hemos descrito el carácter de Estefanía, sin hablar de su aspecto físico. Así como la gracia de movimientos es, en general, privilegio de la juventud, el ser habladora y alegre no lo es. Estefanía, en este párrafo, puede ser joven o vieja. Para destacar, además, la simpatía del personaje, se ha usado una técnica circular. Los dos adjetivos finales son los mismos de la primera línea, en diferente orden: «Estefanía es alegre y habladora...habladora y alegre».

3. *Descripción de la figura y del carácter de una persona:*
En la descripción de Estefanía podríamos, simplemente, poner el pá-

rrafo número 2 inmediatamente después del párrafo número 1, pero también podemos intentar integrarlos en un solo párrafo:

> Estefanía no es ni alta ni baja, ni fea ni bonita. Es alegre y habladora, y casi nunca se incomoda; cuando lo hace, sin embargo, los ojos le brillan como si tuviera en ellos toda la furia del mundo, pero sus incomodos duran poco, y pronto vuelve a ser la Estefanía de siempre, habladora y alegre, que al andar se mueve con la gracia de un animalito del bosque.

El personaje aparece así como una joven que, sin ser bonita, es atractiva, con una combinación de simpatía natural y de carácter fuerte.

Todo esto no quiere decir que sólo haya tres formas de hacer un retrato. Al escribir experimentamos con el idioma, buscamos enfoques nuevos (¿los hay?), expresamos nuestra personalidad. Que el resultado sea bueno o malo ... eso ya es otro cantar. El escritor español Ramón del Valle Inclán (1866–1936) creó un personaje, el Marqués de Bradomín, y lo retrató magistralmente con muy pocas palabras: «Era feo, católico y sentimental.»

PRACTICA

Haga la descripción de una persona a quien usted conozca bien. Y, por favor, no siga el modelo de Valle Inclán. Escriba una descripción de más de cinco palabras. Muchas más.

Un poco de ortografía

No confundir:

1. **a ver** / **haber**

> Vamos **a ver,** ¿va a **haber** una fiesta, sí o no?
> Si él va **a ver** al editor, va a **haber** un lío enorme.

2. **hacia** *(towards)* / **hacía** (del verbo **hacer**)

> Cuando me vio vino **hacia** mí. **Hacía** meses que no nos veíamos.

3. **hoy** / **oí** (pretérito de **oír**)

> No **oí** la radio **hoy.**

4. **haya,** subjuntivo de **haber** / **halla,** presente de **hallar** (= encontrar) / **allá,** adverbio de lugar

> No creo que ella **haya** encontrado trabajo, aunque siempre dice que el que busca, **halla.** Sé que lo buscaba **allá** por Los Angeles.

5. **¡Vaya!**, exclamación / **vaya,** subjuntivo de **ir** / **valla** *(fence)*

> **¡Vaya!,** no quieres que yo **vaya** al jardín, pero quieres que pinte la **valla.** ¡Y qué larga es! **¡Vaya valla** que tienes!

EL USO DE LOS ACENTOS

Coloque los acentos necesarios.

1. Publicaran una seccion del corazon, o de los corazones solitarios.
2. En la cartelera de espectaculos aparecio el anuncio de que se celebrara una gran funcion de opera en beneficio de los invalidos.
3. El pie de la fotografia dice que el critico que murio fue famosisimo.
4. Los articulos de fondo estan en la pagina editorial.

REVISION GENERAL

DIALOGO

A. Conteste a estas preguntas con una idea suya. Use el vocabulario nuevo en su respuesta.

Modelo:

¿Para quién emite La Voz de América?

Posible respuesta:

La Voz de América emite para el extranjero.

1. ¿Por qué hay emisoras de radio que emiten toda la noche? ¿Quién las escucha?   2. ¿Cómo se puede financiar una cadena de televisión sin anuncios?   3. ¿Por qué es necesaria la publicidad en los medios de información?   4. ¿Cómo suelen ser los programas de su cadena favorita?   5. ¿Cuál es el nivel cultural del telespectador medio?   6. ¿Qué canales de televisión tienen subscriptores que les pagan una cuota mensual o anual? 7. Si usted tuviera que preparar una telenovela, ¿qué argumento escogería, y por qué?   8. ¿Qué diferencia hay entre un periodista y un locutor?

B. Use el vocabulario nuevo en lugar de las palabras *en bastardilla.*

Modelo:

En Europa es muy fácil ver canales *de otros países.*
En Europa es muy fácil ver canales <u>extranjeros</u>.

1. En general, los *que escriben en los periódicos* tienen una vida muy activa.   2. Los *que leen las noticias en la televisión* suelen tener una voz agradable.   3. En las discotecas tocan la música *con un sonido muy fuerte*.   4. En muchas familias norteamericanas hay más de un *aparato de televisión* en la casa. 5. Cuando quieres ayudar a un canal educativo, le pagas una *cantidad* anual.   6. Las *novelas sentimentales de la televisión* no *acostumbran a* tener un nivel intelectual muy alto.   7. Muchos *que ven la televisión* prefieren programas ligeros.   8. Ahora casi todos los programas de televisión *son frecuentemente* en color. 9. Los *que pagan los anuncios* pueden tener influencia en la programación.   10. Tener *anuncios* es una fuente de ingresos para los canales.   11. En el mundo de los gángsteres hay muchos casos de *revancha*.   12. Muchos canales *emiten* las veinticuatro horas del día.

DIFICULTADES Y EJERCICIOS

A. Conteste a estas preguntas usando en sus respuestas el vocabulario nuevo.

Modelo:

¿Qué ocurre cuando roban un banco?

Posible respuesta:

Lo que ocurre cuando roban un banco es que viene la policía.

1. ¿Qué buena idea se le ha ocurrido a usted últimamente? 2. ¿Qué es un editorial?   3. ¿Qué es una editorial?   4. ¿Qué hacen los editores?   5. ¿Qué hace el director de un periódico? 6. ¿Quiénes escriben los editoriales?   7. ¿Cuándo hay que resumir un artículo?   8. ¿Y cuándo hay que corregirlo?   9. ¿En qué puede ayudar un corrector de estilo?

B. Use el vocabulario nuevo en lugar de las palabras *en bastardilla*.

Modelo:

Los *jefes* de los grandes periódicos tienen mucha influencia.
Los directores de los grandes periódicos tienen mucha influencia.

1. Un artista es una persona a quien *le vienen* ideas originales. 2. Pero a veces *pasa* que no *le viene* ninguna idea.   3. Hay revistas que se especializan en publicar novelas *en forma abreviada*.   4. *Eliminar los errores de* un artículo muy largo es un

trabajo muy aburrido.   5. Los *que escriben los editoriales* tienen una gran responsabilidad.   6. Hay *compañías que publican libros* que se especializan en libros de arte.

CUESTIONES GRAMATICALES

A. Cambie esta narración del presente al pasado, usando el imperfecto, el pretérito, el presente perfecto o el pluscuamperfecto, según sea necesario. Indique los casos en los que hay dos posibilidades.

Modelo:

Evita Perón es una argentina muy famosa que muere en 1952.
Evita Perón era/fue una argentina muy famosa que murió en 1952.

Evita nace en una pequeña ciudad de la Pampa argentina, y allí vive una vida gris en la que nunca sucede nada importante. Un día decide marcharse a Buenos Aires, que ofrece más posibilidades para el futuro, pues es una gran ciudad en la que viven muchos millones de personas. La vida es dura allí, y la joven Evita pasa unos años difíciles.

Después de algún tiempo ella tiene amigos influyentes, que la ayudan a entrar en el mundo de la radio y del cine. Evita lee novelas en la radio, y se hace muy famosa. En el cine hace varias películas, pero no tiene mucho éxito. Un día conoce a un joven militar, Juan Perón, y se casa con él. Este militar se convierte en presidente de Argentina, y Evita llega a ser la mujer más famosa del país. Ella habla constantemente a las masas de los trabajadores argentinos, que la adoran, y les dice que ellos son los que van a tener el poder en el país gracias a su marido y a ella, Evita. ¡Pobre Evita! Cuando tiene más poder, cuando las masas la idolatran, cuando todavía es joven, los médicos descubren que tiene un cáncer terrible, y Evita muere en 1952. Las masas argentinas lloran por ella, y el entierro de Evita es una inmensa manifestación que recorre las calles de su capital, en la que tanto poder ha tenido.

Para muchos argentinos, Evita ha sido «Santa Evita», la madre de los pobres y la protectora de los débiles. Para otros, Evita no es ciertamente una santa, y dicen de ella que es una demagoga sin escrúpulos. En los años ochenta pocos recuerdan cómo ha sido Evita, pero muchos hablan de una revista musical que lleva su nombre, que tiene gran éxito. La estrenan en Londres, y cuando llega a los Estados Unidos recorre el país y es un éxito de taquilla. ¡Qué ironía! Evita ha querido ser recordada por sus actividades políticas, y cuarenta años más tarde hay gente que cree que Evita es un personaje de revista musical, que nunca ha existido en la realidad.

B. Con el verbo dado entre paréntesis, complete estas frases con un imperfecto o un pretérito.

Modelo:

El imperio maya (desaparecer) desapareció.

1. Cuando los españoles (llegar) _____ a Yucatán, todavía (hay) _____ algunas ciudades mayas.   2. Pero los mayas ya no (ser) _____ lo que (ser) _____ antes.   3. Algunas ciudades (estar) _____ abandonadas.   4. En el siglo XVI, el gran período de esplendor de los mayas ya (pasar) _____ .   5. En el siglo XVI los mayas (vivir) _____ en Yucatán y en el norte de América Central, donde todavía viven ahora.   6. Pero los españoles no (encontrar) _____ el pueblo poderoso que (ser) _____el pueblo maya en el siglo X.   7. Ellos (encontrar) _____ los restos de un pasado glorioso.   8. Y (completar) _____ la conquista en pocos años.   9. Las ruinas de Tikal, de Uxmal, de Chichén-Itzá son testigos de un pasado que (terminar) _____ definitivamente.   10. Y todavía no sabemos por qué los mayas (abandonar) _____ sus ciudades.   11. ¿Qué (pasar) _____ ?   12. ¿Por qué (irse) _____ de sus magníficas ciudades y las (abandonar) _____ a la jungla?

VOCABULARIO GENERAL

A. Conteste a estas preguntas usando el vocabulario nuevo.

Modelo:

¿Qué anuncian en el parte meteorológico?

Posible respuesta:

En el parte meteorológico anuncian el tiempo que va a hacer en los próximos días.

1. Un fotógrafo trabaja con una cámara fotográfica. ¿Quién trabaja con una cámara de televisión?   2. ¿Qué es el telediario? 3. ¿Cuántas horas está usted pegado al televisor?   4. ¿A quiénes les hacen entrevistas para los medios de información?   5. ¿Por qué es difícil ser un buen entrevistador?   6. ¿A qué hora enciende usted la televisión, y a qué hora la apaga?   7. ¿Por qué es importante la primera plana de los periódicos?   8. ¿Cuándo publican noticias con grandes titulares?   9. Si empezara una

guerra atómica, ¿los periódicos la anunciarian a toda plana? 10. ¿De qué suelen tratar los artículos de fondo?   11. Además de los editoriales, ¿qué suele haber en la página editorial? 12. Los operadores de televisión, ¿están en los estudios o sobre el terreno?   13. ¿Qué ha contribuido a la casi desaparición de las revistas ilustradas y de los documentales cinematográficos? 14. ¿Por qué (no) lee usted la sección financiera?   15. ¿Qué tipo de información hay en la sección de «Cambio de divisas»? 16. ¿Qué noticias aparecen en la crónica de sociedad?   17. ¿Qué es una quinceañera?   18. Si publican las bodas, ¿por qué no publican los divorcios?   19. ¿Por qué (no) te gusta la gente que se interesa por la chismografía?   20. ¿Qué noticias hay en la prensa del corazón?   21. ¿Qué es la jet-set?   22. ¿Qué idea tiene usted de un play-boy?   23. ¿Qué hay en las notas necrológicas?   24. ¿Cuál es la diferencia entre un funeral y un entierro?   25. ¿En qué sección del periódico publican la cartelera?   26. ¿Por qué cree usted que hay gente contraria a las carreras de caballos y de galgos?   27. ¿Y por qué hay mucha gente contraria a las corridas de toros?   28. En general, ¿de qué son las esculturas?   29. ¿Qué diferencia hay entre una pintura y una fotografía?   30. ¿Por qué cuestan más las pinturas que las fotografías?   31. ¿Qué hacen los críticos? 32. ¿De qué o de quién hacen burla los chistes ilustrados? 33. Yo no sé nada de las costumbres norteamericanas. Explíqueme, por favor, qué son: un *drive-in;* los *commuters;* un *backseat driver;* un *ride* en un parque de atracciones.   34. Y, por favor, ¿puede explicarme la diferencia entre *drive on, drive up, drive off, drive by* y *drive me crazy*?

B. Utilice el vocabulario nuevo en lugar de las palabras *en bastardilla.*

1. Cuando no tengo dinero, viajo en *los coches de los que me recogen al lado de la carretera,* aunque sé que es peligroso.   2. No me gustan los chistes que *se ríen* de la religión.   3. En los periódicos publican noticias *recientes.*   4. Los que tienen problemas sentimentales escriben a la sección de los corazones *que están solos.*   5. Los que *comentan* las películas tienen gran influencia sobre el público.   6. En la sección cultural hay noticias sobre las *exhibiciones* de arte.   7. En los museos hay *cuadros* y hay *estatuas.*   8. Mucha gente va a bailar a las salas *donde hay música y baile.*   9. Cuando te interesa el fútbol como *deporte,* ¿vas a ver todos los *encuentros*?   10. En algunos países hispánicos hay muchos *que tienen gran afición* a los toros. 11. Cuando alguien muere, le hacen *una ceremonia religiosa* en una iglesia.   12. Y después de *esa ceremonia religiosa* tiene lugar el *acto de enterrarlo.*   13. Hay mucha gente que *pasa el*

verano en la costa.　　14. Hay mucha gente fascinada por la *información sobre la vida privada de otras personas.*　　15. En México muchas familias hacen una gran fiesta para la hija *que cumple quince años.*　　16. Los importadores y exportadores conocen muy bien el mercado de *moneda extranjera.*　　17. Los grandes financieros estudian con mucho cuidado las *subidas* y las *bajadas* de la *institución donde se venden y se compran valores.* 18. Me gustaría ser *la persona que está detrás de una cámara* de televisión.　　19. O querría ser fotógrafo *para un periódico.* 20. O ser un *periodista que envía crónicas desde otros países.* 21. Cuando no tengo tiempo sólo leo la primera *página* del periódico.　　22. Y además, sólo leo *los títulos* de cada noticia. 23. Algunos padres permiten a sus hijos *poner* la televisión por poco tiempo.　　24. Y les dicen que tienen que *cerrarla* pronto. 25. Pero en otras familias hay niños que están *sentados delante de la televisión todo el día.*　　26. Si el *pronóstico del tiempo* dice que va a llover, no puedes ir a la playa.　　27. Como no leo el periódico, yo veo *las noticias del día en la televisión.*

POSIBLES TEMAS PARA UNA CONVERSACION/COMPOSICION

1. El nivel intelectual de los programas de televisión.
2. La influencia de la televisión en la personalidad de los telespectadores.
3. La televisión y los niños.
4. La televisión en competencia con la prensa.
5. El sensacionalismo en los medios de información.
6. La sicología de los corazones solitarios.
7. El poder de la prensa.
8. La función de los periódicos universitarios.
9. La censura, ¿justificada en algunos casos?
10. El periodismo como carrera.
11. El mito romántico de los corresponsales extranjeros.
12. La «prensa del corazón».

PARA USAR EN LA CONVERSACION/COMPOSICION

1. *La prensa*

　　el periodismo / el, la periodista / el periódico = el diario

　　la revista (semanal) = el semanario / la revista ilustrada

la primera plana / los titulares / los titulares a (x) columnas / los titulares a toda página

la página editorial / el editorial / el, la editorialista = el redactor de editoriales = el autor del editorial / el, la jefe de redacción / el director

el artículo de fondo / los sucesos de actualidad / el pie de la fotografía

el, la corresponsal (en el extranjero) / la crónica / el, la fotógrafo de prensa

Las diferentes secciones

a. *La sección financiera / las alzas y las bajas de la Bolsa*
   las acciones = los valores / las cotizaciones del día
   el tipo de cambio / las divisas = la moneda extranjera

b. *La crónica de sociedad*
   la puesta de largo = la presentación en sociedad / la quince-añera
   la chismografía
   las notas necrológicas / la esquela / el funeral / el entierro

c. *La sección deportiva*
   los campeonatos = las competiciones deportivas / el campeón, la campeona
   el juego
   el partido
   los aficionados

d. *La sección de espectáculos*
   la cartelera de cines y teatro / la película / la obra de teatro
   la sala de fiestas = el cabaret = el club nocturno
   las carreras de caballos / las carreras de galgos
   las corridas de toros

e. *La sección cultural*
   las exposiciones = las exhibiciones
   el arte / la pintura / la escultura
   la crítica / el, la crítico

f. *Los chistes ilustrados*
   la tira cómica = los monitos
   hacer burla de = burlarse de

g. *El consultorio sentimental = Los corazones solitarios*

2. *La televisión*

   la estación = el canal = la cadena = la emisora
   el canal educativo / los subscriptores / la cuota (mensual/anual)
   emitir / transmitir
   la antena / el televisor / la pequeña pantalla / los televidentes
   encender ≠ apagar / poner ≠ apagar / estar pegado al televisor
   el locutor / el, la comentarista / el entrevistador / el entrevistado
      / la entrevista
   el operador / la cámara
   la publicidad / los anuncios / el patrocinador
   el parte meteorológico = el pronóstico del tiempo / el hombre,
      la mujer del tiempo
   el telediario / informar sobre... / la telenovela

3. *La industria editorial*

   el corrector de estilo / el corrector de pruebas
   la editorial / el editor
   editar = publicar

4. *Otras expresiones*

   a toda marcha
   el, la auto-stopista / hacer auto-stop = viajar a dedo
   el carrusel / el tiovivo
   corregir
   la hora punta
   ocurrir / ocurrírsele algo a alguien
   por cierto = ciertamente
   resumir
   sobre el terreno
   soler
   la venganza
   veranear

5. *Problemas culturales*

    equivalentes españoles de:
    commuter / to commute
    drive-in (restaurant, theatre, teller)
    to drive (on, off, back, away. by, up)
    to be a back-seat driver
    to ride / a ride / give a ride

6. *Cuestions gramaticales*

    uso del imperfecto, pretérito / presente perfecto / pluscuamperfecto

LECCION·9

LA UNIVERSIDAD

La Universidad de los Andes está en Bogotá, Colombia, y los estudiantes convierten la cafetería en biblioteca. ¿Sucede lo mismo en su universidad? ¿Qué función social representa la cafetería, o el centro estudiantil, en una institución de enseñanza? Escriba una breve composición sobre ese tema.

□ *Personajes: los dos matrimonios.*

PILAR ¡Qué grande es la universidad donde enseña tu marido! ¿Cuántos estudiantes tiene?

SHEILA Francamente, no lo sé. Se lo preguntaremos a Craig cuando vuelva del *campus.* **No tardará en llegar.**[1] Oye, por cierto, ¿cómo se dice *campus* en español?

[1] llegará pronto

PILAR Pues mira, las universidades antiguas no tienen un *campus.* Los edificios de las diferentes **facultades**[2] están **desperdigados**[3] por toda la ciudad. En las universidades modernas sí hay un *campus,* y en él están concentrados todos los edificios: facultades, gimnasio, biblioteca, residencias... A este lugar le llamamos una Ciudad Universitaria.

[2] schools, departments
[3] diseminados

SHEILA Empiezo a **estar despistada.**[4] Acabas de mencionar las residencias. ¿Son lo que nosotros llamamos *dormitories*? Entonces, ¿qué es un dormitorio?

[4] sentirme perdida

PILAR Es una habitación donde hay camas para dormir. En México la llaman recámara.

SHEILA ¡Ah! Bueno, otra cosa. Me parece que también tengo dificultades con la palabra «facultad».

PILAR Las universidades están divididas en facultades: Facultad de Medicina, Facultad de Ciencias, Facultad de Filosofía y Letras, Facultad de Ciencias Políticas, etc. Cada facultad tiene un **profesorado**[5] con el pomposo nombre de **claustro de profesores.** Lo contrario del profesorado es **el alumnado,** es decir, todos los estudiantes.

[5] faculty

SHEILA Hablando de profesores, ahí vienen nuestros sabios maridos.

(Entran Manuel y Craig.)

MANUEL ¡Esta universidad es magnífica! ¡Qué biblioteca! ¡Qué laboratorios! ¡Es fabulosa!

CRAIG No exageres, Manuel. Es bastante buena, pero no es de las mejores.

PILAR No conoces bien a Manuel. Cuando **le da por entusiasmarse, lo hace a conciencia.**[6]

[6] cuando quiere entusiasmarse, se entusiasma mucho

MANUEL Bueno, un poco de entusiasmo en la vida **no viene mal.**[7] ¿No creéis? Bueno, ¿qué habéis hecho vosotras mientras estuvimos en la universidad?

[7] está bien

SHEILA Pues mira, Pilar estuvo escribiendo algo. Yo estudié español, y ahora Pilar estaba explicándome algunos de mis problemas.

CRAIG **Calla,**[8] Sheila, que hoy Manuel me volvió loco con problemas del vocabulario académico. Ahora ya sé que los estudiantes escuchan al profesor y toman **apuntes,**[9] y que si hacen buenos exámenes reciben buenas **notas.**[10] Estas son dos palabras que **se prestan a confusiones.**[11] Es un lío.

MANUEL Lío... ¿para quién? El lío también funciona **al revés.**[12] Vuestra *high school* es nuestro **instituto** o **liceo;** vuestra *private school* es nuestro **colegio,** y vuestro *college* es quién sabe qué, porque no tenemos un sistema universitario **semejante.**[13]

PILAR Pues me parece que aún **se nos olvidan**[14] algunas cosillas. A su *diploma* nosotros le llamamos también diploma, pero más frecuentemente le llamamos **título:** El **Título de Bachiller** al terminar el bachillerato en el instituto o en el colegio, y el **Título de Licenciado en** Ciencias Económicas, o en **lo que sea,**[15] al **licenciarnos**[16] en la universidad. Por cierto, en algunos países dicen **egresar** en lugar de licenciarse.

SHEILA ¡Basta, por favor! La cabeza me da vueltas. Vamos a tomar un aperitivo, o una copa de algo. Ya ves que buena alumna soy, Pilar. Ya aprendí a distinguir entre **copa** y **bebida.**

CRAIG ¿En qué se distinguen?

SHEILA Pues verás. Una copa de... lo que sea, es lo que aquí llamamos *a drink,* así, en términos generales. *Let's have a drink:* Vamos a tomar una copa. La bebida es lo que llamamos *liquor:* Me gustan las buenas bebidas. Y, para terminar, **el licor** es *liqueur:* Después de cenar me gusta tomar una copita de licor. ¿Comprendes, marido?

CRAIG Gracias por **la conferencia,**[17] profesora.

SHEILA Pues en mis **lecturas**[18] también aprendí que cuando se bebe demasiado uno **se emborracha, se pone borracho, se agarra una borrachera, o una juma, o una merluza,** o...

MANUEL Pero, ¿qué lenguaje es éste? ¿qué español le enseñas, Pilar?

PILAR El que usa usted algunas veces, señor profesor.

[8] *don't mention it (also: be quiet but not in this context)*
[9] *notes*
[10] *grades*
[11] *se confunden fácilmente*
[12] *en sentido contrario*
[13] *igual*
[14] *olvidamos*
[15] *whatever*
[16] *to graduate*
[17] *lecture*
[18] *readings*

PRACTICA INDIVIDUAL

ENCUESTA

1. ¿Espera usted encontrar a la mujer ideal (al hombre ideal)? ¿Cree usted que *no tardará en encontrarla (-lo)?* (1)
2. Las *facultades* de las antiguas universidades europeas, ¿están todas reunidas en un campus, o *están desperdigadas* por la ciudad? Y en su universidad, ¿cómo están? (2, 3)
3. El primer día que pasó en esta universidad, ¿*estaba* muy *despistado* o *despistada*? ¿Por qué sí o por qué no? (4)

4. ¿Qué diferencia hay entre el *profesorado* y el *alumnado*? (5)
5. ¿Te entusiasmas fácilmente? Cuando *te da por entusiasmarte*, ¿lo haces a conciencia?: ¿Por qué? (6)
6. Una buena *nota, ¿no viene mal*? ¿Por qué? (7, 10)
7. ¿Por qué es importante tomar buenos *apuntes* en clase? (9)
8. En el español que usted sabe, ¿hay alguna palabra que *se presta a confusiones*? ¿Cuál es? (11)
9. Cuando alguien se explica muy mal, ¿es fácil comprender *al revés* todo lo que dice? ¿Por qué? (12)
10. ¿Cuál es la diferencia entre un *colegio*, un *instituto* y un *liceo*? (Expresiones explicadas en el diálogo, sin número)
11. En tu universidad, ¿hay un diario, o algo *semejante*? ¿Qué es? (13)
12. ¿Cuántos años tenías cuando conseguiste el *título de bachiller*? (Expresión explicada en el diálogo, sin número)
13. En la universidad, ¿te interesa *licenciarte* con algún *título* determinado, o sólo te interesa *licenciarte* en *lo que sea*? (16, 15)
14. En este país, ¿a qué edad se puede tomar una *copa* en un bar? ¿Cuál es la *bebida* favorita de la gente joven? ¿Le gusta a usted algún *licor*? ¿Cuál le gusta más? (Palabras explicadas en el diálogo, sin número)
15. En su opinión, ¿cómo debe ser una buena *conferencia*? (17)
16. ¿Por qué se dice que la *lectura* es muy importante para todos los niños? (18)
17. ¿Qué piensa usted de la gente que *se emborracha*? (Sin número)

COMENTARIOS SOBRE EL RESULTADO DE LA ENCUESTA

Los estudiantes deben expresar sus opiniones sobre las respuestas dadas.

PRACTICA GENERAL

Cada uno debe preparar preguntas que incluyan el nuevo vocabulario. Por ejemplo:

1. ¿Cuándo están más despistados los estudiantes?
2. Después de varias semanas de clase, ¿por qué no vienen mal unas vacaciones?
3. ¿Por qué son importantes los títulos universitarios cuando se busca trabajo?
4. ¿Por qué dicen muchos sociólogos que la bebida es un problema en nuestra sociedad?
5. ¿Crees que las explicaciones del catálogo de la universidad se prestan a confusiones? ¿Por qué?

PRACTICA DE VOCABULARIO

Vamos a contestar a estas preguntas usando sinónimos de las expresiones que están *en bastardilla*.

Modelo:

¿Tienes todas tus clases en el mismo edificio, o las tienes *diseminadas* por todo el campus?
Mis clases están desperdigadas por todo el campus.

1. Si estamos a principios de diciembre, ¿están lejos las vacaciones de Navidad, o *llegarán pronto*?
2. ¿En qué circunstancias *te sientes perdido*?
3. ¿Qué piensas del *profesorado* que tuviste en el *liceo*?
4. Después de trabajar mucho, ¿por qué *están bien* unas vacaciones?
5. ¿Cuándo esperas *egresar* de esta universidad?
6. ¿Por qué es malo *el alcohol*?
7. ¿Qué tomas durante *la explicación* que da el profesor en clase?
8. ¿Por qué se dice que la televisión es ahora más importante que *leer*?
9. ¿Crees que *emborracharse* es más frecuente en algunos grupos sociales que en otros?

AMPLIACION DE VOCABULARIO

A. Los niños pequeños van al **jardín de infancia,** y después van a una **escuela pública** o a un **colegio,** hasta que llegan a la edad de comenzar **el bachillerato,** que dura, más o menos, desde los diez hasta los dieciséis o diecisiete años. **Los estudios de bachillerato** se hacen en un **instituto** o **liceo,** que son **estatales,** o en un **colegio,** una institución **particular** (privada) que, en muchos casos, pertenece a una **orden religiosa,** como la de los jesuitas, los agustinos, los salesianos, las teresianas o las dominicas. Después de terminar esos estudios se consigue **el título de bachiller,** que permite **ingresar** en la universidad para hacer **una carrera universitaria**. Muchos jóvenes, sin embargo, no llegan a hacer estudios universitarios, y van a **una escuela de formación profesional** donde aprenden un **oficio** que les permite **ganarse la vida**.

1. ¿Qué hacen los niños en un jardín de infancia?
2. ¿Dónde se estudia el bachillerato en este país?
3. En general, ¿a qué edad se ingresa en la universidad?
4. ¿Cuántos años duran aquí, más o menos los estudios universitarios?

B. Para ingresar en la universidad hay que **solicitar** la admisión presentando **una solicitud.** Una vez aceptada, hay que **matricularse** y pagar **los derechos de matrícula,** que a veces son muy altos. En general, las universidades particulares son más caras que las universidades estatales. En algunos países **la enseñanza primaria, la secundaria y la superior o universitaria** son completamente **gratuitas** (no cuestan nada). En otros, si alguien no tiene dinero, puede pedir **una beca.**

> 1. ¿Qué hay que presentar para ingresar en esta universidad?
> 2. Esta universidad, ¿es particular o estatal?
> 3. ¿Cree usted que la enseñanza, a todos los niveles, debiera ser gratuita? Explique su opinión.
> 4. En las universidades estatales, ¿hay diferentes tipos de derechos de matrícula? ¿Quiénes pagan más y quiénes pagan menos?

C. Cada **curso** (año) tiene varios **cursos** (**asignaturas,** materias). Esto es un poco confuso, pues la palabra **curso** se usa en dos sentidos: «Soy estudiante de primer curso (año) y estoy tomando cuatro cursos (asignaturas): historia, economía, sociología y español». En el sistema norteamericano, cada curso (asignatura) vale varias unidades o puntos. Para **cumplir los requisitos** de una carrera hay que haber completado un cierto número de unidades, es decir, hay que tomar algunos cursos que son **obligatorios** y hay que tomar algunos **electivos.** En el mundo hispánico los estudiantes de cada curso (año) no tienen un nombre especial; son simplemente estudiantes de primer año, de segundo año, etc. Al mismo tiempo, los que acaban de ingresar son **los novatos,** y los que ya han estado varios años en la universidad son **los veteranos.** En las residencias de estudiantes los veteranos hacen **novatadas** a los pobres novatos, les hacen **bromas** que, a veces, son **pesadas** o **de mal gusto.**

> 1. ¿Por qué cree usted que hay asignaturas obligatorias?
> 2. En general, ¿cuándo se toman los cursos electivos, en el primer curso o en los últimos cursos?
> 3. En las universidades norteamericanas hay unas instituciones llamadas fraternidades. ¿Son frecuentes las novatadas en esas fraternidades?
> 4. También hay «fraternidades femeninas» (la palabra *sorority* no existe en español). ¿Hay novatadas en ellas?

D. En los EE.UU. hay dos divisiones del año académico: algunas universidades tienen un sistema de tres **trimestres** por año académico, otras tienen dos **semestres.** Frecuentemente también hay un **trimestre de verano** en el que se ofrece una lista limitada de cursos.

Durante cada curso, y especialmente al final, los estudiantes tienen que **examinarse.** Hay **exámenes parciales,** que se hacen frecuentemente a lo largo del curso; hay **un examen de mediados de curso,** y hay **un examen final.** Al final del curso los estudiantes **sacan** (reciben) **una nota.**

En el mundo hispánico los nombres de las notas varían de un país a otro. En España, por ejemplo, las notas son (de mejor a peor): Matrícula de Honor, Sobresaliente, Notable, Aprobado y Suspenso. Los estudiantes **aprueban** (infinitivo: **aprobar**) o **suspenden** (no tienen éxito, son reprobados) los cursos; es decir, los profesores **los aprueban** o **los suspenden**. En **el argot** o **la jerga** (lengua especial) de los estudiantes, **colgar** un curso significa suspenderlo, no aprobar ese curso: «No estudié bastante y colgué el curso de Física» o «La profesora de Física me colgó».

1. ¿Qué ventajas y qué inconvenientes ve usted en el sistema de trimestres y en el de semestres?
2. ¿Crees que los estudiantes norteamericanos están obsesionados con las notas? Si crees que sí, ¿por qué lo están?
3. En los EE.UU. muchos profesores se lamentan de que algunos estudiantes no son capaces de escribir bien en inglés. ¿Tienen razón? ¿Crees que esto es consecuencia del uso excesivo de exámenes del tipo «Cierto–Falso», que no exige que los estudiantes escriban?
4. ¿Cómo le explicarías a unos amigos extranjeros el sistema de notas que se usa aquí?

E. Cuando un profesor explica muy bien las lecciones, se dice que **enseña muy bien** o que **es buen profesor**. Cuando decimos de alguien que es buen **conferenciante** estamos hablando de algún intelectual que **da conferencias** durante una visita a una universidad o a algún otro centro cultural, o durante **un ciclo** (una serie) **de conferencias**. Los diplomáticos también pueden celebrar **una conferencia**, como la Conferencia de Yalta de 1945. Y cuando llamamos por teléfono de una ciudad a otra, tenemos que pagar por esta **conferencia** o llamada a larga distancia.

Hay profesores que enseñan bien, y los hay que enseñan mal; los hay fáciles y los hay difíciles. De éstos se dice que **exigen** mucho, que son muy **exigentes** o, en la jerga estudiantil, que son **un hueso**.

1. En el mundo de la enseñanza, ¿hay profesores que saben mucho pero que son malos profesores? Explica tu respuesta.
2. ¿Hay muchas conferencias en tu universidad? ¿Van a ellas los estudiantes? ¿Quién atraería a muchos estudiantes si diera una conferencia, y por qué?
3. ¿Te interesa la política internacional? ¿Sabes qué pasó en la Conferencia de Yalta? ¿Crees que las conferencias internacionales pueden afectar tu vida?
4. Si un profesor tiene fama de ser un hueso, ¿tomas sus cursos? Explica por qué sí o por qué no.

F. Los nombres españoles de algunas facultades son: **Derecho** o **Leyes** *(Law);* **Medicina; Ciencias Económicas; Ciencias Políticas; Ciencias**

Una clase de literatura en la Universidad de Sevilla, en España. ¿Qué diferencias encuentra usted entre esta clase y las de las universidades de su país? Escriba un comentario.

Exactas *(Mathematics);* **Ciencias Químicas** *(Chemistry);* **Farmacia; Biología** o **Ciencias Biológicas; Gestión** o **Administración de Negocios** (o **de Empresas); Antropología; Sociología; Filosofía y Letras,** que incluye **Lenguas Clásicas, Lenguas Modernas, Lingüística, Historia, Geografía** y **Arte; Periodismo** y una ciencia nueva, **la Informática,** que estudia **los ordenadores** (en algunos países les llaman computadores o computadoras), máquinas extraordinarias que han revolucionado la sociedad actual.

Algunas carreras se estudian en instituciones especiales, como la **Escuela de Ingeniería,** o la de **Aquitectura.** La música se estudia en los **Conservatorios,** y los que quieren ser pintores o escultores estudian en la **Escuela de Bellas Artes.** Todo esto, naturalmente, puede variar de un país a otro.

En los EE.UU. hay un sistema de *majors* y *minors* que no tiene un equivalente exacto en el mundo de habla española. Aquí podemos decir: Me licencié con **una especialización en**.... *En cuanto al minor...* ¿qué podríamos decir? ¿Una mini-especialización? No, suena ridículo.

Quizá: una **segunda especialización en**.... En la sección *La cultura y la lengua* veremos las complejidades culturales de este vocabulario.

1. ¿Cuál es su especialización? ¿Por qué la escogió? Si no la ha escogido todavía, ¿cuál cree usted que va a ser?
2. ¿Por qué cree usted que hay ahora tantos estudiantes de Informática?
3. ¿Qué influencia tienen sobre usted los ordenadores? ¿En qué y cómo le afectan?
4. Ahora, ¿qué facultades tienen más estudiantes, y por qué?

LA CULTURA Y LA LENGUA

A. Aunque las palabras **escuela** y *school* expresan la misma idea, hay algunas diferencias culturales. Algunos centros de enseñanza superior tienen el nombre de Escuela, como, por ejemplo, una Escuela de Arquitectura. Pero, en general, la palabra escuela, con minúscula, hace pensar en la institución que se ocupa de instruir a los niños. Así, si una persona que ya pasó la niñez dice que «va a la escuela», los hispano- parlantes que la escuchen se sorprenderán de que todavía esté en un nivel tan elemental. En esos casos es preferible decir: «Voy a la uni- versidad».

B. Los sistemas educativos del mundo hispánico varían de un país a otro pero, en general, están inspirados en modelos españoles o franceses, en los cuales no hay nada equivalente a lo que aquí se llama un *college*. Los jóvenes terminan **el bachillerato** en los institutos o liceos estatales, o en los colegios particulares, y luego pasan directamente a la univer- sidad. Cuando terminan sus estudios universitarios reciben un **Título de Licenciado en** la carrera que hayan estudiado. Este título o **Licen- ciatura** es algo más importante que un B.A. norteamericano. Su equi- valente más próximo sería el *Master of Arts* o *Master of Science,* o, en algunos casos, equivale a ciertos títulos norteamericanos como el LL.D. o el M.D. Así, el título de Licenciado en Derecho permite practicar la carrera de abogado, el de Licenciado en Medicina indica que esa per- sona es médico, etc. El título más alto que se puede conseguir es el de **Doctor en**..., que corresponde al Ph.D. de otros países. El **doctorado** existe en muchas carreras, pero el ser llamado **doctor** está, en la prác- tica, monopolizado por los médicos en casi todos los países. Los títulos académicos se usan más en la vida social de los países hispanoameri- canos que en las relaciones sociales en España. En ese país a ningún abogado se le ocurriría hacerse llamar «señor Licenciado», cosa muy frecuente, por el contrario, en otros países hispánicos.

C. En el este de los EE.UU. hay algunas universidades de gran prestigio académico que, por la hiedra que cubre sus edificios, se llaman la *Ivy League*. En otras partes del país también hay universidades muy prestigiosas, pero no tienen un nombre genérico especial.

No hay una *Ivy League* en los países hispánicos. Las universidades tienen su prestigio individual basado en su antigüedad, o en la excelencia de su enseñanza. En el mundo hispánico se encuentran algunas de las universidades más antiguas de Europa y, ciertamente, las más antiguas de América. La gran decana es, sin duda alguna, la Universidad de Salamanca, en España, fundada en 1215. Después de la llegada de los españoles a América pronto se fundaron las universidades de México (1551), de San Marcos, en Lima (1551) y de San Carlos, en Guatemala (1676). Las dos primeras universidades americanas son, así, 125 años más antiguas que la primera universidad norteamericana, Harvard, fundada en 1636.

D. Los que van a la universidad, **los universitarios,** tienen el prestigio social de **una formación intelectual** que no está al alcance de todos. En general **la formación universitaria** está, más o menos, monopolizada por las clases sociales media y alta, aunque esto puede variar de un país a otro. **Una formación jurídica** conduce, frecuentemente, a **la política,** y muchos **políticos** son abogados. El prestigio intelectual abre también las puertas de la diplomacia, y es muy frecuente que los novelistas y poetas famosos representen a sus países en embajadas en el extranjero. Así lo hicieron la poetisa chilena Gabriela Mistral (1889–1957); su compatriota, el Premio Nobel de poesía, Pablo Neruda (1904–1973); el poeta nicaragüense Rubén Darío (1867–1916); el novelista guatemalteco Miguel Angel Asturias (1899–1974) y otros más. En general, la gente de letras tiene más prestigio social en la cultura hispánica que en otras culturas.

DIFICULTADES Y EJERCICIOS

A. Uso de: darle a alguien por + infinitivo + hacerlo a conciencia

Cuando **a** Manuel **le da por** trabajar, **lo hace a conciencia**.
Si **a** Manuel **le da por trabajar, trabaja a conciencia**.

Esta expresión se usa siempre con un cierto sentido humorístico. Expresa la idea de que cuando alguien quiere hacer algo, cuando se decide a hacer algo, lo hace muy bien. Su uso empieza con las palabras **cuando** o **si,** que corresponden al inglés *whenever*.

En la segunda parte de la expresión, ... **a conciencia,** se puede repetir el verbo usado en la primera parte, o se puede usar el verbo **hacer** precedido por el pronombre neutro **lo.**

PRACTICA

Vamos a cambiar las frases siguientes a las formas 1 y 2.

1. *Cuando a + ... + le da por + ... + lo hace a conciencia.*
2. *Si a + ... + le da por + ... + verbo + a conciencia.*

Modelo:

Cuando Sheila decide entusiasmarse, se entusiasma mucho.

1. Cuando a Sheila le da por entusiasmarse, lo hace a conciencia.
2. Si a Sheila le da por entusiasmarse, se entusiasma a conciencia.

1. Cuando Craig quiere trabajar, trabaja mucho.
2. Cuando nosotros queremos practicar, practicamos mucho.
3. Cuando tú quieres estudiar, estudias mucho.
4. Cuando ustedes quieren preparar los exámenes, los preparan mucho.
5. Cuando yo quiero hacer burla de alguien, hago burla mucho.
6. Cuando Howard quiere burlarse de María Luisa, se burla mucho.
7. Cuando quiere criticar a sus padres, los critica mucho.
8. Cuando yo quiero leer el periódico, lo leo de cabo a rabo.
9. Cuando nosotros queremos competir con alguien, competimos mucho.

PRACTICANDO AL CONTESTAR

1. ¿Trabajas mucho? Cuando te decides a trabajar, ¿cómo lo haces?
2. ¿Conoces a alguien muy egoísta? Cuando esa persona va a lo suyo, ¿cómo lo hace?
3. ¿Conoces a alguien que beba como un cosaco? Cuando bebe, ¿cómo lo hace?
4. ¿Conoces a alguien que derroche el dinero? Cuando lo derrocha, ¿cómo lo hace?

B. Uso de: escapársele / olvidársele / acabársele / caérsele...
algo a alguien

Estas formas, muy frecuentes en español y sin un paralelo exacto en inglés, tienen dos funciones:

1. Establecen una relación más personal, a veces afectiva, entre la acción del verbo y la persona que sufre las consecuencias de esa acción:

   Mi perro se murió. (Un hecho expresado sin comentarios.)
   Se me murió el perro. (Yo siento su muerte profundamente.)

2. Expresan un deseo de disminuir u ocultar la responsabilidad:

   Olvidé las llaves del coche. (No tengo excusa. Yo las olvidé.)
   Se me olvidaron las llaves del coche. (El sujeto del verbo es: las llaves. Inconscientemente se busca evitar la responsabilidad del olvido.)

Observe las dos diferentes estructuras:

	Sheila	olvidó	las revistas.
A	Sheila	se le olvidaron	las revistas.

¿Comprendido? Pues pasemos ahora a la

PRACTICA

Con la información dada en estas frases, vamos a convertirlas en otras que usen la estructura **se me, se te, se le, se nos, se os, se les** + verbo.

Modelo:

El perro se escapó de nosotros.
A nosotros se nos escapó el perro.

El coche terminó sin gasolina.
Al coche se le terminó la gasolina.

1. Olvidé el vino. A mí se...
2. Los niños acabaron la comida y todavía tenían hambre. A los niños se...
3. Yo perdí el dinero. A mí se...
4. El reloj de mi mujer cayó al agua. A mi mujer se...
5. Mi hijo rompió los pantalones. A mi hijo se...
6. Nosotros terminamos los refrescos. A nosotros se...
7. Tú olvidaste regar las plantas. A ti se...
8. Mis hijos perdieron el mapa. A mis hijos se...

Esta estructura es muy frecuente con los verbos usados anteriormente, y también puede usarse con otros verbos, empleando el idioma de una manera muy creativa. Lo más aproximado a esto en inglés sería la forma... *on me, ... on you, ... on us* con que se puede terminar una frase, pero no es muy frecuente. Veamos algunos casos en español:

Los padres, a un hijo que bebe demasiado:	No te nos emborraches.
Al hijo que no cuida su salud:	No te nos pongas enfermo.
En la misma situación:	Cuídatenos mucho.
Al hermano mayor, para que cuide al menor:	Cuídanoslo.

En todos estos casos, el pronombre **nos** establece la relación afectiva entre el sujeto del verbo y los padres que dan los consejos.

El verbo *to drop* corresponde a **caérsele algo a alguien,** cuando la caída es involuntaria. Cuando es voluntaria, *to drop* corresponde a **dejar caer algo** o, más voluntariamente todavía, **tirar (al suelo).** Vea la diferencia:

Al niño se le cayó la taza, y se rompió.
No se le cayó. La dejó caer. Es más, la tiró al suelo con rabia.

PRACTICANDO AL CONTESTAR

1. ¿Qué haría usted si durante un viaje se le terminara el dinero?
2. ¿Tienes buena memoria? ¿Se te olvida algo con frecuencia? ¿Qué se te olvida?
3. ¿Alguna vez perdió algo importante? ¿Qué se le perdió?
4. ¿Por qué cree usted que hay casos de padres a los que se les escapan los hijos?; ¿es un fenómeno bastante frecuente en su país?

C. Uso de: perder y sus equivalentes en inglés

1. **perder** (extraviar)   *to lose*
2. **perder** (no ganar)   *to lose*
3. **perder** (malgastar el tiempo, la ocasión)   *to waste*
4. **derrochar** (malgastar el dinero)   *to waste*
5. **perderse** (no encontrar el camino; extraviarse)   *to get lost*
6. **¡Déjame en paz!**   *Get lost!*

1. No encuentro el dinero. No sé si lo dejé en el hotel o si lo **perdí.**
2. Mejor, así no puedes **perder** más dinero jugando a la ruleta.
3. No te gusta el juego. Para ti venir a un casino es **perder** el tiempo.
4. Sí, y para ti venir a un casino es **derrochar** el dinero.

5. Y ahora, ¿cómo volvemos al hotel? Me parece que **nos hemos perdido**.
6. ¡Tú siempre tan pesimista! **¡Déjame en paz!**

La expresión **¡Déjame en paz!**, aunque no muy correcta, es un poquito más aceptable que otras de igual significado, como: **¡Vete al diablo! ¡Vete al cuerno!**, y otras peores.

En los ejemplos anteriores hemos visto el verbo **perder**. El nombre que expresa esa acción en unos casos es **la pérdida**, en otros es **el derroche**:

Tuvo muchas **pérdidas** jugando a la ruleta.
Ir a un casino es **una pérdida** de tiempo.
El derrocha el dinero. Con tanto **derroche** pronto se verá sin nada.

¡Atención al acento! No hay que confundir **una pérdida**, *a loss*, con **una perdida**, *a loose woman*.

PRACTICA

Vamos a eliminar las palabras *en bastardilla* y a usar en su lugar otra expresión que no cambie el sentido de la frase.

Modelo:
Creo que *perdí* el dinero en el parque.
Creo que extravié el dinero en el parque.

1. El equipo jugó muy bien, pero *perdió*.
2. Hay que terminar el trabajo. No debemos *perder* el tiempo.
3. El barrio antiguo es un laberinto, y *nos perdimos*.
4. Estoy muy incomodado contigo. ¡Déjame tranquilo!
5. En mi opinión, jugar a la ruleta es una *mala utilización* de tiempo.
6. Y además es *una manera de tirar el dinero*.
7. Mi vecino abandonó a su familia y se escapó con una *mujer de mala reputación*.
8. El nunca fue un buen marido. Siempre fue un *hombre de mala reputación*.
9. Para mi vecina, perder a su marido no fue una gran *privación*.

PRACTICANDO AL CONTESTAR

1. ¿Administras bien tu tiempo? ¿En qué pierdes el tiempo algunas veces?
2. ¿Qué actividad le parece a usted un derroche de dinero?

3. Si usted se pierde en las calles de una ciudad extranjera, ¿qué hace?
4. ¿Cómo son los hombres y mujeres a quienes la sociedad llama unos perdidos y unas perdidas?

D. Uso de: equivalentes españoles de *to miss*

1. **perder** (no llegar a tiempo)	*to miss*
2. **perderse** (no dejar de + infinitivo)	*to miss*
3. **echar de menos** (notar la ausencia)	*to miss*
4. **faltar a** (no asistir)	*to miss*
5. **no poder dejar de (ver, encontrar)**	*not to miss*
6. **no dar en el blanco** (fallar)	*to miss*
7. **no encontrar** (dejar de ver por minutos)	*to miss*
8. **no comprender / no entender** (algo)	*to miss*

1. Llegué tarde a la estación y **perdí** el tren.
2. Debes ver esa película. Es magnífica. **No te la pierdas.**
3. Nuestros hijos están en Europa, y los **echamos de menos** en casa.
4. **Has faltado** cuatro veces **a** clase. Tienes cuatro faltas.
5. Te será fácil encontrar mi casa. Es la única pintada de blanco. **No puedes dejar de encontrarla (verla).**
6. El terrorista disparó dos veces. Afortunadamente **no dio en el blanco.**
7. Fui a ver a la crítico de arte, pero **no la encontré.** Había salido hacía unos minutos.
8. Tienes un humor muy fino, y mucha gente **no lo entiende.**

PRACTICA

Vamos a usar sinónimos de las expresiones que están *en bastardilla*.

Modelo:

La conferenciante *no llegó a tiempo al* avión.
La conferenciante <u>perdió el</u> avión.

1. No *dejes de leer* ese editorial. Es muy bueno.
2. No te vimos en la conferencia. *Notamos tu ausencia.*
3. Si *no asistes a* clase vas a tener una mala nota.
4. Fui a ver a la profesora en su despacho, pero *había salido.*

5. Es muy fácil encontrar el liceo. Es un edificio grande que está en la plaza. *Te será imposible no verlo.*
6. El policía disparó contra el terrorista, pero *falló.*
7. Ese muchacho es bastante sucio. Yo le dije de una manera indirecta que bañarse o ducharse todos los días es muy bueno, pero él *no entendió.*
8. Cuando no estás conmigo *pienso mucho en ti.*
9. ¿Por qué *no asististe* a la conferencia? Fue muy interesante.
10. La próxima vez que esa profesora dé una conferencia, no debes *dejar de ir a oírla.*

PRACTICANDO AL CONTESTAR

1. Cuando estás de viaje, ¿qué o a quién echas de menos?
2. ¿Qué pasa si faltas mucho a clase?
3. ¿Qué espectáculo te gustaría haber visto, pero te lo has perdido?
4. ¿Has perdido alguna vez una cita importante? ¿Qué pasó?

PEQUEÑO TEATRO

A. La clase se divide en dos grupos. Unos estudiantes hacen el papel de consejeros de estudiantes extranjeros. Otros son esos estudiantes de otros países, que se sienten completamente perdidos ante las complejidades del sistema educativo norteamericano. Los extranjeros tienen que matricularse, pero no comprenden bien el sistema y hacen preguntas sobre él. Los consejeros contestan a sus preguntas, preparan programas de estudios, etc. Sugerencias:

1. Explicar el sistema de matrícula por cursos independientes; cada curso representa un cierto número de horas de trabajo (unidades).
2. Indicar cuáles son las asignaturas más importantes, cuáles son obligatorias y cuáles son electivas.
3. Explicar la división del año académico en trimestres o semestres.
4. Describir el sistema de exámenes y notas.

B. También se puede suponer que la clase es un comité creado para organizar una nueva universidad. En este comité se habla del plan de estudios de esa nueva institución; qué cursos se ofrecerán; cómo será el sistema de exámenes y notas; qué criterios determinarán la admisión de los estudiantes, etc., es decir, hay que hacer un plan para la universidad ideal.

SEA USTED MI INTERPRETE, POR FAVOR

Cada uno debe preparar varias preguntas que incluyan el nuevo vocabulario. Algunas posibilidades:

1. I know that when you feel like working, you can do it. Why don't you work more?
2. If you go to her lecture and take notes, will you let me read them?
3. When are you going to graduate, and what is your major?
4. Where do I send my application for admission?

CUESTIONES GRAMATICALES

Los usos del subjuntivo (1)

A. La palabra **subjuntivo** viene del latin *subiungere*, que significa «sujetar al yugo» *(to subject to the yoke)*, y este origen nos ayuda a comprender cómo se usa ese modo verbal llamado subjuntivo: Siempre aparece en oraciones subordinadas a una oración principal, aun en los casos en que esa oración principal aparentemente no existe, como en «¡Viva Zapata!», que es una forma abreviada de «Quiero/espero/deseo que viva Zapata»; o en otro tipo de orden indirecta «¡Que haga el examen!», forma abreviada también de «Quiero que él haga el examen». En estos casos, como en otros, hay un sujeto de un verbo (yo quiero/espero/deseo) que trata de influir sobre la conducta del sujeto del otro verbo (que él viva, que haga el examen). Si no hay dos sujetos diferentes, no hay subjuntivo: Quiero hacer el examen.

En otros casos, la primera parte de la oración es una expresión impersonal la que trata de influir sobre la conducta de alguien: Es necesario que estudies más.

B. El indicativo expresa la realidad, con un sujeto o con más de uno. El subjuntivo expresa el mundo de lo posible, de lo que es deseable, de lo que se espera, o una condición contraria a la realidad, es decir, lo que no es real todavía. Y expresa también algo que está relacionado con una emoción, aunque no sea ciertamente deseable. Veamos estos contrastes que explicaremos ampliamente más adelante:

Indicativo	Subjuntivo
Es verdad que el curso es fácil.	Es probable que el curso sea fácil.
Espero aprobarlo.	Espero que el profe me apruebe.
Pero sé que el examen será difícil.	Temo que el examen sea difícil.

profesor

El profe me dará una buena nota.	¡Que me dé una buena nota!
Estudio cuando tengo tiempo.	Estudiaré cuando tenga tiempo.
Busco un libro que tiene buenas explicaciones. Sé que existe.	Busco un libro que tenga buenas explicaciones, si es que existe.
Si el examen es fácil, apruebo.	Si el examen fuera fácil, aprobaría.

C. En inglés el subjuntivo se usa poco, pero responde a la misma idea básica: algo que no es parte de la realidad. Se usa:

1. En algunas frases hechas:

   Home, sweet home, *be* it ever so humble.
   O en ésta:
   If you don't study I'll give you a bad grade, and so *be* it.

quizás haga

2. En algunas frases del lenguaje parlamentario:

   I move that this motion *be* tabled.

3. Para expresar una condición contraria a la realidad:

   If *I were* you, I would study more.

4. Menos frecuentemente, en otros casos:

Deseo:	I wish *I were* you.
Sugerencia:	I recommend *that she be* accepted into this program.
Exigencia:	He demands *that I be* there all the time.
Necesidad:	It is necessary *that you be* patient.

Como vemos, el subjuntivo de *to be* es fácilmente reconocible. En los otros verbos sólo es fácil reconocer la tercera persona del singular, porque no tiene la *-s* final:

I recommend *that she join* the program at once.

D. Si el subjuntivo inglés casi desapareció, ¿qué se usa en su lugar? En los ejemplos siguientes, ¿qué formas usaría usted en su conversación?

I want *that you be* a good student.	I want you to be a good student.
It is important *that he study*.	It is important for him to study.
Were he to arrive late...	If he arrived late...
If *I were* you...	If I was you...

En el último ejemplo, el subjuntivo todavía está vivo, y debe usarse.

El subjuntivo en expresiones impersonales

Hay expresiones impersonales que miran hacia el futuro, que se refieren a algo que todavía no pertenece al mundo de la realidad, y siempre van seguidas de *que* y un verbo en subjuntivo. Hay otras que, por el contrario, expresan esta realidad, afirman una existencia, aunque sea en el futuro, y usan *que* con verbos en indicativo.

Subjuntivo	Indicativo
Es probable que me acepten.	**Es seguro que** me aceptan.
Es posible que tú suspendas.	**Está claro que** suspenderás.
Puede ser que nos acepten.	**Es cierto que** nos aceptarán.
Es difícil que pierdas.	**Es indiscutible que** pierdes.
Es lástima que no quiera leer.	**Es evidente que** no quiere leer.
Es lamentable que sea un perdido.	**Es notorio que** es un perdido.
Es increíble que exija tanto.	**Es palpable que** exige mucho.
Es necesario que no se te olvide.	**Es obvio que** se te olvidó.

Y así sucede con otras expresiones impersonales.

Algunas de las expresiones que toman indicativo, porque expresan el mundo de la realidad, necesitan un subjuntivo cuando están en forma negativa, pues entonces afirman la no existencia de esa realidad:

No es seguro que yo apruebe. **No es verdad que** sea difícil.
No es evidente que sepa lingüística. **No es cierto que** beba tanto.

PRACTICA

Vamos a contestar a estas preguntas usando el subjuntivo o el indicativo del verbo dado, según lo exija la expresión impersonal empleada.

Modelo:

Usted se licencia este año. ¿Es verdad?
Sí, es verdad que me licencio este año.

o quizá:

No, no es verdad que me licencie este año.

1. Muchos estudiantes estudian informática. ¿Es indiscutible?
2. La profesora es un hueso. ¿Es lamentable?
3. En los bares hay gente que se agarra una borrachera. ¿Es cierto o no?
4. Los estudiantes toman apuntes en clase. ¿Es necesario o es innecesario?

5. En algunas fraternidades hacen novatadas de mal gusto. ¿Es verdad o no?
6. Hay palabras que se prestan a confusiones. ¿Es seguro o es probable?
7. Los estudiantes toman los cursos obligatorios. ¿Es necesario o no?
8. Antes de licenciarse hay que cumplir los requisitos. ¿Es obvio o no?
9. Hay profesores que son exigentes. ¿Es lamentable o es necesario?
10. Los licenciados en ciencias encuentran trabajo más fácilmente que los licenciados en humanidades. ¿Es evidente o no?
11. Todos los estudiantes que necesitan dinero consiguen becas. ¿Es cierto o es difícil?
12. Los derechos de matrícula bajarán. ¿Está claro o puede ser?
13. Usted va a sacar una A en este curso. ¿Es seguro o es posible?

El subjuntivo en mandatos indirectos

Mandato directo: **¡No faltes tanto a clase!**
Mandato indirecto: **Díganle a Douglas que no falte tanto a clase.**
Mandato indirecto abreviado: **¡Que no falte tanto a clase Douglas!**

Esta estructura: **Que + subjuntivo + ... (+ sujeto)** se usa en español cuando se da una orden a alguien a través de otra persona, o incluso cuando se da la orden directamente:

¡Te digo que tomes apuntes! → **¡Que tomes apuntes!**

Es de uso frecuente cuando se quiere pasar a otro la obligación de hacer algo:

—Tienes que escribir el editorial.
—No quiero. **¡Que lo escriba el director!**
—Entonces, tienes que hacer la crítica de teatro.
—¡No! **¡Que la haga el crítico de teatro,** que para eso le pagan!
—Entonces, ¿qué quieres?
—**¡Que me dejen en paz! ¡Y que me dejes en paz tú también!**

PRACTICA

Los estudiantes deben darse órdenes unos a otros, pero nadie quiere cumplirlas y le pasa el trabajo a otro. Algunas sugerencias:

1. John, tienes que invitarnos a todos a tomar café.
2. Helen, tienes que prestarme tus apuntes.
3. Ricardo, tienes que llevarme a casa en tu coche.
4. ¿Qué otras?

EL ARTE DE LA COMPOSICION

La autobiografía y la biografía

Cuando escribimos una composición en la cual narramos una experiencia personal, estamos escribiendo una forma de autobiografía, limitada a un suceso determinado. Si narramos lo que le sucedió a otra persona, estamos escribiendo una biografía.

La autobiografía

Muchas personas que han tenido un papel importante en la historia, o que creen que lo han tenido, escriben su autobiografía, es decir, la historia de su vida. Puede titularse *Autobiografía*, o *Memorias*, o *Recuerdos*, o *La vida de X contada por sí mismo*, o cualquier otro título. Lo esencial es que el autor, o la autora, es el narrador de su propia historia, contada en primera persona. Este autor-narrador puede ser:

a. Protagonista de su narración: «Aquí voy a contar la historia de mi vida...»

b. Testigo de la vida de otras personas: «Aquí voy a contar la historia de mi hermano...». Esta forma está muy próxima a la biografía.

La falsa autobiografía

a. *La autobiografía ficticia*   Ya es una forma de novela. El autor inventa un personaje que nos cuenta su propia historia, imaginada por el autor, naturalmente, en primera persona: «Me llamo Ernestina Terrero, y voy a contar mi vida». Pero Ernestina es un producto de la imaginación del autor.

b. *La novela autobiográfica*   En ella, en realidad, el autor está contando su propia historia, aunque el nombre de sus personajes sea ficticio. Como en la autobiografía, el narrador (inventado por el autor) puede ser protagonista o testigo.

c. *La autobiografía inventada*   Puede ser que el autor, después de estudiar la vida de un personaje histórico, la escriba en forma de autobiografía, es decir, en primera persona, como si hubiera sido escrita por ese personaje histórico: «Me llamo Marilyn Monroe, y ésta es la historia de mi vida...».

La historia de la vida de otros

a. *La biografía*   En este género literario, el autor es el narrador de la vida de algún personaje real, que aparece contada en tercera persona: «Esta es la historia de Marilyn Monroe...».

b. *La biografía novelada* es una variante del tipo anterior. En ella el autor se permite inventar algunos sucesos, o cambiar lo que fue la realidad, o usar su imaginación para narrar períodos desconocidos en la vida de su personaje: «Y en los últimos minutos de su vida, Marilyn pensó que...».

c. *La biografía ficticia* Ya es una forma de novela, y en ella el autor-narrador crea un personaje imaginario y nos cuenta su vida en tercera persona: «Juan salió de su casa, y cuando vio a María...».

Vemos, pues, que en la autobiografía, en todas sus variantes, la narración está en primera persona. En la biografía, también en todas sus variantes, la narración aparece en tercera persona.

PRACTICA

A. Contar varias veces la misma historia en forma de: (1) autobiografía con un narrador protagonista; (2) autobiografía con un narrador testigo; (3) novela autobiográfica; (4) autobiografía inventada; (5) biografía; (6) biografía novelada; (7) biografía ficticia.

B. Hacer lo mismo, pero con diferentes historias.

Un poco de ortografía

No confundir la **s** y la **z:**

1. **abrazar** *to embrace, to hug*—**abrasar** *to burn*

> Ahí están dos **abrazados** y **abrasados** de pasión.

2. **... va a hacer...** — **... va a ser**

> ¿Qué **va a ser** este niño? ¿Qué **va a hacer** cuando sea mayor?

3. **casar** *to marry off;* **casarse** *to get married;* **cazar** *to hunt;* **la casa**—**la caza; el caso** *the case*—**el cazo** *the saucepan*

> El juez fue a la **casa** de los novios, los **casó,** y después se fue de **casa,** se fue de **caza,** y **cazó** varios conejos.
> El **se casó** con una mujer rica y así **cazó** una fortuna.
> El **caso** es que no encuentro el **cazo** para calentar el agua.

4. **cocer** *to boil, to cook*—**coser** *to sew*

> ¿Vas a **cocer** los garbanzos, o vas a **coser** los botones?

USO DE LOS ACENTOS

Ponga acentos donde sean necesarios.

1. Los antropologos fueron a Yucatan, pero no iran a Veracruz.
2. Estefania estudiara Ciencias Biologicas en la Universidad de Leon.
3. Los derechos de matricula seran mas altos el año proximo.
4. Ramon adquirio una magnifica formacion juridica en Mexico.

REVISION GENERAL

DIALOGO

A. Conteste a estas preguntas usando el vocabulario nuevo.

Modelo:

¿Qué título recibiste cuando terminaste el bachillerato?

Posible respuesta:

Cuando terminé el bachillerato recibí el título de bachiller.

1. ¿Crees que tardará o no tardará en llegar el momento en que sea posible ir a otros planetas?   2. ¿Cuáles son las facultades más populares en tu universidad?   3. En tu ciudad, ¿dónde están los edificios comerciales?; ¿están concentrados en el centro o están desperdigados por la ciudad?   4. ¿Dónde estarías más despistado, en una universidad de tu país o en una universidad extranjera?   5. ¿Por qué hay conflictos, a veces, entre el profesorado y el alumnado?   6. Cuando a un alcohólico le da por beber, ¿cómo lo hace?   7. ¿En qué mes no viene mal tener algún dinero para comprarle regalos a la familia?   8. ¿A quiénes les prestas tus apuntes?   9. ¿Por qué son importantes las notas?   10. ¿Por qué crees que se presta a confusiones el uso del indicativo o del subjuntivo en español?   11. Si te pido que escribas tu nombre al revés, ¿lo escribes de izquierda a derecha o de derecha a izquierda?   12. En el mundo hispánico, ¿dónde son más altos los derechos de matrícula, en un instituto o en un colegio?   13. En tu país, ¿hay ciudades con nombres semejantes?; ¿puedes mencionar algún caso?   14. ¿Por qué da prestigio social tener un título de licenciado?   15. Cuando quieres beber un refresco, ¿tienes algún refresco favorito o bebes lo que sea?   16. ¿Cuándo vas a egresar?   17. ¿Qué pasa cuando alguien toma muchas copas?   18. ¿En qué país es el tequila

una bebida muy popular? 19. ¿Cuándo se beben licores, antes o después de las comidas? 20. ¿Sobre qué te gustaría oír una conferencia? 21. ¿Cuál es tu lectura favorita? ↳ to read a book

B. Use el nuevo vocabulario en lugar de las palabras *en bastardilla*.

Modelo:

Quien bebe *mucho alcohol se pone borracho*.
Quien bebe <u>muchas copas se emborracha</u>.

1. Cuando una persona que vive en el campo va a una ciudad muy grande se siente *perdida*. 2. Las bases militares están *distribuidas* por todo el país. 3. Los profesores forman el *claustro de profesores*. 4. Si estamos en el mes de mayo, podemos decir que el final del curso *llegará pronto*. 5. Una A en un examen nunca *es mal recibida*. 6. Los gatos duermen mucho. Cuando *quieren dormir, duermen muchas horas*. 7. A, B, C, D y F son las *calificaciones* en el sistema norteamericano. 8. Cuando tengo apetito, yo como *cualquier cosa*. 9. En el mundo hispánico, los hijos de las familias pobres no van a *escuelas privadas*. 10. Es difícil escribir *de derecha a izquierda*. 11. Los nombres de dos países, Suiza y Suecia, se *pueden confundir fácilmente*. 12. No quiero oírte más. *No hables*. 13. Espero *egresar* después de cuatro años en la universidad. 14. Mis amigos y yo celebramos el final de curso tomando *algo alcohólico*. 15. Cerca del final de la Segunda Guerra Mundial hubo *reuniones diplomáticas* muy importantes en Yalta y en Potsdam. 16. Es muy grosero agarrarse una *borrachera* en una fiesta. 17. Con la televisión, muchos niños nunca adquieren el hábito de la *acción de leer*.

C. Conteste a estas preguntas usando el vocabulario nuevo.

Modelo:

¿Qué toman en clase los estudiantes?
En clase los estudiantes toman <u>apuntes</u>.

1. ¿Qué sucede con las frases que tienen varios significados? 2. La palabra «madam» se puede leer de izquierda a derecha. ¿De qué otra manera se puede leer? 3. ¿Qué sirven en los bares? 4. Las bases aéreas no están concentradas en un lugar. ¿Cómo están por el país? 5. ¿Cómo te sientes en una fiesta donde no conoces a nadie? 6. Cuando necesitas una buena nota, ¿cómo te viene una A? 7. ¿Cómo se llaman las diferentes secciones de una universidad? 8. ¿Y cómo se llama el número total de profesores? 9. ¿Y el número total de estudiantes? 10. ¿Cómo son dos hermanos que son casi iguales?

244 · LECCION 9

DIFICULTADES Y EJERCICIOS

A. Conteste a estas preguntas expresando la idea de hacer algo con gran entusiasmo.

Modelo:

Cuando quieres estudiar, ¿cómo lo haces?
Cuando me da por estudiar, lo hago a conciencia.
Cuando me da por estudiar, estudio a conciencia.

1. Cuando un corredor olímpico quiere correr, ¿cómo lo hace?
2. Cuando nosotros repetimos frases, ¿cómo lo hacemos?
3. Cuando los estudiantes practican, ¿cómo lo hacen?
4. Cuando tú quieres escribir, ¿cómo lo haces?

B. Conteste a estas preguntas con estos verbos: **perder, olvidar, caer, morir, acabar, terminar, romper, escapar.**

Modelo:

Tus pantalones están rotos. ¿Qué te pasó?
Se me rompieron los pantalones.

1. Gastamos todo nuestro dinero. ¿Qué nos pasó?   2. Los niños perdieron el perrito. ¿Qué les pasó?   3. El gato de mi hermano murió. ¿Qué le pasó a mi hermano?   4. La policía detuvo al atracador, pero escapó. ¿Qué le pasó a la policía?   5. No pude abrir el coche porque dejé la llave en casa. ¿Qué me pasó? 6. Eduardo tenía una copa en la mano, y ahora la copa está en el suelo. ¿Qué le pasó a Eduardo? (¡No conteste diciendo que Eduardo se emborrachó!)   7. En la fiesta ya no hay más cerveza. ¿Qué nos pasó?

C. Conteste a estas preguntas usando un sinónimo de **perder, perderse** o **derrochar**.

Modelo:

Perdí las llaves.   Extravié las llaves.

1. La conferencia fue muy poco interesante. *Perdí* el tiempo.
2. Desde que Tom ganó la lotería, *derrocha* el dinero.   3. Tengo muy mala suerte en la lotería. *Siempre pierdo*.   4. El primer día que estuve en Buenos Aires casi no pude volver al hotel porque *me perdí*.   5. Tenía que tomar el avión a las diez, pero *lo perdí*.   6. Es una película muy buena. No *te la pierdas*.

D. Un caso de «Spanglish». Complete estas frases, eliminando las expresiones inglesas que están *en bastardilla*.

Modelo:

¿Cuándo vas a volver? *I miss you.*
¿Cuándo vas a volver? <u>Te echo mucho de menos</u>.

1. La película que estrenaron ayer es magnífica. *Don't miss it.*
2. Hubo un examen parcial el lunes *and I missed it.* ¿Puedo hacerlo otro día?   3. Bueno, le dejaré hacerlo, pero *don't miss class again.*   4. Las películas de vaqueros son, a veces, muy simples. Los buenos usan muy bien los revólveres. Los malos... *they miss all the time.*   5. Uso muy poco la tarjeta de crédito y no sé cuándo la perdí. *I missed it today.*   6. Si la tarjeta está en casa la encontraré. Si busco bien, *I cannot miss it.*   7. La profesora dio una explicación tan complicada que, francamente, *I missed it.*   8. Cuando llegué a tu casa, ya habías salido. *I missed you* por unos minutos.   9. ¡Las playas de Ixtapa! *How I miss them!*

CUESTIONES GRAMATICALES

A. Conteste a estas preguntas usando el subjuntivo o el indicativo, según sea necesario.

Modelo:

Si estudio mucho, apruebo. ¿Es seguro?
Es seguro que si estudias mucho, <u>aprobarás</u>.

1. Los estudiantes de biología trabajan con animales muertos. ¿Es verdad?   2. Las familias ricas mandan a sus hijos a un colegio. ¿Es probable?   3. La administración de negocios tiene mucho futuro. ¿Es cierto?   4. Los estudiantes de informática no tienen que saber matemáticas. ¿Es verdad?   5. Los exámenes parciales son más cortos que los exámenes finales. ¿Es obvio?   6. Mi hermano está enamorado de una perdida. ¿Es lamentable?   7. Yo egreso este año. ¿Es posible?   8. Los niños del jardín de infancia tienen diez años. ¿Es imposible?   9. Practicamos mucho en clase. ¿Es necesario?   10. Algunos jóvenes, después de varios años en el liceo, no saben leer. ¿Es increíble?   11. Un semestre es más largo que un trimestre. ¿Es indiscutible?   12. Un extranjero habla como un nativo. ¿Puede ser?   13. Las lenguas modernas son más populares que las lenguas clásicas. ¿Es evidente?   14. Muy pocos estudiantes estudian ruso. ¿Es lamentable?

B. Convierta estas frases en mandatos indirectos.

Modelo:

Douglas debe trabajar.   ¡Que trabaje Douglas!

1. Los estudiantes no deben faltar a clase.   2. Los profesores deben ser exigentes.   3. Los niños no deben beber vino. 4. Algunos cursos deben ser obligatorios.   5. No deben hacer bromas a los novatos.   6. Todos deben matricularse pronto. 7. Todos deben pagar los derechos de matrícula.   8. Los muchachos deben pedir una beca.   9. El borracho no debe dejar caer la copa.   10. Los alumnos no deben perder el examen final.

VOCABULARIO GENERAL

A. Conteste a estas preguntas usando el vocabulario estudiado.

Modelo:

¿Quiénes van al jardín de infancia?

Posible respuesta:

Los niños pequeños van al jardín de infancia.

1. ¿Dónde se estudia el bachillerato?   2. ¿Quiénes van al colegio y quiénes van a la escuela pública?   3. ¿Qué universidades particulares famosas conoce usted?   4. Más o menos, ¿a qué edad se consigue el título de bachiller?   5. ¿Quiénes van a una escuela de formación profesional?   6. ¿Por qué es necesario tener un oficio?   7. ¿Cómo le gustaría a usted ganarse la vida?   8. ¿Cuándo se solicita una beca?   9. ¿Qué son los derechos de matrícula?   10. ¿Qué enseñanza es gratuita en su país?   11. ¿Cuántos cursos suelen tomar los estudiantes cada trimestre?   12. ¿Qué requisitos hay que cumplir para licenciarse?   13. ¿Son obligatorias las lenguas extranjeras en su universidad?   14. ¿A quiénes les hacen novatadas?   15. ¿Qué tipo de bromas te parecen pesadas o de mal gusto?   16. ¿Quiénes suspenden los exámenes?   17. ¿Qué es «colgar» un curso? 18. ¿Qué tipo de llamada telefónica es una conferencia? 19. ¿Qué hacen los profesores exigentes?   20. ¿Qué se estudia en una facultad de antropología?

B. Complete estas frases usando el vocabulario nuevo.

Modelo:

Los alumnos de lenguas clásicas estudian... (latín, griego y otras lenguas antiguas).

1. Si estudio informática, tengo que trabajar con...   2. Si quiero ser abogado tengo que ir a la facultad de...   3. Y si quiero trabajar en un diario, estudio en la facultad de...   4. En la Escuela de Bellas Artes se estudia...   5. En una universidad se puede adquirir una buena formación...   6. Tengo hermanos en muchas ciudades. La familia está...   7. Cuando estoy perdido, estoy...   8. Es difícil leer un texto en un espejo, porque las líneas aparecen al...   9. No tengo dinero para estudiar, pero voy a solicitar una...   10. En algunas escuelas no hay que pagar derechos de matrícula, porque la enseñanza es...   11. Para licenciarme tengo que cumplir todos los...   12. Los estudiantes nuevos son los...   13. Ponerle a alguien un ratón muerto en el plato es una broma...   14. En la mitad del curso hacemos un examen de...   15. Un profesor que suspende mucho es...

ORTOGRAFIA

Complete estas frases con las letras **c, z** o **s**.

1. No nos gusta matar animales, por eso en mi ca____a nadie ca____a.
2. Con el fuego de sus ojos me abra____ó, y con sus bra____os me abra____ó.
3. Cuando mi hija se li____en____ió, se fue de vaca____iones a Fran____ia y allí se ca____ó con un marqués muy rico. Ahora vive en un pala____io, y en la familia de____imos que cuando ella salió de ca____a, salió de ca____a y ca____ó un trofeo.
4. La ____ivili____a____ión a____teca flore____ió en el valle ____entral de México.

POSIBLES TEMAS PARA UNA CONVERSACION/COMPOSICION

1. La formación universitaria en el mundo actual.
2. La enseñanza secundaria en los EE.UU., ¿la historia de un fracaso?
3. Las notas y la inteligencia, ¿están relacionadas entre sí?
4. Innovaciones necesarias en el sistema universitario.
5. Aspectos económicos de la enseñanza. ¿De verdad está al alcance de todos?
6. La formación universitaria, ¿derecho o privilegio?
7. Papel de las humanidades en el mundo tecnológico.
8. Papel de la tecnología en el mundo de las humanidades.

9. La universidad, institución elitista.
10. La enseñanza de idiomas extranjeros en los EE.UU.
11. La formación universitaria en el mercado del trabajo.

PARA USAR EN LA CONVERSACION/COMPOSICION

1. *La enseñanza*

   a. *La enseñanza primaria*

      el jardín de infancia / la escuela primaria / la escuela elemental

      (fomentar el hábito de) la lectura

      la escuela pública ≠ la escuela particular (privada) / la orden
      religiosa

   b. *La enseñanza secundaria = la enseñanza media*

      el instituto = el liceo / el colegio

      el bachillerato / el título de bachiller

   c. *La enseñanza superior = la enseñanza universitaria*

      la universidad estatal ≠ la universidad particular o privada

      la formación universitaria / la formación intelectual / la for-
      mación jurídica / la formación profesional

      especializarse en... / la especialización en...

      la carrera universitaria

      el profesorado = el claustro de profesores / el alumnado = el
      estudiantado

      el novato ≠ el veterano / la novatada

      la Facultades de: Administración (Gestión) de Negocios (de
      Empresas); Antropología; Ciencias Biológicas; Ciencias
      Económicas; Ciencias Exactas; Ciencias Políticas; Ciencias
      Químicas; Derecho (Leyes); Farmacia; Filosofía y Letras
      (Lenguas Clásicas, Lenguas Modernas, Lingüística, Historia,
      Geografía, Arte); Informática (Ciencia de los ordenadores);
      Medicina; Periodismo; Sociología.

      la Escuela de Arquitectura, de Ingeniería, de Bellas Artes

      el Conservatorio

   d. *Los estudios*

      solicitar el ingreso / ingresar / solicitar una beca / la solicitud

      matricularse / pagar los derechos de matrícula

      la enseñanza gratuita

el curso = la asignatura / el curso obligatorio ≠ el curso electivo

los requisitos / cumplir los requisitos

el curso = el año / el trimestre / el semestre

asistir a clase ≠ faltar a clase

los exámenes: parciales, de mediados de curso, finales

examinarse = hacer un examen

las notas / sacar buenas ≠ malas notas

aprobar: la matrícula de honor / el sobresaliente / el notable / el aprobado

suspender: el suspenso / «colgar» una asignatura

exigir / ser exigente = «ser un hueso»

la conferencia / el, la conferenciante / el ciclo de conferencias

tomar (sacar) apuntes

egresar / licenciarse / la licenciatura / el título de licenciado

el licenciado / el doctor / el doctorado

el oficio de (carpintero, mecánico... etc.)

2. *Otras expresiones*

a. *Expresiones verbales*

acabársele (algo a alguien) = terminársele (algo a alguien)

caérsele (algo a alguien)

escapársele (algo a alguien)

perdérsele (algo a alguien)

olvidársele (algo a alguien)

rompérsele (algo a alguien)

darle a alguien por... hacerlo a conciencia

dejar caer (algo) / tirar (algo) al suelo

dejar (a alguien) en paz

derrochar / el derroche

emborracharse = ponerse borracho / la borrachera

estar desperdigado

estar despistado

echar de menos

ganarse la vida

no poder dejar de + infinitivo

no tardar en + infinitivo

no venir mal = venir bien

perder / perderse / perderse (algo) / la pérdida / el perdido

b. *Más expresiones*

al revés

la bebida / el licor / la copa

la broma (de mal gusto = pesada)

¡Calla!

lo que sea

semejante

c. *el argot = la jerga*

agarrarse una borrachera (una juma, una merluza)

3. *Cuestiones gramaticales*

los usos del subjuntivo en expresiones impersonales y en mandatos indirectos

LO HISPANO EN LOS ESTADOS UNIDOS

Un mural en el barrio de la Misión, en San Francisco, con un claro mensaje: Los trabajadores de todas las razas sostienen el progreso tecnológico de la sociedad. ¿Cómo explicaría usted la importancia de la inmigración en la historia de los EE.UU.?

□ *Personajes: María Luisa, Howard, Rita y Steven.*

→ MARIA LUISA Hoy he leído algo en el periódico que **no tiene ni pies ni cabeza.**[1] A ver si me lo explican, porque yo no entiendo ni una palabra.

STEVEN Tú a veces no entiendes ni una palabra, ni dos, ni tres. Te he insinuado varias veces que...

MARIA LUISA **¡Que te crees tú eso!**[2] Yo te entiendo muy bien. Pero volviendo a **lo de antes,**[3] hay una noticia sobre las minorías y, al parecer, hay quien dice que los españoles no son *hispanics*. ¿Cómo es posible eso? Si los españoles no son hispánicos, ¿quién diablo **lo es?**[4]

RITA ¡Uy! Esa cuestión es **un avispero**[5] Ya sé a qué te refieres. Es un asunto muy **discutido**[6] en los **círculos hispánicos**[7] de por aquí.

MARIA LUISA Pero, en primer lugar, **¿qué se entiende por**[8] *hispanic*? **A propósito,**[9] esa palabra, hispánico, casi no se usa, ni en España ni en Hispanoamérica, pero aquí yo la oigo constantemente.

HOWARD Es un asunto muy complicado. Que lo explique Rita. ¿Por qué te ríes? ¿Dije algo malo?

MARIA LUISA No, pero has dicho algo muy **gracioso.**[10] Cuando alguien te dice que hagas algo, y tú no quieres hacerlo, se contesta «Que lo haga Rita», y eso es algo así como decir «**No me da la gana de**[11] hacerlo».

STEVEN Y, ¿por qué Rita? **¿Qué tiene que ver** Rita **con**[12] esto?

MARIA LUISA No es esta Rita, hombre. Es una persona imaginaria. Por ejemplo, si tú me dices que te dé un beso, yo puedo contestarte «¡Que te lo dé Rita!», y eso es algo así como decirte *«Like hell I'm going to do it»* o *«Find somebody else to do it»*. ¿Comprendes?

STEVEN Creo que sí, pero... ¿me lo darías?

MARIA LUISA **¡No seas pesado!**[13] Estamos hablando de problemas de la sociedad norteamericana, no de **besuqueos.**[14] Anda, Rita, explícanos ese lío.

RITA Verás, para mucha gente no está claro si ser hispánico es una cuestión cultural, racial o de clase social, y ahí está el problema.

HOWARD Bueno, pero tú, por ejemplo, ¿qué te consideras? ¿Americana, mexicana, mexicano-americana, chicana... o qué?

RITA ¡Hombre, la respuesta es bien fácil! Yo nací aquí y, **por lo tanto**[15] soy tan americana como tú, y...

MARIA LUISA ¡Un momento! Mi madre nació en México y, por lo tanto, es americana. Y yo nací en Argentina y, por lo tanto, soy americana. ¿Con qué derecho monopolizan ustedes ese nombre?

---

[1] es absurdo

[2] eso es lo que tú (te) crees

[3] al tema anterior

[4] es eso

[5] lit. *wasps' nest (can of worms)*

[6] controversial

[7] comunidad hispánica

[8] qué significa

[9] por cierto, *by the way*

[10] cómico, *funny*

[11] no quiero

[12] ¿qué relación tiene... con?

[13] no seas aburrido

[14] muchos besitos

[15] así, por esa razón, *therefore*

STEVEN No es nombre, es adjetivo. Hay que hablar **con propiedad**.[16]

RITA Bueno, **sea lo que sea,**[17] yo soy tan norteamericana como tú, Howard. Al mismo tiempo, me siento muy unida a la cultura de mis **antepasados**[18] españoles y mexicanos.

MARIA LUISA Vamos a ver, mi padre es español. Si él viviera aquí, ¿sería considerado un *hispanic,* sí o no?

RITA Sí y no. En primer lugar, es de ascendencia puramente europea, es decir, es blanco; en segundo...

MARIA LUISA Entonces, ser o no ser *hispanic,* ¿es una cuestión racial?

RITA Sí y no. Déjame continuar. En segundo lugar, es rico y...

MARIA LUISA Entonces, ¿es una cuestión económica?

RITA Sí, y no. En tercer lugar, es doctor en Medicina y...

MARIA LUISA Entonces, ¿es una cuestión de instrucción?

RITA Sí y no. Sigamos. Su apellido es español y...

STEVEN Yo conozco una familia que se llama Turiel, que es un apellido español, pero ellos son judíos sefardíes, descendientes de los que salieron de España en 1492. Entonces, ¿ellos son *hispanics* también?

HOWARD ¿Y los filipinos? Muchísimos tienen apellidos españoles.

RITA ¿Es que no me van a dejar terminar? Teóricamente un *hispanic* es un ciudadano norteamericano de origen hispánico.

MARIA LUISA Clarísimo si me explicas antes qué es eso del origen hispánico. Al parecer algunos dicen que sólo están incluidos los latinoamericanos. Y entonces, ¿también son *hispanics* los descendientes de franco-canadienses de Quebec? Quebec no es anglosajón, ciertamente. ¿Es parte de la América Latina?

HOWARD No, en Latinoamérica se habla español.

MARIA LUISA Entonces, ¿Brasil no es parte de Latinoamérica? Allí hablan portugués...

RITA **Esto es el cuento de nunca acabar.**[19]

HOWARD Me parece que tenemos conversación **para rato.**[20]

[16] con exactitud
[17] no importa si es esto o lo otro
[18] ascendientes
[19] esto no tiene fin
[20] para mucho tiempo

PRACTICA INDIVIDUAL

ENCUESTA
1. ¿Qué aspecto social de tu país *no tiene ni pies ni cabeza*? (1)
2. La expresión *¡Que te crees tú eso!* no es muy correcta. ¿Qué otra expresión usaría usted en su lugar? (2)
3. Hay gente que idealiza el pasado. ¿Crees que *lo de antes* siempre era mejor? Entre las cosas *de antes,* ¿cuáles te parecen mejores y cuáles peores que las de ahora? (3)

4. ¿Cree que su vida es mejor ahora que hace unos años? *¿Lo es* o no *lo es*? (4)

5. ¿Qué problema social te parece *un avispero*? (5)

6. ¿Qué cuestión social es muy *discutida* ahora? ¿El aborto? ¿El déficit? ¿El desarme? ¿Cuál otra? (6)

7. *¿Qué se entiende por «los círculos hispánicos»*? (8, 7)

8. Las diferencias culturales hacen que lo que parece serio en un idioma resulte *gracioso* en otro. ¿Qué expresión española te resulta *graciosa*? Y, *a propósito*, ¿qué expresión norteamericana crees que le resultará *graciosa* a los que hablan español? (10, 9)

9. ¿Te parece correcto decir *no me da la gana de hacer algo*? Y, ¿te parece de buena educación decirle a alguien *¡Que lo haga Rita!* ¿Qué otras expresiones usarías en su lugar? (11, sin número)

10. En tu opinión, *¿qué tiene que ver ser español con ser hispánico*? (12)

11. ¿Cuál es tu concepto de una persona *pesada*? (13)

12. ¿Te interesan *los besuqueos*? ¿Por qué? (14)

13. ¿Por qué hay que hablar *con propiedad*? (16)

14. ¿Aceptas lo que hacen los demás, *sea lo que sea*? ¿Qué tipo de conducta no aceptas? (17)

15. ¿Crees que es interesante saber la historia de nuestros *antepasados*? ¿Por qué? (18)

16. ¿Qué problemas crees que no tienen solución? Hablar de ellos, ¿te parece *el cuento de nunca acabar*? (19)

17. ¿De qué temas crees que se puede hablar *para rato*? (20)

COMENTARIOS SOBRE EL RESULTADO DE LA ENCUESTA

Los estudiantes pueden criticar las respuestas dadas por otros.

PRACTICA GENERAL

Cada uno debe preparar varias preguntas que incluyan el vocabulario estudiado. Sugerencias:

1. En los EE.UU., ¿qué se entiende por «una minoría étnica»?
2. ¿Qué tiene que ver ser filipino con la cultura española?
3. La pronunciación inglesa, ¿te parece lógica o crees que no tiene ni pies ni cabeza? Explica tu opinión.
4. ¿Por qué crees que es muy discutido el tema del aborto?

PRACTICA DE VOCABULARIO

Vamos a eliminar las palabras *en bastardilla*. En su lugar usaremos otras expresiones que, más o menos, tengan el mismo significado.

Modelo:

En la sociedad, ¿hay temas que pueden ser *una fuente de problemas*?

¡Oh, sí! En la sociedad hay temas que pueden ser <u>un avispero</u>.

1. Es difícil comprender este artículo. *No tiene lógica ninguna.*
2. *Por cierto,* ¿quién lo escribió?
3. El jefe me dice que venga a trabajar el domingo. Yo no dije nada, pero pensé: *¡Eso es lo que tú te crees!*
4. *¿Qué significa* Latinoamérica?
5. La gente conservadora, ¿prefiere las innovaciones o prefiere *las cosas de tiempos anteriores*?
6. En inglés y en español hay muchos acentos diferentes. ¿Qué manera de hablar esas lenguas te parece *cómica o simpática*?
7. ¿Qué tipo de programa de televisión te parece *aburrido*?
8. En general, ¿quiénes son muy aficionados a *dar muchos besitos,* los jóvenes o las personas mayores?
9. ¿A quién se comprende mejor, a una persona que habla con palabras muy vagas o a alguien que habla *con exactitud*?
10. ¿Te gustan los seriales de la televisión que tienen muchos episodios, o te parecen un cuento *que no termina nunca*?
11. ¿De qué le gusta a usted hablar? ¿Sobre qué puede hablar *por muchas horas*?
12. *¿Qué relación tiene* la cultura española con el Sudoeste americano?
13. ¿Te gusta hablar de temas *que son tema de discusión*, o prefieres no hablar de ellos? ¿Por qué?
14. Se habla mucho de «los latinos» en el sentido de «los hispanoamericanos». Entonces, ¿los italianos no son latinos? Si los italianos no son latinos, ¿quién *es eso*?
15. Este vocabulario de «latino», «hispano», «chicano», «hispánico»... ¿te parece *una fuente de problemas muy discutidos*? ¿Por qué?
16. ¿Quiénes son los únicos americanos cuyos *padres, abuelos, bisabuelos, etc.*, no vinieron de otros continentes en época reciente?
17. ¿Tienes buen apetito? ¿Comes de todo, *no importa qué*?
18. ¿Qué expresión española resulta de mala educación cuando no se quiere hacer algo? Su equivalente un poquito menos grosero es: *No quiero.*

AMPLIACION DE VOCABULARIO

A. América es un continente que, en su gran mayoría, está poblado por **los descendientes** de **inmigrantes,** personas que **emigraron de** sus **países de origen** para **inmigrar a** éste. Los únicos americanos cuyos **antepa-**

sados no vinieron aquí en época reciente son los quechuas, mayas, apaches y gente de otros grupos. Los españoles les llamaron «indios», pues creían haber llegado a la India. En los últimos **cuatrocientos y pico** años (un poco más de cuatrocientos, que serán quinientos en 1992), esos habitantes de América han sufrido las consecuencias del **choque de civilizaciones y de culturas** que fue la llegada de los europeos a este hemisferio. Ahora, en este continente, viven americanos cuyos **ascendientes** ya estaban aquí cuando llegaron los europeos: son los americanos de **pura ascendencia** india, que sólo existen en gran número en algunos países hispanoamericanos, como Guatemala, Perú, Ecuador y Bolivia. Otros americanos son el producto de la mezcla de europeos e indios: son los **mestizos,** que predominan en muchos países. Son la raza nueva, ni europea ni india, sino un producto racial y cultural único. Hay también americanos que **descienden** directamente de europeos o que **son descendientes** de gente venida de Africa, de Asia o de las islas del Pacífico.

Algunas sociedades americanas tienen más **capacidad de absorción** que otras, y esto se refleja en las diferentes actitudes sociales ante el carácter multirracial del continente.

1. ¿Cuál es la diferencia entre un emigrante y un inmigrante?
2. ¿En qué parte de América predomina la población de pura ascendencia india?
3. ¿Por qué se dice que los indios americanos sufrieron las consecuencias de un choque de culturas y de civilizaciones?
4. La civilización y la cultura, ¿son dos cosas diferentes? ¿Qué se entiende por civilización, y qué se entiende por cultura?

B. Cuando llegaron los europeos a lo que es ahora los Estados Unidos, la población india era mucho más escasa que en México o en Perú. La historia de **las tribus** indias de este país es una historia trágica. **La expansión hacia el oeste** terminó **arrinconándolas** en **reservas,** y la población india de los EE.UU. es ahora una minoría muy pequeña.

Algo semejante sucedió en lo que es ahora la Argentina, Uruguay y Chile. Los españoles que **se establecieron** allí, que **colonizaron** el país y que **fundaron** sus ciudades no consiguieron llegar a una coexistencia pacífica con los habitantes de esos extensos territorios. Las tribus fueron **diezmadas** en sucesivas guerras, y la población de esos tres países es, **hoy en día,** de ascendencia predominantemente europea.

En otras partes de América **se mezclaron** la cultura española y las culturas **autóctonas,** y de esa **mezcla** surgieron sociedades con un rico pasado colonial y unas profundas raíces **indígenas.**

Los habitantes de las islas del Caribe no pudieron resistir el impacto de la llegada de los españoles, y las diferentes tribus que allí vivían **se extinguieron.** Su lugar fue ocupado por una población africana traída **a la fuerza** bajo un sistema de **esclavitud.**

1. ¿En qué situación se encuentra la población india de los EE.UU.?
2. ¿Qué hicieron los europeos cuando llegaron al continente americano?
3. ¿Cuál fue el destino de la población india de los países del sur de Sudamérica?
4. En otros países americanos donde no desaparecieron las razas indígenas, ¿qué tipo de sociedad surgió?

C. Grandes extensiones del territorio **actual** (de ahora) de los EE.UU. estuvieron bajo control español, y en ellas se nota claramente la influencia de la cultura hispánica. La Florida formó parte del imperio español hasta 1821, pero la gran población hispánica que hay allí **en la actualidad** ha llegado en años relativamente recientes. Los hispanoamericanos de la Florida son, en su mayoría, **refugiados políticos** que salieron de Cuba después de 1959, y su **descendencia,** ya nacida en este país.

En el sudoeste de los EE.UU. la situación es diferente. **A partir del** siglo XVI los españoles se establecieron en diferentes lugares, desde Texas hasta California. Estos territorios dejaron de ser españoles cuando México proclamó su independencia en 1821, y luego **pasaron a formar parte de** la Unión Americana en 1848. Aquí hay una gran población de origen hispano formada por los descendientes de los que ya vivían aquí en 1848, y por los inmigrantes que llegaron más tarde de México, Centro y Sudamérica. Estos inmigrantes recientes también se establecieron en las grandes ciudades del norte y del este, donde también viven muchos puertorriqueños.

1. Además de España, ¿qué otro país europeo ocupó grandes extensiones del territorio actual de los EE.UU.?
2. En la actualidad, ¿por qué hay muchos hispanoparlantes en los EE.UU.?
3. ¿Qué elemento político hay en la inmigración cubana a la Florida?
4. El sudoeste de los EE.UU., ¿cómo pasó a formar parte de la Unión?

D. En **los años sesenta** hubo un renacimiento de la identidad cultural de muchos grupos étnicos, no sólo en los EE.UU., sino también en Europa. Apareció entonces **el movimiento chicano,** formado por muchos norteamericanos de ascendencia mexicana. Muchos descendientes de inmigrantes de otras partes del mundo hispánico, sin embargo, no se sienten incluidos en ese movimiento. Se buscó, entonces, un nombre que pudiera aplicarse a todos.

Spanish parece referirse sólo a los que tienen su origen familiar en España, y aunque éste es el caso de millones de hispanoamericanos, hay quienes **rechazan** este término, pues parece **dejar a un lado** el elemento indígena o nacional de los diferentes países de habla española.

Latin es un término muy usado (se habla de Latinoamérica, o de América Latina), pero **resulta** inadecuado, pues hace **llegar a la conclu-**

El Cinco de Mayo los mexicano-americanos celebran el final de una guerra contra los franceses que habían tratado de imponer a Maximiliano como emperador de México. Ahora parece que hay una guerra humorística contra la cocina gringa. ¿Qué es eso de **gringo**? ¿Cómo sería una batalla entre los tamales y las hamburguesas?

sión de que por ejemplo, un indio boliviano que sólo habla quechua es *latino*, y un italiano no lo es. América Latina es un término inventado por los franceses que, **a pesar de** ser inexacto, ha tenido éxito, y está **desplazando** a los términos **Hispanoamérica** e **Iberoamérica**. Esta última expresión incluye también a la parte de América que habla portugués, pues España y Portugal **comparten** la Península Ibérica.

Otro intento de clasificación se hizo según los apellidos: *Spanish surnamed*. Esto crea nuevos problemas: muchísimos filipinos tienen apellidos españoles; lo mismo sucede con los descendientes de los judíos españoles expulsados de España en 1492, que han conservado viva su cultura hispano-judaica y su lengua, **el ladino,** un español del siglo XV mezclado con palabras turcas, hebreas, griegas o árabes.

Por eliminación queda, entonces, el adjetivo *hispanic,* pero aquí empiezan otros problemas. En diferentes estados, y **a nivel federal,** se han **promulgado** leyes destinadas a proteger a los **grupos minoritarios** que tienen que **enfrentarse con** casos de discriminación. Los españoles, como europeos, ¿son víctimas de discriminación racial, lingüística o cultural? Unos dicen que no: Los españoles son como los italianos, los alemanes o los franceses, y no necesitan protección legal especial. Otros dicen que sí la necesitan, pues pueden ser víctimas de discriminación por sus apellidos españoles o, en el caso de los recién llegados, por su acento extranjero.

Y ahí está la cuestión, con sus complejidades políticas, sociales y económicas, y sus cómicas consecuencias lingüísticas: Para muchos los españoles no son hispanos, que es algo así como decir que los ingleses no son británicos, o que los prusianos no son alemanes.

1. Al hablar de los hispanoparlantes, ¿qué deja a un lado el término «español»?
2. ¿Por qué resulta inadecuado el término «América Latina»?
3. ¿Por qué hay quien prefiere usar «Iberoamérica»?
4. ¿Por qué hay quien dice que los españoles no son «hispanos»?

LA CULTURA Y LA LENGUA

A. El inglés tiene una influencia enorme en el mundo actual, y se nota su presencia en otros idiomas. Los periódicos de otros países están llenos de **anglicismos,** palabras tomadas del inglés o corrupciones de su propio idioma por influencia del inglés. En español, los médicos hablan de **hacer un chequeo** (reconocimiento médico); los automovilistas **parquean** o **aparcan** (estacionan) sus coches; las grandes compañías tienen un departamento de **marketing** (mercadeo), y todas usan **computadores** o **computadoras** (ordenadores) con **software** (programas o aplicaciones) que les permiten escribir con un **word processor** (ordenador de textos); los **ejecutivos** (los altos cargos) presentan **reportes** (informes) y se relajan haciendo **jogging** (corriendo) o yendo a un bar donde toman un whisky **en las rocas** (con hielo) o **derecho** (solo).

B. Los hispanoparlantes de los EE.UU. están sometidos a una presión lingüística del inglés más fuerte todavía. Su resistencia a la invasión del inglés está en razón directa de su nivel de instrucción. A todos les afecta el inglés, pero los que tienen una buena formación intelectual y un rico vocabulario español dejan entrar menos anglicismos en su conversación. Estas influencias del inglés tienen varias formas:

a. Adopción de palabras inglesas, sin intentar encontrar un equivalente español, unas veces por pereza mental, otras porque es verdaderamente difícil encontrarlo: Esto ocurre mucho en el mundo de la tecnología (**el jet** = el avión a reacción, **el windsurfer** = la tabla a vela), de los negocios (el vuelo **charter** y **el dumping**, palabras que no han encontrado su paralelo en español), o cuando una palabra inglesa expresa una situación cultural de difícil expresión en otra lengua (**la jet-set, el lobby**). Estas palabras no han entrado en el diccionario de la Academia.

b. Uso de palabras que son, claramente, hispanizaciones de expresiones inglesas: **el fútbol, el cóctel, el bife, el jersey, el club** y muchas otras que han sido incluidas en el diccionario.

c. El uso de palabras inglesas que son iguales o muy parecidas a palabras españolas que, en realidad, tienen otro significado. Estos son los falsos cognados, o malos amigos, y hay muchos. En español, una persona **agresiva** es violenta; en inglés alguien que es *aggressive* es, en realidad, una persona **dinámica, emprendedora, o activa, atrevida.** Una **discusión** es una forma de **disputa,** mientras que tener una *discussion* es **hablar de algo, examinar** o **estudiar un asunto.** La lista es, desgraciadamente, bastante larga.

d. La traducción de expresiones inglesas con resultados incomprensibles o socialmente catastróficos en español: *I can give you back something,* pero no puedo «dártelo para atrás», sino **devolvértelo;** y si quiero **invitarte a almorzar** y te digo *«Te compro el lunch»,* te estoy diciendo que quiero que me vendas tu almuerzo.

e. Algunos anglicismos de diversos tipos, que se pueden evitar usando las palabras **en negritas:**

e. 1. En el mundo académico: *aplicar, **solicitar;** *aplicación, **solicitud;** *procesar la aplicación, **tramitar la solicitud;** *registrarse, **matricularse;** *librería, **biblioteca** (librería = *bookstore*); escribir *un papel, escribir **un trabajo;** *educacional, **educativo;** *atender a clase, **asistir** a clase; ir a *la oficina del profesor, ir **al despacho** del profesor; tener muchas *ausencias, tener muchas **faltas;** *to make up* un examen, **hacer un examen suplementario;** recibir un buen *grado, recibir una buena **nota;** *una copia de un libro, **un ejemplar** de un libro; el *paperback*, **el libro de bolsillo;** *la forma, **el formulario.**

e. 2. En la vida política: *correr para un puesto, **ser candidato a** un puesto, o **presentar la candidatura a** un puesto; *la balota, **la papeleta, el voto;** *to lobby,* **hacer presión;** *la demostración, **la manifestación;** *la marcha, **el desfile;** un o una político con *carisma, ... con **magnetismo personal,** con **atractivo;** la política *doméstica, la política **nacional** o **interna;** algo es *contra la ley, es **ilegal.**

e. 3. El trabajo y la vida familiar: *el operador, **el o la maquinista, el o la telefonista;** *el sorteador, **el clasificador;** *el o la manager, **el o la gerente, el encargado;** *la señoría, **la antigüedad;** *el retiro, **la jubilación;** *retirarse, **jubilarse;** *el salario, **el sueldo** (el salario = *wages*); *moverse de casa, **mudarse** o **trasladarse** de casa; *la carpeta, **la alfom-**

bra (la carpeta = *the folder*); *las utilidades, **el agua, el gas y la electricidad;** *la renta, **el alquiler;** *rentar, **alquilar.**

e. 4. Palabras claramente tomadas del inglés, frecuentes en el español de los EE.UU., que aquí comprenden casi todos los hispanoparlantes, pero que en los países de habla española corresponden a las palabras escritas **en negritas:** el bil, **la cuenta;** la chansa, **la oportunidad;** espeliar, **deletrear;** flonquear, **suspender;** mopiar, **limpiar el piso, pasar un trapo mojado;** la marqueta, **el mercado;** grosetería, **tienda de alimentación**—en Mexico: **tienda de abarrotes;** las groserías, **los productos alimenticios, la comida** (grosería = *vulgarity*); el tiquete, **la multa**—en los espectáculos: **el boleto, la entrada;** taipiar, **escribir a máquina;** puchar, **empujar;** trabajar en los files, **trabajar en el campo;** la promoción, **el ascenso;** promover, **ascender.**

Estas no son, ni mucho menos, unas listas completas. Hay varios libros muy útiles sobre esta cuestión. Consúltese la bibliografía que aparece al final de este libro.

DIFICULTADES Y EJERCICIOS

A. Uso de: equivalentes españoles de *game*

el juego (deporte)	*game*
el juego (en casinos)	*game / gambling*
el partido (de fútbol, baloncesto, etc.)	*game (match)*
la partida (de cartas, tenis, billar)	*game (match)*
la caza	*game / hunting*
estar listo / estar de acuerdo	*to be game (to be willing)*

El fútbol europeo es **un juego** más rápido que el fútbol americano.

La ruleta es **un juego de azar. El juego** es legal en Nevada.

El baloncesto es **un juego** que me gusta mucho, y voy a todos **los partidos** del equipo local.

En cambio, **las partidas** de bridge me parecen muy aburridas.

Casi no hay **caza** en estos montes. No me importa, pues a mí no me gusta **la caza.**

Si ustedes quieren hacer una fiesta, **yo estoy de acuerdo.** Y si quieren ir a la playa después, **estoy listo.**

PRACTICA

Vamos a usar el vocabulario estudiado, en lugar de las palabras escritas *en bastardilla*.

Modelo:

No me gusta *el deporte de matar animales*.
No me gusta <u>la caza</u>.

1. Me gusta mucho jugar a la lotería, pero no me gusta *lo que se hace en los casinos*.
2. Estoy acostumbrado a los deportes rápidos, y el béisbol me parece un *deporte* muy lento.
3. Después de trabajar me gusta jugar *un encuentro* de tenis.
4. Pero me aburren mucho las *sesiones* de póquer o de otros juegos de cartas.
5. Me gustan mucho las excursiones. Si quieren ir al monte, *con mucho gusto iré con ustedes*.
6. Hay mucha gente que es contraria a *matar animales por deporte*.

PRACTICANDO AL CONTESTAR

1. De todos los deportes, ¿qué juego le gusta más?
2. ¿Por qué hay mucha gente contraria a la legalización del juego?
3. ¿Qué le parece más interesante, ver una partida de póquer, una partida de tenis o una partida de billar?
4. ¿Qué atrae más público, un partido de fútbol, un partido de baloncesto o un partido de pelota base?

B. Uso de: campo de / cancha de / pista de + nombre; pista, huella; darse pisto

campo de fútbol / hockey / pelota base / balón volea / balón mano	*field*
campo de golf	*course*
cancha de baloncesto / tenis	*court*
pista de patinaje	*rink*
pista de carreras	*racetrack*
pista de esquí	*run*
pista de circo	*ring*

pista de baile	*dance floor*
pista de aterrizaje	*runway*
pista / **huella**	*track, trail*
darse pisto (darse aires)	*to put on airs*

Para jugar al fútbol se necesitan dos equipos de once jugadores cada uno, y un campo de fútbol.

Los campos de golf son como parques, con árboles y con hierba muy bien cuidada.

Las canchas de baloncesto pueden ser cubiertas o al aire libre. Las canchas cubiertas son de madera; las que están al aire libre son de cemento.

Los patinadores patinan en una pista de patinaje. Patinan sobre ruedas o sobre hielo.

La diferencia entre un campo de fútbol y un estadio es que éste tiene pista de carreras, y aquél no la tiene.

En Sudamérica las buenas pistas de esquí están en los Andes de la Argentina y de Chile, y tienen mucha nieve en agosto.

En algunos países está prohibido que los animales amaestrados trabajen en la pista de circo.

Las pistas de baile de las salas de fiestas son, generalmente, de madera.

Las pistas de aterrizaje de los aeropuertos son de cemento.

Los detectives y los perros siguen la pista de los delincuentes. Las personas y los animales dejan huellas en la nieve o en la arena.

Hay gente que se cree muy importante, y se da mucho pisto delante de los demás. ¡Qué tontería!

PRACTICANDO AL CONTESTAR

1. ¿Dónde se juega al golf?
2. ¿Dónde aterrizan los aviones?
3. ¿Dónde se juega al baloncesto?
4. ¿Dónde se puede esquiar?
5. ¿Dónde se puede patinar?
6. ¿Dónde se puede bailar?
7. ¿Dónde corren los caballos?
8. ¿Dónde actúan los acróbatas?
9. ¿Qué siguen los detectives?
10. ¿Qué dejan los criminales?
11. ¿Qué es «darse aires»?
12. ¿Dónde se juega al fútbol?

C. Uso de: sano / enfermo; salubre / insalubre; loco / cuerdo; locura / cordura; sano y salvo

sano ≠ **enfermo**	*healthy* ≠ *ill*
salubre (sano, saludable) ≠ **insalubre** (malsano)	*healthy* ≠ *unhealthy*
loco ≠ **cuerdo**	*insane* ≠ *sane*
locura ≠ **cordura**	*madness* ≠ *sanity*
sano y salvo (funciona como adjetivo)	*safe and sound*
la sanidad / **sanitario** (adjetivo)	*public health*

Estuve **enfermo** unos días, pero ya estoy **sano**.

El clima de las montañas es **salubre**. En algunas partes del trópico el clima puede ser muy **insalubre**.

Vive entre la **locura** y la **cordura**. Hoy **loco**, mañana **cuerdo**.

El avión tuvo un vuelo muy malo, pero todos llegaron **sanos y salvos**.

Las autoridades **sanitarias** se ocupan de la **sanidad** pública.

PRACTICA

Usar el vocabulario nuevo en lugar de las palabras *en bastardilla*.

Modelo:

He estado *en cama con fiebre* dos días.
He estado <u>enfermo</u> dos días.

1. Antes había muchos mosquitos y malaria, y el clima era muy *malsano*.
2. La reina doña Juana la Loca tenía momentos de *equilibrio mental*.
3. Hamlet, ¿estaba *demente* o, por el contrario, era muy *juicioso*?
4. Es un hipocondríaco. El dice que está *en mala salud*, pero todos los médicos dicen que está *en perfecta salud*.
5. La tormenta fue terrible, pero llegamos al puerto *en buena salud y fuera de peligro*.
6. El clima de Arizona es muy *sano* para los que tienen problemas respiratorios.
7. A veces pienso que hay casos en que el siquiatra está *demente* y su paciente está muy *bien de la cabeza*.
8. Necesitas trabajar. Dejar tu empleo sería una *falta de cordura*.
9. La *salud* pública depende de las autoridades *de salud pública*.

PRACTICANDO AL CONTESTAR

1. ¿Cómo es el clima de un lugar con muchos mosquitos, malaria y otras enfermedades?
2. ¿Cómo es el aire de un pueblecito de las montañas, y el de una ciudad donde hay mucha contaminación atmosférica?
3. ¿Qué es lo contrario de estar loco?
4. Después de un viaje terrible todos los viajeros llegaron bien. ¿Cómo llegaron?

PEQUEÑO TEATRO

Para el pequeño teatro de hoy se necesita saber un poco de historia de los EE.UU. y de la ocupación de dos países hispanoparlantes.

A. Después de la guerra con México se firmó el tratado de Guadalupe Hidalgo el 2 de febrero de 1848. México perdió definitivamente Texas, y cedió a los EE.UU. lo que es ahora California, Arizona, Nevada, Utah, parte de Nuevo México, Colorado y Wyoming. Los ciudadanos mexicanos que decidieron quedarse en los territorios cedidos podrían optar entre seguir siendo mexicanos o convertirse en ciudadanos norteamericanos, y su lengua, religión y propiedades serían respetadas.

En realidad, los habitantes de California (los californios), de Nuevo México y de otras partes de los territorios cedidos perdieron casi todas sus propiedades. Las nuevas autoridades pusieron en duda los títulos de propiedad, las famosas concesiones de tierras *(land grants)* de los reyes de España y del gobierno de México, y los hispano-mexicanos pronto se vieron desposeídos de sus inmensos ranchos por los tribunales o por los que llegaron a los nuevos territorios y ocuparon ilegalmente las tierras.

1. La clase se puede convertir en una reunión de diplomáticos norteamericanos y mexicanos que preparan el tratado de Guadalupe Hidalgo.
2. Un grupo de estudiantes representa a los habitantes de los territorios perdidos por México. Ellos son los dueños de las tierras. Otros estudiantes hacen el papel de colonos « anglos » que quieren ocupar esas tierras. Las dos partes van a un tribunal, representado por otros estudiantes.

B. En 1898 los EE.UU. declararon la guerra a España, y en el Tratado de París del mismo año España cedió las Islas Filipinas y Puerto Rico a los EE.UU., y aceptó la independencia de Cuba. Después las Filipinas fueron declaradas un país independiente, y Puerto Rico se convirtió en un Estado Libre Asociado en el cual hay partidarios de la presente

La Casa Blanca de San Juan de Puerto Rico, una bella muestra de la arquitectura colonial española.

situación, hay otros que querrían convertir a la isla en el estado número 51, y otros que buscan la independencia total.

1. Los estudiantes, convertidos en diplomáticos españoles y norteamericanos, preparan el Tratado de París.
2. La clase se convierte en un comité que estudia las posibles alternativas para el futuro de Puerto Rico. En ese comité están representadas todas las ideologías.

C. El creciente poder político de los grupos hispanos en los EE.UU. es mencionado frecuentemente en los medios de información. Los hispanoparlantes mantienen su cultura y su lengua, y hay angloparlantes que se sienten amenazados por esta creciente minoría. Hay quienes insisten en que el inglés sea la única lengua del país. Otros dicen que la coexistencia de otras lenguas no sólo no pone en peligro al inglés, sino que esa diversidad lingüística y cultural enriquece a la nación.

La clase se dividirá en grupos partidarios de la exclusividad del inglés como lengua nacional, y en otros que favorecen el bilingüismo, y el mantenimiento de la diversidad cultural.

SEA USTED MI INTERPRETE, POR FAVOR

Preparen preguntas que requieran usar el vocabulario nuevo. Sugerencias:

1. Do you think that all these arguments about bilingualism are absurd and "have neither head nor tails"?
2. What national problem do you consider a can of worms?
3. What is your descent? Where did your ancestors come from?
4. Where did the first Spanish colonists settle down in what is now the U.S.A.?

CUESTIONES GRAMATICALES

Los usos del subjuntivo (2)

A. Tres expresiones que necesitan un subjuntivo

1. **Ojalá** es una expresión que los cristianos tomaron de los árabes. Es una corrupción de *ua xa Alah:* Quiera Dios que…. Puede usarse con todos los tiempos del subjuntivo, y puede referirse a acciones presentes, pasadas o futuras. Se usa con o sin *que:*

Presente:	Ojalá (que) **pueda** matricularme hoy.
	Ojalá (que) no **haya** examen mañana.
Imperfecto:	Ojalá (que) todos **llegaran** sanos y salvos, ayer, hoy o mañana.
Presente Perfecto:	Ojalá (que) **hayan promulgado** la ley ayer.
Pluscuamperfecto:	Ojalá (que) **hubiéramos ganado** ayer, pero perdimos la partida de tenis.

2. **Tal vez, quizá** (o **quizás**) toman subjuntivo casi siempre, aunque pueden usarse con indicativo cuando expresan una duda ligera:

Tal vez **tenga** ascendientes italianos. No lo sé.
Tal vez **tiene** ascendientes italianos. Es posible.

Quizá(s) sus antepasados **hayan venido** de Irlanda. No tengo ni idea.
Quizá(s) sus antepasados **han venido** de Irlanda. Es muy probable.

PRACTICA

Con las ideas dadas, vamos a hacer oraciones que comiencen con **ojalá, tal vez, quizá(s)**. Atención: la acción puede ser pasada, presente o futura.

Modelo:

Mis descendientes vivirán en Arizona.
Ojalá <u>vivan en Arizona</u>.

Se mudaron de casa. No lo sé.
Quizá <u>se hayan mudado de casa</u>.

1. Deletreé bien todas las palabras. Ojalá...
2. Cuando dejó su empleo hizo una locura. Tal vez...
3. Viajaremos en un avión a reacción. Quizá...
4. Es casi seguro que es de ascendencia maya. Tal vez...
5. Podremos ir a la manifestación. Ojalá...
6. Sus antepasados se establecieron en Perú. Tal vez...
7. Promulgaron la ley ayer. Es muy posible. Tal vez...
8. Mandarán la solicitud mañana. Quizás...

B. Verbos que intentan controlar la conducta de otro sujeto

1. Intentamos controlar la conducta de otros cuando queremos o esperamos que hagan algo. El que lo hagan o no pertenece al mundo de lo posible, no al mundo de la realidad, y por eso estos verbos provocan la presencia de un subjuntivo en la cláusula subordinada. Atención: Se necesitan dos sujetos. Si los dos verbos tienen el mismo sujeto, el segundo verbo está en infinitivo:

Un sujeto: Infinitivo	Dos sujetos: Subjuntivo
Quiero estudiar el arte azteca.	Quiero **que estudies** el arte azteca.
Esperas estudiar informática.	Esperas **que yo estudie** informática.
Tengo ganas de licenciarme.	Tengo ganas de **que te licencies**.

Otros verbos de este tipo: desear, ambicionar, confiar en, exigir.

2. Hay verbos que pueden comunicar un hecho o dan una orden indirecta:

Comunicación: Indicativo	Orden indirecta: Subjuntivo
Me dijo que estudió el asunto.	Me dijo **que (yo) estudiara** el asunto.
Te escribí que no hice locuras.	Te escribí **que no hicieras** locuras.

Otros verbos de este tipo: comunicar, informar, avisar, anunciar, participar, notificar, telefonear.

Cuando estos verbos van seguidos por **deber** + infinitivo, la cláusula subordinada puede estar en indicativo o en subjuntivo:

> Me dijo que **yo debía (que yo debiera) estudiar** el asunto.
> Te escribí **que no debías (que no debieras) hacer** locuras.

3. Los verbos que ordenan, permiten o prohiben pueden tomar infinitivo o subjuntivo, aun cuando haya un cambio de sujeto:

> El médico me manda **fumar (que fume)** menos.
> Me permitió **hacer (que hiciera)** un examen suplementario.
> Nos prohibieron **manifestarnos (que nos manifestáramos)** en la plaza.

Otros verbos del mismo tipo: ordenar, aconsejar, sugerir, proponer, consentir, tolerar, dejar, impedir.

Los verbos **pedir** y **rogar,** que expresan una orden en forma más suave, pertenecen a este grupo, pero *casi siempre* se usan con subjuntivo:

> Te pido **ir (que vayas)** a la tienda de abarrotes.
> Me rogaste no **derrochar (que no derrochara)** el dinero.

C. Verbos que expresan emoción o negación

1. Verbos que expresan alegría, temor, vergüenza, sorpresa o lástima en relación con la acción expresada por otro verbo:

Un sujeto: Infinitivo o subjuntivo	Dos sujetos: Subjuntivo
Me alegra poder verte.	Me alegra **que puedas** verme.
Me alegra **que (yo) pueda** verte.	
Tengo miedo de suspender.	Tengo miedo **que** él **me suspenda**.
Tengo miedo de **que (yo) suspenda**.	
Me avergüenza sacar efes.	Me avergüenza **que saques** efes.
Me avergüenza **que (yo) saque** efes.	
Me sorprende verte triste.	Me sorprende **que estés** triste.
Me sorprende **que (yo) te vea** triste.	
Nos da pena emigrar.	Nos da pena **que emigres**.
Nos da pena **que emigremos**.	

Otros verbos del mismo tipo: encantar, agradar, temer, asustarse, humillar; sonrojar, abochornar, ruborizar; asombrarse, admirarse, maravillarse, extrañarse; deplorar, quejarse de, sentir.

2. El verbo **negar:**

Un sujeto: Infinitivo o subjuntivo	**Dos sujetos: Subjuntivo**
Niego ser exigente.	Niegas **que yo sea** exigente.
Niego **que yo sea** exigente.	

D. Verbos que expresan duda

Entre los verbos que expresan duda o que indican que no se cree algo hay que hacer algunos distingos:

1. El verbo **dudar:**

Un sujeto: Infinitivo o subjuntivo	**Dos sujetos: Subjuntivo**
Yo dudo sacar una F.	La profe duda **que yo saque** una F.
Yo dudo **que** (yo) **saque** una F.	

2. Los verbos **creer, pensar:**

Afirmación: Indicativo	**Negación: Subjuntivo**
El profe cree que aprobaré.	El profe no cree que **apruebe.**
Pensamos que es un avispero.	No pensamos que **sea** un avispero.

Otros verbos de este tipo: sospechar, tener la sospecha de.

En los casos del grupo D, los hispanoparlantes manipulan el indicativo o el subjuntivo para indicar, de un modo muy sutil, una menor o mayor duda. Los usos más frecuentes, sin embargo, son los que se indican más arriba. De todos modos, el estudiante de español no se debe sorprender si oye o lee estas estructuras:

Mi profe duda **que yo sacaré** una F. (Pero yo sé que la sacaré.)
Yo dudo **que** (yo) **sacaré** una F. (Mi profe lo dice. Yo no lo creo.)
¿Tú crees **que** (yo) **apruebe?** (Yo sospecho que no aprobaré.)
El profe no cree **que yo aprobaré.** (Pero yo estoy seguro que sí.)
Niegas **que yo soy exigente.** (Pero todos dicen que lo soy.)

PRACTICA

A. Vamos a completar estas oraciones repitiendo el verbo usado en la primera parte. Atención: En la segunda parte el modo usado puede ser el subjuntivo, *o no,* y el tiempo estará coordinado con el usado en la primera parte: presente de indicativo—presente de subjuntivo; pasado de indicativo—imperfecto de subjuntivo.

Modelo:

Quiero emigrar y quiero que mi familia emigre conmigo.
Quería emigrar y quería que mi familia emigrara conmigo.

Es cierto que voy a emigrar, y que mi familia emigra conmigo.
Era cierto que iba a emigrar, y que mi familia emigraba conmigo.

1. Yo deletreo bien, y espero que ustedes _____ bien también.
2. La jefe pone los documentos en la carpeta, y quiere que yo los _____ en el archivo.
3. Te telefoneé que iríamos al autocine, y que tú _irías_ también. ✗
4. Iba a estacionar el coche, pero un policía me prohibió que ✗ lo _hiciera_.
5. Estoy seguro que apruebo el curso, y que tú _____ también.
6. Tú sabes escribir a máquina, pero dudas que yo _____ escribir también.
7. Nos enfrentamos con nuestros problemas, y exigimos que ustedes _____ con los suyos también.
8. Niegas hacer locuras, y niegas que tus amigos las _____ también.
9. Yo creo que los grupos minoritarios tienen razón en muchos casos, pero tú no crees que la _____ .
10. Te gusta estudiar la civilización maya, y sugieres que yo la _____ también.
11. Alquilé un coche, y sé que tú _____ otro igual. _alquilaste_
12. Anuncié que mi oficina necesita un secretario, y que tu oficina lo _____ también.
13. Tengo miedo de ver a Drácula, o que Drácula me _____ a mí.
14. Siento mucho tener que esperar, y siento que tú _____ que esperar también.
15. Tú fumas mucho, y ya sabes que el médico no te consiente _____ .
16. Los españoles deseaban colonizar América, pero no querían que otros europeos la _____ .
17. Mi padre sabe que se jubilará este año, y le da pena _____ tan pronto.
18. El periódico dice que el clima de la ciudad no es insalubre. Niega que el clima _____ insalubre, pero todos sabemos muy bien que lo es.
19. No hice el examen, pero la profesora me permite _____ un examen suplementario.
20. Debo trabajar en Nueva York, y me comunicaron que _____ mudarme a esa ciudad el mes próximo.

saber
sepa

B. Conteste a estas preguntas en forma afirmativa o negativa, usando el subjuntivo o el indicativo del verbo dado, según sea necesario.

Modelo:

Todos llegarán sanos y salvos. ¿Ojalá?
Sí, ojalá que todos lleguen sanos y salvos.

1. El gobierno promulgará una ley muy discutida. ¿Te asombra?
2. Ese muchacho habla con acento español, pero él dice que es italiano. ¿Te extraña?
3. Sé que pagas unos salarios muy bajos. ¿No te sonroja?
4. Tú comes demasiado. ¿Qué te aconseja el médico?
5. Escribiste un libro, y los críticos dicen que no tiene ni pies ni cabeza. ¿No te avergüenza?
6. Vas a recibir una buena nota. ¿Te alegra?
7. Una señora hispana presenta su candidatura a senadora. ¿Te sorprende?
8. No fui al gimnasio porque no sabía que iba a haber un partido de baloncesto. ¿Tú me lo comunicaste?
9. Con la llegada de la «civilización» muchas tribus del Amazonas se extinguen. ¿Te da pena?
10. Tienes muchas faltas en clase. ¿Ya te lo dijo la profesora?
11. No debes faltar más. ¿Te lo avisó?
12. La comida en este restaurante es horrible, y al encargado le es igual. ¿Se sonroja el encargado? ¿Qué crees?
13. Bebes demasiado. ¿Tu médico te deja?

EL ARTE DE LA COMPOSICION

La narración en las culturas bilingües

Hay muchos países en los cuales se habla más de un idioma. En el mundo hispánico hay varios casos. Además del español, que es la lengua oficial de España, algunas partes de España tienen también otra lengua oficial: el catalán en Cataluña, el éuskara o vasco en Euzkadi o País Vasco, el gallego en Galicia, el valenciano en Valencia y el mallorquín en las Islas Baleares. En Paraguay coexisten el español y el guaraní. En Perú y Bolivia el quechua y el aymara. En México todavía se hablan algunas lenguas indígenas, y lo mismo sucede en Guatemala. En los EE.UU. hay muchas personas que consideran el español como su lengua materna, o que tienen el privilegio de vivir con dos idiomas, el español y el inglés.

En los países con dos o más lenguas puede suceder que la población se divida según el idioma que hable (en Suiza, donde predominan el francés y el alemán, y donde también hay grupos que hablan italiano o romanche, hay suizos que sólo hablan una de las cuatro lenguas oficiales), o que toda la población tenga una lengua común, con minorías que tienen, además de esa lengua común, otra propia. En España, por ejemplo, aunque es cierto que hay vascos, catalanes o gallegos que no hablan el español, se puede decir que, en general, esta es la lengua común en la que todos se entienden. Hay allí muchas personas que, al hablar en español, introducen palabras o expresiones de su otra lengua. Esto ocurre también en los EE.UU., donde el inglés y el español se mezclan, a veces, en la conversación de la gente que habla las dos lenguas.

Al escribir sobre una sociedad bilingüe, intentando reflejar su manera de hablar, los escritores tienen varias posibilidades. Imaginemos el dilema de los autores gallegos que quieren escribir con temas y personajes de su tierra. Pueden adoptar varias soluciones:

1. Escribir en español, la lengua de la mayoría del país y de otros veinte países, para encontrar lectores en toda España e Hispanoamérica: «—Ya baja la niebla por el pinar—le dijo el muchacho a su primo.»

2. Escribir en gallego, una lengua hablada por unos tres millones de personas en todo el mundo. Los autores tienen así la satisfacción de contribuir a la literatura de su pequeño país, pero su número de posibles lectores se ha reducido muchísimo: « —Xa baixa a brétema polo piñeiral—díxolle o rapaz ao seu curmán. »

3. Escribir básicamente en el idioma que tiene más hablantes, en este caso el español, usando de vez en cuando palabras y expresiones del gallego. Esto puede hacerse de varias maneras:

a. Escribir las descripciones (es decir, cuando habla el autor) en español, y usar el gallego cuando hablen los personajes: « —Xa baixa a brétema polo piñeiral—le dijo el muchacho a su primo. »

b. Escribir las descripciones en español, y mezclar los dos idiomas cuando hablan los personajes para que el uso de algunas palabras gallegas dé color local a la narración: « —Ya baja la brétema por el piñeiral—dijo el muchacho a su primo. »

c. Mezclar los dos idiomas en las descripciones y en los diálogos: « —Ya baja la brétema por el piñeiral—le dijo el rapaz a su primo. »

En todos los casos del grupo 3 los autores corren el riesgo de que los critiquen por escribir en una lengua que no es ni español ni gallego. Además reducen el número de lectores a las personas que hablen los dos idiomas. En el ejemplo dado, los lectores que sólo hablen español llegarán a cansarse de encontrar tantas palabras gallegas que no comprenden, y dejarán de leer.

4. Publicar una versión bilingüe de su obra. Esto es relativamente fácil en un libro de poesía, y mucho más difícil en un novela larga.

Este ejemplo de los escritores gallegos se puede aplicar a los EE.UU., donde hay una literatura escrita por gente de habla hispana, y en la cual se han explorado todas las posibilidades mencionadas. Todas ellas son válidas, y la elección depende de quien escribe. Si los autores quieren tener el mayor número posible de lectores, las opciones del grupo 3 son las menos atractivas. En ellas, al usar los dos idiomas, los autores escriben sólo para la población bilingüe. El problema se reduce si la mezcla de los dos idiomas es limitada, de forma que no impida comprender el conjunto de la obra.

PRACTICA

Escribir una breve narración según los modelos 3. a, 3. b y 3. c escogiendo una de estas situaciones:

1. Lugar: Un país hispánico. Protagonista: Una persona que habla español no muy bien. Su lengua materna es el inglés.
2. Lugar: Un país de lengua inglesa. Protagonista: Una persona que habla español y un poco de inglés.
3. Lugar: Un país de lengua inglesa. Protagonista: Una persona que habla bien los dos idiomas, pero que usa principalmente el español.

Un poco de ortografía

Al hablar no suena la hache, pero al escribir... ¡ay, hay haches! En la lección 8 hemos visto algunas posibles confusiones relacionadas con el uso de la letra hache. Veamos otros casos:

1. el **ala**   *wing* / **¡hala!**   *come on!, let's go!*

   ¡Hala!, vamos a volar en **ala** delta *(handglider)*.

2. **aprender**   *to learn* / **aprehender**   *to apprehend* / **prender**   *to arrest*

   Si conduces borracho te van a **prender**. ¿Cuándo vas a **aprender**? Ya sabes que la policía va a **aprehender** a todos los conductores que hayan bebido.

3. el **aria** (composición musical) / **haría** (condicional de **hacer**)

   El tenor dijo que **haría** lo posible por cantar bien el **aria**.

4. el **as**   *ace* / **has** (de **haber**)

   ¿Por qué no **has** usado el **as**? Ahora vas a perder la partida.

5. **azar**   *chance* / **azahar**   *orange blossom*

   Los juegos de **azar** son legales en Nevada.
   El **azahar** es una flor blanca.

6. **desecho**, de **desechar**   *to reject* / **deshecho**, de **deshacer** / **deshacerse de**   *to get rid of*

> Es muy difícil **deshacerse** de los **desechos** nucleares.
> ¿Quién **deshizo** el paquete? Está todo **deshecho**.
> Acepto tu propuesta. Yo nunca **desecho** una propuesta razonable.

7. **uno**   *one* / **huno**   *Hun*

> Atila es **uno** de los **hunos** más famosos.

PRACTICA

Completar estas palabras con una hache, *si es necesaria.*

> 1. Le pedí que se casara conmigo, y me des___echó. Mi vida está des___echa.   2. Mi padre me ___echó de casa. ¿Qué ___e ___echo yo? Es un ___echo terrible.   3. Yo no canto bien pero ayer, por aza___r, canté muy bien un ___aria muy difícil. ¡Qué ___aría yo si cantara siempre así! Me ___aría cantante de ópera.   4. ¿Qué ___a pasado? El pajarito se rompió el ___ala derecha. ¡___ala! Vamos ___a llevarlo al veterinario.

REVISION GENERAL

DIALOGO

A. Conteste a estas preguntas usando el vocabulario estudiado.

> 1. ¿Te interesa más lo de antes o lo del futuro, y por qué?
> 2. ¿Comprendes las reglas del uso de los acentos, o te parece que no tienen ni pies ni cabeza?   3. En tu opinión, ¿un español es *hispanic* o no? ¿Lo es o no lo es?   4. ¿Qué lío de familia te parece un avispero?   5. ¿Por qué es muy discutido el tema de la pena de muerte?   6. ¿Qué se entiende por «la gente de la calle»?   7. ¿Qué bromas te parecen pesadas y qué bromas te parecen graciosas?   8. ¿Por qué crees que los padres corrigen a los niños cuando éstos dicen «no me da la gana»?   9. ¿Te parece egoísta no querer ayudar en los quehaceres domésticos? ¿Qué pensarías de un hermano que siempre dice «que lo haga otro»?   10. ¿Crees que los problemas de la sociedad te afectan, o los hay que no tienen nada que ver contigo? ¿Cuáles son?   11. ¿Qué le dirías a una hermanita de doce años si la vieras besuqueándose con su «novio»? ¿Le dirías lo mismo a un her-

mano de la misma edad, si estuviera besuqueándose con su «novia»?   12. ¿Qué se entiende por «hablar con propiedad»?
13. ¿De dónde vinieron tus antepasados?   14. ¿Por qué crees
o no crees que aprender una lengua extranjera es el cuento de
nunca acabar?   15. ¿Te gusta la gente que, cuando habla, habla
para rato? ¿Por qué sí o por qué no?   16. ¿Qué tiene que ver
la política con la economía?   17. ¿Qué se entiende por «poner
a dormir un perro o un gato»?

B. Ahora vamos a usar el vocabulario nuevo en lugar de las palabras
en bastardilla.

Modelo:

¿Qué *significa* «pasar a mejor vida»? *Significa* «morir».
¿Qué <u>se entiende por</u> «pasar a mejor vida»? <u>Se entiende</u>
    «morir».

1. En algunos países, las diferencias entre pobres y ricos son un
hecho que puede crear muchos problemas.   2. La política de
algunos países no tiene *lógica ninguna.*   3. *El pasado* siempre
fue mejor.   4. A veces los niños hacen cosas terribles, pero *que
tienen mucha gracia.*   5. *Por cierto,* tu hijo acaba de vestir al
perro con tu camisa nueva.   6. Tu hermano siempre está hablando de política. ¡Qué *aburrido!*   7. Mi perro y mi gato son
muy buenos amigos. Todos los días, por la mañana, se *tocan
mucho con la nariz.*   8. La gente culta siempre habla con
exactitud.   9. No me gustan las novelas demasiado largas. Parecen el cuento *que no termina nunca.*   10. Si esperas casarte
con un príncipe, vas a esperar *por mucho tiempo.*   11. Tus
sueños no tienen *relación ninguna* con la realidad.   12. Los
derechos de los animales son un tema muy *debatido.*   13. Una
persona de origen chino, nacida en Panamá, ¿es latina o no *es
eso?*   14. Te daré lo que me pidas, *no importa lo que* sea.
15. Los *abuelos* de la mayoría de los norteamericanos vinieron
de otros continentes.   16. Yo no tolero que mis hijos digan *¡no
quiero!*   17. ¿Crees que tus hijos no lo dicen? *¡Eso es lo que tú
te crees!*

DIFICULTADES Y EJERCICIOS

A. Conteste a estas preguntas usando el vocabulario nuevo.

Modelo:

¿Qué juego es más popular en tu universidad?

Posible respuesta:

El juego más popular es el baloncesto.

1. ¿En qué edificios es legal el juego?   2. ¿Qué partidos tienen veinticuatro jugadores?   3. ¿Cuál es el máximo de jugadores en una partida de tenis?   4. ¿Por qué está prohibida la caza del bisonte?   5. ¿Para qué estás siempre listo?   6. ¿Qué campo es más grande, un campo de golf o un campo de fútbol? 7. En general, ¿de qué son las canchas de baloncesto? 8. ¿Cuándo se usan las pistas de esquí?   9. ¿Cuántas pistas hay en un circo?   10. ¿De qué son las pistas de aterrizaje? 11. Cuando hay un crimen, ¿qué pistas busca la policía? 12. ¿Quién se ocupa de la sanidad pública?   13. ¿Qué consideras tú un síntoma de cordura?   14. ¿Qué es lo contrario de estar cuerdo?   15. ¿Cuándo se dice que un cierto clima es insalubre?

B. Conteste a estas preguntas usando el vocabulario nuevo.

Modelo:

¿Qué hay en un aeropuerto?
En un aeropuerto hay pistas de aterrizaje.

1. ¿Qué hacen las autoridades sanitarias?   2. ¿Qué tiene que probar el abogado defensor de un criminal, para que su cliente no vaya a la cárcel?   3. ¿Cuándo podemos salir del hospital? 4. ¿Cómo es el clima de algunas regiones tropicales?   5. ¿Qué dejan los animales cuando andan sobre la arena o sobre la nieve? 6. ¿Dónde corren los atletas?   7. ¿Dónde se baila?   8. ¿Qué se da una persona que siempre está hablando de lo importante que es?   9. ¿Qué hay en las montañas a donde van los cazadores?   10. El póquer, ¿es una partida de qué?

CUESTIONES GRAMATICALES

A. Con la información dada en bastardilla, complete estas frases usando el indicativo, el subjuntivo o el infinitivo, según sea necesario.

Modelo:

(promulgar la ley)
Ojalá que el gobierno federal...
Ojalá que el gobierno federal promulgue la ley.

1. *(hablar con propiedad)* Me sorprende que tú no...   2. *(decir «no me da la gana»)* No te tolero que...   3. *(estacionar en la*

plaza) El policía me prohibió...   4. *(ser de pura ascendencia india)* Me maravilla que tú...   5. *(compartir los quehaceres domésticos)* A mí me encanta...   6. *(establecerse en otro país)* Me da pena que ustedes...   7. *(vivir en un clima salubre)* Mi médico me mandó...   8. *(presentar la candidatura)* Me alegra que ella...   9. *(ser agresivo)* Yo niego que mi amigo...   10. *(compartir los gastos)* Confío en que ustedes...   11. *(venir de Irlanda)* Quizá sus antepasados...   12. *(emigrar a otro país)* El año próximo, tal vez mi familia...   13. *(llegar a este país)* Tal vez mi familia... a este país en 1850.   14. *(encontrar a mis parientes)* Voy a ir a Italia y voy a buscar a mis parientes. Ojalá los...   15. *(venir a mi fiesta)* Te ruego...

B. Complete estas frases repitiendo el verbo usado en la primera parte. Tendrá que usar el indicativo, el subjuntivo o el infinitivo.

Modelo:

Yo no fumo, y me alegra que tú no...
Yo no fumo, y me alegra que tú <u>no fumes</u>.

1. Yo no uso palabras groseras, y me sonroja que ustedes...   2. A veces me emborracho, y me abochorna...   3. Yo debo firmar el contrato, y te informo que tú...   4. No me gusta cazar, y me asombra que a ti...   5. Yo me quejo de tener que trabajar tanto, y tú también...   6. Me asusta la idea de una guerra nuclear, y me admira que a ti no...   7. No debo fumar más. El médico me aconsejó no...   8. No debo fumar. El médico me aconsejó que no...   9. Mi hija se va a casar. En una carta te participo que mi hija...   10. ¿Podré ir a México? Confío en...   11. ¿Podré ir a Perú? Confío en que yo...   12. Mis descendientes vivirán siempre en este país. Me agrada que mis descendientes...   13. Ella es de ascendencia alemana. Creo que ella...; no creo que ella ... italiana.

VOCABULARIO GENERAL

A. Conteste a estas preguntas usando el vocabulario nuevo.

Modelo:

¿Quién es un emigrante?

Posible respuesta:

Un emigrante es una persona que sale de su país para vivir en otro.

1. ¿Quiénes llegaron a América hace cuatrocientos y pico años?
2. ¿Quiénes son los ascendientes y quiénes son los descendientes?

3. ¿Quiénes son los mestizos?   4. ¿Por qué cree usted que su país tiene o no tiene capacidad de absorción de todos los inmigrantes?   5. ¿Cómo fue la expansión hacia el oeste en los EE.UU.?   6. ¿Dónde se arrinconó a la población india? 7. ¿Quiénes colonizaron Nuevo México?   8. ¿En qué parte de los EE.UU. se establecieron los franceses?   9. ¿Por qué se dice que las tribus indias fueron diezmadas?   10. Hoy en día, ¿en qué estados hay bastante población india?   11. ¿Con qué culturas americanas se mezcló la cultura española?   12. En América, ¿qué culturas autóctonas conoce usted?   13. ¿Por qué se extinguieron algunas tribus americanas?   14. ¿Quiénes fueron traídos a América a la fuerza?

B. Use el vocabulario nuevo en lugar de las palabras *en bastardilla*.

Modelo:

La cultura española *se combinó* con las culturas autóctonas.
La cultura española se mezcló con las culturas autóctonas.

1. En *estos momentos* hay muchos cubano-americanos en la Florida.   2. Vinieron aquí como *personas que buscan asilo político*.   3. Los españoles empezaron a colonizar América *empezando en* el final del siglo XV.   4. Muchos territorios españoles pasaron a *ser* parte de la Unión en 1848.   5. El término «latino» es *repudiado* por muchos hispanoamericanos.   6. Les parece que ese término *es* inadecuado.   7. Puede hacer llegar a la *idea* de que incluye a los italianos.   8. Los Estados Unidos y México *tienen cada uno una parte de* California.   9. Los gobiernos *publican* leyes.   10. Hay grupos sociales que tienen que *hacer frente a* casos de discriminación.

ANGLICISMOS

Elimine los anglicismos de estas frases.

Modelo:

El jefe me dijo que me va a *promover*.
El jefe me dijo que me va a ascender.

1. El policía me dio *un tiquete*.   2. Fui a la *grosetería* a comprar leche.   3. Estoy seguro que no *flonquearé* en este curso. 4. Después de las compras de Navidad, empiezan a llegar *los biles*.   5. Para conseguir ese trabajo hay que saber *taipiar*. 6. El piso está sucio. Hay que *mopiarlo*.   7. Estuve estudiando en la *librería*.   8. El profesor me dijo que tengo demasiadas *ausencias*.   9. Cultivar marijuana es *contra la ley*.   10. Mi

padre tiene sesenta años, y va a *retirarse*.   11. Me preocupan los problemas de la política *doméstica*.   12. ¡Hay que ver cómo han subido *las utilidades*!   13. Necesito *un ejecutivo agresivo*. 14. Ayer presenté mi *aplicación*.   15. Espero que la *procesen* pronto.   16. Tengo que terminar un *papel* para el curso de inglés.   17. Aquí estamos, *discutiendo* amistosamente de política.   18. La jefe de *marketing* se llama Teresa.   19. El médico me hizo un buen *chequeo*.   20. Tú necesitas relajarte un poco. Toma un whisky *en las rocas*.   21. Hay mucho *software* para esta computadora.   22. Prohibido *aparcar*.

POSIBLES TEMAS PARA UNA CONVERSACION/COMPOSICION

1. Choques de culturas en la historia de este país.
2. El español y el inglés en Puerto Rico.
3. La influencia del inglés en otros idiomas.
4. ¿Qué es ser *hispanic*?
5. El inglés, lengua nacional.
6. Objeciones al bilingüismo.
7. En defensa del bilingüismo.
8. El Oeste Americano como leyenda.
9. Lo indio en los EE.UU.
10. El derecho de asilo para los refugiados políticos.
11. La presencia cubana en los EE.UU.
12. La protección legal de los grupos minoritarios.

PARA USAR EN LA CONVERSACION/COMPOSICION

1. *Los orígenes*

la población autóctona / el, la indígena

desplazar / arrinconar / diezmar / la reserva

extinguirse / la extinción

colonizar / los colonizadores / establecerse en / fundar una ciudad

el choque de culturas / el choque de civilizaciones

mezclarse / la mezcla de razas / el mestizo

emigrar ≠ inmigrar / el, la emigrante ≠ el, la inmigrante / el refugiado político / el país de origen

la expansión (hacia...)

    los antepasados ≠ los descendientes / descender de / la descen-
      dencia

    la esclavitud / traer (a alguien) a la fuerza

    los grupos minoritarios / la discriminación / enfrentarse con

    promulgar leyes / a nivel federal ≠ a nivel estatal

    los círculos hispánicos

2. *Anglicismos:* Véase la lista en la sección *La cultura y la lengua.*

3. *Expresiones verbales*

    alquilar

    asistir a

    compartir

    (no) darle la gana (a alguien)

    darse pisto = darse aires

    dejar a un lado

    deletrear

    discutir = tener una disputa

    empujar

    entenderse por

    escribir a máquina

    estar listo / estar de acuerdo

    formar parte de

    hablar con propiedad

    hacer presión sobre

    limpiar el piso

    llegar a la conclusión de que...

    no tener ni pies ni cabeza

    pasar a + *infinitivo*

    pasar un trapo mojado por + *nombre*

    presentar la candidatura a = ser candidato a

    procesar = llevar a los tribunales

    ¡qué te crees tú eso!

    resultar

    sea lo que sea

    ser el cuento de nunca acabar

    ser pesado / ser un pesado

solicitar = pedir

suspender ≠ aprobar

tener que ver con

trasladarse de = mudarse de / trasladarse a = mudarse a

4. *Otros vocablos*

    a. *Adjetivos*

        actual = de actualidad

        atrevido ≠ tímido

        dinámico = emprendedor

        discutido = polémico

        educativo

        enfermo ≠ sano

        gracioso = cómico

        ilegal ≠ legal

        insalubre ≠ salubre

        loco ≠ cuerdo

        sano y salvo

    b. *Nombres*

        la alfombra

        el alquiler

        la antigüedad (= tiempo en un empleo)

        el asunto

        el avispero

        el avión a reacción

        el besuqueo

        el campo de + *nombre*

        la capacidad de absorción

        la caza

        el clasificador

        la cordura ≠ la locura

        la cuenta

        el desfile

        el despacho

        la discusión

        el encargado

la entrada = el boleto
la falta
el formulario
el, la gerente
la huella = la pista
la jubilación
el juego
el libro de bolsillo
el magnetismo personal
la manifestación
el, la maquinista
el mercado
la multa / ponerle una multa a alguien
la oportunidad
la papeleta
la partida / el partido
la pista de + *nombre/verbo*
los productos alimenticios
la solicitud
el salario / el sueldo
la tabla a vela = el windsurfer
el, la telefonista
la tienda de abarrotes = la tienda de alimentación
el trabajo
el voto

c. *Otras expresiones*
a partir de = después de
a pesar de
a propósito = por cierto
hoy en día = en la actualidad
lo de antes = las costumbres de otros tiempos
lo es = es eso
para rato = por mucho tiempo
por lo tanto = por esta razón
(cantidad) y pico = (cantidad) y un poco más

5. *Verbos que pueden tomar subjuntivo*

    abochornar, aconsejar, admirarse, agradar, alegrarse, ambicionar, anunciar, asombrarse, asustarse, avergonzarse, avisar

    comunicar, confiar en, consentir, creer

    dar pena, dejar, deplorar, dudar

    exigir, encantar, extrañar

    humillar

    impedir, informar

    mandar, maravillarse

    notificar

    ordenar

    participar, pedir, pensar, proponer

    quejarse de, querer

    rogar, ruborizar

    sentir, sonrojar, sorprenderse, sugerir

    telefonear, temer, tener miedo de, tolerar

6. *Expresiones que toman subjuntivo*

    ojalá, quizá, quizás, tal vez

LA NATURALEZA

ESTADO LIBRE ASOCIADO DE PUERTO RICO
JUNTA DE CALIDAD AMBIENTAL
COMMONWEALTH OF PUERTO RICO
ENVIRONMENTAL QUALITY BOARD

AVISO

LA CALIDAD DE LAS AGUAS DESDE ESTE PUNTO HASTA 2.416 PIES AL OESTE, HACEN LAS MISMAS TEMPORALMENTE NO RECOMENDABLES PARA NADAR, BAÑARSE O ESQUIAR.

NOTICE

THE QUALITY OF THE WATERS FROM THIS POINT UP TO 2.416 FEET WEST, RENDER THE SAME TEMPORARILY NOT SUITABLE FOR SWIMMING, BATHING OR SKIING.

Un letrero bilingüe anuncia que el agua está contaminada. En los dos textos, el español y el inglés, hay la misma falta de sintaxis. ¿Puede encontrarla? Imagínese que usted es presidente de la Junta de Calidad Ambiental. ¿Qué carta le escribiría a la persona responsable de ese error gramatical?

□ *Personajes: María Luisa, Howard, Steven, Pilar, Manuel, Rita*

→ MARIA LUISA Hoy a las ocho hay un documental en la tele sobre **la matanza de focas**[1] en Canadá. Me gustaría verlo.

PILAR ¡Uf, qué horror! **Digan lo que digan**[2] los canadienses, eso es una barbaridad.

HOWARD **Por salvaje que sea**,[3] no lo es mucho más que las corridas de toros. Además, las han prohibido en 1986.

STEVEN O que **las luchas de gallos**.[4] Yo vi una en México y me pareció **una salvajada**.[5]

MANUEL ¡Hombre! No hay que exagerar. En las corridas de toros, por lo menos hay arte. En cuanto a **lo de**[6] los gallos, no lo sé porque nunca he visto una.

MARIA LUISA Entonces, para ti el arte justifica la matanza de los toros, ¿no?

RITA A mí me gustan...

HOWARD ¿Te gustan las matanzas de los toros? No te creía tan **sanguinaria**.[7]

RITA Déjame terminar. Lo que me gustan son las corridas de toros, no las matanzas de toros.

STEVEN ¿Y cómo puedes separarlas unas de otras?

MARIA LUISA Las corridas de toros son una gran **bestialidad**,[8] las matanzas de focas son un acto de **salvajismo**,[9] **las peleas**[10] de gallos, otra bestialidad, y los experimentos con animalitos en los laboratorios son una barbaridad. Los animales tienen derechos.

MANUEL Y dime, querida amante de los animales, ¿con quién se va a hacer investigación médica? ¿Con personas?

RITA Bueno, yo he leído no sé dónde que algunas de esas investigaciones son para fabricar **productos de belleza**,[11] que no tienen nada que ver con las enfermedades.

STEVEN Y entonces, ¿con qué te vas a **maquillar**?[12] ¿Vas a pintarte la cara con barro, como algunos **salvajes**?[13]

MARIA LUISA Pues, mira, no sería mala idea. Pero además, ¿qué entiendes tú por «salvaje»? Yo te puedo decir el nombre de algunos, aquí en nuestro mundo «civilizado». Por ejemplo, las señoras que se adornan con pieles de animales son unas salvajes.

PILAR **Te estás pasando de la raya**.[14] **Estás harta de saber**[15] que yo tengo **un abrigo de visón**.[16]

MARIA LUISA Bueno, **metí la pata**[17] **por todo lo alto**.[18] Perdona, madre, pero no debías tenerlo.

[1] matar muchas focas *(seals)*
[2] por mucho que digan
[3] aun si es muy brutal
[4] *cockfights*
[5] acción brutal
[6] el asunto de, la cuestión de
[7] cruel
[8,9] acción cruel
[10] luchas
[11] cosméticos
[12] pintarte la cara
[13] personas sin «civilizar»
[14] no eres razonable
[15] sabes muy bien
[16] *mink coat*
[17] dije lo que no debía
[18] mucho

STEVEN En Inglaterra unos partidarios de los derechos de los animales entraron en una granja de visones y los liberaron a todos.

MANUEL Sí, ya sé, y después los visones, que son unos animalitos muy feroces, se dedicaron a matar **todo cuanto**[19] perro y gato **se les puso por delante.**[20] Una acción muy humanitaria.

MARIA LUISA Hablando de perros, Steven, no te olvides de comprarle un **collar mata-pulgas**[21] al tuyo.

MANUEL ¡Ah! Entonces, las pulgas, ¿no tienen derechos? ¿Ves, hija? **Te cogí**[22] en una contradicción.

MARIA LUISA No te pongas sarcástico, padre. ¿Qué mosca te ha picado?

STEVEN No fue una mosca, fue una pulga **de las de**[23] mi perro.

[19] todos
[20] encontraron en su camino
[21] flea-collar
[22] te atrapé
[23] de las (pulgas) de mi perro

PRACTICA INDIVIDUAL

En las respuestas hay que usar las palabras *en bastardilla.*

PREGUNTAS PARA UNA ENCUESTA

1. *La matanza* de animales, ¿está justificada en algún caso? ¿En qué casos es justificable? (1)
2. *Digan lo que digan* los amantes de los animales, ¿sería buena idea eliminar a algunos animales que son peligrosos para la gente? ¿Qué animales? (2)
3. *La matanza* de focas, *por salvaje que sea*, ¿está justificada por el hecho de que la venta de sus pieles es una fuente de ingresos para los que las matan? Los cazadores dependen de esas pieles para sobrevivir. (1, 3)
4. ¿Has visto alguna vez una *lucha de gallos*? ¿Qué piensas de ella? Si no has visto una *pelea de gallos*, ¿cómo crees que es? (4, 10)
5. En el mundo hay gente que caza para comer, y la hay que caza para divertirse. La caza como deporte, ¿te parece *una salvajada*? ¿Por qué sí o por qué no? (5)
6. En cuanto a *lo de* la pesca deportiva, ¿qué te parece? (6)
7. ¿Qué personaje de la historia te parece *sanguinario*, y por qué? (7)
8. Algunos vegetarianos dicen que comer carne es una *bestialidad*, un acto de *salvajismo*. ¿Qué piensa usted? (8, 9)
9. En los laboratorios prueban *productos de belleza* en animales. ¿Qué te parece eso? (11)
10. Nuestra sociedad acepta que *se maquillen* las mujeres, pero no los hombres. ¿Por qué? ¿Te parece natural, ridículo, sexista o qué? (12)
11. El término *salvaje*, ¿expresa el sentido de superioridad de un grupo social sobre otro? ¿Cuál es su concepto de «*un salvaje*»? (13)
12. Hay gente que considera «salvaje» a todos los que tienen una

cultura diferente. ¿Crees que eso es *pasarse de la raya*? ¿Por qué? (14)

13. En cuanto a los derechos de los animales, *¿están ustedes hartos de saber* lo que dicen sus partidarios, o es algo nuevo para ustedes? (15)

14. ¿Recuerda usted alguna ocasión en que *metió la pata por todo lo alto*? ¿Qué pasó? (17, 18)

15. ¿Qué piensa usted de los que matan *todo cuanto animal se les pone por delante*? (19, 20)

16. Si se habla de respetar la vida de los animales, ¿por qué hay *collares mata-pulgas* para los perros y gatos? (21)

17. Manuel dice «*te cogí* en una contradicción». Muchos hispano-americanos no usarían ese verbo. ¿Sabe usted por qué? (22)

18. ¿Qué animales le parecen más felices, *los de* los parques zoo-lógicos o los que viven en libertad? (23)

COMENTARIOS SOBRE LA ENCUESTA

Los estudiantes pueden comentar ahora las respuestas más interesantes. Recuerden que el objeto de esta encuesta es practicar el vocabulario nuevo. Por lo tanto, úsenlo lo más que puedan.

PRACTICA GENERAL

Preparen preguntas que incluyan el vocabulario nuevo. Posibilidades:

1. ¿Por qué los amantes de los animales critican a las señoras que usan abrigos de visón o de otras pieles?
2. ¿Qué se puede hacer para que no haya más matanzas de animales?
3. ¿Por qué un tornado destruye todo lo que se le pone por delante?
4. ¿Crees que hay amantes de la naturaleza que se pasan de la raya?

PRACTICA DE VOCABULARIO

Vamos a modificar estas oraciones. En lugar de las palabras *en bastardilla* vamos a usar otras que signifiquen más o menos lo mismo.

Modelo:

Es difícil justificar *el matar muchos* animales.
Es difícil justificar <u>la matanza de</u> animales.

1. Me parece muy mal probar *cosméticos* en animales de laboratorio.

2. En Europa, en el siglo XVIII, las mujeres y los hombres se *pintaban.*
3. Hay españoles que piensan que las corridas de toros son una *barbaridad.*
4. Quizá es posible justificar la matanza de animales para comerlos, pero los que matan animales para divertirse se *exceden.*
5. Los antropólogos nos dicen que no hay *gente sin civilizar* en el mundo. Simplemente, hay gente con culturas diferentes.
6. ¿Te parece muy bien que estén prohibidas las *luchas* de gallos?
7. No me gusta que salgas de caza. *Sabes muy bien* que me opongo a matar animales por diversión.
8. Los perros necesitan unos collares especiales, porque tienen *parásitos.*
9. Los huracanes destruyen *todo lo que encuentran en su camino.*
10. En una cena con amigos critiqué a los que cazan por divertirse, y luego recordé que uno de mis amigos es un gran cazador. *Cometí un error social muy grande.*
11. Muchos españoles justifican las corridas de toros, *aunque son muy brutales.*
12. *Por mucho que digan,* las corridas de toros me parecen una barbaridad.
13. En cuanto *al asunto* de las luchas de gallos, lo mismo.
14. La historia nos dice que el emperador romano Calígula fue muy *cruel.*

AMPLIACION DE VOCABULARIO

A. La protección de la naturaleza es una cuestión que preocupa a mucha gente. En algunos países hay partidos políticos, **los verdes,** que tienen como programa principal el evitar la contaminación del planeta. A esos **ecologistas** les preocupa **la lluvia ácida,** que está destruyendo los bosques de algunas partes del mundo y los monumentos de algunas ciudades próximas a zonas industriales.

Otro problema es **la desertización** de ciertas zonas. **La tala** de árboles deja el terreno expuesto a los peligros de **la erosión del suelo,** y lo mismo sucede cuando el sistema de cultivo **agota el terreno,** o cuando **el ganado** o **los animales salvajes** consumen la vegetación. Con la desertización viene **la sequía,** causada por la falta de lluvia o por el agotamiento de los depósitos subterráneos de agua. Hay zonas agrícolas en el mundo que sólo son productivas gracias a **un sistema de riego** que también puede agotar las aguas subterráneas.

La tala de árboles con fines comerciales es un problema a nivel mundial. Cada día desaparecen miles de hectáreas de **bosque,** de **selva**

tropical o de **jungla,** y es muy difícil reparar el daño causado, pues la erosión es muy rápida y el terreno se queda sin elementos nutritivos. Al mismo tiempo, los gobiernos de esos países dicen que necesitan explotar sus **recursos naturales** para poder **desarrollar** su economía y para crear **terrenos de cultivo** que su creciente población necesita.

1. En su país, ¿hay un partido verde, o algo semejante? ¿Cuál es su programa?
2. ¿En qué partes de su país es un problema la lluvia ácida, y por qué?
3. El Valle Central de California es un desierto. Sin embargo, es uno de las grandes zonas agrícolas del mundo. ¿Cómo puede ser eso?
4. ¿Qué efectos tiene la tala de árboles?
5. ¿Sabe usted en qué partes del mundo están desapareciendo los bosques o las selvas a un ritmo muy acelerado? ¿Qué pasa en esas zonas?

B. La energía nuclear es **fuente de energía** muy importante para los países que no tienen **recursos petrolíferos. Los científicos,** sin embargo, no están de acuerdo sobre **la seguridad** de las **centrales nucleares,** y muchos grupos ecologistas se oponen a su construcción, pues la presencia de esas centrales nucleares **encierra** serios peligros, sobre todo si están construidas cerca de **fallas geológicas** que pueden multiplicar los efectos de **los terremotos** o de un simple **temblor de tierra.** El problema principal es cómo **deshacerse** de **los acabados, desechos** o **vertidos** de **los reactores nucleares.** Algunos países los **tiran al mar,** lo cual puede contaminar las aguas y los peces; otros los **entierran** en **vertederos,** lo cual tiene el peligro de la contaminación del suelo y de las aguas subterráneas. **Desinfestar** o **decontaminar el medio ambiente** es difícil, costoso y quizá imposible; todavía no se ha encontrado una solución viable a este problema.

1. ¿Le importaría a usted vivir cerca de una central nuclear? ¿Qué peligros encierra?
2. ¿Dónde hay fallas geológicas muy famosas en este país? ¿Por qué es famosa la falla de San Andrés, en California?
3. ¿Cómo es posible deshacerse de los acabados nucleares?
4. ¿Qué efectos tienen los vertederos nucleares sobre el medio ambiente?

C. La flora y **la fauna** también están en peligro en todo el mundo. Muchas **especies** de animales y de plantas están **en peligro de extinción,** o incluso están ya **en trance de extinción,** es decir, que casi será imposible evitar su desaparición de **la superficie terrestre.** Muchas especies ya se han **extinguido.** La lista de especies **extinguidas,** o **extintas,** es muy larga, y la colaboración internacional es indispensable si se quiere evitar que el proceso continúe.

El control de la natalidad es un tema muy discutido en muchos países, y el aborto es el más discutido de todos.

Algunos países han firmado acuerdos internacionales para regular, o prohibir, la caza o la pesca de ciertos animales. **Las ballenas,** ese mamífero que vive en el océano, han estado a punto de extinguirse; su pesca ha sido limitada y, en ciertos casos, prohibida. En la costa oeste de los EE.UU. también han estado **en peligro de extinción** las focas, los leones marinos y otros mamíferos que viven en el mar.

En ciertos países se establecen parques nacionales en los que los animales salvajes pueden vivir en estado natural, pero hay casos en los que **el ritmo de crecimiento** de la población es tan alto que la necesidad de **tierra cultivable** se hace sentir cada día más. El conflicto, entonces, se centra en decidir qué es más importante, **la supervivencia** de los animales o la de los seres humanos. ¿Quién debe **sobrevivir**? Hay muchos **documentales** de cine y de televisión que tratan de instruir al público sobre estos problemas.

1. ¿Por qué están protegidas las ballenas?
2. ¿Para qué se establecen los parques nacionales?
3. ¿Qué diferencia hay entre estar en peligro de extinción o estar en trance de extinción?
4. La supervivencia de los seres humanos y la de los animales, ¿están en conflicto?

D. Otro peligro que amenaza a la humanidad es el de la posibilidad de una **guerra atómica (guerra nuclear).** Todos están de acuerdo en que los efectos de un **conflicto nuclear** serían **devastadores** para el planeta. **La caída radiactiva (el polvo radiactivo)** contaminaría la tierra, y **el invierno nuclear** destruiría la vida tanto vegetal como animal. **Las potencias,** sin embargo, continúan su **carrera armamentista,** acumulan más y más misiles con múltiples **cabezas explosivas,** y dicen que los necesitan como **fuerza disuasiva** frente a sus contrarios. Se habla mucho de **la congelación** de los armamentos atómicos, se celebran conferencias **cumbre** entre jefes de estado, y a veces se declaran **moratorias** de **pruebas nucleares,** pero la humanidad sigue viviendo bajo la amenaza de las explosiones **en forma de hongo** que pueden **borrar del mapa** a toda una ciudad en cuestión de segundos, y que pueden destruir en una **guerra de las galaxias** el frágil planeta donde vivimos.

1. ¿Cómo serían los efectos de un conflicto nuclear?
2. ¿Qué es la caída radiactiva?
3. ¿Por qué algunas potencias están metidas en una carrera armamentista?
4. ¿Por qué una explosión en forma de hongo puede borrar del mapa a toda una ciudad?

LA CULTURA Y LA LENGUA

A. El lenguaje de una sociedad está relacionado con su estructura social o con el medio ambiente que la rodea. Los *farmers*, **los granjeros,** son un elemento muy importante en la sociedad norteamericana, y la *farm*, **la granja,** es uno de los pilares de la sociedad rural del país. Estas dos palabras, granja y granjero, no se usan mucho en español porque la estructura rural de los países hispánicos es diferente. Hay, ciertamente, granjas modernas que se dedican a **la cría** de pollos o de otros animales, o en las que los métodos de cultivo son eficientes y científicos. En **el campo,** en general, predominan las grandes propiedades, que tienen nombres diferentes según los diversos países. Una gran propiedad rural es **una estancia** en Argentina, **un cortijo** en el sur de España, **un fundo** en Chile o **una finca** en varios países, y frecuentemente pertenece a una familia rica que no **trabaja la tierra** directamente, sino que emplea a **campesinos** o **braceros** que hacen el duro trabajo de **la siembra, la recolección** de **la cosecha** o **la vendimia** de **la vid.** Todo esto, naturalmente, puede cambiar de un país a otro, y en algunos países hispánicos diferentes revoluciones han hecho **reformas agrarias** que hicieron desaparecer las grandes propiedades, distribuyendo **la tierras** entre los campesinos o estableciendo cooperativas. En México, por ejemplo, casi desaparecieron las grandes **haciendas,** y con ellas la poderosa clase social de **los hacendados**. **Un rancho** puede ser grande o pequeño, y hay **rancheros** ricos y pobres.

Otros países todavía tienen sin resolver el problema de **la distribución de la tierra,** y existen **latifundios** que ocupan enormes extensiones. Sus dueños, **los latifundistas,** los grandes **terratenientes,** se oponen a una reforma agraria que, naturalmente, supondría **la expropiación** (venta forzosa) o **la confiscación** (pérdida sin compensación) de sus tierras. Lo opuesto del latifundio es **el minifundio,** una excesiva distribución de la tierra.

Los labradores, lo mismo que los rancheros mexicanos, pueden ser ricos o pobres, según la extensión y calidad de las tierras que posean. En varias sociedades hispánicas, sin embargo, cuando se habla de los problemas agrarios se habla de los problemas del **campesinado** (los campesinos) que tiene muy poca tierra, o que no tiene ninguna y trabaja en las tierras «de los ricos». Esos campesinos no tienen más fortuna que sus brazos, y de ahí viene que se les llame **braceros.** En algunos países hispanoamericanos estos problemas de la propiedad de la tierra están complicados con problemas raciales: los terratenientes son, en general, de ascendencia europea, y los campesinos que trabajan la tierra son, también en general, de raza india.

B. ¿Cómo les explicaría usted a unos amigos extranjeros qué connotaciones sociales y económicas tienen en los EE.UU. estas palabras: *ranch, rancher, wine grower, winery owner, farm, farmer, migrant worker, picker, agribusiness*?

DIFICULTADES Y EJERCICIOS

A. Uso de: silvestre; salvaje; cultivado; doméstico; nacional, familiar; domesticado; amaestrado

silvestre ≠ **cultivado, aclimatado**	*wild* ≠ *cultivated, adapted*
salvaje ≠ **civilizado**	*savage* ≠ *civilized*
salvaje ≠ **domesticado**	*wild* ≠ *domesticated*
cultivado = **culto**	*educated*
doméstico (animales)	*domestic*
familiar, de familia, doméstico	*domestic*
nacional (producto)	*domestic*
amaestrado	*trained*

En los campos hay flores **silvestres.** En los jardines hay flores **cultivadas,** y plantas exóticas que han sido **aclimatadas.**

Cuando los españoles llegaron a México no se encontraron con tribus **salvajes**, sino con unas sociedades muy **civilizadas**.

Los animales **salvajes** viven en la selva. Los animales **domesticados** viven en las granjas, y los animales **domésticos**, como los perros y los gatos, viven en casa.

Mucha gente dice que es patriótico comprar sólo productos **nacionales**.

Es agradable hablar con la gente **cultivada**, que sabe mantener una conversación **culta** e interesante.

En los circos hay animales **salvajes** que están **amaestrados**.

A veces la paz **doméstica** se ve alterada por conflictos **familiares**.

PRACTICA

En lugar de las palabras *en bastardilla* vamos a usar el nuevo vocabulario.

Modelo:

En la primavera los campos se cubren de flores *que aparecen sin que nadie las plante*.

En la primavera los campos se cubren de flores silvestres.

1. En la selva viven muchos animales *que nunca han tenido contacto con la gente*.
2. Los gatos y los perros son animales *que viven con los seres humanos, en sus casas*. Participan en la vida *de la familia*.
3. Algunos animales que fueron salvajes, como el caballo, ahora son animales *que trabajan con la gente*.
4. Algunos animales salvajes, domésticos o domesticados trabajan en los circos porque están *enseñados a hacer muchas cosas que los animales no hacen*.
5. Me gusta hablar con la gente *que ha leído y viajado mucho*.
6. Muchas veces, los problemas *en la vida doméstica* conducen al divorcio.
7. El perro fue el primer animal *que empezó a vivir con los seres humanos*.
8. Si alguien de otro planeta, con una tecnología más avanzada que la nuestra, viniera a la tierra, posiblemente nos llamaría *gente sin civilizar*.
9. Durante unas pocas semanas de cada año los desiertos de los Estados Unidos están llenos de flores *que nadie plantó*.

PRACTICANDO AL CONTESTAR

1. Hay mucha gente que se opone a que en los circos trabajen animales amaestrados. ¿Por qué?

2. ¿Por qué los antropólogos nos dicen que los conceptos de «salvaje» y «civilizado» son relativos?
3. ¿Crees que es patriótico comprar sólo productos nacionales? ¿Qué cree usted que pasaría si aquí no compráramos ningún producto extranjero?
4. ¿Sabe usted qué plantas americanas fueron llevadas por los españoles a Europa y aclimatadas allí? Aquí van algunas pistas: (a) Un tubérculo muy importante en la historia de Irlanda; (b) Lo usamos en la ensalada; (c) Se puede usar para hacer tortillas; (d) Se puede fumar.

En el lenguaje norteamericano, el adjetivo *wild* se utiliza de muchas maneras, unas veces en sentido despectivo, otras laudatorio. En español habrá que encontrar un adjetivo diferente para cada caso, que nunca será ni **salvaje** ni **silvestre.** Habrá que determinar, en primer lugar, el significado de *wild* dentro de la frase. ¿Qué es un *wild party*? Puede ser una fiesta muy **divertida, caótica, extravagante,** u **horrible,** según el criterio de cada uno. Y en un espectáculo, ¿qué es un *wild applause*? Puede ser un aplauso **delirante,** o **una salva de aplausos.** ¿Y el *wild temperament* de alguien que anda por la calle hablando solo y mirando a todo el mundo con una *wild gaze*? Podríamos hablar del **carácter violento** de alguien que tiene **mirada** u **ojos de loco.** Y así en cada caso. Hay padres que permiten que sus hijos *run wild* por toda la casa, lo cual significa que les permiten **hacer lo que les da la gana,** o que los niños están muy **consentidos.**

B. Uso de: crecer; darse (bien), cultivar; criarse, portarse como una persona mayor; dejarse (crecer) el pelo, la barba, etc.

crecer	*to grow (get taller)*
darse (bien)	*to grow*
cultivar	*to grow*
criarse	*to grow up*
portarse como una persona mayor	*to grow up*
dejarse (crecer) ...	*to grow*

Los niños **crecen** y se hacen más altos, lo mismo que las plantas.
Las plantas tropicales no **se dan** en los climas fríos, pero **se dan** bastante bien en los climas templados.
Los campesinos de Bolivia **cultivan** la coca, porque esa planta **se da** muy bien allí, **crece** muy alta y produce más dinero que otros productos.
María Luisa nació en Argentina, pero **se crió** en Perú y en España.

A veces su madre le dice que se porta como una niña, y le pregunta incomodada: ¿Cuándo vas a **portarte como una persona mayor**?
Howard dice que va a **dejarse (crecer)** la barba.

PRACTICA

Vamos a practicar el nuevo vocabulario, usándolo en lugar de las palabras *en bastardilla*.

Modelo:

Pareces un niño. ¿Cuándo vas a *actuar como un hombre*?
Pareces un niño. ¿Cuándo vas a <u>portarte como una persona mayor</u>?

1. En los años sesenta muchos jóvenes empezaron a *tener* el pelo *muy largo*.
2. Para muchos, *tener* el pelo *más largo* era una acto de protesta social.
3. Los niños que *pasan su infancia* con muchas familias diferentes pueden tener problemas sicológicos cuando son mayores.
4. Hay hombres y mujeres que no saben *dejar de actuar como niños*.
5. En el norte de California hay gente que *planta* marijuana, aunque es ilegal hacerlo.
6. Al parecer, esa planta *crece* muy bien en esa zona.
7. Las orquídeas *plantadas* en California no *se hacen tan grandes* como las de Hawaii.
8. La ciudad de México *aumentó* muchísimo en los últimos cuarenta años.
9. Muchos niños que *se hacen mayores* donde el aire está muy contaminado pueden tener problemas respiratorios.
10. No quiero que *tengas* barba.

PRACTICANDO AL CONTESTAR

1. ¿Sabe usted qué es el síndrome de Peter Pan? ¿Por qué un sociólogo ha dicho que muchos hombres lo padecen?
2. En este país, ¿dónde se dan bien las plantas tropicales?
3. En algunos países los militares no pueden dejarse crecer la barba. ¿Le parece a usted bien o le parece ridículo? Explique su opinión.
4. ¿Cree usted que los niños que se crían sin padre, o sin madre, son diferentes de los otros niños? ¿Por qué sí o por qué no?

C. Uso de: tratar, controlar; tratar de, tratar a, tratar con, tratar en

tratar	*to treat*
tratar (= manejar)	*to handle*
tratar / controlar	*to handle*
tratar de + infinitivo (= intentar + inf.)	*to try to . . .*
tratar de	*to be about . . .*
tratar de tú (= tutear) / **de usted**	*to address as . . .*
tratar a (= tener amistad con)	*to know, be friends with*
tratar con (= relacionarse con)	*to have dealings with*
tratar en (= traficar en)	*to deal in (trade)*

Trata bien a tu perro, y él te sera muy fiel.

Debes **tratar con** amabilidad a todos tus subordinados.

Este niño es imposible. Yo no puedo **controlarlo**. Y su padre es un alcohólico. No sé cómo **tratar** la situación.

Si quieres **tratar de** fumar menos lee este libro. **Trata de** cómo dejar de fumar.

Nuestro profesor insiste en que lo **tratemos de tú** en clase, pero yo prefiero **tratarlo de usted**.

No **trato a** mis vecinos, pero los saludo cuando los veo en la calle.

Soy policía y a veces tengo que **tratar con** gente muy rara.

Los hay que **tratan en** heroína, otros **tratan en** marijuana.

PRACTICA

Vamos a usar las diferentes variantes de **tratar,** en lugar de las palabras *en bastardilla.*

Modelo:

Hay que *cuidar* bien a los animales.

Hay que <u>tratar</u> bien a los animales.

1. Hay gente que gana mucho dinero *comprando y vendiendo* armas.
2. Nadie quiere trabajar con un jefe que *se porta* mal *con* sus empleados.
3. A mis amigos los *tuteo.* Cuando estoy en España, *uso con ellos la forma* vosotros, pero en América *uso la forma* ustedes.

4. Yo *intento* aprender todo esto, y lo aprenderé.
5. Los taxistas, los policías y los trabajadores sociales tienen que *relacionarse* con toda clase de gente.
6. Hay situaciones familiares que son difíciles de *manejar*.
7. Esta caja está llena de vasos. *Muévela* con mucho cuidado.
8. Ella se divorció de su marido, porque él *se portaba con ella* muy mal.
9. Hay bandas internacionales que *negocian con* estupefacientes.
10. Los médicos *cuidan* a los enfermos.
11. Este libro *tiene como tema enseñar la* composición.
12. Este libro *intenta* enseñar conversación.

PRACTICANDO AL CONTESTAR

1. ¿Qué vas a tratar de hacer cuando termines tus estudios?
2. ¿En qué tratan algunos «granjeros» ilegales del norte de California?
3. En tu trabajo, o en la universidad, ¿con quién tienes que tratar?
4. En clase, o en tu trabajo, ¿a quién tratas de tú y a quién tratas de usted?

D. Uso de: tratarse, tratarse de, tratarse con; el tratamiento; el trato; la trata

tratarse (= cuidarse)	*to treat oneself*
tratarse de (= ser cuestión de)	*to be a question of*
tratarse con (= tener amistad con)	*to associate with*
el tratamiento (= la cura / el título)	*treatment*
el trato (= tratamiento / convenio)	*treatment / deal*
¡trato hecho! (= estamos de acuerdo)	*it's a deal*
la trata (= el tráfico)	*slave trade / white slavery*
el tratado (= convenio / curso)	*treaty / treatise*

A mi amigo le gusta la buena vida. Tiene dinero, y **se trata** como un rey.
Dejar de fumar es fácil. **Se trata** de fuerza de voluntad.
Saludo a mis vecinos cuando los veo, pero no **me trato con** ellos.

El médico que me está tratando me dio **un tratamiento** a base de frutas.

Cuando hables con el rey tienes que darle **el tratamiento** de «majestad»; es decir, tienes que tratarlo de «majestad», no de usted.

La razón del divorcio fueron los malos **tratos** que le daba su marido.

Si tienes **un trato** con alguien, debes cumplirlo.

Un informe de las Naciones Unidas dice que todavía hay algunos casos de **trata de esclavos,** y muchos de **trata de blancas.**

Muchos países han firmado **tratados** para terminar con esas dos plagas.

En esta región hay rocas muy interesantes. Lo leí en un **tratado** de Geología.

PRACTICA

Vamos a usar estas variantes de **tratarse** en lugar de las palabras *en bastardilla.*

Modelo:

Hay gente muy etiquetera, que da mucha importancia a los *títulos* de Señor Don, Licenciado, Doctor o cualquier otro.

Hay gente muy etiquetera, que da mucha importancia a <u>los tratamientos</u> de Señor Don, etc.

1. ¡Qué bien vives! ¡Qué bien *te cuidas*!
2. México perdió un tercio de su territorio en el *acuerdo* de Guadalupe Hidalgo.
3. Esto es algo que mencionan todos los *libros* de historia del país.
4. En España, los Rectores de las Universidades tienen el *título* de Excelentísimo y Magnífico Señor Rector.
5. Mucha gente quiere prolongar su juventud, y acude a toda clase de *curas*.
6. Hay casos en que, para resolver un problema, no *es cuestión* de músculos; *es cuestión* de inteligencia.
7. He tenido algunos problemas con mi vecino, y ahora no *hablo* con él.
8. Pero tenemos un *convenio:* Mi perro no va a su jardín, y su gato no viene al mío.
9. A veces *una cura* a base de hierbas medicinales es muy eficaz.
10. Hablamos de las condiciones del contrato durante varias horas, y por fin yo dije: *Estoy de acuerdo con las condiciones.*
11. Hay *convenios* internacionales para luchar contra la *prostitución*.
12. Eliminar el narcotráfico es difícil. No *es cuestión* de leyes a nivel nacional. *Es cuestión* de cooperación internacional.

PRACTICANDO AL CONTESTAR

1. En cuestiones nucleares, ¿se trata de problemas locales o se trata de la salvación de la humanidad?
2. ¿Dónde es más fácil tratarse con los vecinos, en las ciudades grandes o en los pueblos pequeños?
3. A muchos hombres les preocupa que se les cae el pelo. ¿Hay algún tratamiento para eso?
4. ¿Con qué clase de gente no te gusta tener tratos?

PEQUEÑO TEATRO

La clase se puede dividir en varios comités que tratan de:

1. Los derechos de los animales. Unos miembros del comité representan a los laboratorios de investigación. Otros proponen prohibir el uso de animales en experimentos científicos.
2. Los derechos de los animales. Unos quieren prohibir la caza como deporte. Otros defienden esa actividad. Lo mismo con las corridas de toros.
3. Los animales en peligro de extinción: (a) Los representantes de la industria pesquera dicen que los delfines ponen en peligro sus redes. (b) Los pescadores de la oreja de mar *(abalone)* se quejan de que las focas consumen tantas que ellos no pueden ganarse la vida pescando. (c) Los pescadores de ballenas insisten en que no es necesario proteger a esos cetáceos. (d) Unos agentes de viajes que organizan safaris a Africa dicen que no es necesario proteger a los leones, rinocerontes, elefantes o tigres.
4. El peligro nuclear. Diplomáticos de varios países se reúnen para tratar de llegar a un acuerdo sobre la limitación, control o prohibición de las pruebas nucleares. Un grupo de científicos presenta su informe sobre los peligros nucleares.

SEA USTED MI INTERPRETE, POR FAVOR

Preparen preguntas que incluyan el nuevo vocabulario. Sugerencias:

1. Why do some people say that the survival of the forests is necessary for the survival of humankind?
2. What shall we do with nuclear wastes?
3. Do you think that those who are for animal rights are overdoing it?
4. What happens when forests are cleared?

CUESTIONES GRAMATICALES

Los usos del subjuntivo (3)

A. El subjuntivo: En expresiones de negación total
En la expresión de algo que quizá no existe
  El indicativo: En la expresión de la realidad

a. Ya sabemos que el indicativo expresa el mundo de la realidad, y el subjuntivo el mundo de la posibilidad. También usamos el subjuntivo cuando hacemos una negación de carácter general; es decir, cuando negamos la realidad de algo en términos absolutos. Comparemos estos ejemplos:

Indicativo:	*(Algo existe.)* Un conflicto nuclear puede destruir toda la tierra.
Subjuntivo:	*(¿Algo existe?)* ¿Hay un conflicto nuclear que **pueda** destruir toda la tierra?
Subjuntivo:	*(Algo no existe.)* No hay conflicto nuclear que **pueda** destruir toda la tierra.

Algunos casos semejantes:

1. *Realidad:*   Conozco un laboratorio donde experimentan con animales.
 ¿Existe?:   Pero, ¿todavía hay laboratorios que **experimenten** con animales?
 ¡No existe!:   ¡No! No hay laboratorio que **experimente** con animales.
 Realidad: Desgraciadamente, sí. Hay laboratorios que experimentan con animales.

2. *Realidad:*   En esta zona hay un río que no está contaminado.
 ¿Existe?:   ¡Qué bien! Buscábamos un río que no **estuviera** contaminado, y ya lo encontramos.
 ¡No existe!:   No te ilusiones. Aquí no hay río que no **esté** contaminado.
 Realidad: No. Estoy seguro que hay uno que no está contaminado.

3. *Realidad:*   Aquí hay campesinos que son ricos.
 ¿Existen?   Pero, ¿hay campesinos que **sean** ricos?
 Realidad: Sí, hay campesinos que son ricos.
 ¡No existen!:   No lo creo. No hay campesino que **sea** rico.

Observen que en la negación absoluta (¡No existen!) las palabras usadas en plural (laboratorios, ríos, campesinos) en los otros casos, se usan en singular, pues se hace una negación absoluta para toda una clase: No hay campesino que... No hay río que... No hay laboratorio que...

b. Como en otros casos, los hispanoparlantes pueden expresar sutiles grados de «realidad» o de «negación de la realidad» que parecen ir contra los ejemplos citados. Veamos un caso en que no hay subjuntivos. Alguien afirma algo, y la otra persona dice que no, pero acepta lo que le dicen:

> *Realidad:* Hay collares que matan pulgas.
> *¿Existen? ¡Si tú lo dices!:* ¿De verdad hay collares que matan pulgas?
> *Realidad:* Sí, hay collares que matan pulgas.
> *¡No existen, pero si tú lo dices!:* ¡No! ¡No hay collares que matan pulgas!

c. Cuando el objeto del verbo es una persona, si hay una **a** personal se entiende que esa persona existe, es real, y se usa el indicativo. Si no tiene **a** personal, se pone en duda su existencia, y se usa el subjuntivo:

> *Existe:* Busco **a** un secretario que habla siete idiomas. Sé que está aquí.
> *¿Existe?:* Busco un secretario que **hable** siete idiomas. ¿Crees que lo hay?

PRACTICA

A. Un estudiante hace una afirmación. Otro se sorprende y tiene serias dudas. Un tercero dice que sí. Otro dice que no.

Modelo:

> Hay pruebas nucleares que no contaminan el aire.
> ¿Hay pruebas nucleares que no <u>contaminen</u> el aire?
> Sí, las hay. Hay pruebas nucleares que no <u>contaminan</u> el aire.
> Imposible. No hay prueba nuclear que no <u>contamine</u> el aire.

1. Hay latifundistas que quieren la reforma agraria.
2. Hay polvo radiactivo que no es peligroso.
3. Hay matanzas de focas que son buenas para las focas.
4. Hay fallas geológicas que no causan terremotos.
5. Hay talas de árboles que son buenas para la erosión del suelo.
6. Hay granjas que hacen millonarios a los granjeros.
7. Hay niños de diez años que ya se portan como personas mayores.
8. Hay campesinos pobres que no quieren la distribución de la tierra.
9. Hay funerales que son divertidos.
10. Hay animales amaestrados que saben escribir.
11. Hay braceros que ganan mucho dinero.
12. Hay misiles que tienen cincuenta cabezas explosivas.

B. Un estudiante dice que busca algo o a alguien. Otro le pregunta qué busca. Un tercero le dice que no pierda el tiempo, pues lo que busca no existe. Un tercero le dice que sí, que puede encontrarlo. Atención a la **a** personal.

Modelo:

Busco una bomba para borrar del mapa todo un país.
¿Buscas una bomba que borre del mapa todo un país?
Imposible. No hay bomba que borre del mapa todo un país.
¡Sí las hay! Hay bombas que borran del mapa todo un país.

1. Buscamos un método seguro para limpiar los acabados nucleares.
2. Necesitamos un tratado para congelar las armas nucleares.
3. Queremos un sistema de riego para producir buenas cosechas en el desierto.
4. Es preciso encontrar un sistema para predecir los temblores de tierra.
5. Buscamos unos cuantos ecologistas para defender el medio ambiente. *que defienda*
6. Busco a un ecologista para defender el medio ambiente. *defiendan*

B. a. Subjuntivo + **lo que** + subjuntivo
Por mucho que + subjuntivo
Por más que + subjuntivo

Estas tres estructuras se refieren a acciones expresadas por verbos, y pueden intercambiarse. Las formas **lo que, por mucho que** y **por más que** son invariables:

Insistas lo que insistas, no te creo. ⎫
Por mucho (Por más) que insistas no te creo. ⎬ Acción de insistir

Me digan lo que me digan, no me convencerán. ⎫
Por mucho (Por más) que me digan, no me convencerán. ⎬ Acción de decir

PRACTICA

Eliminar la forma: *Por más que + subjuntivo + ...*
Usar en su lugar: (a) Subjuntivo + **lo que** + subjuntivo + ...
(b) **Por mucho que** + subjuntivo + ...

Modelo:

Por más que controlen, no acabarán con el cultivo de la coca.
Controlen <u>lo que</u> controlen, no acabarán con el cultivo de la
coca.
<u>Por mucho que</u> controlen, no acabarán con el cultivo de la
coca.

1. *Por más que* desinfesten, este terreno siempre estará contaminado.
2. *Por más que* crezca este árbol, nunca será grande.
3. *Por más que* hablen de prohibir los animales amaestrados, no lo harán.
4. *Por más que* beba, él dice que no se emborracha.
5. *Por más que* busques, no encontrarás un perro que no tenga pulgas.

b. Subjuntivo + **el que / la que / los que / las que** + (nombre) +
subjuntivo
Por mucho / mucha / muchos / muchas + (nombre) + **que** +
subjuntivo = **Por más** + (nombre) + **que** + subjuntivo

Cuando se refieren a nombres, **lo que** y **por mucho que** tienen que concordar con ellos. **Por más que** no cambia:

En las conferencias cumbre, **hagan las** (conferencias) **que hagan,**
no resolverán nada. (Pero: Hicieron las que hicieron, no resolvieron nada.)
En las conferencias cumbre, **por muchas (por más)** (conferencias)
que hagan, no resolverán nada. (Pero: Por muchas que hicieron,
no resolvieron nada.)

De esos mosquitos, **maten los** (mosquitos) **que maten,** no se extinguirá la especie.
De esos mosquitos, **por muchos (por más)** (mosquitos) **que maten,**
no se extinguirá la especie. (Pero: Por muchos que mataron, no
se extinguió la especie.)

PRACTICA

Eliminar la forma: *Por más* + nombre + *que* + subjuntivo.
Usar en su lugar: (a) Subjuntivo + **el / la / los / las** + (nombre) + **que**
+ subjuntivo. (b) **Por mucho / mucha / muchos / muchas** + (nombre)
+ **que** + subjuntivo.

Modelo:

Por más (focas) que maten, siempre habrá focas.
Maten <u>las</u> (focas) <u>que</u> maten, siempre habrá focas.
Por <u>muchas</u> (focas) <u>que</u> maten, siempre habrá focas.

1. *Por más* sueldo que gane, nunca está satisfecho.
2. *Por más* dólares que gane, nunca está satisfecho. *las que muchas que*
3. *Por más* ballenas que protejan, siempre matarán algunas.
4. *Por más* árboles tropicales que traigan, aquí no se darán bien.
5. *Por más* sequía que haya, siempre habrá algo de agua.
6. *Por más* ecologistas que haya, siempre habrá contaminadores.

c. **Por** + adjetivo / adverbio + **que** + subjuntivo

Esta estructura también se refiere al mundo de las posibilidades, no de la realidad, y necesita subjuntivos. Las oraciones con indicativos, por el contrario, expresan una realidad:

> Este león está domesticado.
> Por **domesticado** que **esté** este león, siempre será un animal salvaje.

> Hablan mal de los ecologistas.
> Por **mal** que **hablen** de los ecologistas, siempre serán necesarios.

Es decir, aunque el león está domesticado ahora, y quizá pueda estar aún más domesticado en el futuro, siempre será un animal salvaje. Y aunque hablan mal de los ecologistas ahora, y aunque hablen mal en el futuro, la sociedad seguirá necesitándolos.

PRACTICA

Con las ideas expresadas en estas oraciones, vamos a usar la estructura estudiada. Usaremos los *adjectivos* y *adverbios* dados en las oraciones.

> Modelo:
>
> Una corrida de toros es *cruel*, pero a mucha gente le gusta.
> Por cruel que sea una corrida de toros, a mucha gente le gusta.

1. La lluvia es muy *ácida*, pero no hacen nada para evitarla.
2. El invierno nuclear será *terrible*, pero alguien sobrevivirá.
3. La lucha de gallos es *horrible*, pero es muy popular en algunos países.
4. La fiesta es muy *caótica*, pero es muy divertida.
5. Steven baila muy *mal*, pero todas las chicas quieren bailar con él.
6. El documental sobre la erosión está *mal* hecho, pero tiene éxito.

d. **Dondequiera que, comoquiera que, quienquiera que, cuantos +
subjuntivo**

Estas formas se usan a veces en el lenguaje escrito. En la conversación se usan poco, pues resultan ligeramente pedantes y librescas. Además, es posible expresar la misma idea de modo más sencillo:

Dondequiera que tiren los desechos nucleares, habrá protestas.
Tiren donde tiren los desechos nucleares, habrá protestas.

Comoquiera que sea, hay que encontrar esa solución.
Sea como sea hay que encontrar esa solución.

Quienquiera que encuentre una solución, ganará mucho dinero.
Quien (El que/La que) encuentre una solución, ganará mucho dinero.

Cuantos tengan alguna idea, escriban a la comisión de energía nuclear.
Los que tengan alguna idea, escriban a la comisión de energía nuclear.

Las segundas líneas de cada ejemplo son las más frecuentes.

PRACTICA

Vamos a pasar de la forma más literaria a la forma más frecuente en conversación.

Modelo:

Cuantas sepan algo de energía nuclear, que hablen conmigo.
Las que sepan algo de energía nuclear, que hablen conmigo.

1. *Dondequiera que* haya centrales nucleares, hay peligro.
2. *Comoquiera que* se deshagan de los vertidos, habrá problemas.
3. *Quienquiera que* diga que no hay peligro, se equivoca.
4. Todos *cuantos* trabajan en las centrales nucleares conocen los riesgos.

e. (Sujeto) + verbo + (un superlativo) + **que** + subjuntivo

Expresamos un gran elogio o una gran crítica cuando decimos que nunca hemos visto nada tan bonito, o tan feo, o tan grande, o tan pequeño, en la vida. En estos casos podemos usar el presente perfecto o el pluscuamperfecto de subjuntivo. El indicativo también es posible, pero menos frecuente:

La guerra nuclear es el peligro **más serio que haya tenido** la humanidad.
La guerra nuclear es el peligro más serio que tiene la humanidad.

La explosión atómica fue **la más terrible que se hubiera visto** nunca.
La explosión atómica fue la más terrible que se vio nunca.

PRACTICA

Vamos a pasar de la estructura en indicativo a la estructura en subjuntivo.

> Modelo:
>
> La erosión del suelo fue la peor que *han visto* los geólogos.
> La erosión del suelo fue la peor que <u>hubieran visto</u> los geólogos.

1. La salva de aplausos fue la más delirante que *he oído*.
2. Los efectos del terremoto fueron los más devastadores que *ha habido*.
3. La energía nuclear es la fuente de energía más debatida que *conozco*.
4. La pelea de gallos es el espectáculo más sanguinario que *hay*.

EL ARTE DE LA COMPOSICION

La correspondencia

Escribir una carta puede ser, simplemente, una manera de enviar información a alguien que está lejos, o puede ser una actividad literaria que, en algunos casos, constituye una pequeña obra de arte. Escribimos a la familia, a los amigos (rara vez a los enemigos), a gente con la cual tenemos una simple relación social que no llega a la amistad (hay una diferencia entre amigos y conocidos), a gente importante a la cual tenemos que comunicar o pedir algo, a gente con la cual tenemos relaciones puramente comerciales o profesionales... y hasta escribimos cartas a los Reyes Magos o a Papá Noel cuando llega la Navidad.

En cada uno de estos casos, la cultura y la lengua nos dictan el vocabulario que debemos usar, y hay sutiles maneras de expresar lo que no se dice con palabras, pero que se comunica utilizando uno u otro de los formulismos que el idioma pone a nuestra disposición. Hay, además, expresiones de afecto que no viajan bien de una cultura a otra, y lo que puede ser muy cariñoso en una cultura quizá resulte excesivo, o ridículo, en otra.

En toda carta hay un saludo inicial y una despedida, que ayudan a establecer el tono general de la carta. Un saludo protocolario, hecho con todas las debidas formalidades, indica inmediatamente que la carta no es una comunicación entre amigos. Y un saludo amistoso y familiar causaría un desastre cuando la carta va dirigida a alguien a quien, según las reglas sociales, debemos las más convencionales formas de respeto.

A. Cartas a familiares y amigos

Estas cartas no se inician con el nombre y la dirección de la persona a quien van dirigidas. A veces ni siquiera se pone la fecha. Son cartas escritas sin ceremonia, escritas en el estilo sencillo que se usa con la gente de confianza.

El saludo, siempre seguido de dos puntos (:), y nunca de una coma, suele ser un **Querido** Ernesto: ..., **Querida** hermana: ... o **Queridos** todos: ..., cuando es para toda la familia. El orden de las palabras es importante: **Mamá querida:** ... suena un tanto literario y excesivo. Es posible, sin embargo, usar algunos de esos sufijos españoles que otras lenguas no tienen. Un **Queridísimos** abuelos: ... los encantará, y un **Queridiños** míos: ... indica claramente que el que escribe es gallego. El texto de la carta puede empezar en el mismo renglón, aunque es más frecuente comenzarlo en el renglón siguiente.

La despedida de una carta familiar está abierta a toda clase de expresiones afectivas: **Abrazos de...**, **Recibe un abrazo muy fuerte de...**, **Te abraza, Recibe un fuerte abrazo de...**, **Muchos besos y abrazos de...** seguidas de la firma, un renglón más abajo. Y, por cierto, se firma sólo el nombre, dejando los apellidos para las cartas más etiqueteras. Estas fórmulas pueden resultar demasiado expresivas en una cultura menos dada a muestras de afecto, sea con palabras o gestos. El gesto del «abrazo», sin embargo, es una institución hispánica que expresa amor familiar o simple amistad, y que se da también en las clases políticas. En una reunión internacional de presidentes de dos países hispánicos, si no hay abrazos todos saben que las relaciones diplomáticas no son muy buenas. Por eso, como veremos más adelante, esta fórmula de «Te envía un fuerte abrazo» puede darse en una carta entre hombres que no tienen relaciones de familia, pero que sí quieren expresar amistad, o simple oportunismo político.

Hay también otro aspecto importante en la cultura hispánica. Guste o no guste, las sociedades hispánicas tienen un fuerte sentido de clase social, y cada clase tiene sus propias formas de cortesía. Una carta que empieza diciendo algo así como: «Espero que a la llegada de esta carta se encuentre usted bien de salud. Yo estoy bien, a Dios gracias», indica que la persona que la escribió no está muy alta en la escala social. Esa persona, sin embargo, considera que esta introducción es una muestra de cortesía, y desde su punto de vista tiene razón. La sociedad burguesa, por el contrario, considera esta fórmula poco elegante.

Querido... es la fórmula más frecuente. Hay casos, sin embargo, en los que no se quiere expresar tanto afecto, aunque sin caer en la frialdad, y entonces otra fórmula soluciona el problema: **Estimado....** Este adjetivo está un punto más abajo en la escala afectiva y, usado con alguien de la familia o con un viejo amigo, indica que las relaciones no son tan buenas como debieran ser. Es la fórmula ideal para usar con conocidos a los cuales, en lugar de un abrazo, podemos decirles al final que **Te saluda** o **Te envía un saludo** seguido de la firma un reglón más abajo. Por cierto, se observará que estas despedidas están casi siempre en tercera persona, aunque la primera también puede usarse: **Te saludo,** o **Te envío un saludo,** que puede ser adornado con un adjetivo que hace la fórmula un poco más amistosa: **Te envío un cordial saludo,** o **Recibe un cordial saludo de,** seguida de la firma.

B. Cartas de respeto

Las gradaciones también pueden ser sutiles. Si les escribimos a unos antiguos profesores para pedirles, por ejemplo, una carta de recomendación o referencia, podemos dirigirnos a ellos con un **Querido maestro/profesor** o, si lo de «querido» nos parece excesivo porque recordamos que era un hueso, podemos comenzar con un **Estimada maestra/profesora.** Para la despedida, la expresión de respeto predomina sobre la de afecto, y podemos cerrar la carta con un **Le saluda atentamente** seguido de la firma con nombre y apellidos.

Cuando escribimos a alquien a quien no conocemos, lo de «querido» o «estimado» no suena bien, y tenemos que usar una fórmula un poco más ceremoniosa: **Distinguido señor,** saludo que está desplazando al **Muy señor mío** que era de uso obligatorio hace unos años, y que todavía se usa cuando se quiere expresar una relación puramente protocolaria. La despedida, en estos casos puede ser **Reciba un atento saludo de...,** fórmula que también está desplazando a una misteriosa colección de letras de pomposo significado: **s. s. s. q. e. s. m.** (su seguro servidor que estrecha su mano), seguido de la firma con nombre y apellidos.

C. Cartas comerciales

Las cartas comerciales tienen valor de documentos, y siguen unas fórmulas más estrictas. Se escriben en papel con **el membrete** de la compañía, y además de la fecha (día + de + mes + de + año: 29 de diciembre de 1985, o también 29-XII-1985) se escribe el nombre, título y dirección del **destinatario** (la persona a quien va dirigida) y, en la parte superior derecha se indica la referencia (REF: su cuenta No. 1234).

Se puede iniciar la carta con el **Muy señora mía:,** mencionado antes, o con el apellido del destinatario, en cuyo caso el título se escribe en forma abreviada, y con mayúscula: **Distinguida Sra. Román:.** También podemos usar nuestro ya conocido **Estimado Sr. Suárez:,** cuando conocemos personalmente a los destinatarios. Si la carta va dirigida a una compañía como ente abstracto e impersonal, sin nombres, un plural soluciona el problema: **Distinguidos señores: ...,** o **Muy señores míos/nuestros: ....** En cuanto a despedidas, el mundo comercial tiene fórmulas más o menos fijas: **En espera de su amable respuesta; Agrade-**

ciéndole de antemano su atención, le saluda atentamente, y otras parecidas.

PRACTICA

Escriba una breve carta a:

1. Un miembro de su familia.   2. Un amigo o una amiga.
3. Un conocido o una conocida.   4. Alguien a quien no conoce personalmente.   5. Una persona de negocios.

Las preposiciones (1)

Algunos verbos requieren una cierta preposición cuando van seguidos de otro verbo en infinitivo. Las preposiciones más frecuentes en estos casos son **a, con, en, de**.

A. Verbo + **a** + infinitivo

Verbos que expresan movimiento en dirección a un lugar o acción requieren **a** cuando van seguidos de un infinitivo:

> Los dos muchachos **se acercaron a** hablar con Rita y con María Luisa.
> Después de un rato todos **bajaron a** nadar en la piscina.
> Rita prefería **ir a** jugar al tenis.
> Pero si juegan al tenis no **llegarán a** cenar a las seis, como prometieron.
> Rita sabe que si practica mucho **llegará a** jugar (terminará jugando) tan bien como Howard.
> «Si juegas conmigo, le dijo ella, mañana te **llevo a** cenar a un buen restaurante.»
> «Bueno, si quieres **salir a** cenar, yo estoy de acuerdo. ¿A dónde me vas a invitar?»
> «Podemos **subir a** cenar al restaurante que hay en el último piso de un hotel muy elegante.»
> «O, ¿prefieres **venir a** cenar a mi casa?»
> «Sí, dijo Howard. No quiero **volver a** cenar (cenar otra vez) en el restaurante de ese hotel.»
> «Además, está muy lejos, y tengo que **volver a** estudiar (regresar a estudiar) después de cenar.»

B. Verbo + **con** + infinitivo

> No tengo dinero para viajar, y durante las vacaciones tengo que **conformarme con / contentarme con** ir al parque.
> Pero **sueño con** ir a algún lugar exótico, como Machu Picchu o la selva del Amazonas.

C. Verbo + **en** + infinitivo

Steven **se empeña en** navegar hoy, aunque hace demasiado viento.
Insiste en salir, pero María Luisa le dice que no irá con él.
Los dos **quedaron en** verse más tarde pare cenar juntos.
Steven **tarda en** llegar, y su amiga se preocupa.

D. Verbo + **de** + infinitivo

Rita **acababa de** llegar a casa cuando sonó el teléfono.
Era Howard, que le preguntó si **se había acordado de** comprar las entradas para ir al teatro.
«Yo nunca **me olvido de** hacer lo que prometo», le contestó Rita.
«Entonces iré a buscarte ahora. Ya **me aburrí de** estar en casa.»
«De acuerdo. Ya sabes que siempre **me alegro de** verte. Nunca **me canso de** verte. Nunca **me harto de** estar contigo.»
«Y yo nunca **dejaré de** quererte.»
«Oye, otra cosa. **Ocúpate de** comprar el vino para la fiesta de mañana. Y **encárgate de** decirle a María Luisa que traiga los discos.»

PRACTICA

Completar estas frases con la preposición adecuada:

1. Los cuatro amigos quedaron _____ verse a las cinco. 2. Los muchachos tardaron un poco _____ llegar. 3. «Nos hartamos _____ esperar,» dijeron ellas. 4. «No se incomoden, que hoy las llevaremos _____ cenar a un lugar muy interesante.» 5. «Pero tenemos poco dinero, y tendrán que conformarse _____ ir a un restaurante barato.» 6. «¿Interesante y barato? ¿Cuándo dejarás _____ tomarnos el pelo?» 7. «Es un lugar muy original. No se cansarán _____ ver a la gente que hay allí.» 8. «Tú siempre te empeñas _____ ir a unos lugares muy raros y un poco peligrosos.» 9. «No se preocupen. Nosotros nos ocuparemos _____ defenderlas.» 10. ¡Qué machotes! Creen que nosotras soñamos _____ salir con dos héroes.

REVISION GENERAL

DIALOGO

Conteste usando en sus respuestas las expresiones nuevas utilizadas en las preguntas.

1. ¿Por qué había matanzas de focas todos los años en Canadá?

2. ¿Por qué siguen matando ballenas, digan lo que digan los amantes de los animales?   3. ¿Hay razones que justifiquen esas matanzas, por salvajes que sean?   4. ¿Por qué están prohibidas en muchos países las luchas de gallos?   5. ¿Le parece a usted una salvajada matar animales para comerlos?   6. En cuanto a lo de las corridas de toros, ¿qué le parecen?   7. Los aztecas hacían sacrificios humanos. ¿Le parecen a usted una práctica sanguinaria o algo explicable dentro de la cultura azteca?   8. ¿Por qué cree usted que mucha gente dice que el boxeo es una bestialidad?   9. ¿Y por qué hay gente que dice que usar animales en los laboratorios es un acto de salvajismo? 10. Si se prohiben las peleas de gallos, ¿por qué no prohibir el boxeo, que es una pelea de personas?   11. ¿Por qué prueban en animales los nuevos productos de belleza?   12. ¿A qué edad cree usted que puede empezar a maquillarse una mujer?   13. Si los actores se maquillan para trabajar en el teatro o en el cine, ¿por qué no se maquillan los otros hombres para trabajar en una oficina?   14. ¿Quién es más salvaje, la gente «primitiva» que vive en una jungla, o la gente «civilizada» que va allí y la mata en nombre de la civilización?   15. La tolerancia cultural es importante, pero ¿cree usted que aceptar los sacrificios humanos es pasarse de la raya?   16. ¿De qué está usted harto? 17. ¿Por qué son tan caros los abrigos de visón y de otras pieles? 18. ¿Qué tema es un tabú en su sociedad? ¿De qué no se puede hablar sin meter la pata?   19. Si usted tuviera mucho dinero, ¿qué haría para divertirse por todo lo alto?   20. Cuando va a una tienda, ¿por qué no compra todo cuanto le gusta? 21. Cuando la vida le pone a usted un obstáculo por delante, ¿qué hace usted?   22. ¿Cómo se puede justificar el matar las pulgas cuando se es amante de los animales?   23. En algunos países hispanoamericanos el verbo « coger » tiene un significado sexual. ¿Cómo cree usted que reacciona un argentino cuando va a España y oye que los españoles cogen taxis, cogen catarros y cogen trenes?   24. ¿Por qué cree usted que la cocina francesa tiene mejor fama que la de otros países?

AMPLIACION DE VOCABULARIO

A. Conteste a estas preguntas dando una definición o una explicación.

1. En la política de algunos países europeos, ¿quiénes son los verdes?   2. ¿Qué es la lluvia ácida, y por qué preocupa tanto a algunos países?   3. ¿Qué quieren los ecologistas?   4. ¿Por qué se desertizan algunas regiones de la tierra?   5. ¿Quiénes

defienden la tala de árboles?   6. ¿Qué sucede cuando hay mucha erosión del suelo?   7. ¿Cuándo hay sequía, y que efectos tiene?   8. ¿Es posible cultivar el desierto si se tiene un buen sistema de riego?   9. ¿En qué países hay junglas tropicales? 10. ¿Qué diferencia hay entre los bosques de Canadá y las selvas tropicales?   11. ¿Qué recursos naturales hay en su país? 12. ¿Por qué los terrenos de cultivo están en los valles y no en las montañas?

B. Complete estas frases con una idea personal suya.

1. Una importante fuente de energía es...   2. En los Estados Unidos hay muchos recursos petrolíferos en...   3. La gente de letras se ocupa de las humanidades, y los científicos se ocupan de...   4. Las centrales nucleares encierran serios peligros porque...   5. Una falla geológica puede producir...   6. Deshacerse de los acabados nucleares es difícil porque...   7. Los desechos nucleares son peligrosos porque...   8. Tirar al mar los vertidos de los reactores nucleares puede...   9. Nadie quiere vertederos nucleares cerca de su ciudad porque...   10. Decontaminar el medio ambiente es...   11. Los científicos dicen que desinfestar el medio ambiente es difícil porque...

C. En lugar de las palabras *en bastardilla*, use el vocabulario estudiado.

Modelo:

Charles Darwin estudió *las plantas* de muchos países.
Charles Darwin estudió la flora de muchos países.

1. También estudió *los animales*.   2. Hay animales que están en peligro de *desaparecer*.   3. Hay otros animales que ya están *desapareciendo por completo*.   4. Y hay animales que ya *han desaparecido*.   5. El mamífero más grande de la creación vive en el mar y es *un cetáceo*.   6. En algunos países la población tiene un alto *porcentaje de aumento*.   7. En el mundo es difícil encontrar más tierra *que se pueda cultivar*.   8. Todo ser viviente quiere *seguir viviendo*.   9. En la televisión hay muchos *filmes educativos* con temas de la naturaleza.   10. El mundo se enfrenta con el peligro de la guerra *atómica*.   11. Un conflicto *nuclear* tendría efectos *muy destructores*.   12. *La caída radiactiva* contaminaría la tierra.   13. *Los países poderosos* continúan su carrera *de rearme*.   14. Hay misiles que tienen varias cabezas *que pueden explotar*.   15. Todos justifican su carrera armamentista diciendo que necesitan una fuerza *que disuada al enemigo*.   16. Se habla mucho de *inmovilizar* el número de armas atómicas.   17. Una conferencia de jefes de estado es una conferencia *de alto nivel*.   18. En el desierto de

Nevada se realizan *experimentos* nucleares.   19. Una explosión en forma de *champiñón* puede *eliminar* del mapa toda una ciudad.   20. Una película muy famosa dio su nombre a unos planes para el futuro. Ahora se habla de la guerra de *las estrellas*.

DIFICULTADES Y EJERCICIOS

Conteste a estas preguntas con una definición o una explicación.

1. ¿Qué es una planta silvestre?   2. Si las plantas de los jardines no son silvestres, ¿qué tipo de plantas son?   3. ¿Qué es una planta aclimatada?   4. ¿Qué diferencia hay entre un animal domesticado y un animal doméstico?   5. ¿Cuál es su concepto de una persona culta?   6. ¿Qué productos nacionales prefiere usted en lugar de sus equivalentes extranjeros?   7. ¿Qué es un animal amaestrado?   8. ¿Por qué no se dan bien las plantas tropicales en Alaska?   9. ¿En qué continente se cultiva mucho arroz?   10. ¿Por qué hay granjas que crían visones?   11. Cuando una persona que ya no es un niño se porta como un niño, ¿cómo le dices que debe portarse?   12. ¿Por qué hay hombres que se dejan crecer la barba?   13. ¿Dónde te criaste?   14. ¿Qué tratas de hacer en esta clase?   15. Si le prestas tu coche a alguien, ¿cómo quieres que lo trate?   16. ¿De qué trata un libro de zoología?   17. ¿Cómo te tratas con tus vecinos?   18. ¿Qué harías tú con los que tratan en drogas?   19. ¿Qué se trata de hacer en esta clase?   20. ¿Qué tratamiento le das a tu médico?   21. ¿Por qué hay tratados internacionales contra la trata de blancas?   22. ¿Cuándo terminó en los Estados Unidos la trata de esclavos?   23. ¿Qué tratado dio fin a la guerra entre los EE.UU. y México en 1848?   24. ¿Qué países firmaron el Tratado de París en 1898?

CUESTIONES GRAMATICALES

A. Contradiga estas afirmaciones con una frase que comience con: **No hay...**

Modelo:

La guerra atómica es buena.
No hay guerra atómica que sea buena.

1. Los vertidos nucleares no son peligrosos.   2. Las conferencias cumbre solucionan todos los problemas.   3. Los verdes no se oponen a la contaminación del medio ambiente.   4. Los

recursos naturales duran para siempre.   5. La desertización no crea problemas.   6. Las ballenas no necesitan protección. 7. Los terremotos no causan daños.   8. La lluvia ácida no destruye los bosques.   9. Las matanzas de focas están justificadas.   10. Hay bombas atómicas que no tienen un efecto devastador.

B. En las frases siguientes, eliminar las formas *por más que / por mucho que*, y usar en su lugar la estructura *subjuntivo* + **lo que** + *subjuntivo*.

Modelo:

Por más que hables, no me convencerás.
Hables lo que hables, no me convencerás.

1. *Por más que* talen, siempre habrá bosques.   2. *Por más que* crezca la fuerza disuasiva, siempre habrá peligro de guerras. 3. *Por más que* controlen la matanza de focas, siempre habrá quien las mate.   4. *Por más que* investiguen, nunca van a encontrar un producto contra la caída del pelo.   5. *Por mucho que* te maquilles, no cambiarás la forma de tu nariz.   6. *Por mucho que* digas, no te creeré.   7. *Por mucho que* insistas, no haré lo que tú quieres.   8. *Por mucho que* cuides una planta tropical, nunca se aclimatará a un clima frío.

VOCABULARIO GENERAL

Complete estas frases con una de las palabras o expresiones estudiadas.

Modelo:

Unos mamíferos marinos muy inteligentes que pueden trabajar en los circos son las focas.

1. Los verdes quieren proteger el medio...   2. Muchos perros tienen collares que matan las...   3. Es posible cultivar el desierto con un buen sistema de...   4. Los principales países son las grandes...   5. Después de una guerra atómica habrá un invierno...   6. En California hay terremotos porque hay varias...   7. Los animales salvajes que trabajan en los circos están...   8. Un espectáculo popular en algunos países es la pelea de...   9. Para los amantes de los animales, ese espectáculo es una...   10. Cuando no llueve durante mucho tiempo hay... 11. La cosecha de la vid se llama la...   12. Una propiedad rural muy grande es un...   13. Los campesinos que trabajan en los campos son los...   14. Los actores y actrices se pintan la cara, es decir, se...   15. Las personas dedicadas a la ciencia son los...   16. Cuando los actores o cantantes tienen mucho

éxito, el público les da una... de aplausos.   17. Cuando se habla
con un rey o una reina, se le da el... de majestad.   18. Cuando
alguien siempre hace lo que quiere, decimos que hace lo que le
da la...   19. Cuando alguien se excede, decimos que se pasa de
la...   20. Un niño a quien le permiten hacer todo lo que le da
la gana es un niño...   21. Cuando estoy cansado de hacer algo,
digo que estoy... de hacerlo.

POSIBLES TEMAS PARA UNA CONVERSACION/COMPOSICION

1. La vida bajo la amenaza de un conflicto nuclear.
2. La moral del uso de las bombas atómicas.
3. La energía nuclear, ¿bendición o maldición?
4. El crecimiento de la población y la destrucción de los bosques.
5. La supervivencia de la raza humana y la supervivencia de los
   animales.
6. El futuro de las granjas familiares en los EE.UU.
7. Los movimientos ecologistas y la política.
8. Los animales en los circos, ¿entretenimiento o crueldad?
9. Los derechos de los animales.
10. El uso de animales en los laboratorios.
11. La lluvia ácida.
12. El invierno nuclear.

PARA USAR EN LA CONVERSACION/COMPOSICION

1. *La energía atómica*

deshacerse de los acabados nucleares = los desechos nucleares
   = los vertidos nucleares / el vertedero / enterrar

desinfestar = decontaminar

las grandes potencias / la prueba nuclear

la conferencia cumbre / la moratoria / la congelación de las armas
   nucleares / la seguridad

la carrera armamentista / el conflicto nuclear = la guerra nuclear
   = la guerra atómica

la fuerza disuasiva / la cabeza explosiva / la nube en forma de
   hongo

el efecto devastador / borrar del mapa

el polvo radiactivo = la caída radiactiva / el invierno nuclear

2. *La madre tierra*

    el medio ambiente / la superficie terrestre

    el, la ecologista / los verdes

    la fuente de energía / los recursos naturales / los recursos petro-
      líferos / agotar(se)

    la desertización / la erosión / la tala / la lluvia ácida

    la falla geológica / el temblor de tierra / el terremoto

3. *Los animales*

    animales domésticos / domesticados / salvajes / amaestrados

    la matanza

    sobrevivir / estar en peligro de extinción / estar en trance de
      extinción

    extinguirse / extinto

    el ritmo de crecimiento

    la ballena / la foca / el abrigo de visón

    el collar mata-pulgas

    la pelea de gallos = la lucha de gallos

4. *Los campos*

    la flora y la fauna

    la planta silvestre ≠ cultivada

    el terreno de cultivo / la tierra cultivable / trabajar la tierra

    la sequía / el sistema de riego

    la siembra / cultivar / crecer / darse bien

    la cosecha / la recolección

    la vid / la vendimia

    el cortijo / la estancia / la finca / el fundo / la granja / el rancho

    el latifundio / el latifundista / el minifundio

    el granjero / el hacendado / el terrateniente

    el bracero / el campesino / el campesinado / el labrador

    el ganado / la cría de + nombre / criarse

    la reforma agraria / la distribución de la tierra / la confiscación
      / la expropiación

    la recolección = la cosecha

5. *Expresiones verbales*

    coger = agarrar

    controlar

dejarse crecer + artículo + nombre

desarrollar

digan lo que digan

encerrar

estar consentido

estar harto de + inf./nombre/pronombre

hacer lo que (a uno) le da la gana

maquillar(se) / el maquillaje / los productos de belleza

meter la pata

pasarse de la raya

ponérsele por delante (algo a alguien)

tirar (al suelo)

tratar / tratar a / tratar con / tratar de / tratar de tú ≠ de usted
/ tratar en / tratarse / tratarse con / tratarse de

6. *Otras expresiones*

la bestialidad = la salvajada / el salvajismo

el carácter violento / el carácter sanguinario

caótico ≠ bien organizado

central

científico

delirante / extravagante

divertido ≠ aburrido

el documental

lo de + nombre

la mirada de loco = ojos de loco

por salvaje que sea

por todo lo alto

la salva de aplausos

todo cuanto + nombre

la trata / el tratamiento / el tratado / el trato

trato hecho

7. *Cuestiones gramaticales*

uso del subjuntivo en:

duda: ¿Hay lluvia ácida que sea buena?

negación total: No hay lluvia ácida que sea buena.

subjuntivo + lo que + subjuntivo

por mucho que + subjuntivo = por más que + subjuntivo

subjuntivo + el que + nombre + subjuntivo

por mucho + nombre + que + subjuntivo = por más + nombre + que + subjuntivo

por + adjetivo/adverbio + que + subjuntivo

dondequiera que, comoquiera que, quienquiera que, cuantos + subjuntivo

sujeto + verbo + superlativo + que + subjuntivo

8. *Verbos + preposición*

verbo + a + infinitivo; verbo + con + infinitivo; verbo + en + infinitivo; verbo + de + infinitivo

VISION
DE USA

La grandiosidad de los paisajes norteamericanos es algo que impresiona a los visitantes extranjeros. ¿Qué regiones de los Estados Unidos considera usted más impresionantes, y por qué?

Personajes: *los dos matrimonios y sus hijos María Luisa y Howard.*

Time flies

PILAR ¡Cómo se va el tiempo! **Dentro de poco**[1] ya nos tendremos que ir. Sólo **nos quedan**[2] unos días.

SHEILA ¿Están contentos de haber venido? ¿Qué impresión sacaron de este año aquí?

PILAR ¡Uf! Muchísimas. Mira, te diré una: la gente es, en general, muy guapa. Este cóctel de ingleses, italianos, escandinavos, griegos y tantos otros ha producido una mezcla fascinante.

MARIA LUISA Yo he conocido a algunos muchachos que **están como un tren**.[3]

MANUEL ¡Vaya! ¡Tú siempre tan intelectual, y ahora **sales con**[4] ese comentario tan frívolo!

HOWARD Y yo, ¿ estoy como un tren también?

MARIA LUISA Sí, pero de Amtrak. No estás mal, pero no eres el Orient Express.

PILAR No le hagas caso. Volviendo a tu pregunta, Sheila, te diré ahora lo que no me gustó, que siempre anima más la conversación, pues tendrás que defenderte. Me llevo la **sensación**[5] de que mucha gente lo mide todo en dinero.

MANUEL A ver, habla sin **tener pelos en la lengua**.[6]

PILAR Son noticias que he leído. Por ejemplo, una familia dio una fiesta a los amiguitos de su hijo. Uno de los niños se ahogó en la piscina, y sus padres demandaron a los dueños de la casa pidiendo una compensación en dinero. A mí eso me parece horrible. ¿Qué tiene que ver el dinero con el dolor de perder a un hijo? No hay dinero que compense la muerte de un niño. ¿No crees?

CRAIG ¿Qué quieres que te diga? No sé qué contestarte.

HOWARD Y tú, María Luisa, ¿qué feroces críticas tienes? Tú, cuando criticas, **eres de armas tomar**.[7]

CRAIG Una buena crítica es una muestra de interés. No hay nada peor que la indiferencia.

MARIA LUISA Pues mira, **dejándome de bromas**[8] de trenes, te diré que, **por un lado** hay aspectos muy buenos, pero **por otro**[9] los hay que no me han gustado. Por ejemplo, la estructura de las ciudades. La vida en los *suburbs* es aburrida. No son ni ciudad ni campo, **ni chicha ni limoná**.[10]

CRAIG Es interesante, ¿por qué dijiste *suburbs*? ¿Es que no hay una palabra española?

[1] en poco tiempo
[2] tenemos aún

[3] they are hunks
[4] dices algo inesperado

[5] la impresión

[6] di lo que piensas

[7] eres terrible

[8] sin hacer chistes
[9] por una parte...por otra
[10] neither fish nor fowl

PILAR Sí y no. En español un suburbio es un barrio pobre fuera de la ciudad. A esta parte donde viven ustedes yo le llamaría **las afueras,**[11] o una zona residencial.

[11] periferia

SHEILA **En cierto modo**[12] tienes razón. La vida aquí es muy tranquila, pero es así como nos gusta.

[12] en cierta manera

MARIA LUISA Yo prefiero la vida de nuestras ciudades, con las calles llenas de gente, **animadas,**[13] con edificios que tienen tiendas y cafés en **la planta baja**[14] y gente que vive en los pisos que están encima.

[13] llenas de vida

[14] a nivel de la calle

SHEILA Ahora empieza a haber terrazas de café en algunas ciudades de aquí.

PILAR **Ya era hora.**[15] Para los que venimos de una cultura mediterránea, estas calles desiertas resultan un poco... ¿cómo diría?... deprimentes.

[15] ¡por fin!

MANUEL Pero estas calles tranquilas son muy bonitas. Tú **sales a**[16] tu madre, siempre muy crítica.

[16] eres como

MARIA LUISA Pero papá, no es una opinión. Es un hecho. Mira por la ventana. **Fíjate,**[17] **¡no hay ni un alma!**[18]

[17] mira

[18] no hay nadie

PRACTICA INDIVIDUAL

Divididos en grupos, los estudiantes hacen una encuesta.

1. ¿Cuándo vas a licenciarte? ¿*Dentro de poco* o aún *te queda* mucho tiempo? (1, 2)
2. La expresión *estar como un tren* se puede aplicar a hombres o a mujeres. ¿Te parece cortés?; ¿la usarías tú?; ¿cuándo? (3)
3. Cuando estás hablando de algo serio, ¿te molesta si alguien *sale con* un comentario frívolo? ¿Cómo reaccionas? (4)
4. ¿Te consideras una persona *de armas tomar*? ¿Por qué sí o no? (7)
5. ¿Te gusta la gente que *no tiene pelos en la lengua* y que siempre dice lo que piensa? ¿Por qué sí o por qué no? (6)
6. Si se encontrara usted en una casa antigua, muy grande y vacía, y oyera unos ruidos misteriosos, ¿de qué tendría *la sensación*? (5)
7. ¿Por qué cree usted, o no cree, que los niños *salen a* los padres y las niñas *salen a* las madres? (16)
8. Cuando usted habla con alguien por primera vez, ¿en qué detalles de esa persona *se fija* usted? (17)
9. Durante una conversación, ¿en qué situación hay que *dejarse de bromas*? (8)
10. ¿Por qué crees o no crees que una persona puede ser *por un lado* buena y *por el otro* mala? (9)

11. María Luisa dice que la vida en *las afueras* es aburrida, porque *no hay un alma* en las calles. Explique si está o no de acuerdo. (11, 18)
12. ¿Cree usted que su ciudad es, *en cierto modo*, una ciudad muy interesante? Explique en qué modo es o no es interesante. (12)
13. ¿Cuál es su idea de una ciudad *animada*? (13)
14. ¿Te gustaría vivir en un barrio en el que los edificios tuvieran tiendas y bares en *la planta baja*? Explica tu opinión. (14)
15. ¿De qué innovación crees que *ya es hora*? Completa la idea: *Ya es hora* de que... (15)
16. ¿Por qué dice María Luisa que los barrios residenciales no son *ni chicha ni limoná*? (10)

COMENTARIOS SOBRE LOS RESULTADOS DE LA ENCUESTA

En general, ¿qué piensan de sus ciudades?

PRACTICA GENERAL

Preparen preguntas de este tipo:

1. ¿Prefieres vivir en una ciudad o en las afueras, y por qué?
2. Por un lado, ¿qué te gusta de tu ciudad? Por otro, ¿qué no te gusta?
3. ¿Alguna vez has tenido la sensación de que alguien te estaba observando sin que tú lo vieras? ¿Cómo fue?
4. ¿Cuántos trimestres o semestres te quedan hasta licenciarte?

PRACTICA DE VOCABULARIO

Vamos a usar las expresiones nuevas en lugar de las palabras *en bastardilla*.

Modelo:
Las tiendas están *a nivel de la calle*.
Las tiendas están en la planta baja.

1. María Luisa dice que algunos muchachos que conoció *son guapísimos*.
2. Su madre no está contenta cuando su hija *dice inesperadamente* esas expresiones.
3. Manuel dice que su hija *heredó la personalidad de* su madre.
4. Pilar es una mujer que *dice lo que piensa*.
5. En las calles de *la periferia* de la ciudad no hay *nadie*.

Un restaurante al aire libre en Tiburón, California. En su opinión, ¿es ésta la versión norteamericana de las terrazas de café de los países hispánicos?

6. *En cierta manera* criticar es una forma de expresar interés.
7. Toda la familia va a regresar a España *en poco tiempo*.
8. A María Luisa le gustan las calles y plazas *llenas de gente* de las ciudades mediterráneas.
9. No le gustan las calles vacías. Le dan la *impresión* de que nadie vive en la ciudad.
10. Cuando vea las terrazas de café de una plaza, dirá: *¡Por fin!*

AMPLIACION DE VOCABULARIO

A. Los jóvenes estudiantes extranjeros que entran en contacto con la gente de su edad en cualquier país hispánico se enfrentan, frecuentemente, con un problema lingüístico: el **argot** o *slang* de la gente joven, que rara vez aparece en las gramáticas. Este argot puede variar de un país a otro, o de generación a generación, pero hay en él muchas expresiones que ya han entrado en el idioma, e incluso en los diccionarios. En el diálogo de esta lección María Luisa dice que hay muchachos que **están como un tren**. También podía haber dicho que **están que echan por fuera**, o que **están como quieren**. Estas expresiones de admiración

325 - VISION DE USA

ante la anatomía de una persona eran usadas únicamente en las «conversaciones de hombres solos», y siempre se referían a las mujeres. La liberación femenina ha hecho que muchas mujeres adoptaran estos términos, aplicándolos a los hombres, con gran horror de la generación de sus padres.

Los estudiantes extranjeros comprenderán sin dificultad si alguien les dice que **se ha divertido** mucho en una fiesta. Quizá se sientan un poco perplejos si esos amigos les dice que **lo pasaron muy bien,** o **lo pasaron bomba,** o **lo pasaron pipa,** que significa lo mismo. Lo contrario sería **pasarlo fatal,** o **pasarlo de la patada;** y si alguien, hombre o mujer, quiere decir que no **ligó** con nadie, puede decir que **no vendió una escoba,** es decir, que en la fiesta no tuvo éxito.

Una niña no es, necesariamente, una mujercita de muy pocos años, sino una joven, y si la niña es muy **mona,** o es **una monada,** es que es muy bonita en España, y muy simpática en México.

Si alguien habla de dinero, puede decir que necesita **mosca, pasta** o **tela** en España, **lana** en México o **pisto** en Centroamérica, y quizá entonces busque **una chamba** o **un chollo,** es decir, un empleo.

1. En su idioma, ¿qué expresiones serían equivalentes a las que acaba de leer?
2. ¿Cree usted que el argot separa a las generaciones?
3. ¿Cree usted que los diccionarios deben incluir *todas* las palabras usadas, incluso las más groseras? Explique su opinión.
4. ¿En qué tipo de fiestas lo pasa usted bomba?

B. La sociedad norteamericana es muy compleja y difícil de comprender para los extranjeros que no la conocen bien. Además de las críticas de tipo político que hemos visto en la lección sexta (El antiamericanismo), hay otras que los visitantes extranjeros hacen después de estar aquí algún tiempo. No son, necesariamente, **críticas demoledoras** (terribles), sino más bien comentarios ante **lo nuevo** y **lo contradictorio** de algunos aspectos de los Estados Unidos. Las grandes ciudades les parecen sucias, y en sus calles ven mucha gente **marginada** y muchos **vagabundos** de quienes, al parecer, nadie **se ocupa,** como si la sociedad los **diera por perdidos** y los considerara **irrecuperables** e **inempleables.** Algunos duermen en **los quicios** de las puertas, o sobre **las rejas de ventilación** del metro, y andan por la calle **hablando solos** y buscando algo **de comer** en **las papeleras** y **cubos de la basura.** Los visitantes comentan que en las ciudades de otros países hay **mendigos** que **piden limosna** (gente muy pobre que pide dinero), pero hay en ellos una cierta dignidad que el visitante extranjero no ve en esa gente de los Estados Unidos, que les parece **embrutecida por completo.**

1. Lo leído más arriba, ¿le parece una crítica demoledora o un comentario justificado? Explique su opinión.

2. Lo escrito antes, ¿es verdad de todas las ciudades de este país? ¿Por qué sí o por qué no?
3. ¿Cree usted que la sociedad ha dado por perdida a la gente mencionada anteriormente? Explíquese.
4. ¿Cómo respondería usted a estos comentarios de un extranjero?

LA CULTURA Y LA LENGUA

A. El hecho de que este país es un país de inmigrantes crea situaciones que muchos extranjeros no comprenden bien. Aunque hay pocos países con una población homogénea, pocos tienen tanta variedad como los EE.UU. El visitante extranjero lee en los periódicos sobre **los grupos étnicos,** y descubre que detrás del adjetivo **americano** hay todo un laberinto de orígenes diferentes.

Algunos países europeos dieron grandes contingentes de inmigrantes, que se unieron a los ingleses que vinieron de **Inglaterra.** De **Irlanda** vinieron **los irlandeses;** de **Escocia, los escoceses;** y de **Gales, los galeses.** En algunas partes del país predominan los descendientes de inmigrantes escandinavos: **los suecos** (de **Suecia**), **los noruegos** (de **Noruega**), **los daneses** o **dinamarqueses** (de **Dinamarca**) y algunos, pocos, **fineses** o **finlandeses** (de **Finlandia**).

Del este de Europa vinieron muchos **rusos** (de **Rusia**) y algunos habitantes de los países bálticos, que ahora forman parte de **la Unión Soviética: letones** de **Letonia, lituanos** de **Lituania** y **estonianos** de **Estonia.** De **Polonia** vinieron **los polacos,** y de **Rumania los rumanos.**

En Europa Central está **Checoslovaquia,** de donde vinieron **los checoslovacos.** Muchos **húngaros** salieron de **Hungría** en 1956, después de una fracasada revolución anticomunista. Pasaron a territorio **austriaco** (de **Austria**), y algunos llegaron aquí. **Los alemanes** (de **Alemania**) y **los suizos** (de **Suiza,** no confundirlos con los suecos de Suecia) también atravesaron el Atlántico con rumbo a América.

Francia, en general, no es país de emigrantes. **Los franceses** prefieren vivir en su país. **Los belgas** (de **Bélgica**) tampoco emigran mucho, y **los holandeses,** que fundaron Nueva Amsterdam, se volvieron a **Holanda** o colonizaron otros territorios, y Nueva Amsterdam se convirtió en Nueva York.

Del sur de Europa vino un gran contingente de inmigrantes, que ahora es una parte muy importante de la sociedad norteamericana: **los italianos. Grecia** nos envió bastantes **griegos,** y los descendientes de **portugueses** forman grupos importantes en el nordeste, en Hawaii y en California.

Los grupos hispánicos de este país están formados, en general, por descendientes de hispanoamericanos, y de españoles en algunos

Las tradiciones japonesas en los Estados Unidos. ¿Cómo explicaría usted a un visitante de otro país que estas niñas son norteamericanas?

casos. Los descendientes de todos estos grupos son **los americanos con guión: los germano-americanos, italo-americanos, greco-americanos** y **los luso-americanos** (Lusitania = Portugal) son los más numerosos. Otro grupo importante no tiene guión: **los americanos de origen irlandés.** Todos entraron en **el crisol americano** *(melting pot),* ese mecanismo de integración cultural cuyo funcionamiento es muy discutido.

B. Europa no es el único continente que ha dado inmigrantes a este país. De Africa vinieron los antepasados de los que ahora son **los afro-americanos.** Vinieron contra su voluntad, como **esclavos,** en un régimen de **esclavitud** que desapareció con el final de la **Guerra de Secesión.** Algunos países americanos han dado verdaderas **oleadas** (olas) de in-migrantes. **Los mexicano-americanos** son el grupo más grande. De **Centroamérica** o **América Central** vinieron **los guatemaltecos, los hondureños, los salvadoreños, los nicaragüenses, los costarricenses** y **los panameños.** Los nombres de sus países son iguales en español y en inglés.

En **Sudamérica** o **América del Sur** hay un grupo de adjetivos de nacionalidad que terminan en **-no: venezolano, colombiano, peruano, chileno, boliviano, argentino.** Los habitantes de **Ecuador** son **ecuatorianos** (note la **t**), y hay dos adjetivos en **-ayo: paraguayo** y **uruguayo.** De **Brasil** son **los brasileños, brasileros** o, en portugués, **brasileiros.** Todos ellos son **americanos,** pero la realidad es que **americano,** en el sentido de **norteamericano** o **estadounidense,** se está imponiendo en todas partes.

Hasta hace poco había solamente tres grandes grupos de origen asiático: **los chinos, los japoneses** y **los filipinos.** En años recientes han llegado muchos **vietnamitas, tailandeses** y otros del sudeste asiático.

DIFICULTADES Y EJERCICIOS

A. Uso de: equivalentes de *to fix*—comparación **fijar(se)**   *to fix*

1. **fijarse (en)** (= mirar)	*to look (at)*
2. **fijarse (en)** (= notar)	*to notice*
3. **fijarse (en)** (= prestar atención a)	*to pay attention to*
4. **fijar** (= determinar, establecer)	*to set (the date, prices)*
5. **fijar** (= sujetar, asegurar)	
6. **fijar** (= afianzar, hacer más firme)	
7. **fijar** (= clavar) los ojos en...	*to fix*
8. **fijar** (= grabar) en la memoria	
9. **preparar** (= hacer)	
10. **arreglar** (= reparar, componer)	
11. **ajustar / arreglar las cuentas**	*to fix (to punish)*
12. **prohibido fijar carteles**	*post no bills*
13. **¡fíjate!**	*look!; imagine!*

1. **¡Fíjate en** (Mira a) esa muchacha! ¡Está como quiere!
2. **¿Te has fijado en** (Has notado) sus ojos?
3. **Fíjate en** (Presta atención a) lo que dices. Si te oye se va a incomodar.
4. No me importa. Quiero que **fijemos** (establezcamos) la fecha de la boda.
5. Me parece que voy a tener que **fijarte** (sujetarte) al piso, como los muebles en los barcos.
6. Pues tendrás que **fijarme** (afianzarme) bien a la silla, para que no me escape.
7. **¡Fíjate!** (¡Mira!) ¡Me parece que ella **ha fijado** (ha clavado) los ojos en mí!
8. ¡Para siempre **fijé** (grabé) sus ojos en mi memoria!

9. Estás loco. Necesitas tomar algo. ¿Quieres que te **prepare** (haga) un cóctel?
10. Estoy loco de amor. Sólo ella puede **arreglar** mi corazón.
11. Y tu novia, ¿qué? Si se entera de las tonterías que estás diciendo, **va a arreglarte** las cuentas.
12. Desde hoy ya nadie más podrá escribir su nombre en mi corazón. Mi corazón es como una pared en la cual **está prohibido fijar carteles**.
13. ¡**Fíjate** tú las tonterías que dice este loco!

PRACTICA

Vamos a usar un sinónimo de las palabras que están *en bastardilla*. El sentido de la frase nos indicará qué sinónimo debemos usar.

Modelo:

Presta atención a lo que haces.
Fíjate en lo que haces.

1. *¡Fíjate!* ¡Qué vestidos tan raros usa esa gente!
2. Tenemos que *fijar* la fecha del examen.
3. Los monopolios pueden *fijar* los precios.
4. En los barcos *fijan* los muebles al piso, para que no se muevan cuando hay tempestad.
5. Las patas de esta silla se mueven. Hay que *fijarlas*.
6. *¡Hazme* un café, por favor!
7. ¿Cuándo van a *reparar* el televisor?
8. El perrito me comió un zapato, pero yo *lo castigaré*.
9. Si ella sigue *fijando* los ojos en mí, voy a pensar que quiere ligar.
10. Los diplomáticos tienen que *fijarse en* lo que dicen.
11. ¡Qué mal observador eres! Nunca *te fijas en* nada.
12. En esta pared *no está permitido poner* carteles.

PRACTICANDO AL CONTESTAR

1. Los barcos se mueven mucho. ¿Qué hacen con los muebles?
2. ¿Qué haces cuando algún desconocido clava los ojos en ti?
3. Cuando hablas con alguien por primera vez, ¿en qué te fijas? ¿En sus ojos, sus manos, su manera de hablar...?
4. ¿En qué situación debes fijarte en lo que dices?

B. Uso de: Equivalentes de *to feel*

1. **sentir(se)**	*to feel*
2. **encontrarse** + adjetivo/adverbio	
3. **tener el presentimiento de que...**	*to have the feeling that . . .*
4. **tener la impresión / sensación de...**	*to have the feeling that . . .*
5. **parecerle** (algo a alguien)	*to feel that . . .*
6. **apetecerle** (algo a alguien) (= desear)	*to feel like . . .*
7. **tener ganas de** (= desear)	
8. **no me / te / le,** etc., **da la gana de**	*not to feel like it*
9. **compadecer** (= sentir pena por)	*to feel sorry for*

1, 2. **Siento** frío. **Me siento** enfermo. **Me encuentro** mal.
3. **Tengo el presentimiento de que** voy a tener la gripe.
4. **Tengo la impresión de que** tengo fiebre.
5. **Me parece** que debo tomar un par de aspirinas.
6. Lo único que **me apetece** es acostarme.
7. **Tengo ganas de** meterme en cama. **Tengo ganas de** un día de reposo.
8. Si me llaman de la oficina, les diré que no voy a trabajar porque **no me da la gana**.
9. No me **compadezcas** tanto. ¡No me voy a morir, hombre!

PRACTICA

Vamos a usar este vocabulario en lugar de las palabras *en bastardilla*.

Modelo:

Tengo un terrible dolor de cabeza.
Siento un terrible dolor de cabeza.

1. Después de muchas horas de trabajo *me siento* cansado.
2. Me *gustaría* tomar un café.
3. Creo que puedo ver el futuro. Tengo *la idea de* que voy a ganar un premio de la lotería.
4. Tengo una sensibilidad especial para lo sobrenatural. Tengo *la idea* de que en esta casa hay fantasmas.
5. Cuando estoy en esta casa tengo *la idea de* que alguien me está observando todo el tiempo.
6. Creo que te equivocas. *En mi opinión* estás equivocado.
7. Tú no crees en lo sobrenatural. *Siento pena por ti.*
8. Yo no *noto* nada especial. *Me siento* muy bien en esta casa.

9. Pues yo tengo *la idea* de que te va a pasar algo terrible. Debes marcharte.
10. No me voy por la sencilla razón de que no *quiero*.

PRACTICANDO AL CONTESTAR

1. Si tuvieras que pasar una noche en un cementerio, ¿de qué tendrías la sensación?
2. ¿Alguna vez has tenido el presentimiento de que iba a suceder algo que luego sucedió?
3. ¿Te satisfaces todos tus deseos? ¿Siempre haces lo que te apetece hacer?
4. ¿Qué sientes cuando le pides algo a alguien, y te contesta diciéndote que no le da la gana de hacerlo?

C. Uso de: sentido, sentimiento, sensación

1. **sentido** (= significado)	*meaning*
2. **sentido**	*sense*
3. **sentido** (= dirección)	*direction*
4. **quedar(se) sin sentido** (= desmayarse)	*to faint*
5. **sensación** ⎫	
6. **sentimiento** ⎭	*feeling*
7. los cinco **sentidos**	*senses*
8. **sensación**	*sensation*
9. **lo acompaño en el sentimiento**	*condolences*

1, 2. Cuando está de broma usa muchas frases de doble **sentido**. Tiene un gran **sentido** del humor, pero cuando baila se ve que no tiene **sentido** del ritmo.
3. En el centro de la ciudad hay muchas calles de **sentido** único.
4. Después del accidente **se quedó sin sentido** por varios minutos.
5, 6. Tengo la **sensación** de que ese hombre no tiene **sentimientos**.
7. Los cinco **sentidos** son: la vista, el oído, el gusto, el olfato y el tacto.
8. Si firmaran un tratado que prohibiera las bombas atómicas, la noticia causaría **sensación**.
9. Cuando se murió mi gato, un amigo me mandó una tarjeta que decía: **Te acompaño en el sentimiento**.

PRACTICA

Use el nuevo vocabulario en lugar de las palabras *en bastardilla.*

Modelo:

La palabra «sentido» tiene varios *significados.*
La palabra «sentido» tiene varios <u>sentidos.</u>

1. Si los coches sólo pueden circular en *una dirección,* la calle es de *dirección única.*
2. Quien trata mal a los animales prueba no tener *sensibilidad.*
3. En la obscuridad podemos guiarnos con las manos, usando *la capacidad de sentir algo con los dedos.*
4. La gente que baila bien tiene *una gran capacidad para sentir el* ritmo.
5. Hay gente que *se desmaya* cuando recibe una noticia muy buena o muy mala.
6. Cuando una obra de teatro causa *gran impresión* en Broadway, mucha gente quiere verla.
7. Me guío mucho por mis instintos. Cuando tengo *la idea* de que alguien es una buena persona, casi siempre acierto.

PRACTICANDO AL CONTESTAR

1. Oscar Wilde dijo que «el sentido común es el menos común de todos los sentidos». ¿Qué sentido tiene esa frase?
2. ¿Qué sentido es más importante para los perros, el sentido de la vista o el sentido del olfato?
3. En el mundo hispánico, ¿qué fórmula se usa para decirle a alguien que lamentamos mucho la muerte de un miembro de su familia?
4. ¿Qué sensación tiene usted cuando va caminando de noche por una calle desierta?

PEQUEÑO TEATRO

A. Unos estudiantes pueden hacer el papel de visitantes extranjeros que critican algunos aspectos de la sociedad norteamericana. Otros estudiantes responden a sus críticas. Algunas críticas posibles:

1. ¿Cómo es posible que los EE.UU. sea el único país industrial donde no hay un sistema de medicina socializada? Al parecer, aquí una familia puede arruinarse si uno de sus miembros está enfermo por mucho tiempo. Esto no sucede en Inglaterra, ni en Francia, ni en ningún otro país del Occidente.

2. ¿Cómo es posible que en el país más rico del mundo haya tantos pobres?
3. Se habla mucho de los inmigrantes ilegales. ¿Es verdad que la agricultura del país no podría funcionar sin esos trabajadores mal pagados?
4. Muchos estudiantes terminan sus estudios en los institutos o liceos, y no saben leer. ¿Cómo es posible?
5. La ignorancia de geografía es un escándalo nacional. ¿Cómo es posible que los norteamericanos sientan tan poco interés por otros países?

B. El grupo de visitantes extranjeros hace una lista de expresiones del *slang* norteamericano que les parecen incomprensibles. El otro grupo se las explica. Por ejemplo: ¿Qué es un *hang up*?; ¿por qué dicen de algún producto que es un *lemon*?; ¿cuándo puedo usar una frase que oí ayer: *Cool it*? ¿Qué es lo que debo enfriar?; ¿qué relación hay entre los monos y un *monkey business*?; ¿por qué mucha gente repite constantemente *you know*?; ¿qué diferencia hay entre *to burn up* y *to burn down*?; ¿qué diablos es eso de un *rain check*?

C. En una reunión de la O.N.U. (Organización de las Naciones Unidas) los representantes de los diferentes países pronuncian un discurso sobre algún tema de actualidad. Deben usar los adjetivos de nacionalidad estudiados, en frases de este tipo: «El embajador nicaragüense no está de acuerdo con las declaraciones del gobierno costarricense sobre los problemas fronterizos entre los dos países.» «El representante sueco habló con el ministro griego sobre los problemas que las turistas suecas tienen con los donjuanes griegos.»

SEA USTED MI INTERPRETE, POR FAVOR

Preparen preguntas que incluyan el nuevo vocabulario. Posibilidades:

1. Why are there so many derelicts walking around, talking to themselves and scavenging for food in garbage cans and wastebaskets?
2. Why do you feel that Dracula has no feelings?
3. What is your idea of having fun?
4. What type of person do you consider unemployable?

CUESTIONES GRAMATICALES

Los usos del subjuntivo (4)

A. El subjuntivo en expresiones de tiempo

Al considerar el paso del tiempo en una frase subordinada, podemos pensar en una acción pasada, en una acción presente, en una acción frecuente o rutinaria y en una acción futura. Con las acciones pasadas, presentes o rutinarias usamos el indicativo. Las acciones futuras pertenecen al mundo de las posibilidades, de lo que todavía no es realidad, y las expresamos con un verbo en futuro en la cláusula principal, y un subjuntivo en la subordinada. Compare:

Acción pasada/presente/ rutinaria	Acción futura
Lo pasé bomba cuando fui a Perú.	Lo pasaré bomba **cuando vaya** a Perú.
Estuve allí hasta que me quedé sin dinero.	Estaré allí **hasta que me quede** sin dinero.
Me divierto mientras estoy allí.	Me divertiré **mientras esté** allí.
Siempre que voy a Perú veo a Luis.	**Siempre que vaya** a Perú veré a Luis.
Lo llamo tan pronto como llego.	Lo llamaré **tan pronto como llegue.**
Hablo con él cuando puedo.	Hablaré con él **cuando pueda.**
Vino al hotel luego que le hablé.	Vendrá al hotel **luego que** le **hable.**

Aunque pueden referirse a una acción pasada, rutinaria o futura, **antes de que** suele usarse con subjuntivo, y **después de que** con indicativo. Si no hay **que,** usamos infinitivos en los dos casos:

> Estudiaré chino **antes de ir** a China.
> Estudiaré chino **antes de que vaya** a China.

> Practicaré mucho **después de llegar.**
> Practicaré mucho **después de que llegue.**

Siempre que + subjuntivo puede tener dos sentidos:

> Iré a Cuzco siempre que vaya a Perú. *(whenever / provided that)*

PRACTICA

A. Vamos a expresar una acción futura con estas oraciones que indican acción pasada o rutinaria.

Modelo:

Cuando voy a Suecia, hablo sueco.
Cuando <u>vaya</u> a Suecia, <u>hablaré</u> sueco.

1. Llamé a mi amiga costarricense tan pronto como llegué a San José.
2. Hablamos francés y alemán cuando estamos en Suiza.

3. Veía el paisaje panameño mientras cruzaba el canal de Panamá.
4. Estudié literatura irlandesa cuando asistí a la universidad de Dublín.
5. Andaba por la calle hablando solo hasta que lo llevaron a un hospital.
6. Hubo oleadas de inmigrantes siempre que hubo problemas en México.
7. Lo pasamos pipa siempre que vamos a una fiesta animada.
8. Hay que dejarse de bromas en cuanto empieza la clase.

B. Complete estas oraciones con una idea original, usando indicativo, subjuntivo o infinitivo, según sea necesario.

Modelo:

Hablo alemán siempre que <u>voy a Alemania</u>.
También hablaré alemán siempre que <u>vaya a Austria</u>.

1. Lo pasaré de la patada cuando...
2. Hablé con mis amigos guatemaltecos en cuanto...
3. En la fiesta no vendí una escoba hasta que...
4. Buscaré una chamba antes de que...
5. Me dejo de bromas mientras...
6. Espero ganar mucha lana tan pronto como...
7. Los japoneses desarrollaron su industria después de...
8. En 1956 muchos húngaros salieron de Hungría después de que...

B. El subjuntivo en expresiones de finalidad, condición o excepción

1. Cuando se expresan estas ideas en la cláusula subordinada, el verbo está en subjuntivo.

a. Finalidad:

En Polonia hablo en polaco **para que** me **comprendan**.
Le ajusté las cuentas al perrito **a fin de que aprendiera**.
Vengo **a que** me **ayudes** a traducir esta carta al ruso.

b. Condición:

Voy a estudiar noruego, **en caso de que tenga** que ir a Noruega.
Trabajaré para ti, **con tal de que** me **pagues** bien.

c. Excepción:

Llegaré a la una, **a menos que haya** mucha circulación.
Viviré en las afueras, **a no ser que encuentre** un piso en la ciudad.
Cerraré la puerta, **no sea que se escape** el perro.

Cuando no hay cambio de sujeto, en los grupos a y b hay la posibilidad de usar estas expresiones sin **que** y con un infinitivo:

> En Polonia hablo en polaco **para hacerme** comprender.
> Le ajusté las cuentas al perrito **a fin de enseñarle**.
> Vengo **a ayudarte** a traducir esta carta al ruso.
> Voy a estudiar noruego, **en caso de tener** que ir a Noruega.
> Trabajaré para ti, **con tal de ganar** bastante.

PRACTICA

Completar estas oraciones con la idea expresada entre paréntesis. Atención al uso del subjuntivo o del infinitivo.

> **Modelo:**
>
> (dejarse de bromas)   Me incomodaré a menos que tú...
> Me incomodaré a menos que tú <u>te dejes de bromas</u>.
>
> (firmar el tratado)   Los diplomáticos van a...
> Los diplomáticos van a <u>firmar el tratado</u>.

1. (haber sequía)   Los granjeros ganarán mucho, a menos que...
2. (eliminar la esclavitud)   Muchos lucharon en la Guerra de Secesión para...
3. (protegerlos)   Hay animales en peligro de extinción, a no ser que...
4. (dar un empleo)   Podré quedarme aquí con tal de que usted...
5. (estar prohibido)   Pegaré los carteles, con tal de que no...
6. (cantar bien)   Recibirás una salva de aplausos con tal de...
7. (ser necesaria)   El gobierno hará la reforma agraria, en caso de que..
8. (meter la pata)   Prefiero no decir nada, no sea que...

C. El subjuntivo en expresiones contrarias a la realidad

1. Las expresiones **como si** e **igual que si** toman siempre el imperfecto de subjuntivo:

> Sé que eres argentina, pero hablas **como si fueras** mexicana.
> Puedes hacer lo que quieras, **igual que si** estuvieras en tu casa.

2. **Si** + *indicativo* o **de** + *infinitivo* pueden expresar un cierto grado de duda. **Si** + *imperfecto de subjuntivo* expresa una situación contraria a la realidad. Observe la concordancia de tiempos:

> **Si tengo** dinero, **iré / voy** a México el mes próximo. (Quizá lo tenga.)
> **De tener** dinero, **iré / voy / iría** a México el mes próximo. (Quizá lo tenga.)
> **Si tuviera** dinero, **iría** a México el mes próximo. (Pero no lo tengo.)

3. Si hablamos de una situación contraria a la realidad en el pasado, podemos usar estas estructuras:

> **Si hubiera tenido** dinero **habría / hubiera ido** a México el año pasado.
>
> **De haber tenido** dinero, **habría / hubiera ido** a México el año pasado.

PRACTICA

A. Vamos a pasar de la forma **de** + *infinitivo* a la forma **si** + *subjuntivo*.

Modelo:

De haber una guerra nuclear, morimos todos.
Si hubiera una guerra nuclear, moriríamos todos.

De haber sabido que no iban a venir, no los habría esperado.
Si hubiera sabido que no iban a venir, no los habría esperado.

1. De ser irlandés, es católico.
2. De criarse aquí, hablará inglés sin acento extranjero.
3. De tener la impresión de que hay fantasmas en la casa, no duermo allí.
4. De ser sueco, es rubio.
5. De no darme la gana de dejarme de bromas, no me dejo de bromas.
6. De ir a Viena, tendré que aprender a bailar el vals.
7. De haber hablado solo, lo tomarían por loco.
8. De haber sido mendigo, habría pedido limosna.

B. Vamos a completar estas oraciones con una idea personal, usando **si** + situación contraria a la realidad.

Modelo:

No tengo dinero, per si...
No tengo dinero, pero si lo tuviera iría a Tahití.

1. No soy brasilero, pero si...   2. Está prohibido fijar carteles, pero si...   3. No nací en Ecuador, pero si...   4. No vives en las afueras, pero si...   5. No lo pasamos fatal en la fiesta, pero si...   6. Mis amigos no tienen pasta, pero si...   7. Después de dos semanas de vacaciones no me queda lana, pero si...   8. Hoy no tenemos examen, pero si...

D. Concordancia de tiempos

Aunque los hispanoparlantes usan muchas combinaciones de tiempos para expresar sutiles diferencias, hay unas concordancias básicas que permiten expresar todas las posibles relaciones entre la cláusula principal y la subordinada en subjuntivo.

1. Supongamos una situación: Wayne está con una amiga, Bárbara. Los dos están solos, en una situación perfectamente inocente, pero Bárbara sabe que su novio, Alan, es muy celoso, y que si la encuentra a solas con Wayne hará una escena. Bárbara expresa este temor diciendo:

   a. Temo (ahora) que Alan llegue (ahora).
   b. Temo (ahora) que Alan llegue (dentro de un rato).
   c. Temo (ahora) que Alan haya pasado / pasara (hace un momento) por delante de la casa y haya visto (hace un momento) tu coche.

En la frase **a** las dos acciones son simultáneas. En **b** la acción de llegar es futura con relación a la acción de temer. En **c** las acciones de pasar por delante de la casa y de ver el coche de Wayne son anteriores a la acción de temer. Estas concordancias de tiempos se dan cuando el verbo de la cláusula principal está en presente o futuro de indicativo, o en imperativo:

$$
\left.\begin{array}{l}\text{Presente indic.}\\\text{Futuro indic.}\\\text{Imperativo}\end{array}\right\} + \text{que} + \left\{\begin{array}{l}\text{Presente subj.} = \text{acción simultánea}\\\qquad\qquad\qquad\text{o futura}\\\text{Presente}\\\quad\text{perfecto subj.} = \text{acción pasada}\end{array}\right.
$$

$$
\left.\begin{array}{l}\text{Temo}\\\text{Temeré}\\\text{No temas}\end{array}\right\} \text{que} \left\{\begin{array}{l}\text{llegue.}\\\\\text{haya llegado.}\end{array}\right.
$$

También es posible, y frecuente, usar el imperfecto de subjuntivo en lugar del presente perfecto:

   Temo (ahora) que Alan pasara (hace un momento) por delante de la casa y viera (hace un momento) tu coche.

2. Cuando el verbo principal expresa una acción pasada o condicional, la concordancia de tiempos funciona así:

$$
\left.\begin{array}{l}\text{Imperfecto indic.}\\\text{Pretérito indic.}\\\text{Presente perf. indic.}\\\text{Pluscuamperfecto}\\\quad\text{indic.}\\\text{Condicional}\end{array}\right\} + \text{que} + \left\{\begin{array}{l}\text{Imperfecto}\\\quad\text{subj.} = \text{acción}\\\quad\text{simultánea}\\\quad\text{o futura}\\\text{Pluscuamperfecto}\\\quad\text{subj.} = \text{acción}\\\quad\text{pasada}\end{array}\right.
$$

$$
\left.\begin{array}{l}\text{Temía}\\\text{Temí}\\\text{He temido}\\\text{Había temido}\\\\\text{Temería}\end{array}\right\} \begin{array}{l}\text{que} \left\{\begin{array}{l}\text{llegara.}\\\text{llegase.}\end{array}\right.\\\\\text{que} \left\{\begin{array}{l}\text{hubiera llegado.}\\\text{hubiese llegado.}\end{array}\right.\end{array}
$$

Supongamos ahora que Bárbara y Wayne se encuentran de nuevo al día siguiente, y ella comenta sus temores del día anterior:

> Temía (a las tres) que Alan viniera / viniese (a las tres).
> Temía (a las tres) que Alan viniera / viniese (a las tres y cuarto).
> Temía (a las tres) que Alan hubiera / hubiese pasado (a las tres menos cuarto) por delante de la casa y hubiera / hubiese visto tu coche.

3. Combinaciones menos frecuentes:

a. El verbo principal puede estar en futuro perfecto de indicativo:

> Mañana habré lamentado que Alan llegue ahora.
> Mañana habré lamentado que Alan llegue dentro de un momento.
> Mañana habré lamentado que Alan haya venido / viniera / viniese hoy.

En las dos primeras oraciones, Bárbara habla desde el punto de vista de hoy: *Ahora* quiere decir el presente, y *dentro de un momento* es el futuro del presente.

En la tercera oración, ella habla desde el punto de vista de mañana: *Hoy* es el pasado, y usa el presente perfecto o el imperfecto de subjuntivo.

b. El verbo principal está en condicional perfecto:

> Habría temido (a las tres) que Alan llegara (a las tres).
> Habría temido (a las tres) que Alan llegara (a las tres y cuarto).
> Habría temido (a las tres) que Alan hubiera / hubiese pasado (a las tres menos cuarto) por delante de la casa y hubiera / hubiese visto tu coche.

PRACTICA

Con las ideas dadas entre paréntesis vamos a completar estas oraciones. Atención a las palabras que nos indican el paso del tiempo, pues ellas determinan la concordancia adecuada.

Modelo:

Yo no creía ayer (él ha dicho una mentira antes de ayer).
Yo no creía que él hubiera dicho una mentira.

Es una pena hoy (tenemos que dar por perdido al perrito hoy).
Es una pena que tengamos que dar por perdido el perrito.

1. Es horrible (ha habido esclavitud en el pasado).
2. Espero (ustedes lo pasan pipa en la fiesta de esta tarde).
3. Me sorprenderá (tú no vendes una escoba en la fiesta de esta tarde).

4. Da vergüenza ahora (alguna gente tiene que dormir en las calles ahora).
5. Yo no firmaría el contrato ahora aunque (tú me lo pides ahora o mañana).
6. Han prohibido ayer (nosotros fijamos carteles hoy).
7. Todos tememos ahora (hay una guerra nuclear en el futuro).
8. Me alegraré mucho (sacaste buena nota ayer).
9. Sugeríamos ayer (nos reunimos dentro de poco).
10. Es posible ahora (varios países pueden tener la bomba pronto).
11. Habíamos esperado ayer (ustedes llegan hoy).
12. No temas ahora (hay una guerra mañana).
13. El médico me aconsejó (yo fumo menos en el futuro).
14. Yo nunca te pediría (tú hablas mal de tu país).
15. Mi jefe me telefoneó (yo voy más temprano a la oficina mañana).
16. ¿Crees que el gobierno toleraría (la Unión Soviética trae armas atómicas a Cuba)?
17. Me extrañó mucho (tú no has querido venir a mi fiesta).
18. No te moleste (yo no acepté tu invitación).
19. Todos se alegrarán (las grandes potencias congelan las armas nucleares).
20. Siempre te he aconsejado (tú tratas bien a los animales).

EL ARTE DE LA COMPOSICION

Las preposiciones (2)

Algunos verbos toman una cierta preposición cuando van seguidos de un infinitivo.

A. Verbo + **a** + infinitivo

1. Verbos que expresan el comienzo de una acción:

> Los muchachos brasileños **se pusieron a** / **comenzaron a** bailar.
> Cuando llegó la policía el ladrón **se echó a** correr.
> Al saber la terrible noticia, todos **se echaron a** / **se pusieron a** llorar.
> ¿Cuándo **te decidirás a** hacer algo útil?
> Tengo prisa. No puedo **detenerme a** / **pararme a** hablar contigo.
> Los ecologistas **se disponen a** protestar contra la lluvia ácida.

2. Otros casos:

> Tienes que **acostumbrarte a** / **habituarte a** hablar con propiedad.
> En España **me aficioné** a las corridas de toros.
> Mis amigos **me animaron a** ir a México con ellos.

Quiero **aprender a** hablar español bien.
Mi hermano **aspiraba a** ser actor, y se quedó en extra.
No quiero **arriesgarme a** navegar a vela cuando hace mucho viento.
Hoy no **me atrevo a** salir del puerto.
El jefe me **autorizó a** hablar en su nombre.
Si quieres te **ayudo a** preparar los exámenes.
Mucha gente quiere **contribuir a** mitigar el hambre en Africa.
Quiero **dedicarme a** ayudar a la humanidad.
Si me **enseñas a** navegar a vela, yo te **enseño a** hablar español.
Mi amiga me **invitó a** ir al cine con ella.
Quiero ver el mundo. No quiero **limitarme a** viajar por este país.
Quisieron **obligarme a** firmar, pero yo **me negué a** hacerlo.
Pensaba **ofrecerme a** ayudarlo, pero él **se apresuró a** decirme que
    no necesitaba ayuda.
Mucha gente **se opone a** intervenir en la política de otros países.
Es imposible convencerte. **Renuncio a** hacerlo.
Tu trabajo está aquí. Tienes que **resignarte a** vivir en este pueblo.
La inflación **tiende a** subir un poco cada año.

B. Verbo + **con** + infinitivo

Mi vecino me **amenazó con** llevarme a los tribunales.
Si quieres dejar de fumar, **basta con** tener fuerza de voluntad.
Cuento con tener vacaciones este verano.

C. Verbo **tener** + nombre + **de**

En una democracia todos **tienen el derecho de** votar, y también
    tienen el deber de votar.
«**Tengo el gusto de / el placer de** presentarle a...» es una fórmula
    social que se usa en las presentaciones.
Si no crees en lo sobrenatural, ¿por qué no **tienes el valor de**
    pasar una noche en un cementerio? ¿O es que **tienes miedo de**
    ver fantasmas?
Todos **tenemos necesidad de** salir de vacaciones de vez en cuando.
Trabajo tanto que no **tengo tiempo de** cenar con la familia.

D. Verbo + preposición + nombre / pronombre

Romeo **se enamoró de** Julieta. **Está enamorado de** ella, y quiere
    casarse con ella.
Quiere **entrar en** la iglesia con su amada Julieta, para **unirse a**
    ella en matrimonio.
Está dispuesto a **renunciar a** su vida de soltero.
Pero los padres de Julieta no la dejan **salir de** casa.
La pobrecita tiene que quedarse en casa **jugando a** las cartas con
    su mamá.

E. Algunos verbos no toman preposición en español, excepto cuando se trata de la **a** personal. Sus equivalentes ingleses sí toman preposición:

> **Buscamos** trabajo en un restaurante. **Buscamos a** la jefe de personal.
> **Pedimos** trabajo en su oficina. **Pedimos a** la jefe que nos dé trabajo. (Pero: **Preguntamos por** la jefe.)
> **Esperamos** la cita con impaciencia. **Esperamos a / por** la jefe durante media hora.
> Mientras esperamos **escuchamos** la radio. Después **escuchamos a** la jefe con atención.

PRACTICA

Completar estas oraciones con la preposición adecuada, si es necesaria.

1. Cuando hablo español no tengo miedo _____ hacer errores. 2. Pero tengo que resignarme _____ aceptar que los hago de vez en cuando. 3. Una amiga nicaragüense me ayuda _____ mejorar mi español. 4. El problema es que no tengo tiempo _____ estudiar. 5. Además, no sé si estoy enamorado _____ ella o no. 6. Yo creo que me casaré _____ ella dentro de algún tiempo. 7. Al mismo tiempo, no me gusta que me obliguen _____ tomar decisiones. 8. Ella debe esperar _____ un momento oportuno. 9. Creo que no es mucho pedir _____ un favor tan sencillo. 10. Si esperamos _____ unos meses más, será más fácil animarse _____ dar ese paso tan importante. 11. Basta _____ tener un poco de paciencia. 12. Pero si ella me amenaza _____ dejarme, ¿qué haré? 13. Tengo necesidad _____ verla. 14. Busco _____ una solución para este problema sentimental. 15. Ayer le pedí _____ unos meses para decidirme. 16. La invité _____ cenar y le hablé del asunto. 17. Ella se limitó _____ sonreír enigmáticamente. 18. Pero yo me niego _____ tomar una decisión. 19. Tengo que acostumbrarme _____ vivir con mis dudas. 20. Algún día saldré _____ este laberinto. 21. Y entraré _____ un nuevo período de mi vida. 22. Vivir es como jugar _____ algo: unas veces ganas, otras pierdes.

Los puentes

Hay unas palabras invariables, llamadas conjunciones, que unen palabras o grupos de palabras estableciendo una relación entre ellas. Simplificando mucho su concepto, vamos a llamarlas «puentes», y vamos a ver varios grupos de las más útiles y frecuentes. Dentro de cada grupo, el significado de los diferentes puentes es muy parecido.

1. Puentes que establecen la idea de *condición:*

> Pasaré el verano donde tú quieras, **a condición de que / con tal (de) que / siempre que / siempre y cuando** la casa esté cerca del mar.
> Llevaré una bicicleta, **en caso de que** la playa esté un poco lejos.

2. Puentes que establecen la idea de *objeción:*

> Pasaré el verano donde tú quieras, **a menos que / excepto que / a no ser que** la casa esté lejos del mar.
> Alquilaré esa casa cerca del mar, **aunque / a pesar de que** es muy cara.
> No iré contigo a las montañas, **aunque / por más que** insistas.

3. Puentes que establecen la idea de *propósito:*

> Quiero una casa cerca del mar **para que / a fin de que** podamos hacer deportes acuáticos.

4. Puentes que establecen la idea de *causa y efecto:*

> Es natural que quieras ir a las montañas, **puesto que / ya que / toda vez que / dado que** no te gusta el mar.
> Tenemos intereses diferentes, **por consiguiente / por lo cual / por lo tanto / así que** tú irás a las montañas y yo iré a la costa.
> Un filósofo francés del siglo XVII, René Descartes, dijo: Pienso, **por lo tanto / por esta razón / luego** existo. Dicho al revés: Existo, **pues / ya que** pienso.

5. Puentes que establecen la idea de *simultaneidad:*

> Me gusta viajar. Me hice guía de turistas, y así gano dinero **al mismo tiempo que / mientras que** viajo.

PRACTICA

En estas frases vamos a substituir las conjunciones *en bastardilla,* y vamos a usar otra que no cambie el significado de la frase.

Modelo:

Iré a tu fiesta, *excepto que* tenga que trabajar esa noche.
Iré a tu fiesta, <u>a menos que</u> tenga que trabajar esa noche.

1. Yo hablo italiano, *ya que* me crié en Italia. 2. Yo me crié aquí, y no lo hablo, *aunque* mis padres vinieron de Italia.

3. Siempre me hablaban inglés en casa, *por lo tanto* no sé hablar italiano.   4. Mis padres vinieron de Polonia, y mis padres me hablaban en polaco *para que* yo lo aprendiera.   5. Yo no hablaré bien francés, *a no ser que* vaya a Francia por unos meses. 6. Financié mi estancia en Francia trabajando en un hotel, *al mismo tiempo que* iba a la universidad.   7. Mi padre me dice que me pagará un viaje a España, *siempre y cuando* prometa aprender español.   8. El quiere que yo lo aprenda, *a fin de que* pueda hablar con mi familia española.   9. Mi padre vino de España, *así que* tiene familia allí.   10. *Por consiguiente,* yo viviré con mis tíos y primos.   11. Ellos no hablan inglés, *por lo cual* yo tendré que hablar español todo el día.   12. Mis primos tienen muchos amigos de mi edad, *así que* también hablaré español con ellos.   13. El problema es que todos ellos quieren aprender inglés, y *por lo tanto* van a querer hablar inglés conmigo.   14. Yo les enseñaré inglés, *a condición de que* ellos me enseñen español.   15. Yo aprenderé español *mientras que* ellos aprenden inglés.   16. Así, cuando vuelva aquí, yo hablaré español, *a menos que* pierda el tiempo en España.   17. Además, quiero que mis primos aprendan inglés *para que* puedan venir a estudiar aquí.   18. En la familia podremos decir: Hablamos dos idiomas, *luego* somos bilingües.   19. O de otra manera: Somos bilingües, *ya que* hablamos dos idiomas.   20. *Por consiguiente,* podremos viajar entre los dos países sin problemas lingüísticos.   21. Y yo también me divertiré más cuando vaya a México, *pues* podré hablar con los mexicanos.   22. Es buena idea hablar español, *puesto que* se habla en veinte países diferentes.   23. El inglés también se habla en todo el mundo y *por lo tanto*, hablando los dos idiomas, se me abrirán muchas puertas.

REVISION GENERAL

DIALOGO

A. Conteste usando las expresiones nuevas utilizadas en estas preguntas.

1. ¿Por qué cree usted, o no cree, que va a haber una guerra dentro de poco?   2. ¿Cuántas lecciones nos quedan por estudiar en este libro?   3. ¿Qué expresión de su lengua equivaldría a « estar como un tren »?   4. Cuando hay un momento de tensión en una conversación, ¿crees que es buena idea salir con un chiste para romper esa tensión? Explica por qué sí o por qué no. 5. ¿Cuándo tienes la sensación de que alguien te está diciendo

una mentira?   6. ¿Por qué te parece buena o mala idea no tener pelos en la lengua?   7. ¿Por qué te parece incompatible ser tímido y, al mismo tiempo, ser de armas tomar?   8. La lengua española, ¿en qué aspectos te parece fácil por un lado y difícil por otro?   9. ¿Cuándo crees que tienes que dejarte de bromas?   10. ¿Qué aspectos de la vida de tu país te parecen ambiguos, que no son ni una cosa ni otra, ni chicha ni limoná? 11. ¿Por qué a mucha gente le gusta vivir en las afueras? 12. ¿Cuándo están animadas las calles del centro en tu ciudad? 13. ¿Qué suele haber en la planta baja de los edificios del centro? 14. ¿Cuándo no hay ni un alma en las calles?

B. Complete estas frases con una de las expresiones estudiadas.

1. Hay gente que tiene miedo a la obscuridad, porque le da la... de que hay alguien oculto.   2. A alguna gente le parece de mal gusto decir que alguien que tiene belleza física está como... 3. Si la clase dura una hora y hace media hora que comenzamos, nos... otra media hora.   4. Y si ya pasaron tres cuartos de hora, la clase va a terminar dentro...   5. Cuando estamos hablando de algo serio, no hay que salir... chistes.   6. Los que siempre dicen lo que piensan no tienen pelos...   7. De una persona muy enérgica decimos que es de armas...   8. Y de algo ambiguo decimos que no es ni...   9. En las ciudades donde hay mucha gente por la calle, éstas están muy...   10. En general las tiendas están en la planta...

AMPLIACION DE VOCABULARIO

Conteste a estas preguntas dando explicaciones o definiciones.

1. ¿Qué es el argot?   2. ¿Cuándo se dice de alguien que «está como quiere»?   3. ¿Dónde lo pasas bien?   4. ¿Cuál es tu concepto de «pasarlo pipa»?   5. ¿Dónde lo pasas de la patada? 6. ¿Cuándo se dice de alguien que no vendió una escoba en un baile?   7. ¿Cuándo se dice de una muchacha que es muy mona?   8. ¿Por qué a todo el mundo le gusta tener lana?   9. Si no tienes pasta, ¿qué debes buscar para ganarla? 10. ¿Por qué crees que una crítica demoledora se pasa de la raya? 11. ¿Qué aspectos de tu país te parecen contradictorios? 12. ¿Qué crees que puede hacer la sociedad con la gente marginada?   13. ¿Por qué crees que hay tantos vagabundos? 14. ¿A quiénes considera la sociedad irrecuperables?   15. En una sociedad tecnológica, ¿quiénes son inempleables?

16. ¿Quiénes duermen en los quicios de las puertas?   17. ¿Por qué hay gente que duerme en las rejas de ventilación del metro? 18. ¿Qué dicen los siquiatras de los que andan por la calle hablando solos?   19. Estos pobres vagabundos, ¿dónde buscan algo de comer?   20. ¿Qué hacen los mendigos en la calle? 21. ¿Por qué está usted de acuerdo, o no lo está, con los que dicen que esa pobre gente está embrutecida por completo?

DIFICULTADES Y EJERCICIOS

A. Conteste usando en sus respuestas las expresiones nuevas utilizadas en las preguntas.

1. Cuando se habla de negocios, ¿por qué es importante fijarse mucho en lo que se dice?   2. ¿En qué te fijas más, en los defectos o en las virtudes de tus amigos, y por qué?   3. En los exámenes, ¿por qué tienes que fijarte en lo que escribes?   4. En general, ¿cuándo fijan los novios la fecha de la boda? 5. ¿Cuándo hay que fijar las paredes de una casa muy vieja? 6. ¿Qué suceso de tu niñez tienes fijo en la memoria?   7. ¿Cómo le ajustas las cuentas a un niño que se porta mal?   8. ¿Por qué está prohibido fijar carteles en algunas paredes?

B. Repita las preguntas anteriores eliminando el verbo *fijar*, o la expresión *ajustar las cuentas*, y usando un sinónimo en su lugar. Otros estudiantes deben responder a sus preguntas.

C. Conteste usando en sus respuestas las expresiones nuevas utilizadas en las preguntas.

1. ¿Cómo te sientes cuando te encuentras mal?   2. ¿Qué sensación tienes cuando estás en una fiesta y no conoces a nadie? 3. ¿Qué te apetece tomar cuando hace mucho calor?   4. Cuando tienes algún problema, ¿te gusta que te compadezcan?   5. ¿Qué entiende usted por «sentido del humor»?   6. ¿Por qué no se debe manejar en sentido contrario en una calle de sentido único? 7. ¿Cuáles son los cinco sentidos?   8. ¿Cuándo dices de alguien que «no tiene sentimientos»?   9. ¿Qué película ha causado sensación recientemente?   10. ¿En qué circunstancias usas la expresión «lo acompaño en el sentimiento»?

D. En las frases siguientes, elimine las palabras *en bastardilla* y use un sinónimo.

Modelo:
Cuando estoy enfermo *me siento* mal.
Cuando estoy enfermo me encuentro mal.

1. Tengo *la premonición* de que va a suceder algo terrible.
2. Tengo la *sensación* de que voy a recibir una buena nota.
3. Cuando hace calor, tengo *deseos* de ir a la playa.   4. *Siento pena por* los vagabundos que no tienen donde dormir.   5. Hay palabras que tienen un *significado* ambiguo.   6. En el centro de la ciudad hay muchas calles de *dirección única*.   7. Cuando Drácula me sonrió, *me desmayé*.   8. Tengo la *impresión* de que alguien me está observando.   9. A mi amiga se le murió su perro, y yo le dije que la acompañaba en *su dolor*.

CUESTIONES GRAMATICALES

A. Con el verbo dado en bastardilla, complete estas frases usando el subjuntivo o el indicativo, según sea necesario.

Modelo:

(ir) El año próximo, cuando <u>vaya</u> a México, hablaré español.
(ir) El año pasado, cuando <u>fui</u> a México, hablé español.

1. *(hacer)* Publiqué una novela, y espero buenas críticas cuando me las _____ .   2. *(escribir)* Trabajé mucho mientras _____ esa novela.   3. *(recibir)* Seguiré escribiendo hasta que yo _____ el Premio Nobel.   4. *(pensar)* Sueño con ese premio siempre que _____ en el futuro.   5. *(seguir)* Y sé que me lo darán siempre que _____ publicando buenas novelas.
6. *(tener)* Escribiré otra en cuanto _____ un buen argumento.
7. *(ocurrirse)* Y empezaré a escribirla tan pronto como se me _____ uno.   8. *(dar)* ¿Qué haré después de que me _____ el premio?   9. *(ser)* Espero recibirlo antes de que yo _____ viejo.   10. *(soñar)* Y así vivo día a día, mientras _____ con él.

B. Con el verbo dado en bastardilla, complete estas frases en infinitivo, indicativo o subjuntivo, según sea necesario.

Modelo:

(poder) Estudio español para <u>poder</u> hablar con los españoles.
(poder) Estudio español para que <u>pueda</u> hablar con los españoles.

1. *(haber)* Los granjeros van a perder mucho dinero si va a _____ sequía.   2. *(haber)* Mucha gente se sacrifica para que _____ justicia en el mundo.   3. *(defender)* Mucha gente se sacrifica para _____ la justicia en el mundo.   4. *(pedir)* Voy a ajustarle las cuentas al niño, a no ser que me _____ perdón.

5. *(prometer)* Pero lo perdonaré, con tal de que me _____ que va a ser bueno.   6. *(salir)* Me incomodaré en caso de que tú _____ con uno de tus chistes.   7. *(incomodarse)* Prefiero no decirte lo que pienso, no sea que tú _____ .   8. *(hablar)* Si tú _____ español, es porque lo estudiaste.   9. *(ser)* No necesitarías estudiarlo si tú _____ español o hispanoamericano. 10. *(tener)* El verano próximo, si nosotros _____ dinero, saldremos de vacaciones.   11. *(tener)* El verano próximo, si nosotros _____ dinero, saldríamos de vacaciones.   12. *(tener)* El verano próximo, de _____ dinero, saldríamos de vacaciones.

C. Concordancia de tiempos. Con el verbo dado *en bastardilla*, complete estas frases con los tiempos adecuados del subjuntivo.

Modelo:

(llegar) Espero que mis amigos canadienses lleguen mañana.
(llegar) Espero que mis amigos canadienses hayan llegado ayer.
(llegar) Esperaba que mis amigos canadienses llegaran hoy.

Y otras combinaciones de tiempos.

1. *(encontrarse)* Ayer yo quería que nosotros _____ en una terraza de café.   2. *(tener)* Mi amigo extranjero no sospechaba que la sociedad norteamericana _____ tanta capacidad de absorción de los inmigrantes.   3. *(traducir)* El editor quiere que yo _____ una novela mexicana.   4. *(empezar)* El me dijo que yo _____ mañana.   5. *(rechazar)* Le dije que no, y le parece increíble que yo _____ su oferta ayer.   6. *(ofrecer)* Yo la habría traducido si él me _____ un contrato mejor cuando me habló.   7. *(pagar)* Yo trabajaría para él si él me _____ bien. 8. *(hacer)* Le he dicho que me _____ otra oferta.   9. *(recibir)* Estudiaré el nuevo contrato cuando lo _____ .   10. *(salir)* Espero que él no _____ con otra oferta ridícula.   11. *(ser)* El contrato, yo lo tiraría a la papelera si no _____ bueno. 12. *(explotar)* Nunca me gustó que me _____ .

VOCABULARIO GENERAL

A. Conteste a estas preguntas con una definición o una explicación.

1. ¿Qué es una crítica demoledora?   2. ¿En qué planta suelen estar las tiendas?   3. ¿Qué es el crisol americano?   4. ¿Por qué se habla ahora mucho de las oleadas de inmigrantes? 5. ¿Por qué hay mucha gente que pide limosna?   6. ¿De qué país son los suecos?   7. ¿Y de qué país son los suizos? 8. ¿Cómo se llaman los habitantes de Guatemala, de Honduras, de El Salvador, de Nicaragua, de Costa Rica y de Panamá?

9. ¿Cómo se queda una persona que se desmaya?   10. ¿Qué es una chamba?   11. La pasta es un plato italiano, pero ¿qué sentido tiene también en el argot español?   12. ¿Dónde crees que lo pasarías bomba?   13. Si en un baile no vendiste una escoba, ¿cómo dirías que lo pasaste?   14. ¿Qué está prohibido hacer en algunas paredes de los edificios?   15. ¿Cuándo terminó la esclavitud en los EE.UU.?   16. ¿A quién compadece usted, y por qué?   17. ¿Qué sentido tiene la expresión «no tener pelos en la lengua»?   18. ¿Qué te apetece hacer en este momento?   19. ¿Dónde te diviertes más?   20. ¿Tienes ganas de que te hagan más preguntas?

B. Complete estas frases con una expresión adecuada.

1. Según María Luisa, los barrios residenciales de las ciudades norteamericanas no son ni...   2. Cuando un negocio sale mal y no tiene arreglo, hay que darlo por...   3. Los ciudadanos de Nicaragua son...   4. Cuando un televisor no funciona, hay que...   5. Cuando tenemos fiebre nosotros nos...mal.   6. Si creo que algo malo va a suceder, tengo malos...   7. Un síntoma de desequilibrio mental es hablar...   8. Si me divierto mucho, lo paso...   9. El olfato es uno de los cinco...   10. Si alguien llega tarde y tú lo esperaste mucho tiempo, al verlo le dices: Ya era...   11. Es de mala educación contestar: No me da...   12. A muchos norteamericanos no les gustan las ciudades, y prefieren vivir en las...   13. Cuando un café tiene mesas en la acera, decimos que tiene una...   14. Si la calle está desierta, decimos que no hay ni un...   15. En los momentos serios hay que dejarse de...

POSIBLES TEMAS PARA UNA CONVERSACION/COMPOSICION

1. El argot en el vocabulario de la juventud.
2. ¿Hay un vocabulario masculino y otro femenino?
3. El sexismo en el idioma.
4. La ciudad norteamericana típica.
5. El renacimiento de la vida urbana en los EE.UU.
6. Problemas sociales de las ciudades.
7. Sociología de las ciudades-dormitorio.
8. *Suburbia,* ni campo ni ciudad, ni chicha ni limoná.
9. El crisol americano.
10. Las minorías étnicas en los EE.UU.
11. El bilingüismo como ventaja o como problema.
12. La cultura norteamericana y su influencia en el mundo.
13. La americanización de los inmigrantes.
14. Influencias extranjeras en los EE.UU.

PARA USAR EN LA CONVERSACION/COMPOSICION

1. *Las críticas*

    la crítica demoledora

    las afueras / las calles donde no hay ni un alma ≠ las calles animadas

    la planta baja / la terraza de café

    el crisol americano / la oleada de inmigrantes

    la gente inempleable / irrecuperable / marginada / los vagabundos

    el quicio de una puerta / las rejas de ventilación

    el cubo de la basura / la papelera

    estar embrutecido

    el mendigo / pedir limosna

2. *Las nacionalidades*

    Norteamérica: americano = norteamericano = estadounidense / americanos con guión

    canadiense / mexicano

    América Central = Centroamérica: guatemalteco / hondureño / salvadoreño / nicaragüense / costarricense / panameño

    América del Sur: argentino / boliviano / brasileño = brasilero = brasileiro / chileno / colombiano / ecuatoriano / paraguayo / peruano / uruguayo / venezolano

    Europa: austriaco / belga / checoslovaco / danés = dinamarqués / escocés / estoniano / finés = finlandés / francés / galés / holandés / italiano / letón / lituano / noruego / polaco / portugués / rumano / ruso / sueco / suizo

    Otros continentes: africano / chino / filipino / japonés / tailandés / vietnamita

3. *Expresiones verbales*

    acompañar en el sentimiento

    ajustarle las cuentas a alguien = arreglarle las cuentas a alguien

    apetecerle algo a alguien

    arreglar

    compadecer

    dar por perdido

    dejarse de bromas

divertirse

fijar / fijarse / fijarse en

hablar solo

(no) darle la gana a alguien

no tener pelos en la lengua

ocuparse de

preparar

quedar(se) sin sentido

quedarle algo a alguien

salir a (alguien)

salirse con

sentir(se)

ser de armas tomar

tener el presentimiento de

tener ganas de

tener la impresión de

tener la sensación de

4. *El argot*

la chamba / el chollo

estar como quiere = estar como un tren = estar que echa por fuera

la lana = la mosca = la pasta = el pisto = la tela

la monada / ser mono / ser una monada

ni chicha ni limoná

no vender una escoba = no tener éxito

pasarlo bien = pasarlo bomba = pasarlo pipa

pasarlo mal = pasarlo de la patada = pasarlo fatal

5. *Otras expresiones*

dentro de poco

en cierto modo

la esclavitud / el esclavo

por completo

por un lado..., por otro...

prohibido fijar carteles

la sensación

el sentido / los cinco sentidos: la vista, el olfato, el oído, el gusto, el tacto

ya era hora

6. *Cuestiones gramaticales*

    a. *Uso del subjuntivo en:*

      expresiones de tiempo

      expresiones de finalidad, condición o excepción

      expresiones contrarias a la realidad

    b. *Concordancia de tiempos*

7. *Verbos*

    verbo + preposición + infinitivo

    tener + nombre + de

    verbo + preposición + nombre / pronombre

8. *Los puentes:* uso de algunas conjunciones

LIBROS DE INTERES PARA ESTE CURSO

Los profesores y estudiantes de conversación y composición en español pueden encontrar de interés esta breve bibliografía. Incluye algunos libros que ayudarán al estudiante de español en el difícil y fascinante campo de la comunicación a través de dos lenguas y dos culturas.

A. DICCIONARIOS GENERALES

El gran decano de los diccionarios es, naturalmente, el de la

> Real Academia Española, *Diccionario de la Lengua Española*. Madrid: Espasa Calpe, 1984.

Esta nueva edición, en dos volúmenes, es un buen libro de consulta que debe estar a disposición de los estudiantes en la biblioteca del departamento o de la universidad. Los estudiantes, sin embargo, encontrarán otros diccionarios más asequibles por su precio, y más manejables por su tamaño. Por ejemplo, el de

> Ramón García Pelayo y Gross, *Pequeño Larousse Ilustrado*. México: Ediciones Larousse, 1984.

Es un diccionario muy útil. Hay otros muchos diccionarios publicados en diferentes países hispánicos, algunos en edición de bolsillo, que ayudarán al estudiante a ampliar su vocabulario español desde el punto de vista del español mismo.

B. DICCIONARIOS DE SINONIMOS

Indispensables para enriquecer el vocabulario. Estos diccionarios no dan definiciones de conceptos sino, como dice su nombre, alternativas a cada vocablo. Ayudan a evitar repeticiones, y enriquecen el vocabulario. El rey de estos diccionarios es el de

> Julio Casares, *Diccionario idealógico de la lengua española*. Barcelona: Editorial Gustavo Gili, 1959.

No es barato, y no es un libro que se pueda llevar en la mochila. Hay otros, sin embargo, también muy prácticos, más económicos y manejables, como los de

> Samuel Gili Gaya, *Vox. Diccionario de sinónimos*, 8ª ed. Barcelona: Bibliograf, 1981.

> Joaquim Horta Massenes, *Diccionario de sinónimos e ideas afines y de la rima*. Madrid: Paraninfo, 1981.

> Carlos Cesarmen, *Diccionario de sinónimos castellanos*. México: Editorial Pax-México, 1975.

C. DICCIONARIOS BILINGÜES

Hay muchos. De particular interés por sus buenas explicaciones de los falsos cognados, esas palabras traidoras que tantos errores producen, es el de

> Ramón García Pelayo, *Gran diccionario moderno inglés-español, español-inglés Larousse*. México: Ediciones Larousse, 1983.

Tampoco es un diccionario que un estudiante llevaría a clase, pues es grande y pesado, pero es una magnífica obra de consulta. Entre los diccionarios manejables por su tamaño, muy útil es el

> *Dictionary of Spoken Spanish. Words, Phrases and Sentences*. Garden City, N.Y.: Doubleday & Co., 1960.

Este diccionario no incluye tantas palabras como otros diccionarios, pero explica el uso de cada expresión dando frases completas, algo más instructivo que una simple lista de significados.

D. VOCABULARIOS ESPECIALES

En estos se encuentran listas de palabras agrupadas por actividades o temas, algo que ayuda mucho cuando hay que escribir sobre una materia determinada. Entre ellos se encuentran los de

> G. J. G. Cheyne, *A Classified Spanish Vocabulary*. London: George G. Harrap & Co., 1964.

> José Merino, *Diccionario temático*. Madrid: Paraninfo, 1977.

Dentro de este grupo también hay diccionarios que sólo incluyen vocablos que pueden dar lugar a conflictos lingüísticos, como el de

> A. Brysin Gerrard and José de Heras Heras, Cassell's *Beyond the Dictionary in Spanish*. Minerva Press, Funk & Wagnalls, A Division of Reader's Digest, 1953.

Otros ofrecen un vocabulario de las palabras más frecuentes del español. Hay uno, preparado para estudiantes españoles, que incluye simplemente un total de 4.121 palabras, agrupadas en tres niveles de frecuencia. Esta lista de palabras, aun sin sus equivalentes en inglés, puede ser muy útil para los estudiantes extranjeros:

> Luis Márquez Villegas, *Vocabulario del español hablado*. Madrid: Sociedad General Española de Librería, S. A. 1975.

E. DICCIONARIOS DE ANGLICISMOS

El anglicismo es como el catarro: es muy difícil de evitar cuando se está expuesto a él. Aparece en los periódicos, en las revistas de actualidad, en la televisión y en el cine doblado. Una buena cura contra él puede ser la consulta de

> Ricardo J. Alfaro, *Diccionario de anglicismos*, 2^a ed. Madrid: Gredos, 1970.

Hay dos obras de un señor con sonoros apellidos catalanes, que resultan indispensables. Una de ellas, por su título, parece no tener interés para los estudiantes norteamericanos, pero una vez consultada resulta ser una mina de información para evitar problemas de contaminación lingüística:

> Alfonso Torrents dels Prats, *Diccionario de dificultades del inglés*. Barcelona: Editorial Juventud, 1976.

La otra, también del mismo autor, nos enseña sutilezas culturales que nos explican lo que es en español un *red herring*, que no es ciertamente un arenque colorado. Este libro es

> Alfonso Torrents dels Prats, *Diccionario de modismos ingleses norteamericanos*, 4^a ed. Barcelona: Editorial Juventud, 1985.

F. DICCIONARIOS DE DIFICULTADES

Un gran libro de consulta, caro y voluminoso, pero que debe estar en toda biblioteca al alcance de profesores y estudiantes, es el de

María Moliner, *Diccionario de uso del español,* 2 vol. Madrid: Gredos, 1981.

Más modesto y barato, pero utilísimo también, es el de

Manuel Seco, *Diccionario de dudas de la lengua española.* Madrid: Aguilar, 1979.

Y como libros de bolsillo, baratos y muy prácticos, estos dos:

Diccionario Sopena de dudas y dificultades del idioma. Barcelona: Sopena, 1981.

Marion P. Holt, *1001 Pitfalls in Spanish.* Woodbury, N.Y.: Barron's Educational Series, Inc., 1973.

G. GUIAS DE ORTOGRAFIA, ACENTUACION Y PUNTUACION

Estos libritos, que muchos hispanos consultan cuando dudan entre la *v* de *vaca* y la *b* de *burro,* entre la *g* y la *j,* la *ll* y la *y* o la ausencia o presencia de una fastidiosa *h,* son baratos y pequeños. Algunos de ellos son:

Samuel Gili Gaya, *Ortografía práctica.* Barcelona: Biograf, 1969.

Alfredo Huertas García, *La ortografía en 15 lecciones,* 11ª ed. México: Editorial Porrua, 1979.

J. M. Zinqui, *Ortografía práctica. Método fácil para evitar las faltas al escribir.* Barcelona: Editorial del Vecchi, 1982.

H. DE INTERES PARA ESTUDIANTES BILINGÜES

La gran población hispánica de los Estados Unidos ha mostrado una admirable lealtad a su lengua española, lengua que no ha abandonado a pesar de la inevitable presión del inglés. Esta presión se nota, y es natural que así sea. Varios libros ayudan a identificar las interferencias lingüísticas, entre ellos:

Hugo A. Mejías y Gloria Garza-Swan, *Nuestro español. Curso para estudiantes bilingües.* New York: Macmillan, 1981.

Silvia Burunat et al., *El español y su estructura: lectura y escritura para bilingües.* New York: Holt, Rinehart & Winston, 1983.

Guadalupe C. Quintanilla, *Español: lo esencial para el bilingüe.* University Press of America, 1977.

M. de la Portilla, *Mejora tu español. Lectura y redacción para bilingües*. Regents. Teacher's manual (2 casettes), 1981.

Guadalupe Valdés, *Español escrito: curso para hispanohablantes bilingües*, 2ª ed. New York: Scribner's.

Esta sencilla bibliografía no incluye otros muchos libros, algunos de ellos también muy útiles, que se pueden conseguir en las librerías internacionales de este país, o a través de los muchos importadores que nos mantienen en contacto con la industria editorial hispánica. Sirva, simplemente, como guía en el fascinante laberinto de los libros.

VOCABULARIO GENERAL

El significado de las palabras **en negritas** que aparecen en los diálogos y en la sección de ampliación de vocabulario ya está dado en las glosas al margen, y en el contexto. Este vocabulario incluye solamente las palabras usadas en el texto de las explicaciones, excepto cuando pertenecen al grupo de las primeras quinientas palabras más frecuentes del español, dado en el *Vocabulario del español hablado* de Luis Márquez Villegas (Madrid: Sociedad General Española de Librería, S. A., 1975).

Los nombres aparecen sólo en masculino cuando su forma femenina es regular (abogado, abogada). Se da el artículo de las excepciones, irregularidades, palabras con final en **-e,** cuando se usan en plural, o cuando un nombre en plural toma artículo en singular (ala, el; equipaje, el; celos, los; sacacorchos, el). No se indica el género cuando el final de la palabra lo expresa (masculinos en **-o, -or;** femeninos en **-a, -ción, -sión, -dad**). Se indica el género cuando el final de la palabra no lo hace (cárcel, la). Se indica también cuando la forma es masculina y femenina (sinvergüenza, el/la).

Los adjetivos aparecen sólo en masculino cuando su forma femenina es regular (blando, blanda).

Los números indican la lección en la cual la palabra aparece por primera vez.

a menos que 12 *except*
abochornar 10 *to put to shame*
abogado 2 *lawyer*
abuchear 7 *to boo*
aburrido 1 *bored*
aburrimiento 1 *boredom*
acercarse a 3 *to get close to*
aconsejar 10 *to advise*
acordarse de 11 *to remember*
acreedor 5 *creditor*

acuerdo, ponerse de — 1 *to agree*
adormecer 5 *to make sleepy*
advertir 1 *to warn*
afición 6 *liking*
aficionarse a 12 *to become fond of*
afirmación 4 *statement*
agarrar 3 *to grab*
ahogarse 1 *to drown*
ahorcar 5 *to hang*

ahorrar 8 *to save*
aire libre, al — 10 *outdoors*
ala, el 7 *wing*
alcance, al — 9 *within reach*
alcanzar 2 *to reach*
alegrar 6 *to cheer up*
alemán 2 *German*
alma, el 12 *soul*
almuerzo 6 *lunch*
alquilar 1 *to rent*
alrededor de 4 *around*
  alrededor, a tu — 3 *around you*
alzarse 5 *to rise*
ambiente, el 2 *setting*
amenazar 10 *to threaten*
  amenazar con 12 *to threaten with*
amistad 4 *friendship*
anilla 7 *ring (gym)*
animar a 12 *to encourage*
antemano, de — 11 *beforehand*
antepasados 1 *ancestors*
anuncio 5 *ad*
añadir 1 *to add*
apellido 1 *last name*
apresurarse a 12 *to hurry to*
apretar 7 *to pinch*
ardiente 5 *burning*
arrancar 4 *to pull out*
arrastrar 5 *to drag*
arriesgar 7 *to risk*
  arriesgarse a 12 *to risk*
asegurar 3 *to assure*
asistir 2 *to attend*
asombro 2 *astonishment*
asombroso 5 *astonishing*
asunto 12 *matter, business*
asustar 1 *to scare*
  asustarse 10 *to be frightened*
atar 4 *to tie*
atravesar 3 *to cross*
atreverse a 1 *to dare*
atropellar 3 *to run over*
aunque 4 *even though*
autopista 6 *freeway*
avisar 10 *to warn*

bala 2 *bullet*

bandeja 7 *platter*
  bandeja de plata 7 *silver platter*
barra 6 *stripe*
barrio 8 *neighborhood*
barro 11 *mud*
bastar con 12 *to be enough with*
belleza 1 *beauty*
biblioteca 1 *library*
bienes, los 7 *property*
blando 3 *soft*
borracho 4 *drunk*
bostezar 1 *to yawn*
botella 1 *bottle*
bromear 6 *to joke*
buho 4 *owl*

calma, con — 6 *slowly*
callarse 5 *to be quiet*
camarero 7 *waiter*
camión, el 7 *truck*
campana 5 *bell*
campesino 7 *peasant*
capaz, ser — de 1 *to be able*
carácter, el 3 *personality*
cárcel, la 3 *prison*
cariñoso 4 *affectionate*
carne, la 3 *flesh*
carta 10 *card*
cartel, el 3 *poster, bill*
cartera 3 *wallet*
casco 7 *helmet*
castaño 5 *brown*
castigar 2 *to punish*
catarro 3 *cold*
causa, a — de 4 *because of*
celos, los 4 *jealousy*
ciegamente 1 *blindly*
cifra 2 *figure*
circulación 7 *traffic*
citar 1 *to quote, to date (to meet somebody)*
ciudadano 3 *citizen*
codo 3 *elbow*
cola de pegar 3 *glue*
colocar 2 *to place*
comillas 3 *quotation marks*
comoquiera 11 *anyway*

compartir 4 *to share*
comprensión 8 *understanding*
con tal de que 12 *provided that*
conducir 4 *to lead, to drive*
conductor 1 *driver*
conejo 9 *rabbit*
confianza 1 *trust*
confiar en 10 *to trust*
congelar 12 *to freeze*
conjunto 1 *collection*
conocimiento 1 *knowledge*
conseguir 1 *to achieve*
conservador 3 *conservative*
consiguiente, por — 12 *therefore*
coro 3 *choir*
corto 7 *short*
cosecha 11 *harvest*
creencia 4 *belief*
cruzar 3 *to cross*
cuadro 5 *picture, painting*
cuanto, en — a 1 *with regard to*
cubierta, cancha — 10 *indoor court*
cubo 5 *bucket*
  cubo de basura 12 *garbage can*
cuenta 1 *bill, check*
  cuenta, tener en — 1 *to take into consideration*
cuidado, tener — 2 *to be careful*
cuidar 5 *to take care of*
cumplir 1 *to fulfill*

chocar 1 *to collide*
  choque, el 1 *collision, clash*

débil 4 *weak*
debilidad, la 8 *weakness*
decorado 2 *setting*
dependiente, el/la 2 *clerk*
desarrollar 6 *to develop*
descalzo 1 *barefoot*
descanso 2 *rest*
desgracia, por — 2 *unfortunately*
deslizarse 7 *to slide*
despedida 11 *closing formula (in letters)*

destacar 3 *to point out*
devolver 1 *to return, to give back*
dibujo 5 *drawing*
dicho 1 *saying*
dirigirse a 1 *to direct oneself to*
discurso 12 *speech*
disgusto 4 *sorrow, displeasure*
disparar 7 *to shoot*
disponerse a 12 *to get ready to*
distraerse 2 *to amuse oneself*
distraído 5 *absent-minded*
diversión 11 *entertainment*
divertido 7 *amusing*
dolor de muelas 2 *toothache*
dondequiera 11 *wherever*
duda, poner en — 2 *to doubt*
dudoso 2 *doubtful*
dueño 10 *owner*
durar 1 *to last*

echar raíces 7 *to grow roots*
echarse a 12 *to start -ing*
edad, la 9 *age*
eficaz 3 *efficient*
egoísta 7 *selfish*
elogio 8 *praise*
embajador 5 *ambassador*
embargo, sin — 1 *however*
empeñarse en 11 *to insist on*
empujar 7 *to push*
enamorarse de 12 *to fall in love with*
encargado 10 *manager*
encargarse de 11 *to take care of*
enfoque, el 7 *approach*
enfrentarse con 4 *to face*
enlazar 4 *to tie*
entrada 5 *ticket*
entrecomillado 3 *in quotation marks*
equipaje, el 2 *luggage*
equipo 7 *team*
ermita 5 *hermitage*
ermitaño 5 *hermit*
escaso 10 *scarce*
escoger 2 *to choose*
espada 5 *sword*

estación 7 *season*
estacionar 7 *to park*
estampilla 3 *postage stamp*
estirar 5 *to stretch*
evitar 1 *to avoid*
exigir 3 *to demand*

fabricante, el/la 3 *manufacturer*
falta de respeto 3 *disrespect*
fantasma, el 8 *ghost*
fecha 11 *date*
felicidad 5 *happiness*
firma 11 *signature*
firmar 1 *to sign*
fluvial 1 *river* (adj.)
frenesí 5 *frenzy*
fresco 4 *fresh*
fuente, la 6 *source*
fuerza 4 *strength*

gallego 10 *Gallician*
gitano 2 *gypsy*
goma de pegar 3 *glue*
grabar 7 *to record*
grado 4 *degree*
gratis 6 *free*
gripe, la 3 *flu*
gris 8 *gray*
gusto 12 *taste*

hacer las paces 3 *to make up, to be friends again*
halagador 8 *flattering*
hartarse de 5 *to be fed up with*
hecho 4 *fact*
hierba 2 *grass*
hocico 5 *muzzle*
hogar, el 8 *home*
honradez, la 2 *honesty*
horca 3 *gallows*
hundirse 1 *to sink*

impedir 10 *to prevent*
impuestos 2 *taxes*
inalcanzable 5 *unreachable*
incomodado 4 *angry*
  incomodarse 1 *to get angry*
incomodo 8 *annoyance, anger*

indeseable 1 *undesirable*

jefe, el/la 4 *boss*
joyero 7 *jeweler*
juez, el/la 3 *judge*
jugador 10 *player*
juicio 2 *judgment*
jurado 3 *jury*

lado 6 *side*
lago 7 *lake*
lanzar 2 *to launch*
lástima, es — 9 *it's a pity*
lazo 1 *tie, bond*
lector 5 *reader*
letrero 3 *sign*
ley, la 4 *law*
ligero 6 *light*
lío 2 *mess*
lo siento 2 *I am sorry*
local, el 2 *place*
localizar 6 *to locate*
loco 2 *insane*
luchar 3 *to fight*
lugar, en — de 2 *instead of*
lujoso 7 *luxurious*

lluvia 2 *rain*

magnetofón, el 7 *tape recorder*
mantilla 5 *veil*
marcharse 2 *to leave*
mariposa 7 *butterfly*
martillo 7 *hammer*
matanza 11 *slaughter*
materias primas 6 *raw materials*
matiz, el 8 *shade in meaning*
mayúscula 2 *capital letter*
medicina 1 *medication, medicine*
medir 12 *to measure*
mejorar 2 *to improve*
menosprecio 6 *scorn*
mentir 6 *to lie*
merecer 1 *to deserve*
mesero 1 *waiter*
mezclar 10 *to mix*
miedo 1 *fear*
ministerio 1 *ministry*

moda 8 *fashion*
modo, en cierto — 2 *in a certain way*
moneda 1 *currency, coin*
morder 3 *to bite*
moreno, ponerse — 4 *to get a tan*
mosca 4 *fly*
mostaza 5 *mustard*
mostrar 5 *to show*
mueble, el 5 *piece of furniture*
muela 2 *tooth*
  muelas, dolor de — 2 *toothache*
muestra 5 *sign*
muro 3 *wall*

nadador 7 *swimmer*
naturaleza 1 *nature*
nave, la 1 *ship*
negarse a + inf. 3 *to refuse to . . .*
negocio 4 *business*
ni siquiera 1 *not even*
niebla 10 *fog*
nivel, el 1 *level*
no sea que 12 *lest*
notar 6 *to notice*
noviazgo 4 *courtship, engagement*

obligar 4 *to force*
ocuparse de 11 *to take care of*
olfato 12 *smell*
orgullo 1 *pride*
orgulloso 6 *proud*
orilla 1 *shore*

país, el 1 *country*
paisaje, el 5 *landscape*
pájaro 4 *bird*
palpable, es — 9 *it's obvious*
parecer, al — 10 *it seems*
parecido 2 *similar*
pareja 4 *couple*
parientes, los 10 *relatives*
Pascua 1 *Christmas, Easter*
pastar 2 *to browse, to eat grass*
pata 5 *leg (animals)*

patinador 10 *skater*
patinar 10 *to skate*
paz, la 3 *peace*
pedir limosna 12 *to beg*
pelearse 1 *to fight*
peligro 10 *danger*
peligroso 3 *dangerous*
pereza 10 *laziness*
personaje, el/la 10 *character*
pertenecer 4 *to belong*
pesar, a — de 3 *in spite of*
pesca 11 *fishing*
pescador 8 *fisherman*
peso 4 *weight*
pesquera, industria — 11 *fishing industry*
pestañear 1 *to wink*
  pestañear, sin — 1 *without batting an eye*
piel, la 11 *fur*
pinar, el 10 *pine grove*
plata 7 *silver*
playa 3 *beach*
plazo 4 *time limit*
pluma 4 *feather*
pobreza 3 *poverty*
poseedor 3 *owner*
premio gordo 5 *big prize*
preocupar 1 *to worry*
presentar 2 *to introduce*
prestar 2 *to lend*
promulgar 10 *to pass a law*
propina 1 *tip*
propio 1 *own*
proporcionar 2 *to supply*
próximo 2 *next*
pueblo 5 *village, small town*
puesto 4 *position (job)*
  puesto que 12 *since*
pulsera 4 *bracelet*
punto de vista 1 *point of view*
punto, en — 1 *sharp*

quejarse de 10 *to complain*
quienquiera 11 *whoever*

rabia 9 *rage*
rabioso 6 *rabid*
raíz, la 4 *root*

rama 7 *branch*
ramo 1 *bouquet*
rascacielos, el 5 *skyscraper*
rasgo 4 *features*
raya 3 *dash, line*
raza 5 *breed, race*
razón, la 2 *reason*
recaer sobre 1 *to fall on*
recorrer 4 *to travel around,* 8 *to go through*
recuerdo 4 *memory*
red, la 11 *net*
reflejar 2 *to reflect*
refrán, el 3 *proverb*
regalo 1 *gift*
regla 1 *rule*
relamerse 5 *to lick (one's lips)*
relato 5 *narration*
remar 7 *to row*
renacimiento 12 *revival*
rendirse 5 *to surrender*
renglón, el 11 *line*
renunciar a 12 *to give up*
reparar, sin — en 3 *without paying attention to*
retrato 3 *portrait*
revés, al — 5 *the other way around, backwards*
Reyes Magos 11 *the Three Wise Men*
riesgo, correr el — 10 *risk, to run the risk*
rodear 4 *to surround*
rodilla 2 *knee*
rogar 10 *to ask, to request*
rubio 6 *blond*
ruborizar 10 *to make somebody blush*

sacacorchos, el 7 *corkscrew*
sagrado 3 *sacred*
sala de espera 6 *waiting room*
sala de fiesta 10 *night club*
saltar 5 *to jump*
saludar 1 *to greet*
sano y salvo 7 *safe and sound*
saquear 6 *to loot*
secar 5 *to dry*
seductor 7 *seducer*

seguridad 3 *security*
selva 2 *jungle*
sello 3 *postage stamp*
sencillo 1 *simple*
sentido 2 *meaning, sense*
séquito 4 *retinue*
seriedad 1 *seriousness, reliability*
siento, lo — 2 *I am sorry*
significado 1 *meaning*
siguiente 2 *following*
sin embargo 1 *however*
sinvergüenza, el/la 6 *good for nothing*
siquiera, ni — 1 *not even*
sitio 2 *place*
sobrevivir 11 *to survive*
soldado 3 *soldier*
sombra 5 *shadow*
sonido 2 *sound*
sonreír 12 *to smile*
sonrojar 10 *to blush*
sorprender 3 *to surprise*
sortija 4 *ring*
sospechar 10 *to suspect*
subasta 5 *auction*
suceder 3 *to happen*
suceso 9 *event*
suerte, por — 2 *luckily*
sugerir 4 *to suggest*
superficie, la 2 *surface*

tacto 12 *touch*
tarjeta 1 *card*
temer 1 *to fear*
temor 1 *fear*
tender a 12 *to have a tendency to*
tener en cuenta 1 *to take into consideration*
tener miedo de 12 *to fear*
ternura 4 *tenderness*
terraza de café 12 *sidewalk cafe*
terremoto 6 *earthquake*
tetera 3 *teapot*
tiburón, el 7 *shark*
tifus, el 3 *tiphoid fever*
timbre, el 5 *doorbell*

tirarse de cabeza 3 *to dive head first*
títere, el 6 *puppet*
tontería 8 *nonsense*
tonto 3 *silly*
toque, el 2 *touch*
toro 5 *bull*
torre, la 1 *tower*
trazar 3 *to sketch*
tripulación 8 *crew*
triste 10 *sad*
tropezar 7 *to bump into*
trozo 3 *piece*

vacilación 2 *hesitation*
vacío 1 *empty*
valor, el 1 *value*
valle, el 5 *valley*
vaquero 1 *cowboy*
vejez, la 1 *old age*
ventaja 6 *advantage*
vergüenza 10 *shame*
vez, de — en cuando 7 *every now and then*
viajar 1 *to travel*
viento 7 *wind*
voz, en — alta 3 *aloud*
vuelo 10 *flight*

ÍNDICE DE DIFICULTADES

Este índice sólo incluye las expresiones estudiadas en la sección *Dificultades y ejercicios*. Los números en bastardilla indican la lección en donde la expresión se encuentra; los números árabes indican la página. Nombres y adjetivos aparecen en masculino, y sólo se dan el artículo y la forma femenina cuando son irregulares. Cuando la misma forma se usa para el masculino y el femenino, se indican los dos artículos. Ej.: automovilista, el/la.

acabársele (algo a alguien), *9*, 230

acertar; acertar a + *inf.*; acertar con, *6*, 146

aclimatado, *11*, 293

aguantar, *4*, 91

ajustarle las cuentas a alguien, *12*, 328

algo le pasa a . . . , *2*, 41

amaestrado, *11*, 293

andar a + *medio de transporte*; andar en + *medio de transporte*, *7*, 170

apetecerle (algo a alguien), *12*, 330

arreglar; arreglarle las cuentas a alguien, *12*, 328

automovilista, el/la, *7*, 171

autor del editorial, *8*, 201

bien, el (*nombre*), *2*, 41

to blame, equivalentes de, *3*, 67

cabalgar, *7*, 170

caballista, el/la, *7*, 171

caérsele (algo a alguien), *9*, 230

campo de + *actividad*, *10*, 262

cancha, *10*, 262

causar daño, *2*, 36

causar una decepción; causar una desilusión, *5*, 116

caza, *10*, 261

caérsele (algo a alguien), *9*, 232

ciclista, el/la, *7*, 171

compadecer, *12*, 330

conducir, *7*, 172

confundirse de + *nombre*, *2*, 37

controlar, *11*, 297

cordura, *10*, 264

corrector de estilo; corrector de pruebas, *8*, 201

corregir, *8*, 201

crecer, *11*, 295

criarse, *11*, 295

cuerdo, *10*, 264

culpar; la culpa es de; la culpa la + *tener*las, *3*, 67

cultivado, *11*, 293

culto, *11*, 293

dar el paseo (matar), *7*, 170

dar un aventón, *7*, 170

darle a alguien por + *inf.*, *9*, 229

darle la razón a alguien, *2*, 37

darse bien, *11*, 295
darse cuenta de, 7, 169
darse pisto, *10*, 262
deber; deber + *inf.*; deber de + *inf.*; el deber; los deberes, deberse a, *6*, 144
decepcionar; decepcionarse con; decepción, *5*, 116, 119
dejar en paz; dejar caer, *9*, 232
dejar prestado, *6*, 147
dejarse (crecer) + *artículo* + *nombre*, *11*, 295
derrochar, *9*, 232
derroche, el, *9*, 233
desconocido, *1*, 9
desilusionar; desilusionarse con; desilusión, *5*, 116, 119
deuda, *6*, 144
director, *8*, 201
doler, *2*, 36
doméstico, *11*, 293
domesticado, *11*, 293
to drive, equivalentes de, 7, 172

echar de menos, *9*, 234
echarle la culpa a alguien, *3*, 67
editar; editor; el editorial; la editorial; el/la editorialista, *8*, 201
encontrarse + *adj./adv.*, *12*, 330
engañar, 7, 170
entrada/salida de coches, 7, 172
equivocarse, *2*, 38
escapársele (algo a alguien), *9*, 230
estar confundido; estar confuso, *2*, 38
estar equivocado, *2*, 38
estar ilusionado con, *5*, 118
estar listo; estar de acuerdo, *10*, 261
extranjero, *1*, 9
extraño, *1*, 9

falseado, *2*, 40
faltar a, *9*, 234
familiar, *11*, 293
to feel, equivalentes de, *12*, 330
fijar; fijarse en, *12*, 328
fijar carteles, *3*, 65, 328
to fix, equivalentes de, *12*, 328
forastero, *1*, 9

game, equivalentes de, *10*, 261
to grow, equivalentes de, *11*, 295

hacer algo malo, *2*, 40
hacer daño, *2*, 36
hacer lo que no debía, *2*, 40
hacerlo a conciencia, *9*, 229
hacerse ilusiones de; hacerse la ilusión de, *5*, 118
herir, *2*, 36
huella, *10*, 262
to hurt, equivalentes de, *2*, 36

ilusionar; ilusionarse con; ilusión, *5*, 118, 119
insalubre, *10*, 264
ir en + *medio de transporte*, 7, 170, 172

jefe de redacción, el/la, *8*, 201
jinete, el/la, 7, 171
juego, *10*, 261

la culpa la + *tener* + . . . , *3*, 67
la culpa + *ser* + de . . . , *3*, 67
la culpa + *ser* + *adjetivo posesivo*, *3*, 67
lastimar, *2*, 36
lo/la acompaño en el sentimiento, *12*, 331
loco; locura, *10*, 264
to look, equivalentes de, *4*, 90
luchar *3*, 66

llevar (a alguien) en + *medio de transporte*, 7, 170, 172
llevarse una desilusión; llevarse una decepción, *5*, 116

mal, el (nombre), *2*, 41
manejar, 7, 172
mantener, *4*, 91
to miss, equivalentes de, *9*, 234
montar a + *animal*; montar en + *medio de transporte*, 7, 170
motorista, el/la, 7, 171

nacional, *11*, 293
no dar en el blanco, *9*, 234

no dar(le) la gana (a alguien) de,
    12, 330
no poder dejar de + *inf.*, *9*, 234

ocurrir; ocurrírsele (algo a alguien),
    8, 200
olvidársele (algo a alguien), *9*, 230

parecer; al parecer; el parecer;
    parecerle (algo a alguien);
    parecerse; parecerse a; parecido;
    el parecido, *4*, 89–90
partida; partido, *10*, 261
pasajero, *7*, 171
pasarle (algo a alguien), *2*, 41
paseo, *7*, 171, 172
pedir, prestado, *6*, 147
pegar; pegarse a, *3*, 65, 66
pelear; pelearse con, *3*, 66
perder; perderse, *9*, 232
pérdida; perdido, *9*, 233
pista, *10*, 262
portarse como una persona mayor,
    11, 295
preparar, *12*, 328
prestar; prestarse a, *6*, 147
préstamo, *6*, 147
publicar, *8*, 201

. . . que no era, *2*, 40
quedar a + *distancia* + de; quedar
    bien/mal; quedar de + *inf.*;
    quedar en + *inf.*; quedar por +
    inf.; quedar sin + *inf.*, *1*, 10–11
quedarse sin sentido, *12*, 331

raro, *1*, 9
realizar; realizarse, *7*, 169
recorrido, *7*, 171, 172
redactor de editoriales, *8*, 201
resumir, *8*, 201
revés, el, *2*, 41
ride, to ride, equivalente de, *7*, 170

salida de coches, *7*, 172
salubre, *10*, 264
salvaje, *11*, 293

sanidad; las autoridades sanitarias,
    10, 264
sano; sano y salvo, *10*, 264
sensación, *12*, 331
sentido, *12*, 331
sentimiento, *12*, 331
sentir(se), *12*, 330
ser bien parecido, *4*, 89–90
ser culpable de, *3*, 67
ser el momento adecuado/
    apropiado/indicado para, *2*, 40
ser erróneo, *2*, 40
ser parecido a, *4*, 90
silvestre, *11*, 293
soportar, *4*, 91
sufrir, *2*, 36

tener el presentimiento de (que), *12*,
    330
tener ganas de, *12*, 330
tener la culpa de, *3*, 67
tener la impresión de (que); tener la
    sensación de (que), *12*, 330
tener parecido con, *4*, 89–90
tener razón, *2*, 37
terminársele (algo a alguien), *9*, 231
tirar al suelo, *9*, 232
tocar; tocarle (un premio) a
    alguien; tocarle (el turno) a
    alguien, *5*, 115–116
tomar prestado, *6*, 147
trata (de blancas); trato, *11*, 298
tratado, *11*, 298
tratamiento, *11*, 298
tratar; tratar a; tratar con; tratar
    de; tratar en, *11*, 297
tratarse; tratarse con; tratarse de,
    11, 298
trayecto, *7*, 172

usar frases ambiguas/equívocas,
    2, 38

viajar en + *medio de transporte*,
    7, 170
vuelta, dar una, *7*, 171, 172

wild, equivalentes de, *11*, 293, 295
wrong, equivalentes de, *2*, 40